测绘法律与测绘管理基础

（第二版）

易树柏　主编

WUHAN UNIVERSITY PRESS
武汉大学出版社

图书在版编目(CIP)数据

测绘法律与测绘管理基础/易树柏主编.— 2 版.—武汉:武汉大学出版社,2024.1
ISBN 978-7-307-23400-0

Ⅰ.测⋯ Ⅱ.易⋯ Ⅲ.测绘法令—中国 Ⅳ.D922.17

中国版本图书馆 CIP 数据核字(2022)第 197644 号

责任编辑:鲍 玲 责任校对:汪欣怡 版式设计:马 佳

出版发行:**武汉大学出版社** (430072 武昌 珞珈山)
(电子邮箱:cbs22@ whu.edu.cn 网址:www.wdp.com.cn)
印刷:武汉科源印刷设计有限公司
开本:787×1092 1/16 印张:19 字数:451 千字 插页:1
版次:2019 年 7 月第 1 版 2024 年 1 月第 2 版
2024 年 1 月第 2 版第 1 次印刷
ISBN 978-7-307-23400-0 定价:54.00 元

编 委 会

前　　言

根据实现高等教育内涵式发展的要求，高等院校不仅要提高学生的理论水平，而且要提高学生的综合素养。测绘地理信息工作事关国家安全和主权，因此测绘地理信息从业人员掌握测绘法律和测绘管理知识显得尤为重要。当前，我国有267所高职院校和155所本科院校开设了测绘地理信息类专业。院校教育长于测绘专业理论与技术，短于测绘工程综合训练，更短于测绘管理实务。为了实现对测绘地理信息类专业学生厚基础、宽口径的培养目标，同时满足从业人员对测绘法律和测绘管理的知识需求，在充分考虑"教、学、用"三方面要求的基础上，我们编写了本书。

本书共十三章，以测绘法为主线，涵盖了测绘法律、行政管理、生产管理等方面的主要内容，内容丰富、层次分明，既可作为测绘地理信息类专业的教学用书，也可作为从业人员学习的参考书或培训教材。本书内容具有以下特点：

第一，紧扣测绘管理实践。本书紧密围绕测绘法中所涉及的各类具体制度，系统阐述了测绘行政管理和测绘生产环节中可能面临的相关法律、管理知识。各章节内容相互关联又相对独立，既强调理论性和实用性，又注重全面性和针对性，体现了实时、实效、实用的特点。

第二，符合教育发展规律。坚持以拓展学生的知识面、树立依法测绘和维护国家安全意识为目标，在体例上精心设计。知识点言简意赅，概念清晰，专而不杂。每章均设计了思考题，供学生进一步思考和探究，更加贴近高等院校学生的实际需要。

第三，注重应用能力培养。从强化学生应用能力培养出发，本书对测绘各个领域均适用并应遵循的制度进行了诠释，基本覆盖了需要掌握的所有测绘法律和测绘管理知识，更加注重提高教学的可操作性和实际效果。

参与本书编写的人员来自不同的岗位，有来自政府主管部门的干部，有来自高校的骨干教师，还有来自测绘一线的专业技术人员，他们长期从事测绘法律和测绘管理工作，有着丰富的实践经验和管理经验。每位编写人员都以高度负责和科学严谨的态度，深入研究，数易其稿，以确保本书的编写质量和使用效果。

在本书的编写过程中，自然资源部总规划师武文忠、地理信息管理司副司长丁明柱、自然资源确权登记局副局长赵燕、自然资源部测绘发展研究中心主任陈常松，为本书提出了高屋建瓴的修改意见。此外，自然资源部国土测绘司基础测绘处处长严荣华、地理信息管理司地图管理处处长孙维先、地理信息管理司应用处处长徐永也对本书提出了宝贵的修改意见。在此，对本书的编写人员及对本书出版作出贡献的各方表示由衷的感谢。

由于编写时间要求和编写人员专业的局限性，书中难免会有错误和疏漏之处，真诚地希望大家提出宝贵意见，以便今后进一步修订和完善。

目　录

第一章　测绘法概述

第一节　测绘法的概念与渊源

一、测绘的基本内涵

(一) 测绘的概念

测绘法明确规定，测绘是指对自然地理要素或者地表人工设施的形状、大小、空间位置及其属性等进行测定、采集、表述，以及对获取的数据、信息、成果进行处理和提供的活动。

其中，"自然地理要素"是指由于自然形成的水系、地形、海岸线、土质和植被等要素，如河流、湖泊、山脉、山峰、沙漠、森林、草原等。

"地表"是指地球的表面层，包括地下、地上、海底及其他水下等。

"人工设施"是指人工建造的、非自然形成的要素，如居民地、厂矿、学校、道路、桥梁、隧道、水库、地下地上管线、界桩、标志等。

"测定、采集、表述，以及对获取的数据、信息、成果进行处理和提供的活动"，通常包括大地测量、测绘航空摄影、摄影测量与遥感、地理信息系统建设、工程测量、不动产测绘、海洋测绘、地图编制、导航电子地图制作、互联网地图服务以及所有测绘成果的提供使用等活动。

测绘是国家宏观管理、资源调查、国土空间规划、重点建设布局、土地开发利用、防灾减灾救灾、环境保护治理以及满足人民群众生产生活需要等不可或缺的重要基础工作，是社会主义现代化建设事业的一种重要保障手段。为加强测绘管理，促进测绘事业发展，保障测绘事业为国家经济建设、国防建设、社会发展和生态保护服务，维护国家地理信息安全，必须建立和完善我国的测绘法律制度，夯实测绘事业发展的法治基础。

(二) 测绘的作用

2011 年 5 月 23 日，李克强同志来到中国测绘创新基地，视察指导测绘地理信息工作，从战略和全局的高度，深刻阐述了测绘地理信息工作的极端重要性，充分肯定了测绘地理信息发展取得的显著成绩，高度评价了测绘地理信息工作者的眼光、激情和智慧。

1. 测绘地理信息是经济社会活动的重要基础

测绘的水平反映了人类文明进步的水平。人类对地理信息的掌握程度，决定了自身的视野和活动范围。随着经济社会的快速发展和科学技术的不断进步，测绘地理信息应用范围越来越广、作用越来越大。

2. 测绘地理信息是全面提高信息化水平的重要条件

当今世界，信息化带来了人类生产生活方式的深刻变化。全面提高信息化水平对于改善经济运行和社会管理、提高政府行政能力、推进城镇化进程、提升人民群众生活质量，都具有重要的作用。而这些领域的信息化，都需要地理信息服务。可以说，离开了准确、丰富的地理信息，就不可能实现经济社会各领域的信息化。

3. 测绘地理信息是转变经济发展方式的重要支撑

现代测绘技术和地理信息资源是研究和解决资源、环境、人口、灾害等经济社会可持续发展重大问题的重要手段。利用测绘地理信息，可以准确把握自然环境的现状和变化趋势，优化国土空间布局，有利于以最低的资源消耗和环境代价达到最好的效益。加强测绘地理信息工作，对于转变经济发展方式、调整经济结构具有支撑和推动作用。

4. 测绘地理信息是战略性新型产业的重要内容

经历了国际金融危机的冲击，各主要发达国家都在抢占未来发展的制高点。"十二五"以来，我国一直强调要培育发展战略性新型产业。地理信息产业具有科技含量高、环境污染少、市场前景广阔、吸纳就业能力较强的特点，是战略性新型产业和生产型服务业的重要结合点，开发利用潜力很大。地理信息的不断丰富和广泛应用，将促进物联网、数字城市等领域及关联服务业的发展，完善"网络化"社会管理，支撑重大项目科学决策，带动劳动就业，方便生产生活，对经济起到"助推器"的作用。

5. 测绘地理信息是维护国家安全利益的重要保障

地图是国家版图的主要表现形式，直接反映国家的主权范围，体现国家的政治主张，具有严肃的政治性、严密的科学性和严格的法定性。测绘地理信息是国家边界管理和勘界的重要手段，也是边界谈判的重要依据。我国版图在地图上的表示准确与否，直接涉及我国的领土完整和民族利益。在现代高技术战争条件下，测绘地理信息也是赢得胜利的重要因素。

二、测绘法的概念

测绘法是调整人们在测绘活动及其相关活动中的行为或社会关系的法律规范。广义的测绘法是指包含《中华人民共和国测绘法》（以下简称《测绘法》）在内的，由国务院制定的测绘行政法规、地方国家权力机关制定的地方性测绘法规、国务院测绘地理信息主管部门和省级人民政府制定的测绘规章、规范性文件等构成的有机整体，是规范测绘活动的法律规范总称。狭义的测绘法，单指《测绘法》。

《测绘法》是在中华人民共和国领域和管辖的其他海域内从事一切测绘活动的基本法律规范和行为准则，是各级人民政府及其测绘地理信息主管部门进行监督管理和行政执法的法律依据。

三、测绘法的渊源

法律渊源是区分法律与其他社会规范的一个重要标志。不是所有的社会规范都是法律，只有那些由一定国家机关通过一定程序制定或认可的、成为法律的一种渊源的社会规范，才是法律。不同法律的渊源适合于调整不同的社会关系，也有不同的技术特点，研究法律的渊源问题，有助于立法者采用适当法的形式调整一定的社会关系，运用特定的立法技术制定或认可特定形式的法律。

"法律是治国之重器，良法是善治之前提。"作为我国测绘工作基本法的《测绘法》，历经 1992 年产生、2002 年首次修订、2017 年再次修订，已经成为测绘地理信息主管部门管理测绘工作的基本法律，成为从事测绘活动的基本行为准则。

(一)《测绘法》的产生

中华人民共和国成立以来，国家十分重视测绘立法工作。1955 年 12 月，国务院发布《关于长期保护测量标志的命令》；1959 年 9 月，国务院批准《中华人民共和国大地测量法式(草案)》；1965 年 5 月，国务院发布了地图上边界画法的规定；1976 年 1 月，国务院、中央军委联合发出了《关于加强地图国界线画法审查工作的通知》；1980 年 1 月，国务院批准国家测绘总局修订了《我国地图编制出版管理办法》；1984 年 1 月，国务院颁布了《测量标志保护条例》；1989 年 3 月，国务院第 32 号令颁布了《中华人民共和国测绘成果管理规定》(以下简称《测绘成果管理条例》)。

测绘法创制起步于国家改革开放初期，以 1982 年新宪法颁布为契机，在人民主权原则、国家法治原则、公权力制约原则被重视后，顺应时代发展而产生。20 世纪 80 年代初，全国人民代表大会在制定的《1982—1986 年经济立法规划》中，将《测绘法》作为一个经济立法项目列入规划之中。按照规划要求，1984 年 7 月成立了《测绘法》起草领导小组，10 月向国务院呈报《关于〈测绘法〉起草工作的报告》。1986 年 4 月起草《测绘法(草案)》，后经八次会议审议，五易其稿。1987 年 11 月，向国务院上报《测绘法(草案)》送审稿；1992 年 8 月经由国务院第 110 次常务会议审议通过，最终历时 8 年时间，于 1992 年 12 月 28 日经第七届全国人民代表大会常务委员会第二十九次会议审议通过，时任国家主席杨尚昆签署第 66 号主席令予以公布，于 1993 年 7 月 1 日起施行。当时，《测绘法》是我国发布的为数不多的专业法之一。

《测绘法》的制定出台，彻底解决了我国历史上测绘工作无法可依的状态，填补了我国测绘法律的空白，并用法律的形式确定了全国统一的测绘基准和测绘系统，建立了基础测绘工作制度，基础测绘于 1997 年正式纳入国家国民经济和社会发展年度计划，大力推动了测绘科学技术的进步与发展，为测绘成果质量管理、资质管理、地图管理、成果保密管理等提供了法律基础，授权制定测绘市场管理制度，促进了测绘市场规范化，为地方测绘立法提供了法律依据。依据这部《测绘法》，国务院分别于 1995 年 7 月颁布了《中华人民共和国地图编制出版管理条例》(以下简称《地图编制出版管理条例》)，于 1996 年 9 月颁布了《测量标志保护条例》，初步建立了我国测绘法律体系的制度框架。

(二)测绘法第一次修订

法需要不断地修订完善，不修法就会落后于时代，不修法就会局限于现状而阻碍发展。我国第一部测绘法是在我国由计划经济逐步向市场经济过渡初期制定的，带有浓厚的计划经济色彩。随着我国改革开放的不断深化和社会主义市场经济的不断发展，这部测绘法建立的一些法律制度和原则规定已不能很好地适应当时测绘工作发展的需要，在执行过程中出现了一些亟待解决的问题。例如，当时的测绘法没有确立统一监督管理的测绘行政管理体制，还实行分部门管理，没有明确规定基础测绘在国民经济和社会发展中的地位和财政投入机制，测绘市场管理制度不完善，没有国际上通行的注册测量师制度等。因此，2002 年 8 月 29 日，第九届全国人大常务委员会第二十九次会议对测绘法进行了第一次修订，江泽民主席以第 75 号主席令予以公布，并自 2002 年 12 月 1 日起施行。这部测绘法建立了统一监督管理的测绘行政管理体制，明确了各级人民政府及各级人民政府测绘地理信息主管部门的工作职责，建立了基础测绘工作制度和财政投入体制，明确了相关法律责任，在我国测绘事业转型发展过程中发挥了重要的作用。依据修订后的测绘法，国务院在此期间先后出台了《测绘成果管理条例》《地图编制出版管理条例》和《测量标志保护条例》等，地方性测绘法规创制也取得了重大进展，形成了以测绘法为核心，以行政法规、地方性法规、规章相配套的测绘法律体系，我国测绘法制建设迈上良性发展的轨道。

（三）测绘法第二次修订

2002 年测绘法修订实施以来，随着我国经济社会发展全面提速，测绘科学技术水平不断提升，各行业、各领域对测绘成果的需求日益增加，测绘技术进步和测绘成果应用不断拓展，新需求、新应用、新矛盾不断涌现，对地理信息应用与管理不断提出新要求，测绘法的部分规定，已不能很好地适应新形势、新任务和新要求。包括：测绘成果开发利用不足，缺乏有效共享机制；卫星导航定位基准站安全隐患突出，地理信息安全风险增大，泄密事件频发，行政审批制度改革事项需要修改法律予以确认等。2015 年 4 月，原国土资源部、原国家测绘地理信息局起草《测绘法修正案草案（送审稿）》，报请国务院审议。国务院法制办广泛征求意见，进行实地调研，召开专家座谈会，反复研究修改，形成修订草案经国务院第 143 次常务会议审议通过。历时 7 年时间，2017 年 4 月 27 日，第十二届全国人民代表大会常务委员会第二十七次会议审议通过了《测绘法》修正案，国家主席习近平以第 67 号主席令予以公布，自 2017 年 7 月 1 日起施行。新修订的《测绘法》是党的十八届三中、四中、五中、六中全会精神的深入贯彻，是法治政府建设在测绘行业的具体实践。新修订的《测绘法》在首次修订时增加一章的基础上，又增设一章"监督管理"，条目由 1992 年的 34 条增加到 68 条，字数比 2002 年多 2122 字，比 1992 年多 5041 字，而且更加关注"放管服"改革的顶层设计，主要体现在以下几个方面："一放"：取消采用国际坐标系统审批和基础测绘规划备案，下放永久性测量标志拆迁审批层级，优化了审批流程，减少了审批层级；"二管"：建立健全随机抽查工作机制，加强测绘事中事后监管，促进测绘单位诚信自律，避免检查任性、执法扰民、选择执法等问题；"三服"：建立地理信息公共服务平台，整合分散的数据，推动信息互联互通，加快数据融合，及时做好基础地理信息数据获取、处理和更新，促进地理信息共享利用。

新修订的《测绘法》共 10 章 68 条，分总则、测绘基准和测绘系统、基础测绘、界线测绘和其他测绘、测绘资质资格、测绘成果、测量标志保护、监督管理、法律责任和附则。此次《测绘法》修订明确了"加强测绘管理，促进测绘事业发展，保障测绘事业为经济建设、国防建设、社会发展和生态保护服务，维护国家地理信息安全"的立法宗旨，贯彻了"加强共享、促进应用，统筹规划、协同指导，规范监管、强化责任，简政放权、优化服务"的基本原则。

第二节　测绘法的特征与适用范围

一、测绘法的特征

(一)调整测绘法律关系主体行为

测绘法规定了各级人民政府、各级人民政府测绘地理信息主管部门、各级人民政府有关部门、军队测绘部门、测绘单位、测绘项目立项及项目招投标单位、外国的组织或者个人、公民以及其他有关主体的权利和义务，涉及测绘法律关系的全部主体。因此，可以说，测绘法是调整一切测绘法律关系主体行为的法律。

(二)规范测绘各类活动

测绘法确定的法律制度涉及测绘活动的各个方面，包括建立测绘基准和测绘系统，大地测量，国家基本比例尺地图测绘，基础测绘，海洋测绘，国界线测绘，不动产测绘，行政区域界线测绘，建立地理信息系统，地理国情监测、地图编制、出版、展示、登载等各个领域，对所有涉及自然地理要素和地表人工设施的测定、采集、加工、处理、提供等测绘活动都进行了规范。因此，测绘法是规范测绘活动的法律。

(三)明确测绘管理主要制度

测绘法确立的测绘法律制度不仅涉及所有的测绘活动，也包含了测绘行政管理的各个方面；不仅建立了统一监督管理的测绘行政管理体制，明确了测绘行政管理职责，也规定了各级测绘地理信息主管部门在测绘基准和测绘系统、基础测绘、不动产测绘、界线测绘、测绘成果管理、地理信息安全管理等测绘活动中的具体管理职责。从测绘项目立项、测绘市场准入、测绘项目招投标、测绘生产技术活动、测绘成果质量监督、测绘成果汇交与保管、测绘成果提供利用、涉密地理信息安全管理、测量标志保护等各个方面，都建立了严格的测绘法律制度，并明确了相应的法律责任，测绘法确立的测绘法律制度覆盖了测绘工作的各个方面。

(四)强化测绘行政管理

测绘法不仅建立了统一监督管理的测绘行政管理体制，明确了测绘工作的性质和地位，并且确定了各级人民政府及测绘地理信息主管部门的法定职责，同时还要求各级人民政府应当加强对测绘工作的领导，建立了统一测绘基准和测绘系统、测绘市场准入管理、基础测绘组织保障、测绘成果管理、地图管理、地理信息安全监管等完整的法律制度。测绘法作为一部把规范测绘行政管理行为作为重要内容的行政法，以加强测绘管理为根本立法宗旨，自始至终贯穿了加强测绘管理这条主线。

二、测绘法的调整对象

法律的调整对象是构成一部法律独立存在并区别于其他法律的重要因素。法律的调整对象是指法律所调整的社会关系，每部法律都有特定的调整对象，不同的社会关系需要由不同的法律规范来调整。

测绘法调整的对象是在测绘活动中产生的测绘行政管理关系和测绘经济关系。测绘行政管理关系是指各级测绘地理信息主管部门在实施测绘行政管理过程中，与其行政管理的对象即行政管理相对人之间产生的关系。测绘法明确各级测绘地理信息主管部门管理测绘工作的职责，在履行测绘地理信息管理职责时，便产生了测绘行政管理关系。

测绘经济关系是指在测绘活动中发生的经济协调关系。在测绘活动中，测绘单位与单位之间、部门之间、地区之间发生了大量的纵向和横向的经济协调关系。这些经济关系除了受国家其他法律调整外，还必须要由测绘法直接进行调整。

三、测绘法的适用范围

《测绘法》规定，在中华人民共和国领域和中华人民共和国管辖的其他海域从事测绘活动，应当遵守本法，是指测绘法适用于中华人民共和国领域和中华人民共和国管辖的其他海域内的测绘活动。在这个空间范围内，必须依照测绘法的规定从事测绘活动、调整各种测绘法律关系和进行测绘行政管理。

(一) 测绘法的空间效力

测绘法的空间效力，是指测绘法在中华人民共和国领域和中华人民共和国管辖的其他海域内适用。

中华人民共和国领域是指我国行使主权和排他性管辖权的空间(即我国的领土范围)。包括国家疆界以内的陆地、水域及其上空和底土，即由领陆、领水、领陆及领水的底土和上空所组成。领陆是指位于中华人民共和国疆界以内的陆地领土，中华人民共和国的陆地领土包括中华人民共和国大陆及属于中华人民共和国的岛屿。领水是指位于中华人民共和国陆地疆界以内以及与陆地疆界相邻接的一定宽度的水域。领水可分为内水和领海，内水是指疆界之内的河流、湖泊及领海基线向陆地一侧的水域，如渤海湾和琼州海峡等；其中，领海基线向陆地一侧至大陆之间的水域又被称为内海。领海是指邻接中华人民共和国陆地领土和内水的一带海域，中国领海的宽度从领海基线量起为12海里。领陆及领水的底土是指领陆以下的底土和领水的底床(包括海床)和底土。领空是指领陆和领水的上空。领空的上限一般至空气空间的最高层，不包括外层空间。领域有延伸的含义，包括我国的驻外使领馆的馆舍和我国在国外的公用船舶或飞机等。

中华人民共和国管辖的其他海域，包括我国领海以外的邻接领海并属我国专属管理的一定宽度的海域，即毗连区、专属经济区和大陆架及我国有历史性权利的海域。

其中，毗连区是指沿海国领海以外毗邻领海，由沿海国对其海关、财政、卫生和移民等类事项行使管辖权的一定宽度的海洋区域。毗连区从领海基线量起不超过 24 海里。毗连区又称"邻接区""海上特别权"。专属经济区是国际公法中为解决国家或地区之间因领海争端而提出的一个区域概念，是指领海以外并邻接领海的一个区域，专属经济区从测算领海宽度的基线量起，不应超过 200 海里，除去离另一个国家更近的点。大陆架是一国陆地领土在海水下的自然延伸，这是沿海国对大陆架享有某些主权权利的理论根据。大陆架是围绕大陆和岛屿的浅海区，是陆地向海洋自然延伸并被海水淹没的部分，坡度极为平缓，海水很浅，一般深度不超过 200 米。

《测绘法》作为一部全国性法律，在法律适用上有一个例外。我国对设立的香港特别行政区和澳门特别行政区，分别制定实施了《中华人民共和国香港特别行政区基本法》和《中华人民共和国澳门特别行政区基本法》。根据这两部特别行政区基本法的规定，只有列入基本法附件的全国性法律，才能在特别行政区适用，其他未被列入附件的全国性法律不适用于香港和澳门特别行政区。测绘法未被列入上述两部特别行政区基本法的附件中，因此，测绘法在我国的香港和澳门特别行政区不适用。

（二）测绘法的时间效力

《测绘法》于 1992 年 12 月 28 日第七届全国人民代表大会常务委员会第二十九次会议通过，1993 年 7 月 1 日起施行，经过 2002 年 8 月 29 日第九届全国人民代表大会常务委员会第二十九次会议第一次修订，以及 2017 年 4 月 27 日第十二届全国人民代表大会常务委员会第二十七次会议第二次修订，最新修订的《测绘法》自 2017 年 7 月 1 日起生效。

（三）测绘法的主体效力

测绘法的主体效力，是指测绘法对从事测绘活动的单位或者个人以及其他组织适用，都应当遵守本法。

第三节　测绘法的立法宗旨

一、加强测绘管理

《测绘法》第一章总则第一条明确规定："为了加强测绘管理，促进测绘事业发展，保障测绘事业为经济建设、国防建设、社会发展和生态保护服务，维护国家地理信息安全，制定本法。"这一条对测绘法的立法宗旨作出了明确规定。

测绘通过提供与地理空间位置有关的各种信息，广泛服务于经济建设、国防建设、社会发展和生态保护各个领域，它是国家宏观管理、资源调查开发、国土空间规划、环境保护监测、重点建设布局、土地开发利用、不动产管理、重大灾害监测、城乡规划建设、农业、水利、电力、交通、能源和国防建设不可缺少的重要手段，是经济社会发展的一项前期性、基础性工作。

近年来，随着测绘科技水平不断提高，社会对地理信息的需求日益增加，地理信息跨界融合发展趋势越发明显，测绘服务的领域更加广泛，测绘与国家主权和安全、经济建设、国防建设、社会发展和生态保护的关系更加紧密，对测绘管理和地理信息应用服务提出了更高的要求。测绘法是从事测绘活动的基本行为准则，是从事测绘行政管理的基本依据，是从事测绘活动和进行测绘管理的根本大法，在我国测绘法律体系中处于核心地位。测绘法通过调整在测绘管理和测绘活动中发生的各种关系，确定了各有关方面的权利和义务，明确了测绘地理信息主管部门的职责，为测绘管理提供了有力的法律支撑。可以说，以加强测绘管理作为立法宗旨，不仅充分反映了测绘管理的重要性和必要性，也反映了规范测绘管理行为是测绘法的重要内容，还反映了新时期测绘工作的重要地位和作用。

二、促进测绘事业发展

法律作为调整社会关系的上层建筑，是为经济基础和发展社会生产力服务的。将促进测绘事业发展作为立法宗旨，正是反映了为经济基础服务、为社会生产力服务的根本要求。测绘事业是为经济建设、国防建设、社会发展和生态保护提供保障服务，维护国家地理信息安全，且具有一定规模和系统的经常性活动的总称。测绘事业包括测绘生产、科研、教育、信息服务、软件研发、出版、仪器制造等专业队伍和各级测绘地理信息主管部门以及这些专业队伍和主管部门的能力、水平和发展状况等。

经过改革开放 40 多年的发展，我国的测绘事业已经具有相当规模并形成了比较完整的体系，已逐步建立了具有全方位服务能力的测绘力量，测绘生产、科研、教育、信息服务、软件研发、出版、仪器制造等专业队伍门类齐全，县级以上测绘地理信息管理体制和管理制度逐步健全，测绘法律体系基本建成，测绘事业发展取得了显著成绩。

近年来，随着测绘事业的快速发展和各项改革的不断深化，测绘事业发展在迎来战略机遇的同时，也面临着巨大的挑战，主要体现在以下三个方面：一是测绘成果开发利用不够，缺乏有效共享利用的机制。基础地理信息数据获取和利用不充分、更新缓慢，成果共享机制不健全，存在重复测绘和信息孤岛的现象，需要完善机制、明确责任、促进应用共享。二是地理信息安全风险增大，泄密事件频发，亟须加强涉密地理信息安全监管。地理信息获取、处理、应用从专业化向大众化转变，服务内容从静态数据向网络动态数据转变，服务对象从以部门为主向以社会公众为主转变，地理信息安全风险不断增大。特别是卫星导航定位基准站安全隐患突出，基准站建设和运行维护缺乏统一规范和有效监管，给国家安全带来巨大威胁，亟待依法加强管理。三是地理信息产业发展亟须加强引导。地理信息市场需求旺盛，测绘成果应用与保密的矛盾突出，政府部门间地理信息资源缺乏共享，地理信息产业结构亟须调整和优化升级。

为有效解决上述问题，更好地促进测绘事业发展，按照"推进地理信息规范监管和广泛应用"的总要求，2017 年全国人大常委会在修订测绘法时，坚持保障地理信息安全和促进地理信息产业发展并重，主要遵循以下原则：一是加强共享、促进应用。通过建立健全政府部门间地理信息资源共建共享机制，建立地理信息公共服务平台，推进信息互联互通，强化测绘地理信息主管部门获取、处理、更新基础地理信息数据职责，促进地理信息广泛应用。二是统筹管理、提升服务。测绘地理信息主管部门会同有关部门统筹考虑各行业、各领域对卫星导航定位基准站建设和应用需求，加强备案管理和规范指导。会同有关部门开展地理国情监测，加强不动产测绘管理，提升测绘保障服务水平。三是规范监管、强化责任。明确测绘地理信息主管部门及其相关部门的监管职责，建立地理信息安全管理制度和技术防控体系，对涉密地理信息实施可追溯管理，实现各环节信息可查询、来源可追溯、去向可追踪、责任可追究，完善监督检查措施，加大对违法行为的处罚力度。四是简政放权、放管结合。取消和下放相关行政审批事项，建立测绘市场信用体系，明确建立随机抽查工作机制，着力创新市场监管方式，强调对地理信息市场从业单位的事中事后监管，全面落实党中央、国务院关于"放管服"改革的总体部署要求，为促进测绘事业发展创造良好的环境，促进测绘事业发展贯彻于测绘法的全部内容。

三、保障服务经济社会发展

地理信息是经济社会活动的重要基础，测绘的水平反映了人类文明进步的水平。随着现代测绘与地理信息技术的不断进步和测绘事业的改革创新发展，为经济建设、国防建设、社会发展和生态保护服务已成为新时期测绘事业发展的首要任务。

(一) 测绘是经济建设的重要基础

人类活动信息的80%与地理信息有关。地理信息是国民经济和社会信息集成的载体，具有较好现势性和高精度的地理信息数据，可以广泛应用于人类经济社会活动的各个方面，并对经济增长、环境质量改善和社会发展进步提供基础保障，地理信息资源已成为国家重要的、基础性战略信息资源。当今世界，信息化带来了人类生产生活方式的深刻变化。全面提高信息化水平，对于改善经济运行和社会治理、提高政府治理能力、推进城镇化进程、提升人民群众生活质量等，都具有重要的作用。而这些领域的信息化，都需要准确、可靠的基础地理信息服务。没有测绘提供的基础地理信息，将影响很多与地理信息有关的信息系统的建设和发展，就不可能实现经济社会各领域的信息化。

(二) 测绘是国防建设的重要保障

从古至今，以地图为主要表现形式的地理信息一直是军事战争中不可或缺的重要信息。在现代高技术战争条件下，高精度地理信息是制定和部署战略方案、指挥控制战场、精确定位敌方目标、评估战后毁伤的重要军事情报信息。测绘工作涉及国家秘密，事关国家主权、安全和利益。测绘为现代战争提供实时远程精确打击的地理信息，是赢得战争主动权的基础性工具，是赢得现代高技术战争和信息化战争胜利的重要因素。掌握了一个国家各大关键基础设施的地理坐标及相关属性信息，也就意味着该国的国防与经济命脉都逃不过对手的耳目。作为国家战略性信息资源的重要内容，地理信息特别是重要军事设施、国家重要基础设施等敏感地理信息一旦泄露，不可逆转，其长期的潜在危害难以估量，将会对国家安全和利益造成无法挽回的损失。

(三) 测绘是社会发展的重要手段

研究解决人口、资源、环境、灾害等可持续发展问题，离不开地理空间信息的支撑，现代测绘已经成为世界各国实现可持续发展的重要手段之一。我国测绘工作为科学管理决策、空间治理体系建立、基础设施建设、资源开发利用、生态环境保护和百姓生产生活等提供了及时可靠的保障服务，为经济社会可持续发展奠定了坚实的基础。我国地理信息产业发展已经延伸到人民群众的衣食住行等各个方面，并通过分享经济和信息消费促进了关联产业的发展，测绘工作逐步融入经济社会发展的主战场，成为可持续发展的基础工具。现代测绘技术是空间技术和信息技术的集成，是高新技术的重要组成部分，是航天技术、卫星技术、计算机技术、现代通信技术、大数据技术、人工智能技术等高新技术的综合集成，其发展水平体现了国家的综合国力。随着测绘技术加快与互联网、云计算、大数据、人工智能等新技术融合发展，其日益成为大众创业、万众创新的重要领域，并推动相关技术进步发展和产业发展。

（四）测绘是生态保护的重要支撑

2015 年 4 月，中共中央、国务院印发的《关于加快推进生态文明建设的意见》，要求"利用卫星遥感等技术手段，对自然资源和生态环境保护状况开展全天候监测，健全覆盖所有资源环境要素的监测网络体系"。党的二十大报告指出："中国式现代化是人与自然和谐共生的现代化。人与自然是生命共同体，无止境地向自然索取甚至破坏自然必然会遭到大自然的报复。我们坚持可持续发展，坚持节约优先、保护优先、自然恢复为主的方针，像保护眼睛一样保护自然和生态环境，坚定不移走生产发展、生活富裕、生态良好的文明发展道路，实现中华民族永续发展。"加快推进生态文明建设，需要加快提升测绘工作的深度和广度，形成更为全面有效的基础地理信息数据支撑体系，迫切要求自然资源调查和自然资源监测提供权威、可靠、及时的国情国力数据。近年来，各级测绘地理信息主管部门在国务院的统一部署下，开展了全国第一次地理国情普查和地理国情监测工作，紧紧围绕生态文明建设重大部署，在国土空间开发、生态环境保护、资源节约利用、建立生态文明制度体系等方面开展了近 100 项地理国情监测项目，取得了一批重要监测成果，服务于生态文明建设目标评价考核、资源环境承载力监测预警评价、领导干部自然资源资产离任审计等生态文明建设重点领域，为生态保护提供了科学准确的技术支撑、空间基础、监督检查等保障服务。因此，测绘法将为生态保护服务作为根本的立法宗旨，并指引测绘保障服务的转型发展方向。

四、维护国家地理信息安全

地图是国家版图的主要表现形式，直观反映国家的主权范围，体现国家的政治主张，具有严肃的政治性、严密的科学性和严格的法定性。测绘是国家边界管理和勘界的重要手段，也是边界谈判的重要依据。精确、可靠的地理信息是反恐维稳、应急处突的重要基础，也是现代战争实施精准打击的重要保障和赢得战争的重要因素。

现代战争更加依赖精准地理信息。高精度的地理信息数据运用到制导武器系统中，能实现远程精确打击重要目标，给国家安全造成极大的威胁。美军导弹奇高的命中率与其掌控高精度地理信息数据密切有关。伊拉克战争中，美英联军使用的精确制导武器命中率达到 68%。美军利用多种传感器组成了严密的遥感探测网，可实时、全天候地测定战区固定与移动目标的坐标。这些实时方位数据与先期储存在伊拉克地形数据库中的数据形成了伊拉克战场的数字空间框架，为精确制导弹药，如巡航导弹、"联合直接攻击弹药"

（JDMA）和"联合防区外武器"（JSOW）等提供了导航数据。2011 年，美国使用 RQ-170 无人机对本拉登跨境开展"猎杀"行动，使人们更加清醒地意识到准确的地理信息对现代军事战争的重要作用。

现代战争正向信息化战争演变。现代战争发展的特点是战争空间不断延伸，由陆地、海洋、空间扩展到太空、网络，信息主导、体系支撑、精确作战、全域机动、网络攻防已成为战争制胜的重要因素，呈现出远程精确化、智能化、隐身化和无人机化的发展趋势。美国建立的全球快速打击系统，可在一个小时内打遍全球。而精准的地理信息和导航定位支撑是信息化战争的重要内容。近年来，随着我国综合国力和国际地位的提升，一些境外组织或个人对我国重要地理信息数据的关注度日益提高。他们常以合资、考古、考察、探险、旅游等形式做掩护，对我国的交通要道、军事设施、国防项目等进行非法测绘。事实上，境外敌对势力或外国情报机构从来就没有停止对我国地理信息情报的窃取活动，他们打着各种幌子，采取多种手段，通过非法途径，获取我国重要地理信息，并呈现出主体多、领域广、方式多、手段新的特点。网民的疏忽无知、间谍的居心叵测，使失泄密案件时有发生，严重威胁国家安全和利益。国际形势的深刻变化，要求我们必须时刻保持头脑清醒，防微杜渐。

信息化、智慧化时代，测绘与国家安全的关联度越来越大，在维护政治、经济、军事、科技和其他非传统领域国家安全中发挥着重要作用。随着卫星定位、遥感技术的快速发展，测绘技术与信息技术、网络技术高度融合，地理信息日益呈现出高精度、易采集、易传输等特点，地理信息安全隐患突出，安全监管面临严峻挑战，违法案件时有发生。近年来，国家安全部门、保密部门、测绘地理信息主管部门密切配合，连续查处多起外国组织和个人窃取我国涉密地理信息的案件，手段多样、危害严重，影响重大，中央领导同志多次就地理信息安全作出重要指示批示。因此，切实加强地理信息安全监管，维护国家安全愈显重要和紧迫。测绘法将维护国家地理信息安全作为立法宗旨，凸显了测绘工作事关国家安全的重要性，要求我们认清地理信息安全形势，全面贯彻落实总体国家安全观，坚持统筹发展和安全，坚持底线思维，提高危机意识，按照测绘法关于加强地理信息安全监管的一系列要求，进一步健全地理信息安全监管的体制机制，全面提升地理信息安全监管的能力和水平，把维护国家地理信息安全的战略主动权牢牢掌握在我们自己手中，更好地肩负起维护国家安全的历史责任。

第四节　测绘法的地位与作用

一、测绘法的地位

（一）测绘法是测绘工作的基本法律

测绘法是由我国最高国家权力机关制定的国家法律，是从事测绘活动和进行测绘行政管理的基本法律，也是国务院制定测绘行政法规和省、自治区、直辖市制定地方性测绘法规以及国务院各部委、各省级人民政府制定部门或政府规章的基本法律依据，任何法律文件都不得与测绘法相抵触。

测绘事业是经济建设、国防建设、社会发展的基础性事业。测绘活动和测绘行政管理涉及的所有法律主体，包括测绘地理信息主管部门、政府其他有关部门、测绘单位、工程建设单位、项目招投标单位、互联网地图服务单位，以及专业技术人员、从事测绘活动的其他人员、使用测量标志的人员等个体，都必须受测绘法的规范和调整。

(二)测绘法是测绘活动的基本准则

测绘法不仅明确了测绘的基本含义和测绘行政管理体制，确立了测绘活动的基本原则和市场准入机制，并且建立了测绘基准和测绘系统、基础测绘保障、地理国情监测、不动产测绘、国界线测绘、行政区域界线测绘、成果开发利用、建立地理信息系统、互联网地图服务等管理制度，几乎覆盖了测绘活动的各个方面。因此说，测绘法是规范测绘活动的法律，是从事测绘及其相关活动的基本准则。违反这个准则，就要承担相应的法律责任，受到法律的制裁。

(三)测绘法是测绘行政管理的基本依据

测绘法不仅建立了统一监督管理的测绘行政管理体制，确立了各级人民政府、各级人民政府测绘地理信息主管部门、政府各有关部门的测绘工作管理职责，并且明确了相应的法律责任。测绘法规定，县级以上人民政府测绘地理信息主管部门或者其他有关部门工作人员利用职务上的便利收受他人财物、其他好处或者玩忽职守，对不符合法定条件的单位核发测绘资质证书，不依法履行监督管理职责，或者发现违法行为不予查处的，对负有责任的领导人员和直接责任人员，依法给予处分；构成犯罪的，依法追究刑事责任。因此，测绘法是测绘行政管理的基本依据，测绘行政管理的一切活动，都必须严格依法进行，坚持依法行政。

(四)测绘法是考核依法行政的重要标尺

测绘法在建立一系列测绘法律制度，明确各级人民政府测绘地理信息主管部门工作职责的基础上，也规定了各级人民政府的工作职责。要求各级人民政府应当加强对测绘工作的领导，将基础测绘工作所需经费列入本级政府预算，发挥地理国情监测成果在政府决策、经济社会发展和社会公众服务中的作用，建立健全政府部门间地理信息资源共建共享机制等。因此，测绘法的贯彻实施不仅对测绘事业发展至关重要，也名副其实地成为考核各级政府履行职责的一把尺子。一个地区测绘工作做得好不好，各级人民政府有着不可推卸的责任。因此，各级人民政府应当认真贯彻落实测绘法，依法履行测绘法赋予的各项测绘工作职责。

二、测绘法的作用

(一)明确法律主体在法律上的权利义务

测绘法不仅明确了各级测绘地理信息主管部门的工作职责，并且明确了测绘单位、工程建设单位、项目招投标单位、成果保管单位、成果使用单位以及互联网地图服务单位，地图编制、出版、展示、登载单位以及政府其他有关部门的权利和义务，同时还涉及专业技术人员、从事测绘活动的人员以及测量标志保管人员等个人的权利义务。这些不同的法律主体在测绘活动以及相关活动中具有不同的法律地位，拥有不同的权利和义务。这些权利和义务都是通过测绘法来规范和调整的，从而有效地保障了不同法律主体的合法权益，促进和推动着测绘事业的发展。

(二)评定测绘主体行为的合法性

测绘法通过建立和完善相应的测绘法律制度，明确测绘主体行为的合法性，从而评判他们在测绘工作中的行为是否合法。测绘法通过明示各相关法律主体应当作为和不应该作为，从而对那些不合法的行为起到警示和预警作用，要求他们必须依照测绘法的要求进行依法测绘。如《测绘法》第五条规定："从事测绘活动，应当使用国家规定的测绘基准和测绘系统，执行国家规定的测绘技术规范和标准。"此条规定明示从事测绘活动不使用国家规定的测绘基准和测绘系统(特殊情况除外)，不执行国家规定的测绘技术规范和标准，是违法行为，必须予以禁止。

(三)预测测绘行为的法律后果

测绘法通过制定相应的测绘法律制度，规定相应的法律责任，可以让测绘行为主体能够准确地预测到自己的行为后果，明晰各种合法行为或者违法行为所必然产生的法律后果，从而预防不法行为的产生。如《测绘法》第五十二条规定，"违反本法规定，未经批准擅自建立相对独立的平面坐标系统，或者采用不符合国家标准的基础地理信息数据建立地理信息系统的，给予警告，责令改正，可以并处五十万元以下的罚款；对直接负责的主管人员和其他直接责任人员，依法给予处分。"通过学习和掌握测绘法的制度性规定和法律责任，测绘行为主体完全能够预测到本身不同的测绘行为所带来的法律后果。

(四)制裁违反测绘法的行为

法律是由国家制定或认可并由国家强制保障实施的法律规范，法律的强制性作用是指法对各种违法行为可以实施制裁，从而达到预防违法犯罪的目的。测绘法作为国家法律体系中的重要组成部分，是从事测绘活动和进行测绘管理的基本准则和依据，同样能够起到强制性的制裁作用，打击违反测绘法的违法行为，从而维护测绘市场的正常秩序，保障测绘事业健康发展。

(五)保障测绘管理体制高效运行

测绘法以加强测绘管理、促进测绘事业发展为根本立法宗旨，并且建立了统一监督管理的测绘行政管理体制，明确了各级测绘地理信息主管部门的相应工作职责，要求各级人民政府应当加强对测绘工作的领导，这些都为测绘行政管理体制的有效运行奠定了法制基础。通过大力贯彻实施测绘法，可以推动各级测绘地理信息主管部门严格依法行政，认真履行工作职责，在依法行政实践中不断理顺各种行政管理关系，规范各种行政行为，从而使得测绘行政管理体制更加高效、顺畅，充满活力。

（六）提高测绘工作的社会影响力

测绘工作是国家经济建设、国防建设、社会发展和生态保护的一项基础性工作，社会关注度低，人们对测绘工作了解少。通过大力宣传贯彻落实测绘法，可以使全社会更加关注、重视测绘工作，不仅能够提高各级人民政府、政府各有关部门和社会公众对测绘工作重要性的认识，提升测绘工作的社会影响力，同时，还能使违反测绘法、破坏和阻碍测绘事业发展的行为大大减少。特别是在信息化、智慧化和移动互联网时代，网络地理信息交换、互联网地图服务等新业态、新应用日益广泛，所带来的地理信息安全隐患日益增加，只有筑牢群防群控的安全防线，加强地理信息安全保密意识教育，全面宣传普及测绘法，才能从根本上维护和保障国家地理信息安全，从而为测绘事业发展创造更加有利的条件。

第五节　测绘法配套法规建设

一、测绘行政法规

行政法规是由我国最高国家行政机关即国务院依法制定的，有关行政管理和管理行政事项的规范性文件的总称，在我国法律渊源体系中具有承上启下的桥梁作用。

（一）《测量标志保护条例》

测量标志是国家重要的基础设施。为加强测量标志的保护和管理，明确测量标志保护与管理的具体工作职责，1996年9月4日，中华人民共和国国务院令第203号发布了《测量标志保护条例》，自1997年1月1日起施行。现行的《测量标志保护条例》是依据1992年颁布实施的测绘法制定的一部专门规范测量标志保护的行政法规，共26条。《测量标志保护条例》明确了测量标志保护职责，建立了永久性测量标志建设、使用、义务保管、拆迁审批、检查维护等一系列法律制度，并设立了相应的法律责任，对于加强测量标志保护与管理，起到了积极的促进和保障作用，为地方加强测量标志保护立法提供了更加直接、明确的法律依据。

（二）《测绘成果管理条例》

为了加强对测绘成果的管理，维护国家安全，促进测绘成果的利用，满足经济建设、国防建设和社会发展的需要，2006年5月17日国务院第136次会议审议通过了《测绘成果管理条例》，2006年5月27日，时任国务院总理温家宝同志发布中华人民共和国国务院第469号令予以公布，自2006年9月1日起施行，1989年3月21日国务院发布的《中华人民共和国测绘成果管理规定》同时废止。

《测绘成果管理条例》是以2002年修订实施的《测绘法》为依据，对1989年国务院颁布的《测绘成果管理规定》进行修订并重新颁布的一部行政法规。该条例认真总结了

1989 年以来我国测绘成果管理与应用过程中的实践经验，建立了统一监督监管的测绘成果管理体制，完善了测绘成果汇交与保管、测绘成果保密、测绘成果利用以及重要地理信息数据审核公布制度。条例专设一章对测绘成果利用进行了规定，进一步明确了测绘地理信息主管部门的测绘成果提供利用职责和具体要求。《测绘成果管理条例》对于加强测绘成果的管理，促进测绘成果利用，维护测绘成果安全保密，发挥了十分重要的作用。

(三)《基础测绘条例》

基础测绘是国家公益性事业。为了加强基础测绘管理，规范基础测绘活动，保障基础测绘事业为国家经济建设、国防建设和社会发展服务，2009 年 5 月 6 日国务院第 62 次常务会议审议通过了《基础测绘条例》，2009 年 5 月 12 日国务院第 556 号令公布，自 2009 年 8 月 1 日起施行。

《基础测绘条例》是我国规范基础测绘工作的一部行政法规，以 2002 年修订实施的《测绘法》为依据，建立完善了基础测绘分级管理体制，明确了基础测绘分级管理职责，确立了基础测绘规划计划制度和财政投入机制，加强了对基础测绘项目的组织实施管理，强化了对基础测绘成果更新利用的规定，是我国从事基础测绘工作的基本法规依据，对于促进我国基础测绘事业的发展，规范基础测绘工作行为，完善基础测绘管理体制机制，起到了积极的作用。

(四)《地图管理条例》

为了加强地图管理，维护国家主权、安全和利益，促进地理信息产业健康发展，为经济建设、社会发展和人民生活服务，根据测绘法，2015 年 11 月 11 日，国务院第 111 次常务会议审议通过了《地图管理条例》，李克强总理 2015 年 11 月 26 日以第 664 号国务院令予以公布，自 2016 年 1 月 1 日起施行，国务院 1995 年 7 月 10 日发布的《中华人民共和国地图编制出版管理条例》同时废止。

《地图管理条例》遵循"推进地理信息规范监管和广泛应用"的总要求，坚持维护国家主权、保障地理信息安全、方便群众生活的原则。主要内容包括：一是坚持放管结合，促进产业健康发展。鼓励地图产品编制和出版，推动地理信息资源共建共享，加强地理信息公共服务；将部分地图审核权下放至设区的市级人民政府测绘地理信息主管部门；明确编制标准，加强重点环节监管，通过地图审核、保密技术处理、数据安全监管等方式保障地理信息安全。二是重点加强互联网地图管理。条例在总结实践经验的基础上，专设一章规定互联网地图服务基本制度，加强对互联网地图服务行业的政策扶持和监督管理。三是强化责任。明确政府及其有关部门在地图管理、推动产业发展、提供公共服务等方面的责任；明确违法编制地图、违法提供互联网地图服务以及危害地理信息安全等行为的法律责任，并加大追责力度。

近年来，为加强测绘法配套法规建设，推进测绘法的贯彻实施，各省、自治区、直辖市以《测绘法》和测绘行政法规为依据，截至 2018 年 12 月 31 日，制定出台了 35 部地方测绘法规，成为我国测绘法律体系的重要组成部分。

二、测绘行政规章

行政规章包括部门规章和政府规章两种。部门规章是国务院各所属的各部委、委员会根据法律和行政法规制定的规范性法律文件。进入 2000 年以来，国务院测绘地理信息主管部门依据测绘法和国务院颁布的测绘行政法规，先后单独或者与其他部门共同制定出台了 6 部部门规章(含修订)，包括《房产测绘管理办法》《测绘行政处罚程序规定》《外国的组织或者个人来华测绘管理暂行办法》《重要地理信息数据审核公布管理规定》《测绘地理信息行政执法证管理办法》和《地图审核管理规定》等，对测绘法和国务院颁布的测绘行政法规进行了细化和完善，成为我国测绘法律体系的重要补充。

近年来，全国各省、自治区、直辖市人民政府以测绘法、测绘行政法规和地方性测绘法规为依据，结合本地实际，围绕测绘航空摄影、地理信息交换共享、基础测绘实施、测绘成果管理、地图市场管理、测绘市场监管等内容，先后制定出台了 200 多部地方政府规章，在强化测绘统一监督管理、提高测绘服务保障能力和服务水平等方面，起到了积极的保障作用，有力地促进了测绘法的实施。

三、规范性文件

规范性文件是指除行政规章外，行政机关及法律、法规授权的具有管理公共事务职能的组织，在法定职权范围内依照法定程序制定并公开发布的针对不特定的多数人和特定事项，涉及或影响公民、法人或者其他组织权利义务，在本行政区域或其管理范围内具有普遍约束力，在一定时间内相对稳定、能够反复适用的行政措施、决定、命令等行政规范文件的总称。

为全面实施测绘法以及测绘法配套法规，国务院测绘地理信息主管部门近年来先后制定出台了《测绘资质管理办法》《测绘资质分类分级标准》《测绘地理信息质量管理办法》《测绘质量监督管理办法》《注册测绘师制度暂行规定》《注册测绘师执业管理办法》《基础测绘成果提供利用管理办法》等一系列规范性文件。这些规范性文件是对我国测绘法律体系的重要补充和完善，有的是国务院测绘地理信息主管部门单独制定的，也有的是国务院测绘地理信息主管部门与国务院其他部门共同制定的，构成我国测绘法律体系的重要内容。

各省、自治区、直辖市人民政府测绘地理信息主管部门根据测绘工作实践要求，也先后制定出台了大量的规范性文件。这些规范性文件对于保障测绘法的贯彻实施，加强地方测绘管理，促进地方测绘事业发展，都起到了很好的保障和促进作用。

思考题：

1. 我国测绘法律体系包括哪些规范性文件？
2. 如何理解测绘法规定的测绘的内涵和外延？
3. 什么是测绘法的空间效力？

第二章　基础测绘管理

第一节　基础测绘的概念、特征及作用

一、基础测绘的概念与特征

(一)基础测绘的概念

基础测绘是在我国国土进行的具有基础性和普遍适用性的测绘活动。《测绘法》对基础测绘的概念进行了明确规定，是指建立全国统一的测绘基准和测绘系统，进行基础航空摄影，获取基础地理信息的遥感资料，测制和更新国家基本比例尺地图、影像图和数字化产品，建立、更新基础地理信息系统。

基础测绘是一项公益性事业，是不以营利为目的，直接或者间接满足社会公共需求的测绘活动。基础测绘旨在向社会各类用户提供权威的、标准的基础地理信息服务，规模大、服务面宽，是国民经济和社会发展的基础性工作。基础测绘的内容主要包括以下五个方面：

1. 建立全国统一的测绘基准和测绘系统

全国统一的测绘基准和测绘系统是各类测绘活动的基础，具有明显的公益性特征。目前，我国统一的测绘基准和测绘系统建设在规模、精度和统一性方面都居于世界先进行列。但是，测绘基准和测绘系统需要不断的精化和完善，需要定期进行建设和维护。同时，测绘基准和测绘系统随着测绘技术的进步需要不断地更新和发展。需要说明的是，因建设、城市规划和科学研究的需要，经批准建立的相对独立的平面坐标系统，是国家统一的测绘系统的必要补充。为满足城市建设发展需要，经批准建立的覆盖整个城市行政区域的相对独立的平面坐标系统，是地方基础测绘的重要内容。

2. 进行基础航空摄影

以测绘为目的的基础航空摄影是指为满足测制和更新国家基本比例尺地图、建立和更新基础地理信息数据库的需要，在飞机上安装航空摄影仪，按照规定的技术要求，从空中对我国国土实施航空摄影，获取基础地理信息源数据的活动。基础航空摄影资料详细记载了一定区域范围的地物、地貌特征以及地物之间的相互关系，详细地反映了自然资源的分布情况。基础航空摄影为经济建设、国防建设、社会发展和生态保护等方面提供了极为重要的基础地理信息数据。改革开放以来，由于我国经济社会发展速度比较快，国土上的各种基础地理信息变化迅速，航摄影像必须及时更新，才能保持现势性，满足经济建设、社

会建设、生态文明建设等方面的需求。

3. 获取基础地理信息的遥感资料

遥感是指在空中和外层空间的各种航空和航天器上，运用各种传感器获取地球表面信息的一种探测技术。目前，获取基础地理信息遥感资料的方式主要有两种，一种是接受我国自主研制的类似资源三号等遥感卫星的数据并进行处理，从而获取基础地理信息数据；另一种是订购其他国家的卫星遥感数据。基础地理信息遥感资料是基础地理信息数据的重要数据源，主要用于快速更新、修测或编制国家基本比例尺地图以及更新、修测国家和区域基础地理信息数据库，也可以服务生态环境监测、自然资源调查和地理国情监测、水土综合治理等领域。目前，高分辨率卫星遥感影像已经覆盖了我国全部陆地国土，并在国家治理中发挥了重要作用。

4. 测制和更新国家基本比例尺地图、影像图和数字化产品

国家基本比例尺地图，是指根据国家颁布的统一测量规范、图式和比例尺系列测绘或编绘而成的地形图，是国家各项经济建设、国防建设、社会发展和生态保护的基础图，具有使用频率高、内容表示详细，分类齐全、精度高等特点，是我国最具权威性的基础地图，其测制精度和成果质量是衡量一个国家测绘科学技术发展水平的重要标志之一。

2006 年，原国家测绘局发布《中华人民共和国国家标准批准发布公告》（2006 年第 6 号），将 1∶100 万、1∶50 万、1∶25 万、1∶10 万、1∶5 万、1∶2.5 万、1∶1 万、1∶5 000、1∶2 000、1∶1 000、1∶500 比例尺地图列为我国国家基本比例尺地图。

影像图是指对通过航天遥感、航空摄影等方法获取的数据或照片进行一系列几何变换和误差改正，附加一定的说明信息得到的具有地理坐标系、精度指标和直观真实的照片效果的地图。国家基本比例尺地图和影像图主要包括两类：一类是传统的纸介质模拟地图，它是将地图的内容绘制在纸张上形成的地图；另一类是以磁带、磁盘、光盘为介质的数字化地图产品。目前，1∶5 万、1∶25 万、1∶100 万基础地理信息数据覆盖了我国全部陆地国土，1∶1 万数据覆盖了全国58%的陆地国土，1∶2 000及更大比例尺数据覆盖了我国大部分城镇地区，并根据国家和地方需要，开展了基础地理信息数据更新。

5. 建立、更新基础地理信息系统

基础地理信息系统是通过对基础地理信息数据的集成、存储、检索、操作和分析，生成并输出各种基础地理信息的计算机系统，它是由计算机系统、地理信息数据和用户组成的，利用成套的网络、计算机硬件、软件，对基础地理信息进行采集、输入、存储、检索、显示、综合分析、有效管理并提供服务的信息系统。基础地理信息系统为土地利用、自然资源管理、环境监测、交通运输、经济建设、城市规划以及政府各部门行政管理服务，它具有通用性强、重复使用率高的特点，是国家基础测绘工作的重要组成部分。

（二）基础测绘的特征

1. 公益性

公益性是基础测绘最主要的特性。基础测绘是向全社会各行各业、不同用户提供统一、权威的空间定位基准和基础地理信息服务的工作。基础测绘作为经济社会发展和国防建设的一项基础性工作，是国家在行使政治统治职能和社会管理职能时准确掌握国情国

力、提高管理决策水平的重要手段，基础测绘成果是一种公共产品，具有公益性特点。

2. 基础性

基础地理信息是通过实施基础测绘获得的基础测绘成果，在技术上构成了各项后续测绘工作和地理信息应用的基础。统一的国家测绘基准和测绘系统是现代主权国家开展各项测绘工作的基础和前提；国家基本比例尺系列地图是其他各种专题地图的制图基础；国家和地方基础地理信息系统是其他专业地理信息系统的空间定位基础，基础测绘的最明显特征，就是具有基础性。

3. 权威性

基础测绘成果的权威信息是政府宏观管理与规划决策的重要依据，同时也是基础测绘基础性、公益性和通用性在基础测绘成果上的具体体现。国家基本比例尺系列地图是维护国家版图完整性的权威证明，也是权威地理信息数据的主要来源。

4. 持续性

基础测绘成果必须具有现势性。基础测绘成果的现势性既是基础测绘的基础性的内在要求，又是社会发展对基础测绘成果的客观要求。而要保持现势性就需要对基础测绘成果进行持续不断的更新。基础测绘成果需要不断更新的属性就是基础测绘的持续性。持续性是基础测绘区别于非基础测绘的一个重要特征。其他专业性测绘往往是一次性投入，项目完成后便不再需要进行测绘，而基础测绘必须持续地进行更新，以满足经济社会发展对基础地理信息资源的需求。

5. 统一性

基础测绘通过建立全国统一的测绘基准和测绘系统，生产国家统一规定的基本比例尺地图，保持国家统一规定的精度要求，建立符合国家统一标准的基础地理信息系统及其数据库，体现出基础测绘的统一性特点。基础测绘的统一性特征，是实现基础地理信息共享利用的基本前提。

二、基础测绘的作用

基础测绘是向社会各类用户提供统一、权威的空间定位基准和基础地理信息服务的工作，其生产目的不是为了营利，体现了公益性事业的基本特征。在国民经济建设和人民生产生活中，基础测绘有着十分重要的作用。

(一) 为国家各项建设提供统一的空间定位基准和测量控制系统

基础测绘成果描述了自然和人文信息及其空间关系，基础测绘通过建立和维护国家统一的空间定位基准和测量控制系统，提供满足各项工程建设、社会发展、科学研究等所需要的高精度的、动态的空间定位框架和卫星导航定位基准信息，为维护国家安全和社会稳定，满足空间定位需求和位置服务产业发展以及人民群众生产生活需要，提供了重要的空间基准保障。

(二) 满足国家经济社会发展对基本比例尺地图和数字化产品的需求

基础测绘测制的国家基本比例尺系列地形图和数字化产品是国家经济建设、国防建设、社会发展和生态保护的重要基础资料，是国家经济建设和社会发展的基本用图，可作为编制其他各种专题地图的基础数据资源。基础航空摄影获取了一定区域范围内的地物、地貌特征以及地物之间的相互关系，为经济建设、国防建设、社会发展和生态等方面提供了极为重要的基础地理信息数据。基础测绘获取的基础地理信息遥感资料，可以用于更新、修测或者编制基本比例尺地图及更新、修测基础地理信息数据库，广泛服务于生态环境监测、自然资源调查、农业估产、地质灾害防治和土地卫片执法、水土综合治理等各个领域。

(三) 为国民经济和社会信息化提供空间数据支撑

基础测绘成果系统性强、标准化程度高、覆盖面广，具有基础性和普遍适用性，是建立各种专题地理信息系统的法定的基础数据源，也是国家重要的基础性、战略性信息资源。基础地理信息是国民经济和社会信息集成的载体，是实现信息集成和信息共享及可持续利用的重要支撑条件和根本保障。不同行业和用户可以根据需要选择使用基础地理信息或者加载与空间位置有关的经济社会信息，为土地利用、自然资源管理、环境监测、交通管控、经济建设、数字城市建设以及政府各部门行政管理服务，从而促进和推动国民经济和社会信息化。

(四) 为其他测绘活动提供基础保障

基础测绘成果作为一种公共信息资源，除具有可低成本复制但并不降低自身价值外，还具有基础性、通用性强、覆盖范围广等特点，常常是从事其他专业测绘活动的基础和参考。组织实施基础测绘，能够有效地避免重复测绘和多头投资的问题，有利于提高公共财政资金的使用效率，保障信息资源的可持续利用。

第二节 基础测绘分级管理

一、基础测绘分级管理的概念

基础测绘分级管理是指县级以上各级人民政府及其相关部门按照规定的职责分工，分别履行相应的基础测绘管理职责。基础测绘分级管理包含三层含义：一是全国的基础测绘工作是一个有机整体，形成一个完整的基础测绘工作体系；二是县级以上各级人民政府管理的基础测绘工作范围有明确的分工，不存在相互重叠交叉，也不存在漏洞，形成对全部基础测绘体系在全国陆地国土上的全覆盖；三是基础测绘分级管理与我国目前的行政管理体制和基本国情相协调，既考虑不同层级的实际需求，又注重调动各个层级的主动性和积极性。

基础测绘成果包括全国性基础测绘成果和地区性基础测绘成果，两者所表示的基础地理信息的详细程度不同，服务对象也有所区别。我国地域辽阔，国土面积大，基础测绘工作内容多，覆盖面广，投资大，不能都由中央财政包揽。按照各级政府财权与事权一致的原则，实行基础测绘分级管理是十分必要的。1995 年，国家明确划分了中央和地方对基础测绘的职责权限。1997 年，将基础测绘按照分级管理的模式正式列入国民经济和社会发展年度计划。2001年，财政部制定印发了《基础测绘经费管理办法》，确立了基础测绘分级投入的体制。2006年《全国基础测绘中长期规划纲要》发布，2007年《基础测绘计划管理办法》印发，2009年国务院颁布《基础测绘条例》，进一步细化了基础测绘分级管理的内容和体制机制。通过长期基础测绘工作实践，我国逐步形成了"统筹规划、分级管理、定期更新、保障安全"的基础测绘工作原则。

二、基础测绘分级管理职责

基础测绘是公益性事业，属于政府公共服务的范畴，必须由国家统筹规划管理。《测绘法》《基础测绘条例》都对基础测绘管理作出了相应规定，并明确了基础测绘工作的管理职责，充分体现了国家重视和加强对基础测绘的管理。国家重视和加强基础测绘管理的一个重要体现，就是把基础测绘工作的各项职责进行分解细化，并充分考虑不同层级、各地区的基础测绘工作实际，实行分级管理。

(一)国务院测绘地理信息主管部门

①建立全国统一的测绘基准和测绘系统；
②建立和更新国家基础地理信息系统；
③组织实施国家基础航空摄影；
④获取国家基础地理信息遥感资料；
⑤测制和更新全国1：100万至1：2.5万国家基本比例尺地图、影像图和数字化产品；
⑥国家急需的其他基础测绘项目。

(二)省级测绘地理信息主管部门

①建立本行政区域内与国家测绘系统相统一的大地控制网和高程控制网；
②建立和更新地方基础地理信息系统；
③组织实施地方基础航空摄影；
④获取地方基础地理信息遥感资料；
⑤测制和更新本行政区域1：1万、1：5 000国家基本比例尺地图、影像图和数字化产品；
⑥由地方测绘法规、地方政府规章规定的其他基础测绘项目。

(三)设区的市、县级测绘地理信息主管部门

负责1：2 000至1：500比例尺地图、影像图和数字化产品的测制和更新，以及地方性法规、地方政府规章规定由其组织实施的其他基础测绘项目。

三、基础测绘工作的基本原则

为加强基础测绘管理，保障基础测绘事业健康发展，全面落实《测绘法》《基础测绘条例》关于基础测绘工作的制度性规定，落实基础测绘分级管理制度，我国确立了统筹规划、分级管理、定期更新、保障安全的基础测绘工作原则。

(一) 统筹规划

统筹规划，是指基础测绘规划的编制和组织实施、基础测绘成果的更新和利用要统筹规划。具体体现在以下四个方面：一是要统筹安排基础测绘工作中长期规划和年度计划，既要有中长期的发展目标，也要做好短期计划的执行保障，协调好各级计划的衔接；二是要统筹安排国家和地方各级基础测绘工作，充分发挥中央和地方两个积极性；三是根据基础测绘发展需要，统筹安排基础测绘设施建设和重大基础测绘项目；四是要统筹安排基础地理信息资源的开发利用，推进共建共享，避免重复投入和建设。

(二) 分级管理

分级管理，是指明确各级政府对基础测绘工作的监督管理职责；建立健全基础测绘的投入机制，将基础测绘工作投入纳入各级政府预算；明确各级政府在测绘基础设施建设方面的职责和任务；明确各级测绘地理信息主管部门组织实施基础测绘项目的内容。分级管理不仅可以明确中央与地方各级政府的事权，也有利于建立起高效的基础测绘工作运行机制。

(三) 定期更新

定期更新，是根据地表景观的变化情况、经济社会发展的速度、国家经济建设、国防建设、社会发展和生态保护对不同基础测绘成果的现势性需求和政府财政支撑的能力，结合基础测绘生产能力和成果更新的实际情况，合理确定成果更新周期，建立健全基础地理信息的更新机制。基础测绘成果定期更新制度的确立有利于从根本上改变我国基础测绘滞后于国民经济和社会发展的状况。

(四) 保障安全

基础测绘活动获取的大量成果会涉及国家秘密，关系国家主权、安全和利益，因此需要采取有效措施保障基础测绘成果的安全，防止成果损坏、丢失、灭失和泄密。利用基础测绘成果应当遵守《测绘成果管理条例》等有关规定，通过合理划分涉密成果密级，加强成果保密技术研究，在保障涉密基础测绘成果安全的前提下，促进基础地理信息资源的高效开发利用。

2015 年 6 月 1 日，国务院对《全国基础测绘中长期规划纲要(2015—2030 年)》(以下简称《规划纲要》)作出批复，要求各省(区、市)人民政府加强组织领导，加大支持力度，落实责任，细化政策，根据《规划纲要》确定的目标任务，切实推进本地区基础测绘各项工作。

第三节　测绘基准和测绘系统

一、测绘基准

(一) 测绘基准的概念

测绘基准是指一个国家为在其领域内进行测绘工作所建立、确定的相应参数和起算依据以及它们之间的数学和物理关系的标准。测绘基准包括所选用的各种大地测量参数、统一的起算面、起算基准点(即大地原点、水准原点、重力基点)、起算方位以及有关的地点、设施和名称等。测绘基准是整个测绘的起算依据和建立各个测量系统的基础。我国目前采用的测绘基准主要包括大地基准、高程基准、深度基准和重力基准。

1. 大地基准

大地基准是建立大地坐标系统和测量空间点位的大地坐标的基本依据。我国目前大多数地区采用的是 2000 国家大地坐标系。2008 年 7 月 1 日,经国务院批准,我国正式启用 2000 国家大地坐标系。2008 年以前,我国大部分地区采用的是 1980 西安坐标系。2000 国家大地坐标系是全球地心坐标系在我国的具体体现,其原点为包括海洋和大气的整个地球的质量中心。按照国家有关文件要求,2000 国家大地坐标系与 1980 西安坐标系转换、衔接的过渡期为 8~10 年,自 2008 年 7 月 1 日后,新生产的各类测绘成果全部采用 2000 国家大地坐标系。

2. 高程基准

高程基准是建立高程系统和测量空间点高程的基本依据,是推算国家统一的高程控制网中所有水准点高程的起算依据,它包括一个水准基面和一个永久性水准原点。我国目前采用的高程基准为 1985 国家高程基准,水准原点位于青岛市的观象山上。

3. 深度基准

深度基准是海洋深度测量和海图上图载水深的基本依据,是计算水体深度的起算面,深度基准与国家高程基准之间通过验潮站水准联测建立联系。我国目前采用的深度基准因海区不同而有所不同。中国海区从 1956 年起采用理论最低潮面(即理论深度基准面)作为深度基准。内河、湖泊采用最低水位、平均低水位或设计水位作为深度基准。

4. 重力基准

重力基准是建立重力测量系统和测量空间点的重力值的基本依据。我国先后使用了 1957 重力测量系统、1985 重力测量系统和 2000 重力测量系统。我国目前采用的重力基准为 2000 国家重力基准。

(二)测绘基准的特征

1. 科学性

任何测绘基准都是依靠严密的科学理论、科学手段和科学方法经过严密的演算和施测建立起来的,其形成的数学基础和物理结构都必须符合科学理论和方法的要求,从而使测绘基准具有科学性特点。

2. 统一性

为保证测绘成果的科学性、系统性和可靠性,满足科学研究、经济建设和国防建设的需要,一个国家和地区的测绘基准必须是严格统一的。如果测绘基准不统一,不仅测绘成果不具有可比性和衔接性,地理信息资源难以共享利用,也会对国家安全和城市建设以及社会管理带来严重的后果。

3. 法定性

测绘基准由国家最高行政机关国务院批准设立,测绘基准数据由国务院测绘地理信息主管部门负责审核，测绘基准的规定及设立、采用等均由国家法律规定，从而使测绘基准具有法定性。

4. 稳定性

测绘基准是测绘活动和测绘成果的基础和依据，测绘基准一经建立，便具有长期稳定性，在一定时期内不能轻易改变。

（三）测绘法关于测绘基准的规定

1. 国家设立和采用全国统一的测绘基准

测绘基准是整个测绘活动的起算依据和建立各种测绘系统的基础。为保证国家测绘成果的整体性、系统性和科学性，实现测绘成果起算依据的统一，《测绘法》明确国家设立和采用全国统一的大地基准、高程基准、深度基准和重力基准。

（1）大地基准：

20 世纪 80 年代初，我国建立了独立的国家大地基准，即西安 1980 坐标系统，其大地测量常数采用国际大地测量学与地球物理学联合会第 16 届大会（1975 年）推荐值，大地测量原点设在陕西省泾阳县永乐镇。目前，我国使用 2000 国家大地坐标系。

（2）高程基准：

我国以青岛港验潮站的长期验潮资料推算出的黄海平均海面作为中国的高程基准面，即零高程面。在青岛验潮站附近建立了国家水准原点，测定原点与黄海平均海面的高差，即为水准原点的高程，定为全国高程控制网的起算高程，建立了 1985 国家高程基准。

（3）深度基准：

深度基准通常定在当地多年平均海面下深为 L 的位置。由于世界各国计算 L 值的方法不同，中国海区从 1956 年起采用理论最低潮面（即理论深度基准面）作为深度基准，内河、湖泊采用最低水位、平均低水位或设计水位作为深度基准。

（4）重力基准：

20 世纪 90 年代末，我国对原有的国家重力基准进行了更新和完善，建立了 2000 国家重力基准。

2. 测绘基准数据由国务院测绘地理信息主管部门审核，并与国务院其他有关部门、军队测绘部门会商后，报国务院批准

测绘基准包括所选用的各种大地测量参数、统一的起算面、起算基准点、起算方位以及有关的地点、设施和名称等。设立测绘基准必须符合国家的有关技术规范和要求，其所获得的数据能否提供使用，必须经过权威部门审核，并且要有一个严格的审核、审批程序。第一，国家测绘基准数据经初步确定后，由国务院测绘地理信息主管部门审查核准。第二，测绘基准数据经审核后，由国务院测绘地理信息主管部门将测绘基准的有关数据送国务院其他有关部门、军事测绘部门听取意见。第三，测绘基准数据经国务院其他有关部门、军队测绘部门会商后，由国务院测绘地理信息主管部门报国务院批准，并且应当将国务院其他有关部门、军队测绘部门对有关数据的意见一并报国务院。第四，各项测绘基准数据经国务院批准后，就作为全国所有测绘活动的基本起算依据。测绘地理信息主管部门审核与国务院其他有关部门、军队测绘部门进行会商，并报国务院批准，这样一套严格的

审核、会商和批准程序，不仅印证了国家对测绘基准数据的高度重视，而且也充分体现了国家建立统一的测绘基准的严肃性、系统性和科学性。

3. 从事测绘活动必须使用国家规定的测绘基准

国家设立和采用全国统一的测绘基准，测绘基准是整个测绘活动和建立控制测量系统的依据，从事测绘活动必须采用国家规定的测绘基准。从事测绘活动使用国家规定的测绘基准是从事测绘活动的基本技术原则和前提，是一项十分重要的法律制度，任何单位和个人都必须严格遵守。

二、测绘系统

(一) 测绘系统的概念

测绘系统是指由各个测绘基准延伸，在一定范围内布设的各种测量控制网。建立全国统一的测绘系统是国家统一测绘基准的具体体现，是保证测绘工作有效地为经济建设、国防建设、社会发展和生态保护服务的客观需要。测绘基准和测绘系统是进行测绘工作的基础和基本技术依据。它们的设立是否科学、完善，直接关系到国家测绘成果的精确度和应用，关系到国家的各项经济建设和人民生活，关系到国家主权和国防安全。测绘系统包括大地坐标系统、平面坐标系统、高程系统、地心坐标系统和重力测量系统。

1. 大地坐标系统

大地坐标系统是用来表述地球空间点位置的一种地球坐标系统，它采用一个接近地球整体形状的椭球作为点的位置及其相互关系的数学基础，大地坐标系统的三个坐标是大地经度(L)、大地纬度(B)、大地高(H)。我国先后采用的 1954 北京坐标系、1980 西安坐标系和 2000 国家大地坐标系，是我国在不同时期采用的大地坐标系统的具体体现。

随着社会发展和科技进步，我国经济建设、国防建设和社会发展、科学研究等对国家大地坐标系不断提出新的要求，迫切需要采用原点位于地球质量中心的坐标系统(简称地心坐标系)作为国家大地坐标系。采用地心坐标系，有利于采用现代空间技术对坐标系进行维护和快速更新，测定高精度三维坐标，并提高测图工作效率。经国务院批准，自 2008 年 7 月 1 日起，我国全面启用 2000 国家大地坐标系。目前，2000 国家大地坐标系已逐步在各行业得到推广应用。

2. 平面坐标系统

平面坐标系统是指确定地面点的平面位置所采用的一种坐标系统。大地坐标系统是建立在椭球面上的，而绘制的地图则是在平面上的，因此，必须通过地图投影把椭球面上的点的大地坐标转换成展绘在平面上的平面坐标。平面坐标用平面上两轴相交成直角的纵、横坐标表示。我国在陆地上的国家统一的平面坐标系统采用的是"高斯-克吕格平面直角坐标系"。它是利用高斯-克吕格投影将不可平展的地球椭球面转换成平面而建立的一种平面直角坐标系。

3. 高程系统

高程系统是用以传算全国高程控制网中各点高程所采用的统一系统。我国规定采用的高程系统是正常高系统，高程起算依据是国家 1985 高程基准。

4. 地心坐标系统

地心坐标系统是以坐标原点与地球质心重合的大地坐标系统，或空间直角坐标系统。我国目前采用的 2000 国家大地坐标系即是全球地心坐标系在我国的具体体现，其原点为包括海洋和大气的整个地球的质量中心。

5. 重力测量系统

重力测量系统是指重力测量施测与计算所依据的重力测量基准和计算重力异常所采用的正常重力公式的总称。我国曾先后采用的 1957 重力测量系统、1985 重力测量系统和 2000 重力测量系统，即为我国在不同时期的重力测量系统。

(二) 测绘系统的特点

(1)科学性。测绘系统是以测绘基准为基础，依靠测绘科学理论和科学技术手段建立起来的各种具体的测量控制网，有严密的数学基础和理论基础。因此，测绘系统首先具有科学性。

(2)统一性。建立全国统一的测绘系统是国际上多数国家的通用做法，是保证测绘工作有效地为国家经济建设、国防建设和社会发展以及生态保护服务的客观需要，也是国家法律明确规定的一项法律制度。因此，测绘系统和测绘基准一样，具有统一性。

(3)法定性。国家规定的测绘系统由法律规定必须采用，法律明确国家建立全国统一的测绘系统，测绘系统的规范和要求由国务院测绘地理信息主管部门会同国务院其他有关部门、军队测绘部门制定，从而使测绘系统具有法定性。

(4)规模性。测绘系统一般覆盖的区域都比较大，建设周期比较长，投入也比较高，系统建设整体呈现出规模性特征。中华人民共和国成立以来，我国建设了全国大地测量控制网、高程控制网和重力网，凝聚了几代测绘科技工作者的心血和汗水，从而使我国的测绘系统具有相当的规模。

(5)稳定性。测绘系统是测绘基准的具体体现，测绘系统的科学性、统一性、法定性和规模性，决定了测绘系统具有稳定性特征，测绘系统一经建立，一般不能经常进行改动，必须保持其相对稳定性。

(三) 测绘法关于测绘系统的规定

(1)国家建立全国统一的测绘系统。

《测绘法》规定，国家建立全国统一的大地坐标系统、平面坐标系统、高程系统、地心坐标系统和重力测量系统。这项规定有两层含义，一是国家应当设立全国统一的测绘系统；二是其他任何组织和个人不得任意建立全国统一的测绘系统。测绘系统既然是各类测绘成果的起算基准，就不得任意设立，否则将造成测绘成果的混乱，同时也不利于测绘成果共享利用和维护国家安全。中华人民共和国成立以来，我国已经建立了国家统一的测绘系统，并不断精化和完善，其中包括天文大地网、平面控制网、高程控制网、重力基本网、高精度卫星定位控制网。

(2)国家统一确定大地测量等级和精度要求。

大地测量是为建立和维持测绘基准与测绘系统而进行的确定位置、地球形状、重力场及其随时间和空间变化的测绘活动。大地测量属于确定地面点位、地球形状大小和地球重力场的精密测量，内容包括三角测量、精密导线测量、水准测量、天文测量、卫星大地测量、重力测量和大地测量计算等。

在大地测量中，通常用中误差作为衡量测量精度的一种数字标准。大地测量依照不同精度可划分为若干等级。确定大地测量等级和精度，就是确定大地测量分成若干等级和各个等级的大地测量的允许误差值。大地测量的主要任务是建立和维持测绘基准和测绘系统，国家统一测绘基准和测绘系统，就必须统一确定大地测量等级和精度要求，国家大地测量等级和精度由国家有关法规和标准规定，主要技术内容由强制性国家标准《国家大地测量基本技术规定》（GB 22021—2008）规定，大地测量的实际精度必须符合国家规定的标准。

（3）测绘系统、大地测量等级和精度的具体规范和要求，由国务院测绘地理信息主管部门会同国务院其他有关部门、军队测绘部门制定。

测绘系统、大地测量等级和精度、基本比例尺地图系列和基本精度的具体规范和要求，属于测绘工作的基本技术原则，具有严格的法定性、权威性和统一性，这些标准数据的确定，必须由国务院测绘地理信息主管部门或者权威部门制定、审核、发布或者授权发布。

根据《测绘法》规定，一方面，全国统一的大地坐标系统、平面坐标系统、高程系统、地心坐标系统和重力测量系统、国家大地测量等级和精度、国家基本比例尺地图系列和基本精度等的具体规范和要求，由国务院测绘地理信息主管部门组织制定；另一方面，在国务院测绘地理信息主管部门组织制定具体规范和要求时，应当与国务院其他有关部门、军队测绘部门会商。

（4）规定建立相对独立的平面坐标系统的前提条件。

国家建立全国统一的测绘系统，要求从事测绘活动必须使用全国统一的测绘系统。但在特殊情况下，为满足局部地区测量系统精度要求，保证各项工程建设实施，《测绘法》第十一条作出了一项特别规定："因建设、城市规划和科学研究的需要，国家重大工程项目和国务院确定的大城市确需建立相对独立的平面坐标系统的，由国务院测绘地理信息主管部门批准；其他确需建立相对独立的平面坐标系统的，由省、自治区、直辖市人民政府测绘地理信息主管部门批准。"有关相对独立的平面坐标系统的规定，将在下一节中详细介绍。

三、相对独立的平面坐标系统

（一）相对独立的平面坐标系统的概念

相对独立的平面坐标系统，是指为满足在局部地区进行大比例尺测图和工程测量的需要而建立的一种非国家统一的，但与国家统一的系统相联系的平面坐标系统。它通常以任意点和方向起算，并进行中央子午线投影变换以及平移、旋转等。这种独立的平面坐标系统通过与国家坐标系统之间的联测，确定两种坐标系统之间的数学转换关系，即称之为相对独立的平面坐标系统与国家坐标系统相联系。

（二）建立相对独立的平面坐标系统的法律规定

1. 建立相对独立的平面坐标系统以确有必要为前提

一般情况下，从事测绘活动应当采用全国统一的平面坐标系统，但是由于建设、城市规划和科学研究的特殊需要和要求，为防止投影带边缘长度变形，只有建立相对独立的平面坐标系统，才能满足需要和精度要求的，经过批准，可以建立相对独立的平面坐标系统，建立相对独立的平面坐标系统以确有必要为前提条件。建立相对独立的平面坐标系统是一种特殊情况。

2. 建立相对独立的平面坐标系统必须经过批准

根据《测绘法》，建立相对独立的平面坐标系统必须经过批准，未经批准不得擅自建立相对独立的平面坐标系统。第一，国家重大工程项目和国务院确定的大城市建立相对独立的平面坐标系统，由国务院测绘地理信息主管部门批准。根据国务院有关规定，城区常住人口是否超过100万为大城市与中小城市的分界线，因此，城区人口超过100万的城市建立相对独立的平面坐标系统，应当经国务院测绘地理信息主管部门批准。重大工程项目是指列入国家计划的重大工程项目。第二，国家重大工程项目和国务院确定的大城市以外的局部地区建立相对独立的平面坐标系统，由省、自治区、直辖市人民政府测绘地理信息主管部门批准。对建立相对独立的平面坐标系统的基本条件、审批范围和程序规定，原国家测绘局在2007年发布的《建立相对独立的平面坐标系统管理办法》中作出了具体规定。

3. 建立相对独立的平面坐标系统应当与国家坐标系统相联系

为保证测绘成果的整体性、系统性和科学性，促进测绘成果应用，便于控制测量成果换算和数据资源整合，减少重复测绘，建立相对独立的平面坐标系统，应当与国家坐标系统相联系。建立的相对独立的平面坐标系统，应当通过与国家测绘系统之间的联测，确定两种坐标系统之间的数学转换关系，从而建立起相对独立的平面坐标系统与国家坐标系统的联系。建立这种联系，可以实现相对独立的平面坐标系统与国家统一的平面坐标系统之间的数据换算，从而更好地发挥相对独立的平面坐标系统的作用。

4. 擅自建立相对独立的平面坐标系统应当承担相应的法律责任

建立相对独立的平面坐标系统必须依法经过批准，并且以确有必要为前提。未经批准，擅自建立相对独立的平面坐标系统，按《测绘法》规定，可给予警告，责令改正，可以并处五十万元以下的罚款；对直接负责的主管人员和其他直接责任人员，依法给予处分。

四、卫星导航定位基准站建设

卫星导航定位基准站是国家空间基础设施的重要组成部分，是随着近年来卫星导航定位技术快速发展应用而发展起来的一项新兴的导航定位服务体系。卫星导航定位基准站数据涉及国家秘密，关系国家主权、安全和利益，加强卫星导航定位基准站管理具有十分重要的意义。

（一）卫星导航定位基准站的概念

卫星导航定位基准站，是指对卫星导航信号进行长期连续观测，并通过通信设施将观测数据实时或者定时传送至数据中心的地面固定观测站。卫星导航定位基准服务系统是由卫星导航定位基准站(CORS)、数据传输网络和数据中心等构成的系统，是现代化测绘基准体系的重要组成部分，是支撑我国地理信息产业和卫星导航产业发展的重要基础设施。卫星导航定位基准服务系统可向社会提供高精度定位服务，已成为位置服务和卫星导航产业最主要和最依赖的技术手段。

(二)卫星导航定位基准站的特征

1. 位置稳定性

卫星导航定位基准站网是由若干个固定的基准站、数据中心及数据通信网络组成，用于维持和更新国家和区域地心坐标参考框架，提供数据、定位、授时及其他服务的系统。卫星导航定位基准站在固定地点设立并且长期存在，具有稳定性特征。

2. 数据精确性

卫星导航定位基准站是国家现代化测绘基准体系的重要组成部分，通过获得高精度、稳定、连续的观测数据，用于维持和更新国家和区域地心坐标参考框架。基准站数据经差分处理，数据精度非常高，具有精确性特征。

3. 成果保密性

卫星导航定位基准站连续观测卫星导航信号，提供精准点位坐标和相关服务。卫星导航定位基准站数据包括观测数据、数据中心数据和服务数据。其中，作战指挥工程和重要军事设施区域内的基准站的观测数据为机密级国家秘密事项，其他军事禁区内的观测数据为秘密级国家秘密事项，普通基准站的观测数据虽然不属于国家秘密事项，但属于受控管理的内容。军事禁区内的基准站坐标、基准站网观测数据、基准站站点信息为机密级国家秘密事项，普通基准站的基准站坐标、基准站网观测数据为秘密级国家秘密事项。由此可见，卫星导航定位基准站观测形成的大部分数据都属于国家秘密，具有保密性特征。

4. 网络传输性

数据传输网络系统是卫星导航定位基准站的重要组成部分，是实现基准站数据传输和监控管理等任务的重要保障。目前，据不完全统计，我国27%的基准站通过互联网或无线网络方式传输观测数据，59%的基准站网通过互联网下载精密星历、钟差数据，93%的基准站网通过互联网、无线通信网络向外播发差分改正数据。因此，基准站网在数据传输和发布环节的安全防护十分重要，如果不加强对数据传输网络前后两端的安全管理，可能对国家安全造成潜在的威胁。

(三)测绘法关于卫星导航定位基准站的规定

(1)国家建立统一的卫星导航定位基准服务系统。

卫星导航定位基准服务系统是由卫星导航定位基准站、数据传输网络和数据中心等构成的系统，是现代测绘基准体系的重要组成部分，是支撑我国地理信息产业和卫星导航产业发展的重要基础设施，是提高测绘生产率、加快测绘单位转型升级发展的重要工具。

我国测绘基准建立过程中广泛使用卫星导航定位技术，卫星导航定位基准站已成为建立和维持国家高精度、动态、地心、三维坐标框架的基础设施。卫星导航定位基准站获得高精度、稳定、连续的观测数据，维持国家和地方坐标框架，并以国家统一的地理空间基准服务方式向用户提供可靠和高效的空间位置静态和动态服务。为避免重复建设，提供地理信息公共服务水平和能力，维护国家地理信息安全，因此，《测绘法》明确规定，国务院测绘地理信息主管部门和省、自治区、直辖市人民政府测绘地理信息主管部门应当会同本级人民政府其他有关部门，按照统筹建设、资源共享的原则，建立统一的卫星导航定位基准服务系统，提供导航定位基准信息公共服务。

（2）国家建立卫星导航定位基准站建设备案制度。

卫星导航定位基准站作为国家重要的空间基础设施，在为用户提供实时、高精度、高可靠性定位服务的同时，也获取了大量的涉及国家秘密的空间数据和高精度位置信息。如果不加强管理，会对国家安全存在潜在风险和安全隐患。如果基准站覆盖范围内有重要的国防目标，需要评估可能带来的安全风险，进而采取措施予以规避，因此，国家建立了卫星导航定位基准站建设备案制度，建设卫星导航定位基准站的，建设单位应当按照国家有关规定报国务院测绘地理信息主管部门或者省、自治区、直辖市人民政府测绘地理信息主管部门备案。

近年来，随着地理信息产业发展和社会应用需求增加，我国卫星导航定位基准站建设发展较快，但也存在统筹规划不够、法规标准不完善、有效监管缺乏和安全隐患突出等问题。党中央、国务院高度重视，明确要求由测绘地理信息主管部门对卫星导航定位基准站建设实施备案管理，实现卫星导航定位基准站的有序建设和规范应用。2016年4月，为规范卫星导航定位基准站建设，保障国家地理信息安全，促进卫星导航事业健康发展，国务院测绘地理信息主管部门制定印发了《卫星导航定位基准站建设备案办法（试行）》，对卫星导航定位基准站建设备案的原则、范围、主体和程序等都作出了相应规定。在综合分析我国卫星导航定位基准站建设管理经验和存在突出问题的基础上，测绘法将卫星导航定位基准站备案制度上升为法律制度，并明确规定卫星导航定位基准站建设单位应当按照国家有关规定报国务院测绘地理信息主管部门或者省、自治区、直辖市人民政府测绘地理信息主管部门备案。国务院测绘地理信息主管部门应当汇总全国卫星导航定位基准站建设备案情况，并定期向军队测绘部门通报。卫星导航定位基准站建设备案制度的实施，将对测绘地理信息主管部门加强对卫星导航定位基准站建设、运行、维护的事中事后监管，确保国家地理信息安全发挥重要作用。

（3）卫星导航定位基准站的建设和运行维护不得危害国家安全。

随着卫星导航定位基准站的应用越来越广泛，各行业、各部门为了各自需要在我国境内建设了大量的基准站。据不完全统计，目前全国已建立了超过10 000个卫星导航定位基准站。这些基准站的建设涉及多个行业和部门，必须统一技术标准和规范，维护地理信息安全和促进基准站数据的共享利用。2012年，国家标准委出台了《全球导航卫星系统连续运行基准站网技术规范》，对基准站网建设提出了初步规范。2016年，国家标准委明确国务院测绘地理信息主管部门负责组织制定多项卫星导航定位基准站国家标准，包括强制性国家标准《卫星导航定位基准站网与安全管理要求》、推荐性国家标准《卫星导航定位基准站术语》《卫星导航定位基准站网基本产品规范》等。2017年，国家质检总局、国家标准委公布了《卫星导航定位基准站网基本产品规范》《卫星导航定位基准站网服务规范》《卫星导航定位基准站网服务管理系统规范》。这些标准和规范对于保证卫星导航定位基准站建设与运行的正常进行，维护国家安全和基准站使用标准，起到了十分重要的作用，卫星导航定位基准站建设单位与运行维护单位必须严格执行。为保障卫星导航定位基准站建设和运行维护符合国家标准和要求，《测绘法》规定，卫星导航定位基准站的建设和运行维护应当符合国家标准和要求，不得危害国家安全。

(4)卫星导航定位基准站的建设和运行维护单位应当建立数据安全保障制度。

卫星导航定位基准站获取的大量数据信息都涉及国家秘密，属于国家秘密测绘成果，卫星导航定位基准站建设和运行维护单位应当自觉遵守国家保密法律、行政法规的规定，严格管理，规范使用。《测绘法》规定，测绘成果属于国家秘密的，适用保密法律、行政法规的规定。2016年，国务院测绘地理信息主管部门制定了《关于规范卫星导航定位基准站数据密级划分和管理的通知》，进一步明确了卫星导航定位基准站数据的密级划分，提出采用专网或商用密码手段加密保护等传输要求。为保障卫星导航定位基准站数据安全，基准站建设与运行维护单位应当建立基准站数据安全保障制度，落实数据安全保障责任。因此，《测绘法》规定：卫星导航定位基准站的建设和运行维护单位应当建立数据安全保障制度，并遵守保密法律、行政法规的规定，切实维护国家地理信息安全。

(5)相关主管部门应当加强对卫星导航定位基准站建设和运行维护的指导。

卫星导航定位基准站建设与运行维护涉及国家安全，关系国家主权、安全和利益，必须加强安全监管。作为卫星导航定位基准站建设与运行维护的主管部门，各级人民政府测绘地理信息主管部门应当会同本级人民政府其他有关部门，加强对卫星导航定位基准站建设和运行维护的规范和指导。加强对卫星导航定位基准站的规范和指导是各级测绘地理信息主管部门的一项法定职责。

县级以上人民政府测绘地理信息主管部门加强对卫星导航定位基准建设和运行维护的规范和指导，主要包括以下四个方面的内容：一是要求基准站建设单位依法履行建设备案手续，以便测绘地理信息主管部门及时了解情况，督促整改落实，加强对基准站建设和运行维护的监督检查。二是积极引导基准站建设单位在满足使用需要的情况下，充分利用已有的全国或者区域性卫星导航定位基准站网，充分发挥已有国家空间基础设施的作用，避免重复建设。三是要求基准站建设单位严格按照国家相关技术标准和规范进行建设与运行维护，完善地理信息安全保障制度，确保国家地理信息安全。四是对违反法律规定，违规建设卫星导航定位基准站或者基准站运行维护不符合国家标准的行为，依法予以查处。

(6)违规建设卫星导航定位基准站应当承担相应的法律责任。

《测绘法》第五十三条规定："违反本法规定，卫星导航定位基准站建设单位未报备案的，给予警告，责令限期改正；逾期不改正的，处十万元以上三十万元以下的罚款；对直接负责的主管人员和其他直接责任人员，依法给予处分"。《测绘法》第五十四条规定："违反本法规定，卫星导航定位基准站的建设和运行维护不符合国家标准、要求的，给予警告，责令限期改正，没收违法所得和测绘成果，并处三十万元以上五十万元以下的罚款；逾期不改正的，没收相关设备；对直接负责的主管人员和其他直接责任人员，依法给予处分；构成犯罪的，依法追究刑事责任。"

(四) 卫星导航定位基准站管理职责

卫星导航定位基准站建设与运行维护涉及国家安全，测绘法明确规定了测绘地理信息主管部门对卫星导航定位基准站建设与运行维护的监督管理职责。

1. 国务院测绘地理信息主管部门

(1) 会同有关部门按照统筹建设、资源共享的原则，建立全国统一的卫星导航定位基准服务系统，提供导航定位基准信息公共服务。

(2) 按照国家有关规定接受并汇总全国卫星导航定位基准站建设备案情况，并定期向军队测绘部门通报。

(3) 制定卫星导航定位基准站的建设和运行维护国家标准和要求。

(4) 加强对卫星导航定位基准站建设和运行维护的规范和指导。

2. 省级测绘地理信息主管部门

(1) 会同有关部门建立统一的卫星导航定位基准服务系统，提供导航定位基准信息公共服务。

(2) 按照规定接受卫星导航定位基准站建设备案。

(3) 加强对卫星导航定位基准站建设和运行维护的规范和指导。

市、县级测绘地理信息主管部门对卫星导航定位基准站建设与运行维护的监督管理职责，主要是会同有关部门加强对卫星导航定位基准站建设和运行维护的规范和指导。

(五) 卫星导航定位基准站建设备案

为落实卫星导航定位基准站建设备案制度，规范卫星导航定位基准站建设备案工作，维护地理信息安全，2016 年 4 月，国务院测绘地理信息主管部门出台了《卫星导航定位基准站建设备案办法(试行)》，对卫星导航定位基准站建设备案的具体程序、内容、时限要求等进行了规定。

1. 备案申请及方式

国务院相关部门、中央单位建设卫星导航定位基准站以及跨省、自治区、直辖市范围建设卫星导航定位基准站的，应当向国务院测绘地理信息主管部门备案。其他建设卫星导航定位基准站的，应当向卫星导航定位基准站所在地的省、自治区、直辖市人民政府测绘地理信息主管部门备案。卫星导航定位基准站建设实行全国联网备案，备案信息涉密的除外。

2. 备案程序和要求

卫星导航定位基准站的建设单位(简称"备案人")应当在开工建设 30 日前，通过卫星导航定位基准站建设备案管理信息系统，向测绘地理信息主管部门进行备案。备案人应当认真填写卫星导航定位基准站建设备案表，提交卫星导航定位基准站建设单位、运营维护单位的主要情况，以及卫星导航定位基准站的建设数量、布点位置、主要用途、覆盖范围、数据传输方式、数据安全保护措施、软硬件设备性能指标、是否经审批向境外开放等内容。提交备案后，备案内容有变化的，备案人应当自变化之日起 7 日内向备案机关重新提交备案，相关卫星导航定位基准站的开工建设时间顺延。备案人提交的备案信息齐全的，备案机关应当提供备案号，并出具加盖印章的备案文件。

3. 备案管理

（1）根据《卫星导航定位基准站建设备案办法（试行）》，省、自治区、直辖市人民政府测绘地理信息主管部门应当在每季度前 10 日内，将本地区上一季度卫星导航定位基准站建设备案情况通过信息系统上报国务院测绘地理信息主管部门，国务院测绘地理信息主管部门汇总后通报军队测绘部门。国家财政投资建设的卫星导航定位基准站，国务院测绘地理信息主管部门及省、自治区、直辖市人民政府测绘地理信息主管部门应当及时将相关建设备案情况向社会公布，避免重复建设，促进充分利用。测绘地理信息主管部门开展卫星导航定位基准站建设备案工作，不得收取任何费用，不得加重或者变相加重备案人的负担。

（2）国务院测绘地理信息主管部门及省、自治区、直辖市人民政府测绘地理信息主管部门应当在卫星导航定位基准站建设期间，及时对建设备案信息进行核查，根据国家有关法律法规、发展规划、标准规范及保密规定，对备案人做好说明和指导工作。

（3）测绘地理信息主管部门应当加强对卫星导航定位基准站建设情况的监督检查，重点检查是否履行备案手续，是否按照备案信息进行建设，是否落实相关安全保密措施等内容，并可以委托专业测绘技术服务机构采取书面审查、随机抽查、实地核查等方式提供技术支持。

（4）省级以上人民政府测绘地理信息主管部门应当会同军队有关部门对卫星导航定位基准站建设进行安全风险评估，并及时反馈备案人。

第四节　基础测绘规划与年度计划

一、基础测绘规划的概念

基础测绘规划包括全国基础测绘规划和地方基础测绘规划，是对全国及地方基础测绘在时间和空间上的战略部署和具体安排，涉及国务院及县级以上地方人民政府对基础测绘工作在本级国民经济和社会发展年度计划及政府预算中的安排。

基础测绘规划的主要内容，包括基础测绘工作的指导思想、基本原则、发展目标和主要任务、规划实施的保障措施等，还包括规划布局示意图和规划项目表等。全国基础测绘中长期规划还包括了科学、准确、明确的发展方针和发展目标等。

（一）全国基础测绘规划

全国基础测绘规划是指由国务院测绘地理信息主管部门会同国务院其他有关部门、军队测绘部门负责组织编制的，对全国基础测绘在时间和空间上的战略部署和具体安排，涉及国务院对基础测绘工作在国家国民经济和社会发展年度计划及政府预算的统筹和安排，是全国性的、国家基础测绘发展的阶段性目标。如 2015 年 6 月颁布实施的《全国基础测绘中长期规划纲要（2015—2030 年）》，不仅明确了全国基础测绘的指导思想、基本原则和发展目标，同时还明确了我国基础测绘发展的主要任务，是指导我国基础测绘发展的纲领性文件。

(二)地方基础测绘规划

地方基础测绘规划是指由县级以上地方人民政府测绘地理信息主管部门会同本级政府其他有关部门负责组织编制的,由县级以上测绘地理信息主管部门牵头组织,住房城乡建设、生态环保、交通、水利、电力等有关部门参与,根据全国基础测绘规划和上一级的基础测绘规划以及本行政区域内的实际情况,拟订的地方性的、区域性的基础测绘发展的阶段性目标。地方基础测绘规划以全国基础测绘规划为指导,又是全国基础测绘规划的必要补充。

二、基础测绘规划制度的内容

(一)测绘地理信息主管部门负责编制基础测绘规划

基础测绘包括建立全国统一的测绘基准和测绘系统,进行基础航空摄影,获取基础地理信息的遥感资料,测制和更新国家基本比例尺地图、影像图和数字化产品,建立、更新基础地理信息系统等,涉及测绘工作的各个专业和各个环节,几乎覆盖测绘工作的全部业务领域,组织实施基础测绘是测绘地理信息主管部门的重要职责。因此,基础测绘规划也应当由测绘地理信息主管部门负责组织编制。为保证基础测绘规划编制的科学性、系统性和适用性,测绘地理信息主管部门在编制基础测绘规划时,应当征求发展改革等其他有关部门的意见和建议。全国基础测绘规划,还应当征求军队测绘部门的意见。

(二)基础测绘规划应当经同级政府批准

基础地理信息是国家重要的基础性、战略性信息资源,事关国家安全和利益。基础测绘建立和维护国家统一的空间定位基准和测量控制系统,为各项工程建设、社会发展、科学研究等提供了高精度的、动态的空间定位框架和卫星导航定位基准信息,满足空间定位需求和位置服务产业发展以及人民群众生产生活需要。基础测绘测制的国家基本比例尺系列地形图、数字化产品和地理信息数据是国家经济建设、国防建设、社会发展和生态保护的重要基础资料。基础测绘工作与国家安全紧密相关,涉及经济建设、国防建设和社会发展。因此,全国基础测绘规划是一项十分重要的专项规划,必须经国务院批准后实施,地方基础测绘规划应当经同级人民政府批准后实施。

(三)基础测绘规划按照分级管理的原则进行编制

基础测绘实行分级管理,规划的编制是分级管理的重要内容。根据测绘法,全国基础测绘规划由国务院测绘地理信息主管部门会同国务院其他有关部门、军队测绘部门组织编制,即国务院其他有关部门和军队测绘部门根据本部门对基础测绘工作的需求提出建议,由国务院测绘地理信息主管部门根据国民经济和社会发展的中长期计划征求发展改革和财政部门的意见,进行综合平衡,拟定全国基础测绘规划方案,报国务院批准后组织实施。全国基础测绘规划的组织实施机关是国务院测绘地理信息主管部门。

地方基础测绘规划由县级以上地方人民政府测绘地理信息主管部门组织编制，即县级以上地方人民政府其他有关部门根据本部门对基础测绘工作的需求提出建议，由县级以上人民政府测绘地理信息主管部门根据全国基础测绘规划和上一级基础测绘规划及本行政区域内的实际情况，征求本级政府发展改革和财政部门的意见，进行综合平衡后，拟订本级基础测绘规划方案，报本级政府批准后组织实施。地方基础测绘规划的组织实施机关是县级以上人民政府测绘地理信息主管部门。地方基础测绘规划编制，不需要征求当地军事测绘部门的意见，这一点与国家基础测绘规划编制在程序上是不同的。

(四)军事测绘部门负责编制军事测绘规划，按照国务院、中央军事委员会规定的职责分工负责编制海洋基础测绘规划并组织实施

军事测绘主要是为了满足军队作战、训练、战场准备、军事工程建设等需要而进行的测绘活动。其技术要求、保密管理制度等都与非军事测绘活动存在很大差异。同时，军事测绘涉及国防军事秘密，因此，《测绘法》规定，军队测绘部门负责编制军事测绘规划。

海洋基础测绘是全国基础测绘的重要组成部分，长期以来，我国海洋基础测绘工作一直主要由军队承担，形成了我国特有的海洋基础测绘管理制度。因此，《测绘法》规定，军事测绘部门按照国务院、中央军事委员会规定的职责分工，负责编制海洋基础测绘规划并组织实施。

三、基础测绘年度计划

(一)基础测绘年度计划的概念

计划是落实各项工作规划的重要保障和基础。基础测绘规划是对基础测绘工作的中长期计划和远景目标的确定，对本级政府要完成的基础测绘任务提出预期目标。基础测绘年度计划则是满足县级以上各级人民政府及政府相关部门当前基础测绘急需和兼顾长远发展的一种年度计划指标，编制基础测绘年度计划是为了确保基础测绘规划目标的落实。基础测绘规划提出的预期目标要通过基础测绘年度计划分阶段、分年度实施。

(二)基础测绘年度计划制度的内容

1. 基础测绘纳入本级政府国民经济和社会发展年度计划

基础测绘是一项非营利性的公益性基础工作，需要大量投资，不可能依靠市场机制来调节，必须由各级政府统一规划和协调，并给予必要的公共财政资金支持，由政府主管部门统一组织实施。我国幅员辽阔，国土上的基础地理信息不断变化，基础测绘工作必须长期坚持，并且任务十分繁重。为了使基础测绘更好地为经济建设、国防建设、社会发展和生态保护服务，就需要将基础测绘纳入国家和地方的国民经济和社会发展年度计划，进行统筹安排，建立稳定的经费投入机制，既保证所需资金，又避免重复测绘。因此，《测绘法》明确规定县级以上人民政府应当将基础测绘纳入本级国民经济和社会发展年度计划。将基础测绘纳入本级国民经济和社会发展年度计划是各级人民政府的一项基本职责。

2. 基础测绘工作所需经费列入本级政府财政预算

基础测绘年度计划是政府履行经济调节和公共服务职能的重要依据。基础测绘纳入国民经济和社会发展年度计划后，如果没有必要的经费作保证，基础测绘年度计划将无法实施。为了保障基础测绘年度计划落实，必须将基础测绘工作所需经费列入本级政府财政预算，使基础测绘工作有经费保障。基础测绘工作所需经费，既包括基础测绘计划项目实施所需经费，也包括了基础测绘方案调研论证、技术设计、质量检查及成果质量验收等工作费用。因此，《测绘法》明确规定，县级以上人民政府应当将基础测绘纳入国民经济和社会发展年度计划，将基础测绘工作所需经费列入本级政府财政预算。

3. 按照分级管理的原则编制基础测绘年度计划

《测绘法》规定，基础测绘年度计划的编制要按照分级管理的原则进行。全国基础测绘年度计划由国务院发展改革部门会同国务院测绘地理信息主管部门编制。基础测绘年度计划编制的依据是基础测绘规划。各级人民政府发展改革部门是各级基础测绘年度计划的主管部门，但由于基础测绘规划的长期性、宏观性，在规划的实施过程中必然会遇到一些不可预见的因素，如由于测绘科技进步和社会需求变化，使得基础测绘手段和产品形式发生了重大变化，国民经济和社会发展加速，对基础测绘不断提出新的需求，重大建设工程开工急需基础测绘成果等，各级发展改革部门和测绘地理信息主管部门应当密切合作，测绘地理信息主管部门可以提出建议，发展改革部门对测绘地理信息主管部门提出的基础测绘年度计划建议进行综合平衡后确定。这样做，既能够确保基础测绘规划目标的实现，又实事求是，符合测绘事业发展的实际情况。

地方基础测绘年度计划由县级以上地方人民政府发展改革主管部门和同级测绘地理信息主管部门负责编制，编制的依据是本行政区域内的基础测绘规划，地方基础测绘年度计划应当分别报上一级发展改革部门和测绘地理信息主管部门备案。

4. 编制基础测绘年度计划要以基础测绘规划为依据

基础测绘规划是对基础测绘工作的中长期计划和远景目标的确定，规划提出的预期目标要通过年度计划按年度分步实施。因此，基础测绘年度计划要以基础测绘规划为依据编制。《测绘法》明确县级以上地方人民政府发展改革部门会同人民政府测绘地理信息主管部门，根据本行政区域的基础测绘规划编制本行政区域的基础测绘年度计划。各级测绘地理信息主管部门在向同级发展改革部门提出基础测绘年度计划建议时，要充分考虑基础测绘规划确定的中长期发展目标和项目安排，根据资金安排情况和实际需求情况，科学、合理地提出基础测绘年度计划建议，并加强与同级政府发展改革部门的协调沟通，确保基础测绘年度计划得到全面落实。

5. 基础测绘年度计划应当分别报上一级主管部门备案

国家对基础测绘实行分级管理。基础测绘的这种分级管理体制，不仅体现在基础测绘管理体制上，还体现在基础测绘规划、年度计划项目的具体落实上。为确保基础测绘年度计划落实，保持国家和地方基础测绘工作的有效衔接，避免重复建设，节约公共资金，国家实行基础测绘年度计划备案制度，要求地方基础测绘年度计划应当按照规定分别报上一级主管部门备案，既要报上一级发展改革部门，也要报上一级测绘地理信息主管部门。基础测绘年度计划备案制度的实施，也是国家加强对基础测绘年度计划执行情况监督检查的一项重要措施。

第五节　基础测绘成果更新

一、基础测绘成果更新的概念

基础测绘成果更新，是根据基础测绘成果、资料和产品的时效性以及基础测绘经费的投入水平、技术水平、装备水平和人力资源承载能力等，合理地确定基础地理信息的更新周期，并形成基础地理信息更新周期与经费投入、计划管理、技术规范标准、生产能力、分发服务能力等条件相匹配的基础地理信息定期更新机制。

基础测绘成果的现势性是基础测绘实用价值的具体体现。经济社会不断发展和自然环境的不断变化，使得准确反映自然地理要素和地表人工设施的基础地理信息具有动态变化的特点。因此，基础测绘的各项成果资料和数据具有一定的时效性，其基本内容应当能够反映最新的变化情况，即应当具有现势性。经济社会的快速发展，对基础测绘成果的现势性提出了更高的要求。在一定时期内，只有对基础测绘成果进行更新，才能真实反映基础地理信息中各种自然和人文要素的现实状态及其相互关系，从而保持基础测绘成果的现势性，满足经济建设、国防建设、社会发展和生态保护的需要。

二、基础测绘成果更新制度

(1)基础测绘成果应当定期更新，经济建设、国防建设、社会发展和生态保护急需的基础测绘成果应当及时更新。

基础地理信息是指按照国家规定的技术规范、标准制作的、可通过计算机系统使用的数字化的基础测绘成果，是通过实施基础测绘对地表自然景观和地物形态进行测定和表述的空间信息。随着地表自然地理景观的变化和城市化水平的不断提高以及经济社会的全面进步和发展，基础地理信息不断地发生着变化，需要不断地进行更新，以保持基础地理信息的现势性和有效性。基础测绘成果更新，分为两种情形：

①定期更新：

基础测绘成果定期更新，是指根据经济社会发展规律和基础地理信息变化等因素，对基础测绘成果按固定的时间间隔进行更新。基础测绘成果定期更新制度的建立，有利于保障基础测绘更好地为国民经济和社会发展提供保障和服务。

②及时更新：

基础测绘成果及时更新，是为了满足经济建设、国防建设、社会发展和生态保护的紧急需要，而对基础测绘成果随时进行的更新。例如，为了应对自然灾害等突发事件，对有关地区的影像地图等基础测绘成果及时进行更新，以满足救灾工作的需要。

近年来，各级测绘地理信息主管部门不断提高基础测绘工作能力和水平，主动为国家重大战略、重大工程以及数字城市、智慧城市建设和突发事件应急处置等提供保障服务，基础测绘成果在自然资源管理、国土空间规划、区域环境治理、水利电力规划管理、精准农业、精准扶贫等经济建设、国防建设和社会发展的多个领域都发挥了重要基础保障作用。因此，《测绘法》规定，基础测绘成果应当定期更新，经济建设、国防建设、社会发展和生态保护急需的基础测绘成果应当及时更新，从而从法律上建立了基础测绘成果更新制度。

（2）基础测绘成果的更新周期根据不同地区国民经济和社会发展的需要确定。

我国幅员辽阔，各地区经济社会发展存在很大差异，地形地貌千差万别，对基础测绘成果的需求程度也不相同。因此，《测绘法》规定，基础测绘成果的更新周期根据不同地区国民经济和社会发展的需要确定。各地应当根据本地实际情况决定本地区基础测绘成果的更新周期。

影响基础测绘成果更新周期的因素主要有四个方面：一是自然和人文地理要素的变化情况；二是经济社会发展的速度；三是经济建设、国防建设、社会发展和生态保护对基础测绘保障的实际需求；四是本级政府财政的承受能力。《基础测绘条例》对基础测绘成果更新周期作出了具体规定，明确基础测绘成果更新周期应当根据不同地区国民经济和社会发展的需要、测绘科学技术水平和测绘生产能力、基础地理信息变化情况等因素确定。其中，1∶100万至1∶5 000国家基本比例尺地图、影像图和数字化产品至少5年更新一次，自然灾害多发地区以及经济建设、国防建设、社会发展和生态保护急需的基础测绘成果应当及时更新。

三、基础测绘成果更新的内容

(一) 全国性基础测绘成果更新的主要内容

根据《测绘法》《基础测绘条例》的规定，全国性基础测绘成果更新的主要内容包括：
①全国统一的测绘基准和测绘系统；
②国家基础地理信息系统；
③全国1∶100万至1∶2.5万国家基本比例尺地图、影像图和数字化产品；
④全国有关的行政区域界线、地名、水系、交通、居民点、植被等地理信息的变化情况；
⑤国家急需更新的其他基础测绘成果。

(二) 省级基础测绘成果更新的主要内容

①本行政区域内与国家测绘系统相统一的大地控制网和高程控制网；
②地方基础地理信息系统；
③本行政区域1∶1万至1∶5 000国家基本比例尺地图、影像图和数字化产品；
④省级有关的行政区域界线、地名、水系、交通、居民点、植被等地理信息的变化情况；
⑤省级急需更新的其他基础测绘成果。

(三) 市、县级基础测绘成果更新的主要内容

①1∶2 000至1∶500比例尺地图、影像图和数字化产品；

②市、县级基础地理信息系统；

③本行政区域有关的行政区域界线、地名、水系、交通、居民点、植被等地理信息的变化情况；

④本行政区域急需更新的其他基础测绘成果。

第六节　新型基础测绘与实景三维中国

一、新型基础测绘

(一)基本概念

习近平总书记在 2021 年 9 月 16 日致首届北斗规模应用国际峰会贺信中提到，"当前，全球数字化发展日益加快，时空信息、定位导航服务成为重要的新型基础设施。"[①]新型基础测绘既是基础测绘在新的历史条件下，面对新形势、新机遇、新需求、新挑战作出的自身变革和发展，也是测绘工作领域认真贯彻落实习近平总书记这一重要指示，紧紧围绕新时期"两支撑、一提升"根本定位，全面贯彻新发展理念的一项具体举措。

新型基础测绘以"地理实体"为视角和对象，以构建"基础地理实体数据库"为目标，按"空间精度和实体粒度"开展测绘，以重新定义成果模式作为核心和切入点，带动整个技术体系、生产组织体系和政策标准体系的转型升级。这与以"地理要素"为视角和对象、按"比例尺"开展测绘，构建"基础地理信息数据库"为目标、"4D 产品"为典型代表的传统模式有本质区别。通过新型基础测绘建设，能够为经济社会发展打造坚实统一的时空基底，打通自然空间和数字空间之间的联系，建立自然资源部门对自然空间和数字空间的一体化管理机制，以数字空间的建设来支撑和促进对自然空间的统一监管。

(二)建设必要性

(1)更好地满足新需求需要发展新型基础测绘。

新时期重大战略任务实施、经济社会发展和自然资源管理等对基础测绘的需求呈现出新特点：一是精细化、动态化。高精度定位数据、地理信息数据等面临迫切需求，地理信息更新频率面临更高要求。二是实体化、语义化。建设数字中国、构建自然资源三维立体"一张图"等对实体化、三维化、语义化的基础测绘成果需求更加旺盛。三是全空间全球化。需要对基础测绘工作范围适当外延，实现陆地海洋、地上地下、水上水下、国内国外等的统筹。面对新的需求，迫切需要加快新型基础测绘建设，推动基础测绘向"全球覆盖、海陆兼顾、联动更新、按需服务、开放共享"方向发展，以更好地适应新形势，满足新要求。

(2)更好地适应新技术进步需要发展新型基础测绘。当前，全球导航卫星系统、卫星定位连续运行参考站网成为新技术条件下测绘基准建设的重要内容；基础地理信息数据库

---

① 《习近平向首届北斗规模应用国际峰会致贺信》，《人民日报》2021 年 9 月 17 日 01 版。

成为基础测绘成果的主要表现形式;"资源""天绘""高分"等测绘相关卫星成为重要的地理信息数据源,并为海洋测绘和全球测绘提供了可能。以物联网、大数据、人工智能、云计算等为代表的新一代信息技术向测绘领域不断渗透,并不断催生测绘地理信息新业态、新模式。传统测绘技术在新一代信息技术"压迫"下呈现"消失"趋势,若不能与新技术融合发展必将遭到淘汰。在此背景下,迫切需要利用新技术成果对基础测绘生产、更新、服务、应用等进行变革,突破"比例尺"限制,向以"地理实体"为核心的新型基础测绘转变,实现生产数字化、智能化,更新实时化、多源化,服务平台化、泛在化,应用个性化、多维化,全面提升服务效能。

(3)更好地解决重大发展问题需要发展新型基础测绘。当前,基础测绘在体制、机制、制度等方面越来越不适应发展的需要。过去基础测绘分级管理制度已很难与当下的体制环境相适应,尤其是按照"比例尺"划分国-省-市-县工作职责,导致各级基础测绘规划、计划、项目实施缺乏有效衔接和协调,作业力量和资源利用整体效能无法充分发挥,全国基础测绘成果共享、协同更新的机制没有建立,生产执行的标准和技术规范仍未实现完全统一,迫切需要通过新型基础测绘建设,对基础测绘重新进行顶层设计,一揽子解决发展中存在的重大问题。

(4)加快形成全国"一盘棋"工作格局需要发展新型基础测绘。新型基础测绘构建以"地理实体"为核心的基础测绘产品体系,更加符合自然空间具有唯一性这一科学逻辑。打破长久以来国家和地方各级按照比例尺划分本级生产、服务、管理的机制,建立全国一体化的基础地理实体数据库,建立基于"地理实体"的基础测绘联动更新机制和技术体系,有利于避免国家和地方各说各话、各自为政,对于建立"统筹规划、协调发展,分级实施、协同建设,上下联动、资源共享"的全国基础测绘"一盘棋"工作格局具有重要意义。

(三)建设试点

新型基础测绘建设作为发展的战略方向,通过充分的试点,不断进行创新实践和理论总结是确保新型基础测绘建设不跑偏走样的必要举措。在前期上海、武汉等城市试点和宁夏省级试点经验的基础上,2021年,自然资源部正式印发了《新型基础测绘体系建设试点技术大纲》,按照立足需求、创新引领、统筹设计、多级协同的原则,部署开展新型基础测绘体系建设试点,重点在"十四五"期间在概念模式、技术标准、工艺流程、技术条件和管理机制等方面进行试验和总结,在此基础上,形成新型基础测绘体系建设的总体设计方案,为"十五五"期间全面构建新型基础测绘体系打好基础。

(1)深入推进建设试点。在过去试点工作基础上,"十四五"期间,将进一步考虑不同地域、不同层级、不同发展程度对基础测绘支撑的不同需求,按照省级、特大城市、中等城市深化开展国家级新型基础测绘体系建设试点。同时,加强对试点工作探索成果经验的总结,加快对关键性、指导性技术文件的迭代验证,形成新型基础测绘技术标准体系。在此基础上,凝练提出新型基础测绘建设总体方案。

(2)重新定义产品模式。通过试点,在基础地理实体数据库建设等方面进行积极探索。在此基础上,科学确定地理实体的概念与定义、分类与分级、粒度与精度、编码与结构。设计定义以地理实体为基础的产品模式,按照"一库多能、按需组装"的目标要求,以及与自然资源其他业务紧密耦合的需要，研究基础地理实体数据库的体系构架和技术要求。

（3）重构生产组织模式。充分把握与人工智能、云计算、大数据等高新技术融合发展的趋势，统筹新型基础测绘任务实施需要与自然资源业务支撑需要，对基础测绘队伍进行业务体系重构和组织体系再造，打造兼顾多种需求、战斗力强、覆盖国家、省、市县级的基础测绘队伍。同时，以专业测绘队伍为骨干，探索基于行业纵向协同联动和部门横向数据统筹共享、基于物联网的众源测绘等生产组织方式。

（四）新型基础测绘的内涵

1. 是传统基础测绘的延伸

基础测绘作为经济社会发展的一项前期性、基础性、公益性工作，始终围绕着"支撑自然资源管理、支撑经济社会发展中，不断提升测绘地理信息服务保障能力"，遵循承前启后、继往开来、循序渐进的原则，不断强化能力建设，为经济建设、社会发展、国防建设、生态保护等方方面面提供了及时有力的保障服务。新型基础测绘体现了延续性和继承性，也体现了创新性和拓展性。一方面，新型基础测绘仍然是基础测绘，始于测绘基准和测绘系统、基础地理信息数据库、基础航空摄影这传统的"三基"建设。另一方面，新型基础测绘有区别于传统基础测绘的典型特征，即《全国基础测绘中长期规划纲要（2015—2030年）》明确的海陆兼顾、联动更新、按需服务、开放共享等，体现了新型基础测绘"新"的总体要求。

2. 是测绘新技术的拓展

基础测绘本身是一项技术密集型工作，技术的发展是基础测绘转型的重要驱动力。物联网、云计算、大数据、人工智能、机器深度学习等相关技术突飞猛进及跨界融合，为基础测绘业务形态变革、产品形式多样化、标准规范转型、业务格局扩大奠定了坚实的技术基础。发展新型基础测绘，推动基础测绘生产模式和工艺流程的根本性变革，从技术创新、标准制定、工作对象、产品内容和形式等方面实现全新突破，使基础测绘产品服务能够更加贴近和满足经济社会发展需求，实现新型技术应用潜能裂变式释放，与时俱进地提升基础测绘保障服务能力。构建新型基础测绘体系，重点是要把握四个"新"：技术手段"新"——将卫星遥感、卫星导航定位以及云计算、大数据、物联网、人工智能等技术纳入基本技术手段，充分体现测绘对新技术的把握和应用；工作内容"新"——以对现有数据库的维护更新和全球、海洋以及重点地区动态测绘为常规工作内容，实现全球覆盖和海陆兼顾；成果形式"新"——以现代测绘基准体系和数字地理空间框架数据库为主要成果形式，实现基础地理信息的多尺度融合和联动更新，不再局限于按计划生产纸质地形图；生产服务方式"新"——以满足多样化需求的网络化定制服务为主要生产服务方式，打破单一、呆板、离线的传统服务模式。

二、实景三维中国建设

（一）基本概念

实景三维作为真实、立体、时序化反映人类生产、生活和生态空间的时空信息，具有实体化、三维化、语义化、结构化、全空间和人机兼容理解的显著特点，相较于现有基础测绘产品有六点提升。一是从"抽象"到"真实"，从对现实世界进行抽象描述，转变为真实描述；二是从"平面"到"立体"，从对现实世界进行"0-1-2"维表达，转变为三维表达；三是从"静态"到"时序"，实景三维不仅能反映现实世界某一时点当前状态，还可反映多个连续时点状态，时序、动态地展示现实世界发展与变化；四是从"按要素、分尺度"到"按实体、分精度"，从对现实世界分尺度表达，转变为按"实体粒度和空间精度"表达；五是从"人理解"到"人机兼容理解"，从"机器难懂"转变为"机器易懂"；六是从"陆地表层"到"全空间"。现有地理信息产品更侧重陆地表层空间的描述，实景三维实现"地上下、室内外、水上下"全空间的一体化描述。作为国家重要的新型基础设施，实景三维通过"人机兼容、物联感知、泛在服务"实现数字空间与现实空间的实时关联互通，为数字中国提供统一的空间定位框架和分析基础，是数字政府、数字经济重要的战略性数据资源和生产要素，按照表达内容通常分为地形级、城市级和部件级。

(二) 建设必要性

(1) 是建立数字中国国土空间底版的迫切需要。党的十九届五中全会提出建设"数字中国"，并提出"发展数字经济，推进数字产业化和产业数字化，推动数字经济和实体经济深度融合，打造具有国际竞争力的数字产业集群"，"加强数字社会、数字政府建设，提升公共服务、社会治理等数字化智能化水平"[①]。构建数字中国、发展数字经济，需要通过数字孪生构建国土空间的数字化映射，为我国数字化发展构筑时空基础。实景三维中国作为新时期新技术条件下服务经济社会发展的时空基础，是新型基础设施建设的重要内容，是国土空间信息平台的基底，是国土空间规划"一张图"的底图。构建"地上地下、陆海相连、立体统一"的实景三维中国，是数字中国建设的基础和先导，是数字政府、数字社会、数字产业的开放式共享平台，是布局和培育数据要素市场的基本纽带。立足现有基础，加快形成支撑数字中国战略实施的实景三维数据体系以及相应的技术装备能力，是加快建设国土空间底版，全面支撑数字中国建设的迫切需要。

(2) 是自然资源"两统一"管理的迫切需要。在新的管理体制下，地理信息服务生态文明建设尤其是自然资源"两统一"管理的需求和功能进一步强化。一方面，需要在生态文明建设、自然资源"两统一"管理中发挥"技术支撑"作用，根据严守耕地红线、统筹生态建设、推进节约集约用地等重大任务实际需要，构建更加直观高效、三维立体、可量可算、信息丰富、高精度的实景三维数据资源，夯实自然资源"两统一"管理的时空基底。另一方面，需要从地球系统科学的角度出发，从更好地在自然资源"两统一"管理中发挥统一空间位置管理、统一空间关系管理、统一空间表达方式管理等统一管理职责的要求出发，从覆盖范围、精细程度等方面优化实景三维数据资源布局，为统一自然资源"两统一"管理提供精准、统一、权威的科学依据，为国土空间和数字空间的统一管理奠定基础。

(3) 是国际测绘地理信息建设应用新趋势。美国于 2016 年启动 3D 高程计划 (3D

---

① 《中国共产党第十九届五中全会会议公报》。

Elevation Program，3DEP），由美国地质调查局（USGS）国家地理空间计划管理，以响应对高质量地形数据以及国家自然和构造特征的其他各种 3D 数据不断增长的需求。至 2020年，已经获取覆盖全国 78% 的高准确度和分辨率的可用高程数据，到 2023 年完成全国性覆盖。瑞士开发了新型地理信息产品——三维地形景观模型（3DTLM），其包含 10 层要素，每个地理数据均有三维坐标，在 X、Y、Z 方向的精度都优于 1 米，建成后将使瑞士地理信息数据的更新更为便捷、快速。法国实施了三维数字国土地图绘制工程，测绘了法国本土所有地区及海外省的地表及地下三维地质构造、地热、地下水等信息。日本等国家利用 LiDAR 开展了全国性三维高程数据采集，并依此形成了三维高程地图。发达国家甚至开展了全球性高精度实景三维建设。美国在 2000 年通过航天飞机搭载雷达获取和生产30 米分辨率的全球 SRTM 数字高程模型基础上，于 2014 年进行了更新，使绝对垂直高度精度小于 16 米。2016 年，欧洲空客公司和德国宇航中心（DLR）利用 TanDEM-X 和TerraSAR-X 雷达卫星完成了 WorldDEM 全球高程模型采集，实现了覆盖全球陆地范围 12米分辨率的模型绘制。日本发布了全球数字化 3D 地图 AW3D，覆盖了包括南极洲在内的全球陆地范围，是目前世界上最精准的全球 3D 地图服务，在主要城市区域三维地图的精度达到了 0.5 米至 2 米。

（三）建设思路

1. 建设目标

自然资源部对"十四五"期间以及到 2035 年建设目标进行了规划，即到 2025 年，要实现 5 米格网的地形级实景三维对全国陆地及主要岛屿的覆盖，5 厘米分辨率的城市级实景三维初步对地级以上城市的覆盖，国家和省市县多级实景三维在线与离线相结合的服务系统初步建成，地级以上城市初步形成数字空间与现实空间实时关联互通能力，为数字中国、数字政府和数字经济提供三维空间定位框架和分析基础，50% 以上的政府决策、生产调度和生活规划可通过线上实景三维空间完成。到 2035 年，优于 2 米格网的地形级实景三维实现对全国陆地及主要岛屿的必要覆盖，优于 5 厘米分辨率的城市级实景三维实现对地级以上城市和有条件的县级城市的覆盖，国家和省市县多级实景三维在线系统实现泛在服务，地级以上城市和有条件的县级城市实现数字空间与现实空间实时关联互通，服务数字中国、数字政府和数字经济的能力进一步增强，80% 以上的政府决策、生产调度和生活规划可通过线上实景三维空间完成。

2. 建设内容

基于以上建设目标，当前正在按照地形级、城市级、部件级三个层次推进实景三维建设。对于地形级实景三维建设，国家层面重点完成 10 米和 5 米格网数字高程模型（DEM）、数字表面模型（DSM）制作，以 3 年为周期进行时序化采集与表达；2 米和优于 1米分辨率数字正射影像（DOM）制作，以季度和年度为周期进行时序化采集与表达等。地方层面重点完成优于 2 米格网 DEM、DSM 制作，并以 3 年为周期进行时序化采集与表达；优于 0.5 米分辨率 DOM 制作，按需进行时序化采集与表达等。对于城市级实景三维建设，国家层面重点整合省级行政区域基础地理实体数据，形成全国基础地理实体数据。地方层面重点获取优于 5 厘米分辨率的倾斜摄影影像、激光点云等数据，完成基础地理实体数据制作，根据地方实际确定周期进行时序化采集与表达。对于部件级实景三维建设，则是鼓励社会力量积极参与，通过需求牵引、多元投入、市场化运作的方式，开展部件级实景三维建设。

第七节　测绘科技创新

进入 21 世纪以来，科技创新已成为国际竞争中成败的主导因素，科技竞争力将决定一个国家或地区在未来世界竞争格局中的命运和前途，成为维护国家安全、增进民族凝聚力的关键所在。建设国家创新体系，促进科技创新，成为世界各国普遍关心的重大发展问题。测绘科技创新是国家创新体系的重要内容，对于促进测绘事业发展，提升测绘国际竞争力，实施测绘强国战略，具有十分重要的意义。《测绘法》第一章总则第六条明确规定："国家鼓励测绘科学技术的创新和起步，采用先进的技术和设备，提高测绘水平，推动军民融合，促进测绘成果的应用。国家加强测绘科学技术的国际交流与合作。"

一、测绘科技创新的必要性

国家创新体系是社会经济与可持续发展的引擎和基础，是培养造就高素质人才、实现人的全面发展、社会进步的摇篮，是综合国力竞争的灵魂和焦点，其主要功能是知识创新、技术创新、知识传播和知识运用。测绘科技创新体系是国家创新体系建设的重要组成部分，国家建立测绘科技创新制度。

测绘行业是一个技术密集型的行业，许多边缘科学和前沿技术不断地在测绘领域得到应用。随着科学技术的不断发展，我国测绘科学技术水平不断提高，从以光学机械为主要标志的传统测绘技术体系，到以航空航天遥感、卫星导航定位、地理信息系统为核心的数字化测绘技术体系，再到基本建立以数据获取实时化、数据处理自动化、数据管理智能化、信息服务网络化、信息应用社会化为特征的信息化测绘技术体系，测绘基础理论和关键技术研究不断取得新突破，获得了全数字摄影测量工作站等一大批具有世界先进水平的科技成果，形成了"产学研用"相结合的测绘科技创新体系，我国测绘科技整体水平步入了世界先进行列。

当前，新一轮世界经济结构调整正在进行，新的技术突破和产业变革正在全球深度蔓延。随着信息化、网络化、智能化向纵深发展，互联网和空间地理信息系统相互交织，数字地球、智慧地球从理念转为应用。地理信息的边界变得越来越模糊并被打破，跨界融合趋势加剧。大数据、人工智能、无人驾驶、无人机、工业机器人等新技术、新应用都与测绘工作紧密相关，相互融合促进，测绘行业正面临着来自理论、技术和方法的深刻变革。只有不断坚持测绘科技创新，健全和完善测绘科技创新体系，才能保证新时代测绘事业的快速发展，保证测绘事业为经济建设、国防建设、社会发展和生态保护服务。建立测绘科技创新制度对于建设测绘强国，推进测绘科技进步，提高测绘服务保障能力和水平，具有十分重要的现实意义和深远的历史意义。

二、测绘科技创新制度的内容

(一)国家鼓励测绘科学技术的创新和进步，采用先进的技术和设备，提高测绘水平

科学技术是第一生产力，测绘事业的发展，依赖于测绘科技的创新和进步、测绘仪器设备的持续更新和人员素质的不断提高。测绘工作只有不断创新和进步，采用先进的技术和先进的装备，增强测绘队伍整体能力，加快测绘成果转化，健全和完善测绘科技创新体系，提高测绘水平，才能保证数字化测绘技术体系向高精度、高动态、智能化和网络化方向发展，保障测绘事业为国家经济建设、国防建设、社会发展和生态保护更好地服务。因此，测绘法明确国家鼓励测绘科学技术的创新和进步，采用先进的技术和设备，提高测绘水平，从国家法律的层面上确立了测绘科技创新和技术进步的地位。

(二)国家推动军地测绘融合发展

长期以来，我国军地测绘部门相互协作，在许多领域都取得了积极的成果。但由于受特定的历史条件和管理体制机制影响，造成了军地双方各自独立测绘、各自开展创新研发等问题，测绘成果互补性差，科技成果不能有效共享利用，军地测绘合作的深度和广度还远远满足不了经济建设、国防建设和社会发展的需要。因此，测绘法明确要推动军民融合发展。

推进军地测绘融合发展作为贯彻国家军民融合发展战略的重大举措，将有效地改善军地各自测绘、各自研发的局面，有效地统筹军地测绘创新和技术力量，促进测绘成果的应用，加快提升我国测绘技术水平和能力，加快测绘强国建设步伐，加速提升测绘对经济建设、国防建设的服务保障能力。

(三)国家加强测绘科学技术的国际交流与合作

国际合作是测绘全球化发展的一个重要组成部分，对于提高测绘技术水平，推动测绘事业发展，扩大测绘行业对外开放，促进我国测绘事业全面走出去具有重大意义和深远影响。近年来，各级测绘地理信息主管部门、各相关单位高度重视国际合作，紧密结合事业发展实际，不断开创出测绘国际合作领域的新局面。随着测绘交流合作的广泛深入，国际地位日益彰显。中国作为联合国全球地理信息管理协调机制的发起国之一，推动成立了联合国全球地理信息管理专家委员会；成立了联合国项目管理办公室，推动全球地理信息管理能力建设；自主研发的30米分辨率全球地表覆盖数据产品，由中国政府捐赠给联合国；成功举办了第13届联合国亚太区域测绘会议、第20届国际地图制图大会、第21届国际摄影测量与遥感大会以及2018年11月在浙江德清召开的首届联合国世界地理信息大会等一系列国际会议，中国测绘已经活跃在世界舞台，不断发出"中国声音"，展示出"中国实力"。

为了加快测绘科技创新和技术进步，推进测绘国际交流与合作，扩大我国测绘领域对外开放成果，加快推进测绘强国建设，《测绘法》规定，国家加强测绘科学技术的国际交流与合作。

（四）国家对在测绘科学技术的创新和进步中作出重要贡献的单位和人员给予奖励

测绘科技创新体系的进一步完善和发展，从根本上说取决于测绘科技人才。发挥科技人才优势，是促进测绘事业发展的根本保证。多年来，国家对许多测绘科学工作者给予了很高的荣誉和奖励。《测绘地理信息科技发展"十三五"规划》提出，要坚持人才为先。始终将人才作为科技创新的第一资源，营造尊重知识、尊重人才的浓厚氛围。《测绘地理信息人才发展"十三五"规划》提出，要以服务和支撑事业发展为目标，以实施重点人才工程为抓手，以创新人才发展机制为保障，统筹推进各类人才发展。建立有利于科技人才成长和发挥作用的人才培养和激励机制，建立重实绩、重贡献，向优秀人才和管理岗位倾斜的分配激励制度，充分调动测绘科技人才的积极性、创造性。国家对在测绘科学技术的创新和进步中作出重要贡献的单位和人员给予奖励，是国家鼓励测绘科技创新的重要措施，对于加快测绘科技进步，促进测绘事业发展具有重要意义。

思考题：

1. 为什么说基础测绘是公益性事业？

2.《测绘法》规定的基础测绘包括哪些内容？

3. 基础测绘实行分级管理的原因是什么？

第三章　界线与其他测绘管理

第一节　国界线与行政区域界线测绘

一、国界线测绘

国界线是指划分国家领土范围的界线，也是国家行使领土主权的界限。国界线的形成主要有两种基本情况，一种是在长期历史过程中逐渐形成的，称为传统国界线或者历史国界线；另一种是有关国家通过双边条约或者多边条约来划定的，称为条约边界线。目前，世界上大部分国家的国界线是条约国界线。

我国领土辽阔，陆地面积约960万平方千米，陆地边界长约2.2万千米。我国海域分布有大小岛屿7 600个，其中台湾岛最大，面积35 759平方千米。大陆海岸线长度约1.8万千米[①]。我国陆地与14个国家接壤，海上与8个国家相邻或相望[②]。

(一)国界线测绘的概念

国界线测绘是指为划定国家间的共同边界线而进行的测绘活动，是与邻国明确划定边界线、签定边界条约和议定书以及日后定期进行联合检查的基础工作。国界线测绘的主要成果是边界线位置和走向的文字说明、界桩点坐标及边界线地形图。

国界线测绘不仅涉及我国的领土主权问题，还涉及我国与邻国之间的外交关系。在国界线测绘活动中，必须严格执行我国与相邻国家在所缔结的边界条约或者协定中所商定的两国国界线的主要位置及基本走向，认真进行国界线实地勘测，并准确绘制国界线地图。

(二)国界线测绘的特征

1. 国界线测绘涉及国家主权和政治主张

国界线测绘具有严密的政治性和严格的法定性，如果国界线测绘成果出现错误，使中华人民共和国的领土成为其他国家的领土或者出现其他领土错绘的情况，不仅直接损害我国的主权和领土完整，直接影响到我国对外的政治主张，并且会对我国的外交关系产生不利的影响。

2. 国界线测绘涉及国家安全和利益

国界线测绘是一项十分严肃的测绘活动。国界线测绘成果属于国家秘密，国界线测绘

---

① 中华人民共和国中央人民政府，https://www.gov.cn/guoqing/，[2023-9-25].

② 本书编撰委员会. 国家版图知识读本[M]. 中国地图出版社，2018.

形成的边界地图集、未勘定国界的勘测资料、档案等都属于国家绝密级成果，国界线测绘成果一旦泄露，将危害我国的国家主权、安全和利益。

（三）测绘法关于国界线测绘的规定

1. 国界线的测绘必须按照中华人民共和国与相邻国家缔结的边界条约或者协定执行

国界线测绘涉及国家主权、利益和领土完整，具有严格的法定性、政治性和严肃性。国界线测绘不同于其他任何一项测绘活动，国界线测绘必须严格按照中华人民共和国与相邻国家缔结的边界条约或者协定进行，这是国界线测绘必须掌握的一项根本原则。因此，《测绘法》规定，中华人民共和国国界线的测绘，按照中华人民共和国与相邻国家缔结的边界条约或者协定执行。

2. 国界线测绘由外交部组织实施

国界线测绘是一项非常特殊的测绘工作，它涉及国家主权和领土完整，涉及我国对外的政治主张，影响我国的主权、安全和利益。国界线测绘的大部分成果都涉及国家秘密，不宜由其他部门实施。因此，《测绘法》明确规定国界线测绘由外交部组织实施，国界线测绘是外交部的法定职责。在国界线测绘活动中，测绘地理信息主管部门只负责相应的测绘工作，包括参加实地勘界、树立界桩、施测边界地形图、界桩点坐标和制作边界地图等工作。

3. 国家制定中华人民共和国地图的国界线标准样图

国界线标准样图，又称国界线画法标准样图，是指按照一定原则制作的有关中国国界线画法的统一的、标准的地图。拟定和公布国界线标准样图的目的是维护我国的领土和主权，提高地图上绘制国界线的准确性，避免出现国界线绘制方面的错误。国界线标准样图涉及我国与邻国之间的领土划分。因此，《测绘法》明确规定，由外交部和国务院测绘地理信息主管部门拟定中华人民共和国地图的国界线标准样图。

这项规定有两层含义，一是明确国家要制定中华人民共和国地图的国界线标准样图；二是授权外交部和国务院测绘地理信息主管部门拟定中华人民共和国地图的国界线标准样图。

4. 中华人民共和国地图的国界线标准样图经国务院批准后公布

国务院作为国家最高行政机关，由其批准的国界线标准样图代表着中华人民共和国政府的立场和主张，在所有涉及国界线的地图中具有最高的权威性，是各种公开出版、发行、登载、展示的地图上中国国界线画法的标准依据。国务院批准国界线标准样图后要予以公布，使社会公众都能知晓和遵守，一切涉及国界线画法的地图，都要按照国界线标准样图进行绘制。国界线标准样图可以由国务院公布，也可以由国务院授权外交部和国务院测绘地理信息主管部门发布，这两种发布形式具有相同的法律效力。如1999年，国务院就授权外交部和原国家测绘局发布了比例尺为1：400万的中华人民共和国国界线标准样图；2001年，国务院批准了外交部和原国家测绘局拟定的比例尺为1：100万的中华人民共和国国界线画法标准样图。

近年来，在我国地图市场不断繁荣的同时，一些单位和个人没有严格按照中华人民共和国地图的国界线标准样图绘制我国国界线，漏绘台湾及其包括钓鱼岛在内的附属各岛、澎湖列岛和南海诸岛，错绘国界线甚至将台湾省表示为"独立国家"的地图产品经常出现，严重损害了我国领土主权、民族尊严和版图完整，造成了恶劣的政治影响。为了解决地图市场存在的这些问题，2001 年，国务院办公厅转发了由原国家测绘局、原国家工商行政管理总局、原新闻出版总署、原对外经贸部、海关总署、外交部六部门提出的《关于整顿和规范地图市场秩序的意见》。2005 年，国务院办公厅转发了由原国家测绘局、原国家工商行政管理总局、原新闻出版总署八部门提出的《关于加强国家版图意识宣传教育和地图市场监管的意见》。2009 年，国务院办公厅转发了由原国家测绘局、工业和信息化部、安全部、原国家工商行政管理总局、原新闻出版总署、国家保密局六部门提出的《关于整顿和规范地理信息市场秩序的意见》，对不符合国界线标准样图规定画法的地图产品予以坚决查处。2015 年，国务院测绘地理信息主管部门印发《关于进一步加强互联网地图安全监管工作的意见》。2016 年 1 月 1 日，《地图管理条例》正式实施，全面规范和加强地图管理。2016 年，国务院测绘地理信息主管部门联合中央网信办印发《关于规范互联网服务单位使用地图的通知》，全面推进新形势下互联网地图管理工作，贯彻落实总体国家安全观。2017 年 4 月 27 日，十二届全国人大常委会第二十七次会议审议通过了修订后的《测绘法》，明确规定各级人民政府和有关部门应当加强对国家版图意识的宣传教育，增强公民的国家版图意识，并明确了新闻媒体、教育行政部门和学校的国家版图意识宣传教育职责。通过采取一系列有效措施，切实加强国家版图意识宣传教育和地图市场监管，从而提高了全民的国家版图意识，有效促进了地图市场和地理信息市场秩序的根本好转，维护了国家版图的尊严。

二、行政区域界线测绘

行政区域界线是指国务院或省、自治区、直辖市人民政府批准的行政区域毗邻的各有关人民政府行使行政区域管辖权的分界线。行政区域界线涉及行政区域界线周边地区的稳定与发展和行政争议。为了加强对行政区域界线的管理，巩固行政区域界线勘定成果，维护行政区域界线周边地区稳定，2002 年 5 月 13 日，国务院颁布了《行政区域界线管理条例》，自 2002 年 7 月 1 日起施行。

(一)行政区域界线测绘的概念

行政区域界线测绘是指为划定行政区域界线而进行的测绘工作。行政区域界线测绘的主要任务，是通过对行政区域界线的位置和走向等信息进行分析和确认，勘定一条公平合理的行政区域边界，为各级政府边界管理工作提供基础资料和科学依据。

行政区域界线测绘的主要内容包括：界线测绘准备、界桩埋设和测定、边界点测定、边界线及相关地形要素调绘、边界协议书附图制作与印刷、边界点位置和边界点走向说明的编写等。

行政区域界线测绘的主要成果包括界桩登记表、界桩成果表、边界点成果表、边界点位置和边界走向说明以及边界协议书附图。

根据《行政区域界线测绘规范》，行政区域界线测绘一般采用国家统一的 2000 国家大地坐标系和 1985 国家高程基准。同一地区，勘界工作用图和边界线协议书附图应采用相同的比例尺地形图。一般情况下，省级行政区域内选用 1：5 万或者 1：10 万比例尺地形图，省级以下行政区域内采用 1：1 万比例尺地形图。地形地物稀少的地区可适当缩小比例尺，地形地物稠密的地区可适当放大比例尺。

(二)行政区域界线测绘的原则

行政区域界线测绘的基本原则是：各省、自治区、直辖市(含各市县)之间签署的协议书，并且已经批准的行政区域界线，按照批准的行政区域界线进行；没有经过批准的行政区域界线，按照有关规定执行，即尚未正式划定过边界线，但已形成传统习惯边界线的，按照传统习惯边界线进行，双方有争议的，待争议解决后进行。随着全国勘界工作的全面完成，按照传统习惯边界线进行的行政区域界线测绘已逐步被已经批准的行政区域界线测绘所取代，我国的行政区域界线测绘进入了法治化、规范化运行的轨道。

(三)测绘法关于行政区域界线测绘的规定

(1)行政区域界线的测绘按照国务院有关规定执行。

行政区域界线测绘不同于一般的测绘活动，其测绘成果一经行政区域界线毗邻各有关人民政府签署协议确认，便具有法律效力。因此，行政区域界线测绘具有严肃性和政治性，涉及边界地区经济发展和安全稳定，必须按照国务院有关规定执行，包括国务院颁布施行的行政法规和有关行政区域界线管理的决定、命令等。

行政区域界线测绘作为一种测绘活动，除了要按照测绘法等有关测绘法律、行政法规的规定执行外，还必须执行国务院关于行政区域界线管理的其他规定。2002 年 5 月，国务院颁布了《行政区域界线管理条例》，规定在行政区域界线的管理工作中，下列情况下应进行行政区域界线测绘：一是因建设、开发等原因需要移动或者增设界桩的，行政区域界线毗邻的各有关人民政府应当协商一致，共同测绘，增补档案材料。二是行政区域界线协议书中明确规定作为指示行政区域界线走向的其他标志物，应当维持原貌。因自然原因或者其他原因使标志物发生变化的，应当组织修测，确定新的标志物。三是经批准变更行政区域界线的，毗邻的各有关人民政府应当按照勘界测绘技术规范进行测绘，埋设界桩，签订协议书。

国务院 1985 年 1 月印发的《国务院关于行政区划管理的规定》中规定，省、自治区、直辖市的行政区域界线的变更，自治州、自治县的行政区域界线的变更，县、市的行政区域界线的重大变化，凡涉及海岸线、海岛、边疆要地、重要资源地区及特殊情况地区的隶属关系或行政区域界线的变更由国务院批准。县、市、市辖区的部分行政区域界线的变更，国务院授权省、自治区、直辖市人民政府审批；批准变更时，同时报送民政部备案。乡、民族乡、镇的行政区域界线的变更由省、自治区、直辖市人民政府审批。

行政区域界线测绘的对象是依法确定的行政区域界线，行政区域界线测绘在遵守测绘法律法规的基础上，必须遵守《行政区域界线管理条例》《国务院关于行政区划管理的规定》《行政区域界线争议处理条例》等法律法规和国务院其他有关规定。

(2)国家制定行政区域界线的标准画法图。

行政区域界线的标准画法图，是指根据国务院及各省、自治区、直辖市人民政府批准的行政区域界线协议书、附图及勘界有关成果，按照一定的编绘方式编制的反映各级行政区域界线画法的地图。勘定行政区域界线体现了我国的国家意志，在地图上绘制行政区域界线是一件非常严肃的事情。为了避免在地图上绘制行政区域界线出现错误，《测绘法》明确规定，国家制定省、自治区、直辖市和自治州、县、自治县、市行政区域界线的标准画法图，作为全国行政区域界线的标准画法和依据。对于乡级行政区域界线的标准画法图的拟定和公布，《测绘法》中没有作出具体规定。目前，大部分省、自治区、直辖市通过颁布地方性法规明确由省级相关部门制定并按规定经批准后公布使用。

（3）省、自治区、直辖市和自治州、县、自治县、市行政区域界线的标准画法图，由国务院民政部门和国务院测绘地理信息主管部门拟定。

行政区域界线的标准画法图是编制、出版、登载和展示各类带有行政区域界线地图的基本依据，具有严肃性和法定性。因此，行政区域界线的标准画法图必须由国务院主管部门和相关职能部门负责拟定。民政部是国务院管理行政区域界线的部门，国务院测绘地理信息主管部门是行政区域界线测绘的主管部门，由国务院民政部门和国务院测绘地理信息主管部门共同负责拟定行政区域界线的标准画法图，体现了国家行政区域界线测绘管理工作的科学性和适用性，既体现了各负其责的职责分工，又落实了分工合作的基本管理原则。因此，《测绘法》规定，省、自治区、直辖市和自治州、县、自治县、市行政区域界线的标准画法图，由国务院民政部门和国务院测绘地理信息主管部门负责拟定。

（4）行政区域界线的标准画法图由国务院批准公布。

国务院民政部和国务院测绘地理信息主管部门在拟定行政区域界线标准画法图时，要严格按照经国务院批准的各省、自治区、直辖市（含各市县）之间签署的边界协议书进行，报国务院批准后公布。由国家最高行政机关批准的行政区域界线的标准画法图，具有最高的权威性和法律效力。国务院批准行政区域界线的标准画法图后要将其予以公布，使社会公众能够普遍遵守和了解，属于政府信息公开的一项重要内容。各种公开出版、发行、登载、展示的地图绘制我国行政区域界线的，都要依据行政区域界线标准画法图进行。行政区域界线的标准画法图可以直接由国务院公布，也可以由国务院授权民政部和国务院测绘地理信息主管部门发布，具有同等的法律效力。凡未经国务院批准的行政区域界线标准画法图都不具有法律效力。2004年，民政部和原国家测绘局联合组织编制完成了《1∶100万中华人民共和国省级行政区域界线标准画法图集》和《1∶400万中华人民共和国省级行政区域界线标准画法图》，报国务院批准后发布，成为我国地图上绘制省级行政区域界线画法的标准。

第二节　权属界线与不动产测绘

一、权属界线测绘

（一）权属界线的概念

权属是指所有权的归属。如土地权属是指土地的所有权及由其派生出来的土地占有、使用和收益权的统称。

权属界线是指土地、建筑物、构筑物以及地面上其他附着物的权属的分界线，也被称为权属界址线。权属界址线的转折点称为界址点，两个相邻转折点之间的连线叫界址线，将各转折点都连接起来，就形成了一块土地、建筑物、构筑物以及地面上其他附着物的权属界线。权属界线是划分权属的依据。在确认权属时，一般是先确认界址点，然后确认界址线的大致走向，并对每一块土地的权属界址线进行测绘。

(二) 权属界线测绘的概念

权属界线测绘是指测定权属界线的走向和界址点的坐标及对其数据进行处理和绘制图形的活动。权属界线测绘是确定权属的重要手段，只有通过权属界线测绘才能准确地将权属界线用数据和图形的形式表示出来。权属界线测绘工作对于保护土地、房屋等不动产权利人和利害关系人的合法权益，完善我国不动产统一登记制度，依法解决土地、房屋等不动产权属纠纷，维护社会和谐稳定，具有十分重要的作用。

(三) 测绘法对权属界线测绘的规定

(1) 测量权属界址线，应当按照县级以上人民政府确定的权属界线的界址点、界址线或者提供的有关登记资料和附图进行。

根据我国森林法、草原法、渔业法、土地管理法、城市房地产管理法、海域使用管理法等法律的规定，土地、房屋、草原、林地、海域等确权工作由县级以上地方人民政府负责，即由县级以上地方人民政府登记造册、核发证书、确认所有权和使用权。因此，权属界址线的测绘也必须以县级以上地方人民政府的确权数据和文件为依据进行。只有对权属界址线进行认真测量，并达到权属合法、界址清楚、面积准确的土地、建筑物、构筑物以及地面上的其他附着物，有关部门才能依法予以确权、发放相关证书。因此，《测绘法》第二十二条规定："测量土地、建筑物、构筑物和地面其他附着物的权属界址线，应当按照县级以上人民政府确定的权属界线的界址点、界址线或者提供的有关登记资料和附图进行。"

(2) 权属界址线发生变化的，有关当事人应当及时进行变更测绘。

土地、建筑物、构筑物和地面上其他附着物因分割、合并或受自然因素影响等原因，其权属界址线、界址点会经常发生变化。当权属界址线、界址点发生变化时，相关当事人应当委托具有相应测绘资质的单位进行变更测绘。不动产管理要求权属界址点、界址线等相关资料必须及时更新，保持现势性，才能保证土地、建筑物、构筑物和地面上其他附着物等不动产流转的方便、安全、及时、有效。因此，权属界址线发生变化的，有关当事人应当及时进行变更测绘。

权属界线测绘是不动产测绘的重要基础工作，及时开展权属界线测绘具有十分重要的意义和作用。一是有利于保护土地、房屋等不动产所有者或使用者的合法权益。有了明确的界址线、界址点，所有者或使用者可以依法行使自己的权利，对于侵犯其合法权益的行为，可以依法请求有关方面追究其法律责任。二是有利于进一步健全我国的不动产权属管理制度，有利于国家税收征管，监督土地的合理利用等各项工作的开展。三是有利于依法解决土地房屋等权属纠纷。有了明确的权属界址线，一旦发生权属纠纷，当地人民政府或者人民法院在调停处理时就会更加科学、及时、准确。

二、不动产测绘

不动产测绘是不动产登记的重要基础工作，不动产测绘成果一经登记确认，便具有法律效力。为维护不动产权利人的合法权益，保障不动产测绘成果准确、无误，规范不动产测绘行为，必须加强对不动产测绘的管理。

(一)不动产测绘的概念

不动产测绘是指对土地、海域、房屋等不动产的形状、空间位置、权属界线、界址、面积、方位、层次等信息及其属性等进行测定、采集、表述以及对获取的数据、信息、成果等进行处理，并通过一定的图表或数字形式对不动产属性进行描述的活动。

不动产测绘是在不动产权籍调查的基础上进行的，具有勘验取证的法律特征。不动产测绘为不动产登记提供了精准、可靠的地理参考系统和权属界址数据，其所采用的技术标准和规范必须符合国家不动产管理法律、行政法规的要求，不动产测绘成果一经确认，便具有法律效力。

不动产测绘成果作为不动产登记的基础资料，是指在不动产测绘过程中形成的各种数据、信息、图件、成果表、质量检查与验收报告、技术设计与技术总结以及其他资料等。

(二)不动产测绘的内容

按照原国土资源部颁布的《不动产权籍调查技术方案(试行)》，不动产测绘的主要内容，包括控制测量、界址测量、宗地(海)图、分户房产图的测绘、面积计算和不动产测量报告的撰写等。

1. 控制测量

对土地及其房屋等定着物，其控制测量的技术、方法和精度指标按照《地籍调查规程》(TD/T 1001—2012)执行。对海域及其房屋等定着物，其控制测量技术、方法和精度指标按照《海籍调查规范》(HY/T 124—2009)执行。测绘基准和测绘系统采用2000国家大地坐标系和1985国家高程基准。

2. 界址测量

(1)界址测量应基于不动产类型、保障不动产权利人切身利益、不动产管理的需要等条件选择精度标准。对同一权籍要素，如果技术标准之间的精度要求不一致，以精度要求高的规定为准。

(2)不动产测绘应当根据不同的界址点精度要求选择不同的界址点测绘方法。具体的测绘方法和程序按照各行业现行的技术标准执行。

3. 宗地图、宗海图和房产分户图的测制

不动产权籍图包括地籍图、海籍图及不动产单元图等，其中，不动产单元图主要包括宗地图、宗海图和房产分户图等。

①宗地图的测制。以已有各种地籍图为工作底图测绘宗地内部及其周围变化的不动产权籍空间要素和地物地貌要素，并编制宗地图。测绘方法按照《地籍调查规程》(TD/T 1001—2012)执行。

②宗海图的测制。以已有各种海籍图为工作底图测绘宗海内部及其周围变化的不动产权籍空间要素和地物地貌要素，并编制宗海图。测绘方法和内容按照《海籍调查规范》(HY/T 124—2009)执行。

③房产分户图的编制。以地籍图、宗地图(分宗房产图)等为工作底图绘制房产分户图。房产分户图的编制要求和内容以《房产测量规范》(GB/T 17986.1—2000)规定执行。

4. 面积计算

(1)宗地或宗海面积计算。根据实际情况可采用解析法或图解法计算宗地或宗海的面积，应基于不动产类型、保障不动产权利人切身利益、不动产管理的需要等条件做出合适的选择。宗地面积变更按照《地籍调查规程》(TD/T 1001—2012)执行，宗海面积变更按照《海籍调查规范》(HY/T 124)执行。

(2)房屋面积测算。房屋面积测算方法按照《房产测量规范　第1单元：房产测量规定》(GB/T 17986.1—2000)执行。

5. 不动产测量报告的撰写

不动产测量报告主要反映技术标准执行、技术方法、程序、测量成果、成果质量和主要问题的处理等情况，是需要长期保存的重要技术档案。不动产测量报告格式及编写要求按照《不动产权籍调查技术方案(试行)》的具体要求执行。

不动产测绘是测绘工作的重要组成部分，从事不动产测绘工作必须依法取得相应的测绘资质并在测绘资质证书规定的业务范围和资质等级内进行，必须遵守测绘法律法规和不动产管理的相关法律规定。

(三)测绘法对不动产测绘的规定

(1)县级以上测绘地理信息主管部门应当会同不动产登记主管部门加强对不动产测绘的监督管理。

不动产测绘通过综合运用测绘技术手段，实现对不动产统一登记后的目标对象所拥有的形状、空间位置、面积、方位、层次等属性的确定，并通过一定的图表形式或数字形式对不动产的属性进行描述，属于测绘工作的重要组成部分。按照权责对等和职责分工要求，《测绘法》明确规定县级以上人民政府测绘地理信息主管部门应当会同不动产登记主管部门加强对不动产测绘的监督管理。

(2)不动产权属界址线应当按照县级以上人民政府确定的权属界线的界址点、界址线或者提供的有关登记资料和附图进行。

土地、建筑物、构筑物和地面其他附着物，都属于不动产。不动产测绘的一项重要任务，就是确定权属，通过测定权属界址点确定不动产的范围、面积及属性等。因此，《测绘法》第二十二条规定："测量土地、建筑物、构筑物和地面其他附着物的权属界址线，应当按照县级以上人民政府确定的权属界线的界址点、界址线或者提供的有关登记资料和附图进行。权属界址线发生变化的，有关当事人应当及时进行变更测绘。"

第三节　海 洋 测 绘

一、海洋测绘的特征与任务

(一)海洋测绘的概念

海洋测绘是海洋测量和海洋制图的总称。其任务是对海洋及其邻近陆地和江河湖泊进行测绘和调查，获取海洋基础地理信息，编制各种海图和航海资料，为航海、国防建设、海洋开发和海洋研究服务。海洋测绘主要包括海洋大地测量、水深测量、海洋工程测量、海底地形测量、障碍物探测、水温要素调查、海洋重力测量、海洋磁力测量、海洋专题测量和海区资料调查，以及各种海图、海图集、海洋资料的编制和出版，海洋地理信息的处理、分析和应用等。海洋测绘本身属于测绘科学与技术的重要组成部分，又与海洋科学、地球物理学等相关学科存在密切关系，并在相当长的历史阶段重点服务于航海需求。

海洋测绘的对象包括以下三种：一是自然现象，即自然界客观存在的各种现象，具体是指海岸和海底地形、海洋水文和海洋气象等；二是人文现象，指经过人工建设、人为设置或改成形成的现象，包括岸边的港口设施、海中的各种平台、航行标志、人为的各种沉物、专门设置的港界、军事训练区、禁航区等；三是陆地水域、江河湖泊的测绘，一般也划入海洋测绘，成为海洋测绘的对象。

海洋测绘发展可大致分成三个阶段：第一个阶段是 20 世纪 30—50 年代中期，世界各国开始对海洋进行地球物理测量，包括海洋地震测量、海洋重力测量等。这个时期利用回声探测数据绘制海底地形图，揭示了海洋底部的地形地貌；利用双折射地震法获取大洋地壳的各种地球物理性质，证明大洋地壳与大陆地壳有显著的差异。第二个阶段是 1957—1970 年，实施了国际地球物理年(1957—1958)、国际印度洋考察(1959—1965)、上地幔计划(1962—1970)等国际科学考察活动，发现了大洋中条带磁异常，为海底扩张说提供了强有力的证据，揭示了大洋地壳向大陆地壳下面俯冲的现象，观测了岛弧-海沟系地震震源机制。第三个阶段是 70 年代以后，广泛应用电子技术和计算机技术开展海洋测绘。

(二)海洋测绘的特征

海洋测绘需要获取、处理、管理和表达的目标要素包括水深、底质、浅层地质构造、水文(海流、潮汐、悬浮物)、重力、磁力等，以及水下地物、建筑物、构筑物与特征物(障碍物)、毗邻陆地地形及水面之上的标志物和障碍物等。与陆地测绘相比，海洋测绘要面对更多的要素，以满足不同的应用需求。

①海洋测绘中的三维坐标(X, Y, H)必须同步测定，即平面位置和深度同步测定。

②海洋测绘中作业距离大，海洋无线电测距一般必须采用低频电磁波，水下测绘采用声波作为信号源。

③海洋测深受潮汐、海流和温度的影响，必须考虑这些因素对测绘结果的改正。

④海洋测绘在不断运动着的海面上进行，具有动态性，海洋测绘的主要载体是船舶。

⑤海洋测绘无法进行重复观测，为了提高测量精度，必须采用多套不同的仪器系统进行测量，从而产生同步多余性。

⑥海洋测绘观测条件比较复杂，观测精度相对较低。

⑦海洋测绘成果复杂，海洋测绘的内容综合性强，不仅包括海底地形地貌，还包括海洋磁力、重力测量和障碍物探测等，海洋测绘成果非常复杂。

(三)海洋测绘的任务

1. 科学性任务

海洋测绘的科学性任务，主要包括三方面内容：一是为研究地球形状提供更多的数据资料；二是为研究海底地质的构造运动提供必需的资料；三是为海洋环境研究与海洋环境保护等提供测绘保障。

2. 实用性任务

海洋测绘的实用性任务，主要是为各种不同的海洋工程开发提供所需要的测绘工作，主要包括海洋自然资源的勘探和离岸工程、航运、救援与航道、近岸工程、渔业捕捞、海底电缆铺设、输水管道架设以及其他海底工程中的测绘任务。

二、测绘法对海洋测绘的规定

(1)军队测绘部门按照国务院、中央军事委员会规定的职责分工负责管理海洋基础测绘工作。

海洋基础测绘是基础测绘工作的重要组成部分，是具有政府行为、按统一规划、面向不同类型用途的海洋测绘业务。面向海洋，以数据为中心是海洋基础测绘的本质技术特征。海洋基础测绘所获取的数据具有特定的覆盖度、精度及分辨率。海洋基础测绘所涵盖的信息类别，包括海底地形地貌、海洋重力场、海洋磁场以及海洋水体要素场等。

海洋测绘是测绘工作的重要组成部分，是测绘地理信息主管部门统一监督管理的重要内容。但海洋测绘有其特殊性，特别是海洋基础测绘，通过获取海洋基础地理信息，建立海洋测绘基准和控制测量系统，编制各种海洋基本比例尺地图和航海资料等，为海洋经济开发、海洋环境保护、海防建设等提供基础保障。充分考虑海洋测绘的特殊性和适用性，维护国家海洋安全和权益，《测绘法》规定，军事测绘部门按照国务院、中央军事委员会规定的职责分工负责管理海洋基础测绘工作。

根据《中华人民共和国海域使用管理法》(以下简称《海域使用管理法》)，海域使用权人在使用海域期间，未经依法批准，不得从事海洋基础测绘。这是《海域使用管理法》对海洋基础测绘作出的限制性规定。

(2)国家制订海洋基础测绘规划，并由军队测绘部门实施。

海洋基础测绘为海洋经济开发、环境治理、工程建设、海洋权益保护等提供了权威、准确、有效的基础地理信息数据保障，是实施海洋强国战略的重要支撑。为统筹国家海洋基础测绘工作开展，科学布局海洋基础测绘重大项目，保持海洋基础测绘可持续发展，必须依法编制海洋基础测绘规划。测绘法明确由军队测绘部门负责管理海洋基础测绘工作，海洋基础测绘规划也必须由军队测绘部门负责组织编制。因此，《测绘法》第十七条规定：

"军队测绘部门负责编制军事测绘规划，按照国务院、中央军事委员会规定的职责分工负责编制海洋基础测绘规划，并组织实施。"

这项规定有三层含义：一是国家制定海洋基础测绘规划，保障海洋基础测绘的有效开展；二是国家明确海洋基础测绘规划由军事测绘部门负责组织编制；三是明确由军事测绘部门负责组织实施国家海洋基础测绘规划。

海洋测绘是发展海洋事业、保证国民经济建设和国防建设稳定发展的基础性事业，是测绘地理信息主管部门统一监督管理的重要内容。测绘法规定的测绘法律制度，同样适用于海洋测绘。从事海洋测绘活动，应当依法取得相应的测绘资质证书，使用国家规定的测绘基准和测绘系统，执行国家规定的测绘技术规范和标准，保证成果质量合格。

三、海洋测绘管理

(一)海洋测绘管理存在的问题

近年来，随着我国海洋强国战略的实施，我国海洋测绘工作发展迅速，在海洋测绘基准、海洋基础地理信息资源建设、海洋测绘技术装备建设等各个领域，都取得了可喜成绩，但也存在着许多急需解决的问题。

(1)陆海测绘统筹不足。

长期以来，作为海洋测绘基本成果的海图在国家经济建设、国防建设等诸多领域发挥了重要作用，但随着海洋强国战略的实施，现有的海图已难以满足我国海洋经济发展、海洋综合治理、海洋产业规划发展等需要，海洋基础测绘工作总体滞后。

(2)海洋测绘力量分散、技术薄弱。

随着人们对海洋重要性认识的不断提高和海洋经济发展，海洋测绘需求在不断扩大，在海域管理、资源开发、工程建设、国防安全等方面都迫切需要海洋地理信息保障。我国涉海部门和行业虽然都有一定数量的海洋测绘队伍，但涉及的行业和部门多，测绘力量分散，技术薄弱，难以形成合力。与发达国家相比，我国海洋测绘技术总体上较为薄弱。

(3)陆海测绘基准不统一。

近年来，随着北斗导航定位系统、2000国家大地坐标系等国家现代测绘基准的建成应用，我国陆地测绘基准建设已步入了世界先进行列。但相比而言，在海洋垂直基准建设方面相对落后，主要体现在三个方面：一是我国海图基准面采用的是理论深度基准面，在实施大范围的区域测绘时会造成数据难以拼接；二是国家高程基准与深度基准缺乏统一和转换模型；三是没有建立起覆盖全部管辖海域的海底大地控制网，一些偏远岛屿缺少测量控制点。垂直基准问题不仅影响海洋测绘本身，在海洋管理、防灾减灾、工程建设等方面都有广泛的应用。因此，急需加强我国海洋垂直基准和相应基础设施建设，以满足我国海洋测绘发展的需要。

(4)海洋测绘装备国产化程度低、标准计量工作欠账多。

目前，我国海洋测绘软硬件装备主要依赖于进口，国产化程度低，严重影响了我国海洋测绘技术发展和信息安全。我国海洋测绘常用水下设备尚未实现强制检定要求，设备检测主要依靠各生产单位自行检测，在海洋测绘设备检定装置、标准检测场及标准规程制定等方面存在严重不足，历史欠账多。

（二）海洋测绘管理的重点内容

1. 统筹陆海需求，科学规划海洋测绘发展

党的十九大报告中明确提出要坚持陆海统筹、加快建设海洋强国的战略方针。探索认知海洋是开发利用和保护海洋的前提条件，开展海洋基础测绘工作，摸清我国管辖海域家底，全面准确掌握海洋基础地理信息，是实现海洋强国、落实自然资源部门"两统一"职责的重要保障和坚实基础。应尽快建立陆海统筹机制，大力推进军民融合发展，启动海洋基础测绘规划编制，进一步完善海洋测绘管理制度。

2. 提升海洋测绘科技创新能力

加大海洋测绘科技创新力度，提升海洋测绘科技支撑能力，是加快我国海洋测绘事业创新发展的重要保障。可通过搭建国家海洋测绘科技创新平台，启动海洋测绘重大科技专项，开展现代化海洋测绘基准建立与维护、新型传感器、陆海地理信息采集与融合关键技术研究，海洋时空地理信息数据获取、云平台建设及应用服务技术研究等科技攻关，来提升我国海洋测绘科技创新能力。

3. 加快海洋测绘标准体系建设

整合海洋测绘与地理信息标准化资源，加快海洋测绘标准制修订工作，为海洋测绘事业发展提供标准化支撑。提升海洋测绘设备检测能力，加快推动单波束测深仪、多波束测深仪和侧扫声呐等常用海洋测绘仪器的计量检测平台、系统建设，加强野外观测台站、检测检校平台建设，制定相应的技术规程，形成科学、权威的海洋测绘设备计量检定技术体系，确保海洋测绘数据的准确性和可靠性。

4. 发展海洋测绘技术装备

装备决定能力，技术决定水平。要大力实施海洋测绘科技创新与装备建设，支持国产海洋测绘关键技术装备研发，联合国内海洋测绘仪器研究院所、高校和地理信息装备制造企业，支持开展海洋测绘技术装备研发，推动我国海洋测绘装备制造业的发展，提高海洋基础地理信息获取能力，为海洋测绘事业高质量发展提供保障。

第四节　工　程　测　量

一、工程测量的概念与特征

（一）工程测量的概念

工程测量是为区域规划、工程建设、交通运输、资源开发利用、防灾减灾、科学研究、大型设备安装等所进行的测绘的总称。

工程测量按其工作顺序和性质分为：勘测设计阶段的工程控制测量和地形测量；施工阶段的施工测量和设备安装测量；竣工和管理阶段的竣工测量、变形观测及维修养护测量等。按工程建设的对象可分为：建筑工程测量、水利工程测量、铁路测量、公路测量、桥

梁工程测量、隧道工程测量、矿山测量、市政工程测量以及军事工程测量、海洋工程测量等。因此，工程测量工作遍布于国民经济建设、国防建设、社会发展的各个部门和各个方面。通常情况下，人们把工程建设领域中的所有测绘工作统称为工程测量。实际上，它包括在工程建设勘测、设计、施工和管理阶段所进行的各种测量工作。它是直接为各项建设项目的勘测、设计、施工、安装、竣工、监测以及营运管理等一系列工程建设服务的。可以这样说，没有测量工作为工程建设提供数据和图纸，并及时与之配合和进行指挥，任何工程建设都无法进行。

根据国家目前施行的《测绘资质分级标准》(2014年版)，工程测量分为：控制测量、地形测量、规划测量、建筑工程测量、变形形变与精密测量、市政工程测量、水利工程测量、线路与桥隧测量、地下管线测量、矿山测量和工程测量监理。

随着现代地理信息技术的快速发展，工程测量技术呈现出两大发展趋势，一是在各项工程测量活动中各种智能化仪器、测量机器人、新型数据采集终端和各种全自动化的数据处理平台不断出现；二是工程测量的应用领域不断扩展，它不仅涉及各项工程的静态、动态几何与物理量测定，而且包括对测量结果的分析，甚至对物体发展变化的趋势预报。

(二) 工程测量的特征

1. 工程测量内容广泛

工程测量涉及工程建设从规划设计、工程施工一直到经营管理的各个环节和阶段。对土木工程而言，工程测量包括市政工程测量、工业建设设计测量、铁路和道路测量、输电线路和输油管道测量等，这些工程测量活动虽然各有特点，但其基本原理和方法有很多共同点。

2. 工程测量学与测绘学的各分支学科关系密切

为大规模工程建设的规划设计进行勘测时，需建立较大面积、较高等级的平面控制网和高程控制网，涉及大地测量学知识；采用航测手段测绘大比例尺地形图时，涉及测绘航空摄影、航空摄影测量和地图制图的知识；为适应定线放样和变形观测的需要，有时还涉及近景摄影测量知识；建立工程管理信息系统时，还要用到地理信息系统专业的知识。总之，工程测量学与测绘学的各分支学科都有着非常紧密的联系。

3. 工程测量的目的是为各类工程建设服务

工程测量中的大比例尺地形图，是为满足城市、村镇、厂矿等规划设计需要进行的；建立施工控制网，测定和放样出建筑物与生产设备各部分的空间位置，是为工程施工需要进行的工程测量工作，工程测量离不开各项工程建设，其主要目的就是为工程建设服务，贯穿于各项工程建设的全过程。

二、测绘法关于工程测量的规定

(1)城乡建设领域的工程测量活动应当执行测量技术规范。

城市建设领域的工程测量活动，是整个城市建设和管理的重要基础工作，直接为城市建设和管理提供有关的基础资料，涉及各项工程设计、施工、竣工、验收、管理各个阶段和环节。离开工程测量，城市任何工程建设都是不可能实现的。城市工程测量的主要任务，一是测制工程建设所需的各种比例尺地形图。把工程所在地区的各种地面物体的位置、形状以及地面起伏状态，用各种图例、符号，按照规定的比例尺测制出地形图，为工程建设的规划设计提供必要的图纸数据资料。二是施工放样。把图纸上设计好的建筑（构）物，按照设计要求在工程现场标定出来，作为施工依据。三是形变测量。对于一些大型的、重要的建筑（构）物在施工和运营管理期间，还要定期进行稳定性观测，主要内容涉及沉降观测、位移观测、倾斜观测、裂缝观测等。为确保城乡建设领域的工程测量成果准确、可靠，保障各项工程建设的顺利进行，《测绘法》第二十三条规定："城乡建设领域的工程测量活动，与房屋产权、产籍相关的房屋面积的测量，应当执行由国务院住房城乡建设主管部门、国务院测绘地理信息主管部门负责组织编制的测量技术规范。"

（2）水利、能源、交通、通信、资源开发和其他领域的工程测量活动，应当执行国家有关的工程测量技术规范。

水利、能源、交通、通信、资源开发和其他领域的工程测量活动，是这些领域内各项工程建设的基础，其工程测量成果质量直接影响到后续工程建设，进而影响到国家水利、能源、交通等战略布局和事业发展。水利、能源、交通、通信、资源开发等领域对工程测量成果的质量和技术标准要求各有区别，每个行业有每个行业的特殊性，不能强制性地要求这些行业统一实施国家某一项具体的测绘技术标准和规范。因此，《测绘法》第二十三条规定："水利、能源、交通、通信、资源开发和其他领域的工程测量活动，应当执行国家有关的工程测量技术规范。"

这项规定包含三层含义：一是水利、能源、交通、通信、资源开发等行业可以执行由水利、能源等相关部门组织拟订、由国家标准化主管部门批准发布的国家工程测量技术规范；二是根据实际工作需要，可以执行由国务院住房城乡建设主管部门和国务院测绘地理信息主管部门组织制定的工程测量技术规范；三是不管执行哪个部门制定的测量技术规范，但前提条件必须是国家标准，即由国家标准化主管部门批准发布的工程测量技术规范。

三、工程测量管理

工程测量是测绘工作的重要组成部分，国家现有各项测绘法律法规和规章，都适用于工程测量。

（一）工程测量资质管理

从事各种工程测量活动，应当依法取得省级以上测绘地理信息主管部门颁发的测绘资质证书，并在资质证书规定的业务范围和资质等级内依法从事工程测量活动。其他任何部门颁发的载有工程测量业务的资质、资格或许可证等，都是违反测绘法的，不具有任何法律效力。对无资质或者超越资质等级范围从事工程测量活动的，测绘地理信息主管部门应当予以查处。工程测量业务范围广，涉及测绘单位和部门多，测绘地理信息主管部门应当建立健全随机抽查工作机制，落实"双随机"抽查制度，强化事中事后监管，保证工程测量成果质量合格，满足各项工程项目建设的需要。

(二)工程测量质量与标准化管理

从事工程测量活动，应当使用国家规定的测绘基准和测绘系统，执行国家规定的测绘技术规范和标准。测绘地理信息主管部门应当加强测绘基准和测绘系统、测绘标准化和计量基础管理，加强工程测量技术规范和标准的制修订工作，做好测量器具的计量检定等基础工作，不断完善工程测量标准体系，保证各项工程测量成果符合国家有关工程测量标准和规范的要求。加强对工程测量成果质量的监督检查，保证测绘成果质量合格。

(三)工程测量成果管理

工程测量成果内容广泛，必须严格执行《测绘法》《测绘成果管理条例》关于测绘成果汇交、保管、提供、利用等管理规定，保证工程测量成果完整、安全，促进工程测量成果广泛利用。工程测量成果涉及国家秘密的，要严格按照测绘法、保密法等法律法规关于涉密测绘成果管理的规定，强化保密责任，严格保密管理，维护国家地理信息安全。

第五节　地理信息系统建设

一、地理信息系统的概念与特征

(一)地理信息系统的概念

地理信息系统(GIS)是一种特定的空间信息系统。它是在计算机硬件、软件系统支撑下，对整个或部分地球表层(包括大气层)空间中的有关地理分布数据进行采集、存储、管理、运算、分析、显示和描述的技术系统。由于地球是人类赖以生存的基础，所以地理信息系统是与人类的生产、发展和进步密切关联的一门信息科学与技术。

世界上第一个地理信息系统诞生于20世纪60年代，1963年加拿大土地调查局为了处理大量的土地调查资料，由测量学家R. F. Tominson提出，并建立了土地地理信息系统。同一时期，美国哈佛大学的计算机图形与空间分析实验室开发出SYMAP系统软件，竭力发展空间分析模型和制图软件。但由于当时计算机技术水平不高，存储能力低，磁带存储速度较慢，使得地理信息系统带有更多的机助制图色彩，地学分析功能非常简单。20世纪70年代以后，由于计算机软硬件迅速发展，特别是大容量存储功能磁盘的使用，为地理空间数据的录入、存储、检索、输出提供了强有力的手段，使地理信息系统进入了快速发展阶段。

地理信息系统在我国的发展大致经历了四个阶段：第一阶段是1970—1980年，为准备阶段，主要经历了相关机构提出倡议、组建队伍、培训人才、组织个别实验室等阶段。可以说，当时机械制图和遥感技术的应用为地理信息系统的研制和应用做好了技术和理论上的准备。第二阶段是1981—1985年，为起步阶段，我国相关机构完成了技术引进、数据规范和标准的研究、空间数据库的建立、数据处理和分析算法及应用软件的开发等环节，对地理信息系统进行理论探索和区域性的实验研究。第三阶段是1986—2013年，为初步发展阶段，我国地理信息系统的研究和应用进入有组织、有计划、有目标的阶段，逐步建立了不同层次、不同规模的组织机构、研究中心和实验室。地理信息系统研究逐步与国民经济建设和社会发展需求相结合，并取得了重要进展和实际应用效益，涌现出一大批优秀的地理信息系统开发企业和优秀的地理信息系统平台软件。第四阶段是 2013 年至今，为快速发展阶段，地理信息系统在自然资源监测、环境生态保护以及经济社会发展的各个领域都得到了广泛应用，并逐步实现大众化、网络化和实时化。

(二)地理信息系统的特征

(1)地理信息系统的物理外壳是计算机化的技术系统，由若干个相互关联的子系统组成，包括数据采集子系统、数据管理子系统、数据处理和分析子系统、图形图像处理系统等。

(2)地理信息系统的操作对象是空间数据，即点、线、面、体这类有三维要素的地理实体。空间数据的最根本特性是每一个数据都按统一的坐标进行编码，实现对其定位、定性和定量的描述。

(3)地理信息系统与测绘学和地理学有着密切的关系。大地测量、工程测量、不动产测绘、摄影测量与遥感技术为地理信息系统的空间实体提供各种不同比例尺和精度的定位数据；全站仪、无人机、卫星定位接收机、全数字摄影测量工作站等现代测绘技术装备的应用，可以直接、快速和自动地获取空间目标的位置信息，为地理信息系统提供了丰富和更为实时的信息，促进地理信息系统向更高层次发展。

(4)地理信息系统涉及地理信息数据的采集、处理、表述以及对获取的数据进行处理和分析，能够编制和输出不同类型的专题地图和普通地图等，地理信息系统以开发应用地理信息为基础，建立地理信息系统是一种测绘活动。

(5)地理信息系统具有标准化、数字化和多维结构的特点。

二、测绘法关于地理信息系统建设的规定

(一)国家制定基础地理信息数据的标准

基础地理信息是指通用性最强，共享需求最大，几乎为所有与地理信息有关的行业所采用作为统一的空间定位和进行空间分析的基础地理单元，主要由自然地理信息中的地貌、水系、植被以及社会地理信息中的居民地、交通、境界、特殊地物、地名等要素构成。另外，还包括用于地理信息定位的地理坐标系格网，并且其具体内容也同所采用的地图比例尺有关，随着比例尺的增大，基础地理信息的覆盖面更加广泛。

基础地理信息是各类地理信息用户的统一空间载体和数字地球的基础信息，面向社会，应用面宽，具有极高的共享性和社会公益性，其数字化信息源的数量和质量直接影响到一个国家地理信息系统技术应用的广度和深度，关系到国家的信息自主权，是一个国家信息化程度和实力的重要标志。因此，国家要制定统一的基础地理信息数据标准。2007年，国家制定了《基础地理信息标准数据基本规定》(GB 21139—2007)，为基础地理信息数据的生产、利用提供了标准支撑。

(二)建立地理信息系统必须采用符合国家标准的基础地理信息数据

近年来，随着我国国民经济信息化进程的不断加快，各地区、各部门和各单位都相继建立了专题地理信息系统或区域地理信息系统，并加速推动地理信息系统的应用。地理信息系统在自然资源管理、国土空间规划管理、交通运输、统计、环境保护、农业、人口、公安、国家安全、通信等众多领域发挥了重要作用，取得了良好的经济效益和社会效益。但是，各部门建立的地理信息系统所采用的基础地理信息数据不统一，执行的标准不一致，形成了无数个"信息孤岛"，给各个系统间的兼容、数据共享交换带来了极大的困难，不仅浪费了国家资源，而且对国民经济和社会信息化的进一步推进产生了很大的制约。因此，为促进信息共享利用，《测绘法》规定，建立地理信息系统，必须采用符合国家标准的基础地理信息数据。

这里所说的地理信息系统，主要是指各级人民政府及其有关部门建立的地理信息系统，以及其他具有一定规模的地理信息系统。所谓国家标准是指由国家标准化主管部门依据《中华人民共和国标准化法》(以下简称《标准化法》)颁布的国家标准，依据有关行业标准生产的基础地理信息数据不能作为建立地理信息系统的基础数据。

国家标准的基础地理信息数据，就是按照国家标准采集、处理、提供的基础地理信息数据。目前，我国1∶5万、1∶10万、1∶100万基础地理信息数据已经覆盖58%的陆地国土，大比例尺数据覆盖了大部分城镇地区，高分辨率遥感影像覆盖了全部陆地国土，"资源三号"卫星全球影像有效覆盖面积达7 200万平方千米。所有这些基础地理信息数据，都是各行业、各部门建立地理信息系统的基础地理信息数据，也是建立地理信息系统应当采用的数据。

(三)采用不符合国家标准的基础地理信息数据应当承担相应的法律责任

地理信息系统在国家各项建设管理中的作用巨大，特别是在推进国家信息化建设进程和智慧城市建设方面，地理信息系统是十分重要的支撑平台，几乎不可替代。为促进政府管理资源的共享利用和交换，消除政府部门和行业间的"信息孤岛"，建立地理信息系统必须采用符合国家标准的基础地理信息数据，不采用符合国家标准的基础地理信息数据建立地理信息系统，应当承担相应的法律责任。因此，《测绘法》规定，采用不符合国家标准的基础地理信息数据建立地理信息系统的，给予警告，责令改正，可以并处五十万元以下的罚款；对直接负责的主管人员和其他直接责任人员，依法给予处分。

建立地理信息系统，属于测绘活动，应当按照测绘法律法规的规定，依法取得相应等级的地理信息系统资质并在资质等级许可的业务范围内进行。采用符合国家标准的基础地理信息数据建立地理信息系统，是测绘法对地理信息系统建设单位的法定要求，必须严格按照测绘法的规定执行。

三、地理信息系统管理

地理信息系统是政府决策管理的重要平台，是人类认识世界、改造世界的重要工具，应用十分广泛，涉及经济建设、国防建设、社会发展和生态保护各个领域，测绘地理信息主管部门必须依法加强对地理信息系统建设活动的监督管理。

测绘地理信息主管部门对地理信息系统建设的管理，主要体现在以下几个方面：

一是地理信息系统资质资格管理。从事地理信息系统建设的单位，必须依法取得测绘资质证书并在资质证书规定的业务范围内从事地理信息系统建设活动，从事地理信息系统开发建设的专业技术人员必须取得测绘执业资格。无资质资格或者超越资质等级规定从事地理信息系统建设活动，必须承担相应的法律责任。测绘地理信息主管部门应当严格执行地理信息系统建设资质许可，强化事中事后监管，保证各项地理信息系统建设依法依规进行，维护地理信息系统建设市场的正常秩序。

二是质量和标准化管理。建立地理信息系统必须执行国家规定的测绘技术规范和标准，严格执行国家有关地理信息系统建设的质量规范和标准，地理信息系统的资料质量、运行环境、数据质量、系统结构与功能以及系统管理与维护等都必须符合规范要求。

三是地理信息系统数据管理。建立地理信息系统必须采用符合国家标准的基础地理信息数据，对不采用符合国家标准的基础地理信息数据的，要依法予以查处。地理信息系统数据涉及国家秘密的，必须严格按照国家涉密测绘成果管理的有关规定执行，保证地理信息系统数据完整、安全。

第六节　应　急　测　绘

一、应急管理的基本内容

(一) 政府应急管理的概念

政府应急管理，是指政府机构在突发事件的事前预防、事发应对、事中处置和善后管理过程中，通过建立必要的应对机制，采取一系列必要措施，保障公众生命财产安全，促进社会和谐健康发展的有关活动。政府应急管理的主要任务是如何有效地预防和处置各种突发公共事件，最大限度地减少突发事件的负面影响。

(二) 应急管理体制

2018 年 3 月，十三届全国人大一次会议审议通过了国务院机构改革方案，组建应急管理部，标志着我国开始建立一个强有力的核心部门进行总牵头、各方协调配合的应急管理体制。目前，我国的应急管理体制主要体现了三大特征。

1. 综合化

《中华人民共和国突发事件应对法》(以下简称《突发事件应对法》)第四条规定："国家建立统一领导、综合协调、分类管理、分级负责、属地管理为主的应急管理体制。"应急管理部对自然灾害和事故灾难这两大类突发事件的统筹管理职责以及对公共卫生事件、社会安全事件等其他突发事件的协同配合职责，有利于尽快"推动形成统一指挥、专常兼备、反应灵敏、上下联动、平战结合的中国特色应急管理体制"。

2. 属地化

我国作为灾害多发的大国，做好应急管理工作，需要同时发挥中央的指导作用和地方的主体作用。按照分级负责的原则，一般性灾害由地方各级政府负责，应急管理部代表中央统一响应支援；发生特别重大灾害时，应急管理部作为指挥部，协助中央指定的负责同志组织应急处置工作。

3. 社会化

企事业单位、社会组织、公众等既是突发事件的直接受众，也是应急管理的重要主体。2016 年 12 月，《中共中央、国务院关于推进防灾减灾救灾体制机制改革的意见》提出，防灾减灾救灾体制机制改革要"坚持党委领导、政府主导、社会力量和市场机制广泛参与""更加注重组织动员社会力量广泛参与，建立完善灾害保险制度，加强政府与社会力量、市场机制的协同配合，形成工作合力"。

(三)应急管理机制

应急管理机制是突发事件预防与应急准备、监测与预警、应急处置与救援、善后恢复与重建等过程中各种制度化、程序化的应急管理方法与措施。从内涵上看，应急管理机制是一组以相关法律、法规和部门规章为基础的政府应急管理工作流程。从外在形式看，应急管理机制体现了政府应急管理的各项具体职能。从功能作用看，应急管理机制侧重在突发事件防范、处置和善后处理的整个过程中，各部门和单位如何通过科学地组织和协调各方面的资源和能力，以更好地防范与应对突发事件。根据我国《突发事件应对法》的相关规定，结合应急管理工作流程，我国应急管理机制可分为以下四个部分：

①预防与应急准备机制：通过预案编制管理、隐患的排查、应急救援队伍的建设、宣传教育与培训演练、应急物资资金的保障等，做好各项基础性、常态性的管理工作，从更基础的层面改善应急管理。

②监测与预警机制：通过建立突发事件信息的收集与报告制度、建立监测网络、及时预警以及采取相应的预警措施，减少事件产生的概率及其可能造成的损失。

③应急处置与救援机制：突发事件发生后，为尽快控制和减缓其造成的影响和危害，政府及有关部门根据事先制定的应急预案，采取有效措施和应急行动，控制或者消除正在发生的突发事件，最大限度地减少突发事件造成的损失。

④灾后恢复与重建机制：积极稳妥地开展生产自救，做好善后处置工作，把损失降到最低，让受灾地区和民众尽快恢复正常的生产、生活和工作秩序，实现常态管理与非常态管理的有机转换。

(四)应急管理法治建设

科学严谨、保障有效的法律体系为我国应急管理工作提供了根本的法律保障。从1954 年我国首次规定戒严制度以来，到 2007 年《突发事件应对法》颁布实施，我国已经陆续制定与突发事件应对相关的法律 35 件、行政法规 37 件、部门规章 55 件、有关法规性文件 111 件，有效地保障了我国应急管理工作的顺利开展和应急事业的发展。

近年来，随着相关应急管理组织的设立和相关应急管理预案的出台，通过一系列立法，包括：一般紧急情况的法律规范、战争状态的法律规范、自然灾害类突发事件的法律规范、公共卫生类突发事件的法律规范、社会安全类突发事件的法律规范、事故灾难性突发事件法律规范以及公民权利救济法律规范等各个方面，构建起一整套与处理突发事件相关的应急管理法律法规体系。各省、自治区、直辖市又根据这些法律法规，颁布了一系列适用于本地实际的地方性法规，形成了以《中华人民共和国宪法》（以下简称《宪法》）为依据，以《突发事件应对法》为核心，相关单项法律法规为配套的，从中央到地方的突发事件应急处理法律规范体系，完成了我国应急管理法治体系建设的基础性工作。

二、应急测绘保障的特征

应急测绘保障是测绘地理信息主管部门和相关测绘单位及机构为突发公共事件应急处置提供的测绘保障服务。应急测绘保障是贯穿于突发事件的预防、应对、处置和恢复重建全过程的重要基础工作，是国家突发事件应急体系的重要内容。

应急测绘保障的主要任务，是为国家应对自然灾害、事故灾难、公共卫生事件、社会安全事件等突发公共事件高效有序地提供地图、基础地理信息数据、地理信息公共服务平台等测绘成果，根据需要开展遥感监测、导航定位、地图制作等技术服务。

应急测绘保障是在应急状态下提供的测绘保障服务，情况特殊，状态紧急，需求明确，时间要求紧，不同于一般的测绘活动。应急测绘的主要特点有以下几个方面：

（一）面向对象

应急测绘保障要应对水灾、火灾、震灾、山体滑坡等各种自然灾害和突发公共事件，具有明确的测绘保障任务和保障服务对象。

（二）快速及时

应急测绘保障需要快速部署灾害区基础地理信息框架数据，并于事件发生前后以及过程中实时监测地理环境变化，快速获取、处理地理空间信息，生产面向对象的各种数据集。应急测绘保障的最大特点就是快速及时。

（三）详细准确

应急测绘保障需要提供应急处置的各种空间定位数据、影像数据等，数据要求精准、详细，尽可能准确地反映出事件发生地的各种自然地理和人文要素变化，从而为应急处置和救援提供第一手资料。

三、应急测绘保障制度的内容

（一）县级以上人民政府测绘地理信息主管部门负责应急测绘保障工作

应急测绘是我国测绘工作的重要组成部分，是测绘地理信息主管部门统一监督管理职责的重要内容。因此，县级以上测绘地理信息主管部门应当依法履行好应急测绘保障工作职责，在本级人民政府领导下，统筹、组织本行政区域突发事件应急测绘保障工作，制定应急测绘工作预案，建立应急专家库和应急快速反应测绘队伍，做好应急保障测绘成果的储备工作，建设应急地理信息服务平台，完善应急测绘保障基础设施，加快应急测绘高技术应用和储备，确保应急测绘通信畅通。在突发事件发生后，调集整理现有测绘成果、采集处理现势数据、加工制作专题地图，做好遥感监测、导航定位及灾情空间分析等工作，及时为政府和应急有关部门提供应急测绘保障服务。《测绘法》第二十五条规定："县级以上人民政府测绘地理信息主管部门应当根据突发事件应对工作需要，及时提供地图、基础地理信息数据等测绘成果，做好遥感监测、导航定位等应急测绘保障工作。"

(二) 及时提供地图、基础地理信息数据等测绘成果

为依法履行应急测绘保障工作职责，积极应对突发事件工作需要，各级测绘地理信息主管部门在自然灾害等突发事件发生后，要在当地政府及政府应急指挥部门的统一协调组织下，及时为政府、应急指挥及防灾减灾等各相关职能部门提供地图、基础地理信息数据等基础测绘成果，以保障应急测绘工作需要。

这里所说的地图，既包括可能使用到的国家基本比例尺地图，也包括根据实际救灾工作需要紧急制作的各类专题地图。基础地理信息数据包括国家基本比例尺地图数据、基础地理信息系统数据以及航空航天遥感影像资料等。

(三) 做好遥感监测、导航定位等应急测绘保障工作

在应急测绘工作中，测绘地理信息主管部门除了要及时提供地图、基础地理信息数据等已有的测绘成果外，还要根据应急处置和救援工作急需，及时开展现场测绘，包括遥感监测、导航定位等应急测绘保障工作。这项规定有三层含义：一是要求县级以上人民政府测绘地理信息主管部门要做好应急保障遥感监测工作，及时提供灾区遥感监测信息，为应急救援和决策指挥提供第一手数据保障；二是要根据应急保障工作需要，做好导航定位保障工作，保障各项应急保障工作顺利进行；三是做好其他可能涉及的应急测绘保障工作，满足应急保障工作急需。

1. 遥感监测

遥感监测是利用航空航天遥感技术对地面覆盖、大气、海洋和近地表状况等进行监测的技术方法，遥感监测技术是通过航空或卫星等收集环境中电磁波信息对远处的环境目标进行监测识别环境质量状况的技术。它是一种先进的环境信息获取技术，在获取大面积同步和动态环境信息方面，不仅速度快，并且覆盖面广，是其他监测手段无法比拟的，被普遍应用于应急突发事件监测领域，是及时了解灾情、掌握应急事件态势、进行灾情险情评估的重要手段。

《测绘法》明确县级以上测绘地理信息主管部门要"做好遥感监测"，就是要充分发挥测绘地理信息主管部门的技术优势和地理信息资源优势，及时协助有关部门做好灾情险情监测和灾情评估等应急保障工作。

2. 导航定位

导航定位是指运用卫星导航定位技术，及时获取突发事件发生地的空间位置、空间分布以及区域范围等数据，为应急救援与处置等提供数据支持。测绘地理信息主管部门要充分依靠建立的卫星导航定位基准服务系统，及时提供高精度的空间定位基准应急服务，保

障应急工作需要。

3. 其他应急测绘保障工作

其他应急测绘保障工作，主要涉及除遥感监测、导航定位以外的其他应急测绘工作，包括应急地形图测制、编制灾区专题地图以及布设临时测量控制网等测绘工作。测绘工作是一项基础性工作，只要是国家处置突发事件和应急救援急需，测绘地理信息主管部门都应当主动配合，积极参与，充分发挥测绘技术和地理信息资源优势。

四、应急测绘保障措施

根据《测绘法》《基础测绘条例》和《国家测绘应急保障预案》，做好新时期应急测绘保障工作，主要涉及以下具体措施：

(一) 制定应急测绘保障预案

测绘地理信息主管部门应当根据当地政府应急保障工作预案和突发事件应对实际情况，以及当地党委政府和应急部门的具体要求，依据《测绘法》《突发事件应对法》《基础测绘条例》等法律法规的规定，科学编制应急测绘保障预案，并及时开展应急测绘保障演练，提高应急测绘保障能力。

(二) 组建应急测绘保障队伍

测绘地理信息主管部门要充分整合应急测绘保障力量，动员行业队伍广泛参与，遴选政治和业务素质高的技术骨干组成应急测绘保障队伍，为应急测绘提供保障服务。并可根据实际情况，建立应急测绘保障专家库，为应急测绘保障决策及处置提供咨询、建议与技术指导。

(三) 做好应急测绘保障资料储备

全面了解地理信息资源分布状况，完善测绘成果资料共享机制，收集、整理突发事件的重点防范地区的各类专题信息和测绘成果，根据潜在需求，有针对性地组织制作各种专题测绘产品，确保在国家和地方需要应急测绘保障时，能够快速响应，高效服务。

(四) 建设应急地理信息服务平台

测绘地理信息主管部门要在现有地理信息公共服务平台的基础上，根据中央和地方政府应急保障要求及各地实际情况，开发完善应急地理信息服务平台，提高应急测绘保障的效率、质量和安全性。

(五) 完善应急测绘保障基础设施

测绘地理信息主管部门要加强应急测绘能力建设，科学规划建设应急测绘服务基地，实现应急数据快速获取，并形成相邻基地快速支援能力。加强应急测绘技术装备配备，有针对性地配备数字航摄仪、高性能 LiDAR 系统、各种型号和规格的无人机、集群服务器、地理信息数据处理软件系统、移动测量系统、应急车辆等应急装备，显著提升应急测绘服务保障能力。

(六) 强化孕灾环境监测和信息资源建设

目前我国应急测绘工作的重点，主要是针对灾害发生后的数据快速采集和提供，而缺乏事前的积累和准备，对孕灾环境的监测不充分，缺乏对应急相关信息的搜集整理。事实上，事前的积累和准备对于快速高效的应急测绘工作意义重大。这就客观上要求加强灾害多发及潜在地区高精度地理信息的持续监测和统计分析。要加快建设应急测绘数据库，强化应急地理信息资源建设，为科学、高效、精准、及时实施应急测绘提供信息资源保障。

第七节　地理国情监测

一、地理国情监测的基本内容

(一) 地理国情的概念

国情，是指一个国家的文化历史传统、自然地理环境、社会经济发展状况以及国际关系等各个方面的总和，也是指某一个国家某个时期的基本情况。国情可以具体分为以下七个方面的内容：

①自然环境和自然资源，包括国土面积、地质、地貌、地形、气候、矿产、生物、水、光、热资源等。

②科技教育状况，包括科技队伍、科研水平与科技管理体制，教育的规模、结构、水平和教育资源分布情况等。

③经济发展状况，包括经济实力、经济体制、生产关系、生产力布局、对外经济关系等。

④政治状况，包括阶级和社会阶层的划分，政党和政治团体间的关系、政治体制、政治制度、民主与法治建设等。

⑤社会状况，包括人口、民族、家庭、婚姻、社会犯罪及其相应对策等。

⑥文化传统，包括价值取向、伦理道德观念、宗教信仰、艺术观念及民族传统和风俗习惯等。

⑦国际环境和国际关系。

地理国情，是指地表自然和人文地理要素的空间分布、特征及其相互关系，是基本国情的重要组成部分。狭义来看，地理国情是指与地理空间紧密相连的自然环境、自然资源基本情况和特点的总和；广义来看，是指通过地理空间属性将包括自然环境与自然资源、科技教育状况、经济发展状况、政治状况、社会状况、文化传统、国际环境和国际关系等在内的各类国情进行关联与分析，从而得出能够深入揭示经济社会发展的时空演变规律和内在关系的综合国情。

(二) 地理国情监测的概念

监测是对事物动态变化的监管和检测。地理国情监测是利用现代地理信息技术和成果档案,对我国地表自然和人文要素的地理分布、主要特征、相互关系、时空演变等进行持续性的调查、统计、分析、评价、预测的活动,是综合利用全球卫星导航定位技术(GNSS)、航空航天遥感技术(RS)、地理信息系统技术(GIS)等现代测绘技术,综合各时期已有测绘成果档案,对地形、水系、交通、地表覆盖等要素进行动态和定量化、空间化的监测,并统计分析其变化量、变化频率、分布特征、地域差异、变化趋势等,形成反映各类资源、环境、生态、经济要素的空间分布及其发展变化规律的监测数据、地图图形和研究报告。地理国情监测通过对地理国情进行动态地测绘、统计,从地理的角度来综合分析和研究国情,为政府、企业和社会各方面提供真实可靠和准确权威的地理国情信息。

地理国情是重要的基本国情,是制定和实施国家发展战略,优化国土空间开发格局的重要依据;是推进自然生态系统和环境保护,合理配置各类资源,实现绿色发展的重要支撑;是做好防灾减灾和应急保障服务,开展相关领域调查、普查的重要数据基础。依法做好地理国情监测工作,对于提高各级政府管理决策水平,科学制定发展规划,准确研判区域环境资源承载能力,加强生态文明建设等,都具有十分重要的意义。

(三) 地理国情监测的特征

1. 系统集成性

地理国情监测的对象涉及自然和人文地理要素,地理国情监测运用的技术涉及卫星导航定位、遥感、地理信息系统以及计算机、统计分析、地理编码等多种技术,最终形成的地理国情监测报告,是多种技术融合和系统集成分析的结果,体现出一种系统集成性特征。

2. 动态变化性

地理国情监测通过对地形、水系、交通、地表覆盖等要素进行动态和定量化、空间化的监测,形成反映各类资源、环境、生态、经济要素的空间分布及其发展变化规律的监测数据,而地表上的地形、水系、交通、地表覆盖等要素始终是处于动态变化状态,必须持续进行监测。

3. 准确可靠性

地理国情监测要通过对各种自然或生态环境要素进行定期监测,并统计分析其变化量、变化频率、分布特征、地域差异和变化趋势等,这些变化数据需要依靠高精度的监测数据来体现。如果监测数据精度低,甚至数据不准确,就无法科学、准确地揭示监测对象细微的变化趋势、变化频率等特征。

4. 过程完整性

地理国情监测数据获取的主要来源包括遥感、GNSS、数字测图、无线传感器、专业监测站网、地理统计调查和众源的地理信息数据等,地理国情监测数据具有高可靠性、高时效性、准确性和覆盖范围广、涉及面大等特点。地理国情监测数据源多,时态要求高,数据涉及的领域多、环节多。因此,必须保证地理国情监测过程的完整性,实现各个环节、各个监测目标和任务的无缝对接和全覆盖监测。

二、地理国情监测的重要作用

(1) 地理国情监测是准确掌握国情国力的重要手段。

我国自然资源分布既存在地域差异、资源环境约束加剧的问题，也存在国土空间规划、产业布局不合理等问题。全面建成小康社会，实现经济社会高质量发展，就是要解决发展中的各种不平衡、不充分、不可持续的问题。开展地理国情监测，科学揭示资源、生态、环境、人口、经济、社会等要素在地理空间上相互作用、相互影响的内在关系，准确掌握、科学分析资源环境的承载能力和发展潜力，有效应对各种风险挑战，对于提高各级党委政府的管理决策水平，科学制定经济社会发展重大战略、长远规划和宏观政策具有重要意义。开展地理国情监测，可以让政府管理者、决策者快速掌握地表植被覆盖、水资源分布、土地利用状况、生产力布局、生态环境演变、城镇化扩张、基础设施建设、公共服务分布等各种地理国情信息，了解经济社会发展与资源环境的内在关系和演变规律，有助于国家和地区制定发展战略与规划，调整和优化产业结构，转变经济增长方式，推进"四化"同步，不断实现经济社会高质量发展。

(2) 地理国情监测是实现高质量发展的重要保障。

地理国情监测通过卫星、遥感、地理信息系统等高新技术手段，对国土疆域面积、地理区域划分、地形地貌特征、道路交通网络、江河湖海分布、土地利用覆盖、城市城镇布局，生产力空间分布等自然、人文地理要素信息进行动态获取、综合分析、监控评估和实时发布，可以准确掌握国情国力，为科学发展提供决策依据。多年来，受技术及人们认知的局限，我国一直没有全面、综合、系统地开展地理国情监测工作，造成对地理国情掌握不全面、不及时，对政府各部门宏观决策和科学管理带来了很大影响。科学发展要凭数据说话，如果没有科学准确的数据作为决策依据，科学发展只能是一句空话。地理国情信息涵盖面广、综合性强，不仅能够客观、准确地反映地表特征和地理现象，还能够反映地表变化情况及其相互关系，揭示经济社会发展与自然资源环境的内在关系和演变规律。及时监测和掌握地理国情信息是制定国家和区域发展战略与发展规划、调整经济结构布局、转变经济发展方式、推动经济社会科学发展的前提，对于贯彻落实科学发展观、推动经济高质量发展具有重要的现实意义。

(3) 地理国情监测是提高政策分析水平的重要基础。

地理国情监测通过对获取地形地貌、土地利用、粮食生产、交通状况、污染物分布、能源资源分布等地理国情信息，进行综合提取统计和可视化分析，为科学制定政策、实施政策分析提供可视化、定量化、准确性的科学依据，使政策制定和政策分析结果更加准确和切合实际。正是因为地理国情监测成果的真实性和准确性，更能客观地反映社会经济指标的分布状况及其空间关系，能够科学揭示空间规律。通过集成多种信息，采用空间数据处理和分析方法，建立地理空间决策支持信息系统等方式，可以全面准确掌握政策问题，为科学制定政策提供重要决策支持，对政策的修订提供更为清晰的思路，从而形成科学而规范的决策导向，减少政策制定的人为因素，使整个决策过程更加透明可靠。

(4) 地理国情监测是检验政策落实情况的重要途径。

地理国情监测成果数据资料能够有效地印证和检验相关政策实施效果的正确性和有效性，其所提供的可量化指标真实地反映了政策制定目标的实际效果，并可以及时纠偏和修正。因此，地理国情监测通过卫星、遥感、地理信息系统等科学手段，可以对党中央、国务院重大战略部署以及地方各级党委政府的重要决策、重大项目以及阶段政策的实现效果、进度实施效果等进行定期监控和评价，从而显著提高各级政府的执行力，地理国情监测成为检验各级人民政府政策落实情况的重要途径。

（5）地理国情监测是实现测绘跨越发展的重要台阶。

地理国情监测是现阶段技术发展潮流下测绘工作的战略方向和必然趋势，也是提高测绘服务保障能力和服务水平的必然要求。地理国情监测综合运用卫星导航定位、遥感、地理信息系统等现代地理信息技术，以及已有的测绘成果档案资料和多源地理信息数据，对地表自然和人文要素的空间分布、特征、相互关系等进行调查、统计、分析、评价和预测，形成有价值的反映自然生态和环境变化等系列监测成果，不仅为国家治理和科学决策提供了直接依据，同时也拓展了测绘工作的服务领域和业务方向，使原有的测绘成果资料发挥了作用，整合了多源的地理信息资源，成为测绘行业转型升级发展的必然趋势。

三、测绘法关于地理国情监测的规定

（1）县级以上人民政府测绘地理信息主管部门应当会同本级人民政府有关部门依法开展地理国情监测。

从本质上讲，地理国情监测是一种测绘活动，地理国情监测既是现阶段技术条件下测绘工作的发展方向，也是新时期测绘工作服务大局、服务社会、服务民生的必然要求。我国地域范围广，不同地区的自然生态和资源环境状况复杂，经济社会发展迅速，东西部发展很不平衡，开展地理国情监测任务十分繁重，不可能由国家层面统一组织实施。因此，按照分级管理的要求，地理国情监测工作也应当由各级测绘地理信息主管部门分工负责，县级以上人民政府测绘地理信息主管部门应当结合本地实际，依法开展地理国情监测。

地理国情监测的对象和内容，涉及自然生态、环境、资源、人口、经济、社会等各个领域和众多行业部门，形成的监测报告等成果也与政府多个部门相关联。因此，县级以上人民政府测绘地理信息主管部门开展地理国情监测时，应当会同本级政府相关部门共同进行，取得政府相关部门的支持和配合，建立部门沟通协作机制，逐步形成地理国情监测常态化工作格局。

（2）按照国家有关规定严格管理、规范使用地理国情监测成果。

地理国情监测通过获取我国地表自然和人文要素的地理分布、主要特征、相互关系、时空演变等海量的信息数据，并形成反映各类资源、环境、生态、经济要素的空间分布及其发展变化规律的监测数据、地图图形和研究报告，属于测绘成果的范畴，具有测绘成果的基本特性，应当按照国家有关测绘成果管理的法律、行政法规的规定严格管理。其中，有很多地理国情监测成果涉及国家秘密，不宜对外公开，因此，使用地理国情监测成果，也必须严格依法进行。

（3）各级人民政府应当采取有效措施，发挥地理国情监测成果作用。

地理国情监测通过对地理国情进行动态的测绘、统计和分析，从地理的角度来综合分

析和研究国情，为各级政府、企业和社会公众提供真实可靠和准确权威的地理国情信息。这些地理国情信息可以让各级政府做到决策更科学、管理更高效、治理更精准。因此，《测绘法》第二十六条规定："各级人民政府应当采取有效措施，发挥地理国情监测成果在政府决策、经济社会发展和社会公众服务中的作用。"

各级人民政府采取有效措施，在政府决策、经济社会发展和社会公众服务中发挥地理国情监测成果的作用，主要涉及以下几个方面：一是及时发布可以公开的地理国情监测成果，让地理国情监测成果为自然资源、水利、农业、林业草原、统计等部门开展国家重大国情国力调查、普查提供统一的地理空间公共基底；二是大力支持测绘地理信息主管部门参与国土空间规划编制、生态保护红线划定、自然资源统一确权登记、自然资源环境承载力评价、自然资源资产负债表编制、领导干部自然资源资产离任审计、国土空间用途管制、新型城镇化建设等重点工作，充分发挥测绘行业地理国情监测的技术手段和资源优势；三是积极鼓励测绘地理信息主管部门做好地理国情监测大数据的深度开发，形成地理国情监测品牌，让社会公众和市场主体充分了解和使用地理国情监测成果，引导和鼓励全社会对地理国情信息的开发应用，培育地理国情监测市场。

四、地理国情监测的任务

根据国家《地理国情监测内容指南》，地理国情监测的主要任务包括以下内容：

(一)基础性监测

地理国情基础性监测要以第一次全国地理国情普查为基准，整合最新的基础地理信息数据及相关专题数据，利用高分辨率航空航天遥感影像，坚持"全域监测、突出重点"的基本原则，对我国陆地国土范围的地表自然和人文地理要素进行每年一次周期性、普遍性监测，形成现势性强、高精度的基础性监测成果。

(二)专题性监测

地理国情专题性监测是在地理国情基础性监测的基础上，围绕政府决策需求，对监测内容不断进行扩展和延伸，融合经济社会人文等诸多信息，开展主体功能区变化监测、全国地级以上城市空间格局变化监测、城市边界变化监测、围填海和海岸线监测、生态安全屏障变化监测，以及京津冀协同发展、雄安新区建设、长江经济带等专题性监测等，为经济、社会高质量发展和生态文明建设提供服务。

(三)建设监测数据库

建立地理国情监测数据库，实现对地理国情信息的动态管理，是全面准确地反映地理国情信息空间分布和动态演化过程，为开展地理国情信息统计分析、数据挖掘、应用服务提供基础的重要支撑平台。通过建立地理国情监测数据库和地理国情评价指标体系，开展专题化、定量化、可视化的统计分析，可以科学揭示资源、生态、环境、人口、经济、社会等要素在地理空间上的内在联系和变化规律，并形成系列监测报告、统计结果和图件等基础成果，满足政府决策管理需求。

(四)建立地理国情监测支撑体系

通过地理国情监测管理和生产实践，不断完善地理国情监测标准体系、产品体系、质量控制体系和组织管理体系，优化部门协作机制，逐渐形成成熟的地理国情监测业务工作机制，统筹建立地理国情动态监测云平台，更好地为管理决策提供国情信息支撑。

五、地理国情监测制度的实施

地理国情监测制度是测绘法确定的一项重要法律制度，是测绘行业一项全新的业务领域，涉及众多部门和学科领域，高新技术交叉应用，人力物力投入较大，信息资源使用广泛，成果应用影响深远。在地理国情监测制度实施过程中，涉及跨部门和跨区域的协作、多种信息源的共享利用以及地理国情监测成果的审核、发布及成果利用等诸多问题。因此，测绘地理信息主管部门要在各级党委政府的领导下，注重发挥各行业、各部门的积极性和主动性，保证地理国情监测工作依法依规进行，并不断推动地理国情监测产业发展。

(一)加强组织领导

地理国情监测是准确掌握国情国力，了解国情、把握国势、制定国策的重要依据，监测成果对经济社会发展和各级政府科学管理决策具有十分重要的作用。因此，测绘地理信息主管部门要加强对地理国情监测工作的组织领导，注重加强业务指导和技术培训推广，强化监测成果质量监督检查，统筹规划实施地理国情监测项目，保证地理国情监测工作有效、有序、依法开展。

(二)强化协作配合

地理国情监测涉及资源、生态、环境、人口、经济、社会等诸多要素，测绘地理信息主管部门要加强与各级政府及政府部门间的沟通协调，通过相互协作、配合，精准把握不同行业监测标准的一致性和衔接性，保障部门专题数据和信息资源共享，促进监测成果的有效利用。要通过建立政府部门间协调工作机制，推进部门业务合作，不断深化监测成果在部门决策、科学规划管理中的应用。

(三)加强质量控制

地理国情监测的目的是要科学揭示资源、生态、环境、人口、经济、社会等要素在地理空间上的内在联系和变化规律，差之毫厘，谬以千里，地理国情监测成果质量是地理国情监测的生命所在。因此，从事地理国情监测的测绘单位要认真遵守测绘法关于测绘成果质量的规定，牢固树立质量第一的思想，坚决保证数据全面、真实、准确，绝不能弄虚作假，也不能受到外界的干扰。测绘地理信息主管部门要加强质量监管，完善地理国情监测质量控制标准，强化质量监督检查，确保地理国情监测成果质量全面、真实、准确、可靠，经得住历史和实践检验。

(四) 规范成果使用

地理国情监测成果涉及政府管理决策的科学性和准确性，涉及区域生产发展布局、生态环境整治、国土空间规划以及资源配置等多个方面，影响面大，涉及部门多，因此，地理国情监测成果的使用必须严格依法进行。测绘地理信息主管部门应当严格按照测绘法的规定规范管理地理国情监测成果，未经批准不得擅自对外提供、发布。各级人民政府应当采取有效措施，发挥地理国情监测成果在政府决策、经济社会发展和社会公众服务中的作用，积极为地理国情监测成果的应用创造良好的条件。

思考题：

1.《测绘法》对界线测绘有哪些规定？

2. 什么是变更测绘？

3. 如何执行好《测绘法》规定的应急测绘管理工作？

第四章　测绘资质与资格管理

第一节　测绘资质管理

一、建立测绘资质管理制度的必要性

《中华人民共和国行政许可法》(以下简称《行政许可法》)第十二条规定了六种情形可以依法设定行政许可，其中包括直接涉及国家安全、公共安全、经济宏观调控、生态环境保护以及直接关系人身健康、生命财产安全等特定活动；有限自然资源开发利用、公共资源配置以及直接关系公共利益的特定行业的市场准入；提供公众服务并且直接关系公共利益的职业、行业，需要确定具备特殊信誉、特殊条件或者特殊技能。

(一) 测绘活动直接涉及国家安全和公共安全

地理信息是国家重要的战略性信息资源，涉及国家主权、安全和公共安全，在一般情况下，法律禁止任何单位和个人从事测绘活动。只有通过相应主管部门审查并依照法定程序经过许可，才能解除法律对从事测绘活动的禁止，才能获得从事测绘活动的权利和资格。获取从事测绘活动的权利和资格，必须建立测绘资质管理制度，严格解除法律禁止的特定条件，以维护国家安全和公共安全。

(二) 测绘活动直接关系公共利益

测绘通过提供各类测绘成果和地理信息公共服务，直接涉及公共利益。测绘工作具有先行性、基础性特征，测绘成果质量失之"毫厘"，往往造成后续工程建设差之"千里"。测绘行业是技术密集型行业，从业单位需要具备一定数量的测绘专业装备和掌握必要的测绘基础理论和专业知识的人员，因此测绘行业属于"提供公众服务并且直接关系公共利益的行业"，有必要设立经营许可，使从业单位具备提供公众服务的基本装备和人员条件。

测绘市场准入制度属于一种特殊主体准入制度，只有通过制度建设，严格涉密地理信息数据采集、处理、存储、提供单位的资格，加强涉外地理信息安全监管，进一步强化对涉密地理信息采集、处理、使用、管理人员管控，才能从源头上消除地理信息安全隐患。国家建立测绘资质管理制度，对于维护我国地理信息安全，提高测绘成果公信力，维护公共利益，加强涉外地理信息安全监管等都具有十分重要的意义。

二、测绘资质的基本条件

测绘资质是指测绘单位从事测绘活动的素质和能力，包括人员素质、仪器设备、管理制度等物质条件及生产能力。测绘单位从事测绘活动依法应当具备的相应技术素质、业务能力和其他方面的条件，主要体现在以下几个方面：

(一) 从事测绘活动的单位必须具有法人资格

法人是具有民事权利能力和民事行为能力，依法独立享有民事权利和承担民事义务的组织。常见的有限责任公司、股份有限公司、事业单位、社会团体等都属于法人。测绘法明确规定从事测绘活动的单位必须具有法人资格，是指要求测绘单位能够独立承担相应的法律责任，包括行政责任、民事责任和刑事责任，保证测绘单位能够更好地履行法定义务。

(二) 有与从事的测绘活动相适应的专业技术人员

测绘工作是一项技术、知识密集、科技含量比较高的工作，尤其是现代测绘技术与卫星导航定位、遥感、地理信息系统、计算机技术等密不可分，测绘工作一般应当由受过专业教育、经过专门技术培训的人员来完成，这是保证各项测绘生产活动顺利进行，保证测绘成果符合技术标准要求的前提条件。因此，测绘单位从事测绘活动，必须要有一定数量的专业技术人才作为支撑，并与其所从事的测绘活动相适应，包括具有一定数量的高、中、初不同等级、不同专业的专业技术人员和注册测绘师。

(三) 有与从事的测绘活动相适应的技术装备和设施

测绘工作涉及的专业范围广，工序环节多，每一专业又可以细分为若干个不同的小专业。不同专业范围和不同工序的测绘工作需要使用不同的仪器设备和设施，如进行大地测量工作，就必须具备卫星定位接收机、水准仪、全站仪、重力仪、天文测量等设备。仪器设备和设施是保证完成测绘任务的物质条件，没有与从事的测绘活动相适应的仪器装备和设施，就不可能完成测绘任务。因此，具备与其所从事的测绘专业相适应的测绘仪器装备和设施是测绘单位从事测绘活动的基础条件。

(四) 有健全的技术和质量保证体系、安全保障措施、信息安全保密管理制度以及测绘成果和资料档案管理制度

技术和质量保证体系是指测绘单位为保证其施测的测绘成果符合国家有关技术规范和标准，满足用户的使用需求，应采取的由管理、技术等各项保障措施构成的有机整体。安全保障措施、信息安全保密管理制度是指地理信息安全保密监管等措施和制度，测绘单位要建立地理信息定密、涉密测绘成果使用审批、地理信息安全保密监管、地理信息公开使用等管理制度。测绘成果和资料档案管理制度是指测绘单位为保证测绘成果及资料的完整、安全和保守国家秘密，所制定的测绘成果及资料的归档、保管、复制、使用等方面的规章制度和采取的相应措施，包括设立档案管理的组织机构，配备相应的管理人员，构建

安全的保管场所和保管设备等。

测绘工作技术复杂，工序环节多，一项具体的测绘工作从实地踏勘、方案设计、实地施测到成果最终通过检查验收并提交用户使用，往往需要掌握不同专业技术的多人合作才能完成。在这一过程中，如何保证各工序严格执行技术设计书的要求，必须有相应的一整套科学合理的技术、质量保证体系来做保障。卫星导航定位、遥感和信息技术的快速发展，使地理信息日益呈现高精度、易采集、易传输等特点，地理信息的广泛应用推动了地理信息产业快速发展，也给地理信息安全监管带来了严峻挑战，要求测绘单位要具有安全保障措施和信息安全保密管理制度。测绘工作在施测过程中产生的测绘成果资料，有些属于保密资料，有些成果具有知识产权，必须严格、科学、规范地管理好这些成果资料，确保国家安全和委托方利益不受损害。测绘单位健全的技术、质量、安全保障、保密、测绘成果管理制度，反映了其经营管理水平，是测绘单位从事测绘活动的能力和水平的一项重要标准。

三、测绘资质管理制度的内容

(一)国家建立测绘资质管理制度

国家对从事测绘活动的单位实行测绘资质管理制度，从事测绘活动的单位必须具备相应的条件，在依法取得相应等级的测绘资质证书后，方可从事测绘活动。这项规定明确了国家通过法律的形式建立了测绘资质管理制度，确定了测绘资质管理的法定地位。具体有以下几个特点：

(1)测绘资质管理制度是国家建立的法律制度，既不是某个部门或行业建立的专有制度，也不是单就某个地区实行的特别制度，测绘资质管理制度具有普遍约束力。

(2)测绘资质管理的对象是从事测绘活动的单位，包含两层意思：一是管理的对象是具有一定资格的单位，而不是个人；二是管理的对象是专指从事某项测绘活动，而不是其他活动。

(3)测绘资质管理的方式是在综合评价测绘单位的专业技术素质、技术装备设施和各种规章制度的基础上，为测绘单位颁发测绘资质证书，测绘资质证书分为不同的等级，并在测绘资质证书上载明相应的业务范围。

(4)取得相应等级的测绘资质证书是测绘单位从事测绘活动的前提条件，不取得测绘资质证书不能从事测绘活动。违反法律规定从事测绘活动，必须承担相应的法律责任。

(二)规定测绘单位应当具备的条件

《测绘法》第二十七条规定："从事测绘活动的单位应当具备下列条件，并依法取得相应等级的测绘资质证书，方可从事测绘活动：(一)有法人资格；(二)有与从事的测绘活动相适应的专业技术人员；(三)有与从事的测绘活动相适应的技术装备和设施；(四)有健全的技术和质量保证体系、安全保障措施、信息安全保密管理制度以及测绘成果和资料档案管理制度。"这些规定表明测绘单位从事测绘活动要具有一定的条件，不具备这些条件就不能取得测绘资质证书，也就不能从事测绘活动。这些规定呈现出以下两个特点：

①明确规定测绘单位从事测绘活动要具有法人资格，有专业技术人员、技术装备和设施、技术和质量保证体系、安全保障措施、信息安全保密管理制度以及测绘成果和资料档案管理制度，不具备这些条件的单位，不能取得测绘资质证书。

②充分考虑测绘工作专业划分和各个专业对于人员和技术装备要求的不同特点，要求有与从事的测绘活动相适应的专业技术人员和相适应的技术装备和设施，从而明确了从事不同的测绘活动应当具备不同的专业技术人员和技术装备条件。目前，这种差异性的条件规定在国务院测绘地理信息主管部门颁布的《测绘资质分类分级标准》中具体体现。

(三)明确测绘资质管理的主体

《测绘法》第二十八条规定："国务院测绘地理信息主管部门和省、自治区、直辖市人民政府测绘地理信息主管部门按照各自的职责负责测绘资质审查、发放测绘资质证书。"测绘单位的测绘资质证书的式样，由国务院测绘地理信息主管部门统一规定。这些规定属于法律授权性条款，不仅明确了测绘资质管理的主体，并且授权国务院测绘地理信息主管部门制定测绘资质管理的具体办法。国务院测绘地理信息主管部门在制定测绘资质管理的具体办法时，应当与国务院其他有关部门进行会商。

(1)测绘地理信息主管部门实施对从事测绘活动的单位进行测绘资质审查、发放资质证书。

测绘资质管理是测绘统一监督管理的重要内容，属于国家行政管理的范畴。主要体现在：一是测绘资质的条件由国家法律统一规定；二是测绘资质管理的具体办法统一制定，法律明确由国务院测绘地理信息主管部门制定；三是测绘资质证书的式样统一规定，即由国务院测绘地理信息主管部门统一规定；四是统一由测绘地理信息主管部门进行测绘资质审查和颁发测绘资质证书，即国务院测绘地理信息主管部门和省级测绘地理信息主管部门负责对从事测绘活动的单位进行测绘资质审查、发放测绘资质证书；五是对测绘资质实行统一监督管理，对违反测绘资质管理制度的行为由测绘地理信息主管部门统一进行查处。

近年来，为加强测绘资质监督管理，国务院测绘地理信息主管部门发布了一系列管理规定，包括《测绘资质管理办法》《测绘资质分类分级标准》等，并开发建设了全国统一的测绘资质管理信息系统，我国的测绘资质管理逐步进入法治化、信息化管理轨道。

(2)国务院测绘地理信息主管部门和省级测绘地理信息主管部门负责测绘资质审查和发放测绘资质证书。

这项规定一是明确了国务院测绘地理信息主管部门和省、自治区、直辖市人民政府测绘地理信息主管部门应当履行测绘资质审查和发放测绘资质证书的责任，是测绘资质审查、发放测绘资质证书的主体；二是法律没有授权省级以下人民政府测绘地理信息主管部门进行测绘资质审查和发放测绘资质证书，将省级以下人民政府测绘地理信息主管部门排除在外；三是法律没有授权除测绘地理信息主管部门以外的其他有关部门进行测绘资质审查和发放测绘资质证书；四是国务院测绘地理信息主管部门和省、自治区、直辖市人民政府测绘地理信息主管部门进行资质审查和发放测绘资质证书应当按照各自的职责分工进行。

目前，根据现行《测绘资质管理办法》，我国测绘资质管理的主要分工原则是：自然资源部是甲级导航电子地图制作测绘资质审批机关，负责审查导航电子地图制作甲级测绘资质申请并作出行政许可决定。省级测绘地理信息主管部门是除导航电子地图制作甲级测绘资质以外的甲、乙级测绘资质审批机关，负责受理、审查除导航电子地图制作甲级测绘资质以外的甲、乙级测绘资质申请并作出行政许可决定。

（3）军事测绘部门负责军事测绘单位的测绘资质审查。

军事测绘主要是为满足国防建设和军队作战、训练等需要而实施的测绘，军事测绘单位主要是承担军事测绘任务，其人员、技术装备及其具体测绘任务都涉及国家军事秘密，其测绘资质由军事测绘部门进行审查更为科学、有效。

（四）测绘资质证书的式样由国务院测绘地理信息主管部门统一规定

测绘单位的测绘资质证书是测绘单位从事测绘活动的技术能力体现和法定凭证。为了维护测绘资质证书的权威性和严肃性，便于测绘活动当事人辨别真伪，实现在全国范围内统一适用，《测绘法》规定，测绘单位的测绘资质证书式样由国务院测绘地理信息主管部门统一规定。

（五）法律授权制定测绘资质管理的具体办法

《测绘法》规定，国务院测绘地理信息主管部门和省、自治区、直辖市人民政府测绘地理信息主管部门负责资质审查和发放测绘资质证书，这项规定原则性很强，很多具体问题还需要通过颁布行政法规、部门规章或规范性法律文件等形式进行细化规定，包括测绘资质审查的具体条件、程序、期限等内容。因此，测绘法规定了授权条款，明确由国务院测绘地理信息主管部门商国务院其他有关部门制定测绘资质管理的具体办法。

四、测绘资质管理

测绘资质管理是指国家对测绘资质作出具体规定，对从事测绘活动的单位进行测绘资质审查、发放测绘资质证书，进行测绘资质监督、依法查处无资质测绘等行政活动。

（一）测绘资质管理职责

1. 国务院测绘地理信息主管部门的职责
①负责全国测绘资质的统一监督管理；
②制定测绘资质管理的具体办法；
③规定测绘资质证书的式样；
④负责导航电子地图制作甲级测绘资质审批并颁发测绘资质证书。
2. 省级测绘地理信息主管部门的职责
①负责审批除导航电子地图制作甲级测绘资质以外的甲、乙级测绘资质并颁发"测绘资质证书"；
②根据《测绘资质分类分级标准》适当提高测绘资质分类分级标准中的专业技术人员、技术装备的数量要求；
③负责测绘资质的日常监督管理。

3. 市、县测绘地理信息主管部门的职责

①负责本行政区域内测绘资质的日常监督管理工作；

②建立健全随机抽查机制，依法对测绘资质单位进行检查，并将抽查结果向社会公布。

(二)测绘资质申请条件

根据《测绘法》，申请测绘资质的单位具体条件如下：

①有法人资格；

②有与从事的测绘活动相适应的专业技术人员；

③有与从事的测绘活动相适应的技术装备和设施；

④有健全的技术和质量保证体系、安全保障措施、信息安全保密管理制度以及测绘成果和资料档案管理制度。

有关专业技术人员的数量和技术装备与设施等具体要求，详见《测绘资质分级标准》。

(三)测绘资质审批程序

1. 资质受理

根据《测绘资质管理办法》，申请甲级导航电子地图制作测绘资质，应当向国务院测绘地理信息主管部门提出申请，国务院测绘地理信息主管部门负责受理。申请除导航电子地图制作甲级测绘资质以外的测绘资质，应当向省、自治区、直辖市测绘地理信息主管部门提出申请，省、自治区、直辖市测绘地理信息主管部门负责受理。测绘资质受理的具体程序和要求，应当严格按照《行政许可法》的规定执行。申请单位涉嫌违法测绘被立案调查的，案件结案前，不受理其测绘资质申请。

测绘资质单位相应专业类别申请晋升甲级测绘资质的，应当取得相应专业类别乙级测绘资质满 2 年，所申请的每个专业类别近 2 年完成测绘服务总值不少于 600 万元，且完成至少 1 个金额不少于 50 万元的测绘项目。申请的专业范围只设甲级的，没有年限限制。

2. 资质审查

测绘资质审查是测绘资质审批机关按照国家测绘资质管理规定的条件，以及测绘地理信息主管部门的受理意见，对申请单位上报的资料进行逐项查验、核实和评价，确定其是否具备其申请的相应等级的测绘资质条件，并形成决定的过程。符合测绘资质条件的，应当按照规定出具准予许可的书面决定；不符合资质条件的，应当书面说明理由，退回申请单位，并出具不予许可决定。

测绘资质审批机关应当自受理申请之日起 15 个工作日内作出行政许可决定。15 个工作日内不能作出决定的，经本机关负责人批准，可以延长 10 个工作日，并应当将延长期限的理由告知申请单位。

3. 颁发测绘资质证书

审批机关作出批准测绘资质决定的，应当自作出决定之日起十个工作日内，向申请单位颁发测绘资质证书。

"测绘资质证书"有效期 5 年。测绘资质证书包括纸质证书和电子证书，纸质证书和电子证书具有同等法律效力。测绘资质证书有效期满需要延续的，测绘单位应当在规定期限内向测绘资质审批机关申请办理延续手续。

五、测绘资质监督管理

测绘资质监督管理是指测绘地理信息主管部门依照法定职权，对测绘单位履行法定义务情况、技术质量、资料档案与信息安全保密管理情况、资质条件符合情况等进行监督检查，确认其是否继续符合测绘资质的基本条件，是否存在违反法律规定的行为，发现违法行为的，依法进行处理的行政行为。目前，我国测绘资质监督管理的主要方式包括开展测绘资质随机抽查和开展日常监督检查、查处测绘资质违法行为等方式。

(一) 测绘资质随机抽查

建立随机抽取被检查对象、随机选派检查人员的"双随机"抽查机制，是国务院深化放管服改革的重要举措，目前，随机抽查作为加强市场监管的重要手段，已在各级政府部门市场监管中得到了广泛应用，并取得了良好效果。

测绘资质随机抽查制度是国务院测绘地理信息主管部门深化测绘资质改革的一项重大制度，在测绘法授权制定的《测绘资质管理办法》中明确作出了规定，要求县级以上人民政府自然资源主管部门应当建立健全随机抽查机制，依法对测绘单位的安全保障措施、信息安全保密管理制度、测绘成果和资料档案管理制度、技术和质量保证体系、专业技术人员、技术装备等测绘资质情况进行检查，并将抽查结果向社会公布。对于投诉举报多、有相关不良信用记录的测绘单位，《测绘资质管理办法》要求县级以上人民政府自然资源主管部门应当加大抽查比例和频次，并及时将随机抽查结果纳入测绘单位信用记录，依法将测绘单位信用信息予以公示，测绘单位在测绘行业信用惩戒期内不得申请晋升测绘资质等级和增加专业类别。

(二) 查处测绘资质违法行为

测绘地理信息主管部门在测绘资质监督管理过程中，通过开展日常性的监督检查，如果发现测绘单位存在测绘资质违法行为，应当及时予以查处，依法查处测绘资质违法案件也是测绘地理信息主管部门加强测绘资质监督管理的一项重要内容。在查处测绘资质违法行为时，应当严格按照测绘法的规定执行，对涉及降低测绘资质等级、暂扣测绘资质证书、吊销测绘资质证书的行政处罚，由颁发测绘资质证书的部门决定；其他行政处罚，由县级以上人民政府测绘地理信息主管部门决定。

《测绘法》第五十五条规定："违反本法规定，未取得测绘资质证书，擅自从事测绘活动的，责令停止违法行为，没收违法所得和测绘成果，并处测绘约定报酬一倍以上二倍以下的罚款；情节严重的，没收测绘工具。以欺骗手段取得测绘资质证书从事测绘活动的，吊销测绘资质证书，没收违法所得和测绘成果，并处测绘约定报酬一倍以上二倍以下的罚款；情节严重的，没收测绘工具。"另外，《测绘法》第五十六条规定："违反本法规定，测绘单位有下列行为之一的，责令其停止违法行为，没收违法所得和测绘成果，处测绘约定报酬一倍以上二倍以下的罚款，并可以责令停业整顿或者降低测绘资质等级；情节严重的，吊销测绘资质证书：（一）超越资质等级许可的范围从事测绘活动；（二）以其他测绘单位的名义从事测绘活动；（三）允许其他单位以本单位的名义从事测绘活动。"

第二节 测绘执业资格管理

一、注册执业资格的概念

(一)执业资格

执业资格是政府对某些责任较大、社会通用性强、关系公共利益的专业技术工作实行的准入控制，是专业技术人员依法独立开业或独立从事某种专业技术工作学识、技术和能力的必备标准。它通过考试方法取得，考试由国家定期举行，实行全国统一大纲、统一命题、统一组织、统一时间。执业资格实行注册登记制度。

(二)测绘执业资格

测绘执业资格是指从事测绘活动的自然人应当具备的知识、技术水平和能力等。具体来说，从事测绘活动的人员，不仅要具备一定的测绘专业技术知识，还应当具有一定的测绘专业技能和测绘业务能力。

测绘执业资格制度，在我国具体就是指注册测绘师制度。注册测绘师是指经考试取得"中华人民共和国注册测绘师资格证书"，并经依法注册后，从事测绘活动的专业技术人员。

注册测绘师制度是一项关于从业人员的行政许可制度。测绘活动中承担项目设计、质量控制、检查验收等方面工作的人员，必须经过必要的测绘理论和专业知识培训，遵守国家法律规定的保守国家秘密和商业秘密的义务，自觉执行国家制定的技术标准规范，还要具备熟练操作从业所需的测绘专业装备的能力，因此，从事这些工作的人员属于《行政许可法》第十二条规定的"具备特殊信誉、特殊条件或者特殊技能等资格"的情形。

注册测绘师的名称，在不同国家和地区有所不同。澳大利亚和马来西亚有注册测量师与特许测量师两种名称。在日本有助理测量师和测量师之分，而在南非、博茨瓦纳及中国香港等国家和地区，则通称注册测量师，德国则称为官聘私营测量工程师。不同的国家和地区虽然有注册测量师、特许测量师、助理测量师和官聘私营测量工程师之分，但均属注册测量师范畴。目前，美国、加拿大、澳大利亚、马来西亚、德国、日本、中国香港、博茨瓦纳等国家和地区，都实施了注册测量师制度，并有着较长的发展历史。

我国自 1995 年开始，已着手研究制定注册测绘师制度的有关政策，原人事部和原国家测绘局先后组织调研并召开专家座谈会，广泛听取了各方面意见，但由于涉及面广，难度大，直到 2002 年《测绘法》修订出台，才真正确定了注册测绘师制度。2007 年 3 月，原人事部、原国家测绘局联合出台了《注册测绘师制度暂行规定》《注册测绘师资格考试实施办法》《注册测绘师资格考核认定办法》三个重要规范性文件。期间，原人事部、原国家测绘局组织了首批注册测绘师资格认定，对符合一定条件的专业技术人员给予了直接认定。

2009 年，原国家测绘局、原人事部组织专家编制了《注册测绘师资格考试大纲》（2009版），明确了注册测绘师考试的主要内容和要求。

（三）注册测绘师制度的必要性

建立注册测绘师制度，对于加强测绘行业管理，提高测绘成果质量，提高测绘专业技术人员整体素质和社会地位，积极参与国际竞争，维护国家地理信息安全，都具有十分重要的意义。

1. 在产业发展中具有支撑保障作用

随着我国经济社会的不断进步和市场配置资源机制的逐步确立，测绘地理信息市场蓬勃发展，市场规模不断壮大，但一些问题也随之而来，一些单位和个人盲目追求经济利益和短期效益，导致在市场竞争过程中不顾信誉、不讲质量的现象屡见不鲜，迫切需要政府主管部门发挥"看得见的手"的作用，实施注册测绘师制度，对于实现产业持续健康快速发展具有重要的现实意义。注册测绘师考试大纲与教育部工程教育认证、教育行业指导委确定的核心课程等已经成为院校测绘教育的三大依据。

2. 在生产活动中具有质量把关作用

测绘的精准性和安全性两大特点，要求对测绘成果质量有严格的把关要求。党的十九大提出的高质量发展，对人员素质要求更高、对成果质量要求更严。因此，需要更加注重测绘从业人员良好职业道德和职业技能养成。发挥注册测绘师在项目管理和产品质量方面的关键性作用，有利于把好从业人员特别是基层一线从业人员的准入关，实现执业资格一次取得终身有效和定期注册与继续教育有效结合，对有效保证测绘成果质量具有重要作用。

3. 在市场秩序中具有监管助手作用

注册测绘师制度是在市场经济条件下，实现测绘从业人员依法管理、自我管理的基本制度。新体制下，经济结构多元化、职业岗位多样化、从业人员社会化、人员择业自主化。单纯的管理测绘单位，已经不能管住从业人员，必须以从业人员的职业资格为抓手，强化测绘从业人员的法律责任，增强从业人员自我约束、自律管理的意识，加强测绘地理信息统一监管。在成立一个测绘单位很容易的情况，实施注册测绘师制度有利于避免测绘单位出了问题改名称、换资质、逃避管理的行为，也有利于消除测绘市场上存在"劣币驱逐良币"的现象。

4. 在从业人员素质提升中具有激励引导作用

提高从业人员素质是行业科学发展的基础所在。建立和实施注册测绘师制度是提高从业人员素质、实现从业人员全面发展的重要途径。注册测绘师经过系统专业教育、严格的考核，以及持续的继续教育，可以及时更新和有效掌握新设备、新技术、新工艺，不断适应新形势、新任务、新要求，对于提高测绘从业人员的整体素质具有积极的引导和促进作用。

5. 在"走出去"战略中具有"通行证"作用

当前，我国对外开放进入新阶段。我国牵头开展的国际多边或双边活动日益增多，企业"走出去"步伐不断加快。在国际项目的招投标中，注册测绘师的参与是质量保证体系的重要组成部分。建立和实施注册测绘师制度，并与相关国家及地区之间的资格互认，对于适应全球化发展模式，更好地服务"走出去""一带一路"倡议具有重要意义，为我国测绘从业人员走向国际市场创造了有利条件。

二、测绘执业资格管理的主要内容

测绘法关于测绘执业资格管理的主要规定，主要体现在以下几个方面：

（1）从事测绘活动的专业技术人员应当具备相应的执业资格条件。

测绘工作事关国家主权，测绘成果对国家版图、疆域的反映，体现了国家的主权和政府的意志，准确的测绘成果是维护国家主权和领土完整的重要依据，测绘资料和数据的任何错误，都有可能造成外交上的被动甚至领土损失。许多测绘成果都涉及国家秘密，关系国家安全，关键岗位必须实施准入控制，对从事测绘工作的专业技术人员执业资格进行认定，是维护国家主权和安全的重要手段。因此，《测绘法》规定，从事测绘活动的专业技术人员应当具备相应的执业资格条件。这项规定不仅体现了国家建立测绘执业资格管理制度，并且明确取得测绘执业资格的对象是从事测绘活动的专业技术人员，并且要具备相应的条件。

（2）国务院测绘地理信息主管部门会同国务院人力资源社会保障主管部门制定测绘执业资格管理的具体办法。

测绘法建立了测绘执业资格管理制度，但是涉及注册测绘师制度的组织实施、考试、注册、执业管理、继续教育、监督管理等内容，都需要有相应的行政法规或部门规章作出具体规定。为此，测绘法授权国务院测绘地理信息主管部门会同国务院人力资源社会保障主管部门制定测绘执业资格管理的具体办法。2007 年，原人事部、原国家测绘局联合印发了《注册测绘师制度暂行规定》及相应的配套文件；2014 年，国务院测绘地理信息主管部门制定了《注册测绘师执业管理办法（试行）》，对注册测绘师的注册、执业、继续教育和监督管理等诸多问题作出了具体规定。这些制度性规定，对于注册测绘师制度的实施，起到了积极的推动作用。

（3）测绘专业技术人员的执业证书的式样由国务院测绘地理信息主管部门统一规定。

《测绘法》规定，测绘专业技术人员的执业证书的式样，由国务院测绘地理信息主管部门统一规定。

（4）未取得测绘执业资格从事测绘活动应当承担相应的法律责任。

《测绘法》规定，未取得测绘执业资格，擅自从事测绘活动的，责令停止违法行为，没收违法所得和测绘成果，对其所在单位可以处违法所得两倍以下的罚款；情节严重的，没收测绘工具；造成损失的，依法承担赔偿责任。

三、注册测绘师制度的实施

（一）注册测绘师考试

2007 年 3 月，原人事部、原国家测绘局联合出台了《注册测绘师制度暂行规定》和《注册测绘师资格考试实施办法》。《注册测绘师资制度暂行规定》中明确规定，凡中华人民共和国公民，遵守国家法律、法规，恪守职业道德，并具备一定条件的测绘专业技术人员，均可申请参加注册测绘师资格考试。注册测绘师资格考试由原人事部、原国家测绘局共同成立注册测绘师资格考试办公室(以下简称"考试办公室")，负责考试相关政策研究及考试管理工作。具体考务工作委托人事部人事考试中心负责。各省、自治区、直辖市人事行政部门和测绘地理信息主管部门共同负责本地区考试工作，并协商确定具体工作的职责分工。

原国家测绘局成立了注册测绘师资格考试专家委员会，负责拟定考试科目、考试大纲、考试试题，研究建立并管理考试题库，提出考试合格标准建议。原人事部组织专家审定考试科目、考试大纲和考试试题，并会同原国家测绘局确定考试合格标准和对考试工作进行指导、监督和检查。

注册测绘师资格实行全国统一大纲、统一命题的考试制度，原则上每年举行一次。考试的科目按照原国家测绘局与原人事部联合制定的《注册测绘师资格考试实施办法》规定，设"测绘管理与法律法规"、"测绘综合能力"和"测绘案例分析"3个科目。注册测绘师考试的具体内容和要求，按照原国家测绘局与原人事部联合制订的《注册测绘师考试大纲》规定。

对于2005年12月31日前被评聘为测绘高级工程师专业技术职务的人员，可免试"测绘综合能力"科目。注册测绘师资格考试合格，颁发由原人事部统一印制，原人事部、原国家测绘局共同用印的"中华人民共和国注册测绘师资格证书"(以下简称"注册测绘师资格证书")。

(二)注册测绘师注册

根据《注册测绘师制度暂行规定》，国家对注册测绘师资格实行注册执业管理。取得"注册测绘师资格证书"的人员，经过注册后方可以注册测绘师的名义执业。国务院测绘地理信息主管部门为注册测绘师资格的注册审批机构。各省、自治区、直辖市测绘地理信息主管部门负责注册测绘师资格的注册审查工作。

申请注册测绘师资格注册的人员，应受聘于一个具有测绘资质的单位，并通过聘用单位所在地测绘地理信息主管部门向省、自治区、直辖市测绘地理信息主管部门提出注册申请。省、自治区、直辖市测绘地理信息主管部门在收到注册测绘师资格注册的申请材料后，按照《注册测绘师制度暂行规定》的要求，按规定条件和程序完成申报材料的审查工作，并将申报材料和审查意见报国务院测绘地理信息主管部门审批。经国务院测绘地理信息主管部门审批合格的注册人员，由国务院测绘地理信息主管部门核发统一制作的"中华人民共和国注册测绘师注册证"和执业印章。

2014年7月，国务院测绘地理信息主管部门出台的《注册测绘师执业管理办法(试行)》明确规定，依法取得"注册测绘师资格证书"的人员，通过一个且只能是一个具有测绘资质的单位(后简称注册单位)办理注册手续，并取得"注册测绘师注册证"和执业印章后，方可以注册测绘师名义开展执业活动。注册单位与注册测绘师人事关系所在单位或聘用单位可以不一致。

注册测绘师注册包括初始注册、延续注册、变更注册和注销注册，具体要求和程序规定在《注册测绘师制度暂行规定》《注册测绘师执业管理办法（试行）》中明确规定。对于不具有完全民事行为能力的，刑事处罚尚未执行完毕的，因在测绘活动中受到刑事处罚，自刑事处罚执行完毕之日起至申请注册之日止不满 3 年的，以及法律、法规规定的其他情形，不予注册。

（三）注册测绘师执业

注册测绘师执业是测绘执业资格管理的重要内容。为加强注册测绘师执业管理，规范注册测绘师执业行为，国务院测绘地理信息主管部门于 2014 年 7 月印发了《注册测绘师执业管理办法（试行）》，明确了全国注册测绘师的执业管理工作职责。县级以上地方测绘地理信息主管部门负责本行政区域内注册测绘师的执业管理工作，具体职责分工由省级测绘地理信息主管部门确定。国务院有关部门所属单位和中央管理企业的注册测绘师按照属地原则进行管理。

有关注册测绘师执业的规定，主要包括以下内容：一是注册测绘师开展执业活动，必须依托注册单位并与注册单位的资质等级和业务许可范围相适应；二是测绘项目的技术和质检负责人等关键岗位须由注册测绘师充任；三是测绘项目的设计文件、成果质量检查报告、最终成果文件以及产品测试报告、项目监理报告等，须由注册测绘师签字并加盖执业印章后生效；四是注册测绘师签字盖章的文件修改原则上由注册测绘师本人进行，因特殊情况该注册测绘师不能进行修改的，应由其他注册测绘师修改，并签字、加盖执业盖章，同时对修改部分承担责任；五是因测绘成果质量问题造成的经济损失，由注册单位承担赔偿责任。注册单位依法向承担该业务的注册测绘师追责；六是注册测绘师应恪守职业道德，严守国家秘密和委托单位的商业、技术秘密，保证执业活动中相应的测绘成果质量并承担终身责任。任何组织和个人不得以任何理由要求注册测绘师在不符合质量要求的项目文件上签字盖章；七是注册测绘师从事执业活动，应由其所在单位接受委托并统一收费。因测绘成果质量问题造成的经济损失，接受委托的单位应承担赔偿责任。接受委托的单位可以依法向承担测绘业务的注册测绘师追偿。

根据《注册测绘师制度暂行规定》规定，注册测绘师的执业范围，主要包括以下方面：一是测绘项目技术设计；二是测绘项目技术咨询和技术评估；三是测绘项目技术管理、指导与监督；四是测绘成果质量检验、审查和鉴定；五是国务院有关部门规定的其他测绘业务。

（四）注册测绘师继续教育

根据《注册测绘师制度暂行规定》《注册测绘师执业管理办法（试行）》，注册测绘师延续注册、重新申请注册和逾期初始注册，应当完成本专业的继续教育。国家对注册测绘师继续教育实行登记制度。

注册测绘师继续教育分为必修内容和选修内容，在一个注册有效期内，必修内容和选修内容均不得少于 60 学时。注册测绘师继续教育必修内容通过培训的形式进行，由国务院测绘地理信息主管部门推荐的机构承担。必修内容培训每次 30 学时，注册测绘师须在一个注册有效期内参加 2 次不同内容的培训。注册测绘师继续教育选修内容通过参加指定的网络学习获得 40 学时，另外 20 学时通过出版专业著作、承担科研课题、获得科技奖励、发表学术论文、参加学习等方式取得。

国务院测绘地理信息主管部门在国务院人力资源社会保障主管部门指导下，负责组织继续教育工作。注册单位应积极为注册测绘师提供继续教育学习经费和学习时间，以及参加继续教育的其他必要条件。

(五) 测绘注册师监督管理

注册测绘师监督管理是指国家对注册测绘师制度作出具体规定，对从事测绘专业技术活动的专业技术人员进行注册测绘师资格考试、发放执业资格证书、进行审查注册、开展继续教育、依法查处违法从事测绘活动的行为等行政管理活动，是测绘地理信息主管部门统一监督管理的重要内容。测绘地理信息主管部门在监督管理过程中，要通过注册测绘师注册和执业环节的日常监管，及时发现问题并及时予以处理。对未取得测绘执业资格从事测绘活动的，依法予以查处。

第三节　测绘职业资格管理

一、测绘职业资格分类改革

2015 年，经国务院批准，新修订的《国家职业分类大典》正式印发。测绘地理信息行业职业由原来的 2 类 11 个职业，增加到 3 类 19 个职业，新增职业 8 个，增幅达 73%，形成了由 10 个专业技能类职业和 9 个专业技术类职业构成的新职业体系。新增"地理信息服务人员"类别，与"测绘服务人员"并列，包括"地理信息采集员""地理信息处理员""地理信息应用作业员"这 3 个职业，首次在国家级权威标准中确立了地理信息职业的身份和地位。首次明确不动产测绘、地理国情监测、导航与位置服务等新型职业。如图 4-1 所示，在测绘专业技术类职业新增地理国情监测工程技术人员、地理信息系统工程技术人员、导航与位置服务工程技术人员、地质测绘工程技术人员等职业。在"地理信息服务人员"类别中新增"地理国情信息调查员""地理国情处理员""地理国情统计分析员"等职业。有 14 个测绘地理信息职业被标注为绿色职业，占全国绿色职业的 12%，充分体现了测绘地理信息工作在"美丽中国"和生态文明建设中的重要地位和作用。

2017 年 9 月 12 日，人力资源和社会保障部发布《关于公布国家职业资格目录的通知》，将职业资格重新分为专业技术人员职业资格和技能人员职业资格。

新修订的测绘和地理信息职业分类体系具有客观性、科学性、合理性、先进性、开放性等特征，不仅适应了地理信息新兴产业发展趋势，还反映了测绘地理信息从业结构调整和职业内涵的更新，同时满足了测绘地理信息事业改革发展的时代需求，使测绘和地理信息职业在分类上更加科学规范、在结构上更加清晰严谨、在内容上更加准确完善。

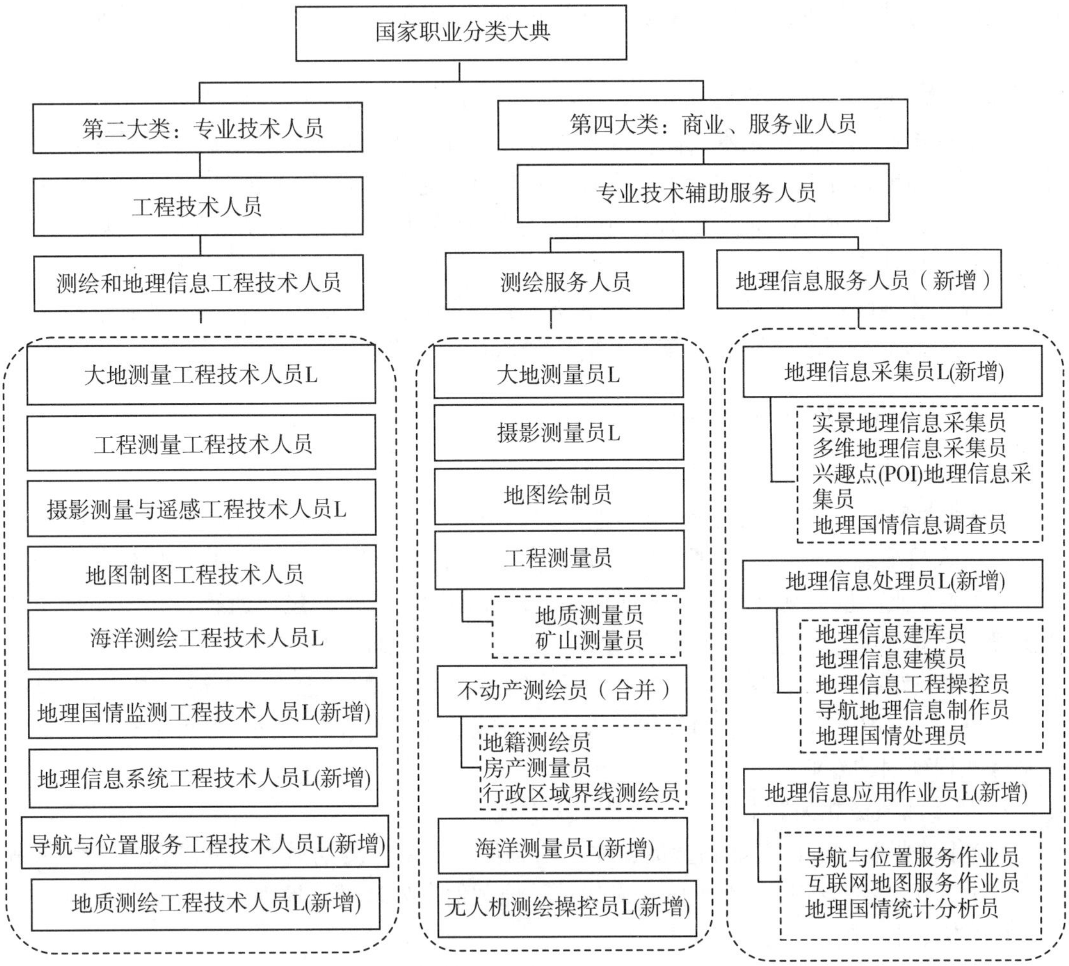

注：L 后缀为标注的绿色职业，"新增"为新增的职业，"合并"为已有的两个或多个职业合并成为一个新职业。职业名称下为包含但不限于的职业工种。

图 4-1 测绘和地理信息职业分类体系

二、测绘技能人员职业资格

(一) 测绘职业技能鉴定的工作体系

目前，我国已有由初级工、中级工、高级工、技师和高级技师 5 个等级构成的测绘技能人员职业资格体系。

(1) 五级/初级工：能够运用基本技能独立完成本职业的常规工作。

(2) 四级/中级工：能够熟练运用基本技能独立完成本职业的常规工作；在特定情况

下，能够运用专门技能完成技术较为复杂的工作；能够与他人合作。

（3）三级/高级工：能够熟练运用基本技能和专门技能完成本职业较为复杂的工作，包括完成部分非常规性的工作；能够独立处理工作中出现的问题；能够指导和培训初、中级工。

（4）二级/技师：能够熟练运用专门技能和特殊技能完成本职业复杂的、非常规性的工作；掌握本职业的关键技术技能，能够独立处理和解决技术或工艺难题；在技术技能方面有创新；能够指导和培训初、中、高级工；具有一定的技术管理能力。

（5）一级/高级技师：能够熟练运用专门技能和特殊技能在本职业的各个领域完成复杂的、非常规性工作；熟练掌握本职业的关键技术技能，能够独立处理和解决高难度的技术问题或工艺难题；在技术攻关和工艺革新方面有创新；能够组织开展技术改造、技术革新活动；能够组织开展系统的专业技术培训；具有技术管理能力。

（二）测绘职业技能鉴定的职业

1. 大地测量员相关职业、本专业及相关专业

（1）相关职业：包括摄影测量员、地图绘制员、不动产测绘员、工程测量员、海洋测绘员、无人机测绘操控员、地理信息采集员、地理信息处理员、地理信息应用作业员等。

（2）本专业：包括测绘工程、地理信息、地图制图、摄影测量、遥感、大地测量、工程测量、地籍测绘、土地管理、矿山测量、导航工程、地理国情监测等专业。

（3）相关专业：包括地理、地质、工程勘察、资源勘查、土木、建筑、规划、市政、水利、电力、道桥、工民建、海洋等专业，或者能够提供其在校期间所学专业开设测绘专业必修课程证明的专业。

2. 摄影测量员相关职业、本专业及相关专业

（1）相关职业：包括大地测量员、地图绘制员、不动产测绘员、工程测量员、海洋测绘员、无人机测绘操控员、地理信息采集员、地理信息处理员、地理信息应用作业员等。

（2）本专业：同"大地测量员"。

（3）相关专业：包括地理、地质、工程勘察、资源勘查、土木、建筑、规划、市政、水利、电力、道桥、工民建、海洋、计算机、软件等专业，或者能够提供其在校期间所学专业开设测绘专业必修课程证明的专业。

3. 地图绘制员相关职业、本专业及相关专业

（1）相关职业：包括大地测量员、摄影测量员、不动产测绘员、工程测量员、海洋测绘员、无人机测绘操控员、地理信息采集员、地理信息处理员、地理信息应用作业员等。

（2）本专业：同"大地测量员"。

（3）相关专业：包括地理、地质、资源勘查、建筑、规划、市政、水利、海洋、计算机、信息、通信、统计、生态等专业，或者能够提供其在校期间所学专业开设测绘专业必修课程证明的专业。

4. 工程测量员相关职业、本专业及相关专业

（1）相关职业：包括大地测量员、摄影测量员、地图绘制员、不动产测绘员、海洋测绘员、无人机测绘操控员、地理信息采集员、地理信息处理员、地理信息应用作业员等。

(2)本专业：同"大地测量员"。

(3)相关专业：同"大地测量员"。

5. 不动产测绘员相关职业、本专业及相关专业

(1)相关职业：包括大地测量员、摄影测量员、地图绘制员、工程测量员、海洋测绘员、无人机测绘操控员、地理信息采集员、地理信息处理员、地理信息应用作业员等。

(2)本专业：同"大地测量员"。

(3)相关专业：同"大地测量员"。

(三) 申报条件

(1)具备以下条件之一者，可申报五级/初级工：

①累计从事本职业或相关职业工作1年(含)以上。

②本职业或相关职业学徒期满。

(2)具备以下条件之一者，可申报四级/中级工：

①取得本职业或相关职业五级/初级工职业资格证书(技能等级证书)后，累计从事本职业或相关职业工作4年(含)以上。

②累计从事本职业或相关职业工作6年(含)以上。

③取得技工学校本专业或相关专业毕业证书(含尚未取得毕业证书的在校应届毕业生)；或取得经评估论证、以中级技能为培养目标的中等及以上职业学校本专业或相关专业毕业证书(含尚未取得毕业证书的在校应届毕业生)。

(3)具备以下条件之一者，可申报三级/高级工：

①取得本职业或相关职业四级/中级工职业资格证书(技能等级证书)后，累计从事本职业或相关职业工作5年(含)以上。

②取得本职业或相关职业四级/中级工职业资格证书(技能等级证书)，并具有高级技工学校、技师学院毕业证书(含尚未取得毕业证书的在校应届毕业生)；或取得本职业或相关职业四级/中级工职业资格证书(技能等级证书)，并具有经评估论证、以高级技能为培养目标的高等职业学校本专业或相关专业毕业证书(含尚未取得毕业证书的在校应届毕业生)。

③具有大专及以上本专业或相关专业毕业证书，并取得本职业或相关职业四级/中级工职业资格证书(技能等级证书)后，累计从事本职业或相关职业工作2年(含)以上。

(4)具备以下条件之一者，可申报二级/技师：

①取得本职业或相关职业三级/高级工职业资格证书(技能等级证书)后，累计从事本职业或相关职业工作4年(含)以上。

②取得本职业或相关职业三级/高级工职业资格证书(技能等级证书)的高级技工学校、技师学院毕业生，累计从事本职业或相关职业工作3年(含)以上；或取得本职业或相关职业预备技师证书的技师学院毕业生，累计从事本职业或相关职业工作2年(含)以上。

(5)具备以下条件者，可申报一级/高级技师：

取得本职业或相关职业二级/技师职业资格证书(技能等级证书)后，累计从事本职业

或相关职业工作 4 年(含)以上。

三、测绘专业技术职业资格

(一)测绘专业技术职称系列及级别

根据国家现行的职称分类管理制度，职称按不同的系列去划分种类，共包括高等教育、中学、小学、卫生、工程、自然科学、社会科学、艺术、工艺美术、船舶、飞行等 29 个系列。

根据 2015 年国务院公布的《国家职业分类大典》，测绘专业技术职业资格类别名称由"测绘工程技术人员"调整为"测绘和地理信息工程技术人员"，共 9 个职业，其中大地测量工程技术人员、工程测量工程技术人员、摄影测量与遥感工程技术人员、地图制图工程技术人员、海洋测绘工程技术人员为原有职业，"地理信息系统""导航与位置服务""地理国情监测"和"地质测绘"这 4 个专业技术职业为新增职业。

测绘专业技术职称的级别一般分为正高级、副高级、中级、初级 4 个级别。原来只有部分系列设有正高级职称，部分系列不设正高级职称。2016 年，中共中央办公厅、国务院办公厅印发的《关于深化职称制度改革的意见》明确，未设置正高级职称的均设置到正高级。人力资源社会保障部办公厅印发《关于在部分系列设置正高级职称有关问题的通知》，明确增设正高级的职称系列和正高级名称，在实行岗位管理的事业单位，增设的正高级职称对应专业技术岗位一至四级。人力资源社会保障部、工业和信息化部联合印发《关于深化工程技术人才职称制度改革的指导意见》，明确工程系列增设正高级工程师，高级职称分设副高级和正高级。

(二)测绘专业技术职务任职资格的取得方式

测绘专业技术职务任职资格的取得主要包括认定、评审、国家统一考试(以考代评)、职业资格对应等方式。

1. 职称评审

职称评审是指已经经过初次职称认定的专业技术人员，在经过一定工作年限后，在任职期内完成相应的继续教育学时，申报中级职称以上的人员须在专业期刊发表论文并且经过一些基本技能考试(例如：职称外语及计算机应用能力考试等)，向本专业的评审委员会评委提交评审材料，经过本专业的专业评委来确定其是否具备高一级职称资格。

2. 国家统一考试(以考代评)

国家统一考试(以考代评)是指在全国已实施相应级别专业技术资格统一考试实行以考代评的系列(卫生、会计、审计、统计、经济、计算机软件、翻译、出版、土建)中，不再进行相应系列(专业)和级别的专业技术职务任职资格的认定、评审工作，相关专业技术人员一律参加考试获得相应专业技术资格。

3. 职称与执业资格对应

2016 年，国务院办公厅印发《关于深化职称制度改革的意见》，指出要促进职称制度与职业资格制度有效衔接。以职业分类为基础，统筹研究规划职称制度和职业资格制度框架，避免交叉设置，减少重复评价，降低社会用人成本。在职称与职业资格密切相关的职业领域建立职称与职业资格对应关系，专业技术人才取得职业资格即可认定其具备相应系列和层级的职称，并可作为申报高一级职称的条件。初级、中级职称实行全国统一考试的专业不再进行相应的职称评审或认定。《注册测绘师制度暂行规定》（国人部发〔2007〕14号）明确，通过考试取得"测绘师资格证书"，并符合《工程技术人员职务试行条例》工程师专业技术职务任职条件的人员，用人单位可根据工作需要优先聘任工程师专业技术职务。

(三)测绘专业技术职务任职资格评审的基本原则

(1)坚持服务发展、激励创新。围绕经济社会发展和人才队伍建设需求，服务人才强国战略和创新驱动发展战略，充分发挥人才评价"指挥棒"的作用，进一步简政放权，最大限度地释放和激发专业技术人才创新创造创业活力，推动大众创业、万众创新。

(2)坚持遵循规律、科学评价。遵循人才成长规律，以品德、能力、业绩为导向，完善评价标准，创新评价方式，克服唯学历、唯资历、唯论文的倾向，科学客观公正地评价专业技术人才，让专业技术人才有更多时间和精力深耕专业，让作出贡献的人才有成就感和获得感。

(3)坚持问题导向、分类推进。针对现行职称制度存在的问题特别是专业技术人才反映的突出问题，精准施策。把握不同领域、不同行业、不同层次专业技术人才特点，分类评价。

(4)坚持以用为本、创新机制。围绕用好用活人才，创新人才评价机制，把人才评价与使用紧密结合，促进专业技术人才职业发展，满足各类用人单位选才用才需要。

(四)测绘专业技术人员评审条件

国家测绘地理信息主管部门出台了《国家测绘局①专业技术职务任职资格评审管理办法》，对测绘地理信息专业技术人员任职资格的评审条件提出了明确的要求。

(1)中专毕业，取得员级专业技术职务任职资格并聘任在员级专业技术岗位工作四年以上，可申报助理级专业技术职务任职资格评审。

(2)具备下列条件之一，可申报中级专业技术职务任职资格评审：

①大学本科或大学专科毕业，取得助理级专业技术职务任职资格并聘任在助理级专业技术岗位工作4年以上；

②大学本科毕业同时取得双学士学位，取得助理级专业技术职务任职资格并聘任在助理级专业技术岗位工作3年以上。

(3)符合下列条件之一，可申报高级专业技术职务任职资格评审：

①大学专科毕业，取得中级专业技术职务任职资格并聘任在中级专业技术岗位工作8

---

① 2011年5月23日，国务院办公厅正式发文，国家测绘局更名为国家测绘地理信息局。2018年3月，根据第十三届全国人民代表大会第一次会议批准的国务院机构改革方案，将国家测绘地理信息局的职责整合，组建中华人民共和国自然资源部，不再保留国家测绘地理信息局。为保证法律法规、管理文件的严肃性，本书中对于法规条文以及文件中"国家测绘局"及"国家测绘地理信息局"的说法均保留原样，不作处理。

年以上;

②大学本科毕业(含双学士),取得中级专业技术职务任职资格并聘任在中级专业技术岗位工作5年以上;

③获得硕士学位,取得中级专业技术职务任职资格并聘任在中级专业技术岗位工作4年以上;

④获得博士学位,取得中级专业技术职务任职资格并聘任在中级专业技术岗位工作2年以上。

(4)工作业绩突出,且符合下列条件之一的,可以不受学历和下一级专业技术职务任职时间的限制,破格申报上一级专业技术职务任职资格:

①获得省、部级及以上科学技术奖励的人员,申报中级专业技术职务任职资格评审的;

②获得国家级科学技术奖励和省、部级科学技术奖励一等奖的人员,申报高级专业技术职务任职资格评审的;

③科技成果转化为商品,取得重大的社会、经济效益的;

④参与国家重大测绘工程项目,在其中发挥重要作用的技术骨干,且受到省部级及以上单位表彰的;

⑤在野外测绘生产一线累计工作10年以上,担任检查员、生产作业组长累计5年以上或在科级及以上技术岗位工作3年以上,申报中级专业技术职务任职资格评审的;

⑥评聘为中级专业技术职务,在野外测绘生产一线累计工作20年以上,在科级及以上技术岗位工作累计6年以上,申报高级专业技术职务任职资格评审的。

(5)国家承认学历的全日制院校毕业学生,首次申报专业技术职务任职资格,可以由职改(人事)部门在考核合格的基础上认定:

①中专毕业,见习期满,可认定具备员级专业技术职务任职资格;

②大学专科毕业,见习期满,再从事本专业技术工作2年,可认定具备助理级专业技术职务任职资格;

③大学本科毕业,见习期满,可认定具备助理级专业技术职务任职资格;

④大学本科毕业同时取得双学士学位,可认定具备助理级专业技术职务任职资格;

⑤研究生毕业并取得硕士学位的,再从事本专业技术工作3年可认定具备中级专业技术职务任职资格;

⑥研究生毕业并获得博士学位的,可认定具备中级专业技术职务任职资格;

⑦博士后期满出站的,经单位考核合格并报原国家测绘局职称改革工作领导小组办公室批准,可认定具备高级专业技术职务任职资格。

第四节　测绘作业证管理

一、测绘作业证的概念与特征

(一)测绘作业证的概念

测绘作业证是指测绘作业人员正在依法进行测绘活动的合法身份的证明,是由测绘地理信息主管部门颁发的、用来表明野外测绘作业人员身份的一种凭证。建立测绘作业证制度的目的，是为了保障野外测绘作业人员的基本权利，保障测绘工作的顺利进行。为规范测绘作业证使用程序，加强对测绘作业证的监督管理，原国家测绘局于2004 年 6 月 1 日发布了《测绘作业证管理规定》，明确了测绘作业证的发放范围、管理权限和基本要求。

(二) 测绘作业证的特征

(1) 测绘作业证件是测绘人员从事测绘活动的合法身份证明。测绘作业人员在进入机关、厂矿以及相应地块和居民院里实施测绘并接受询问时，测绘作业证是唯一合法的身份证明，测绘人员应当主动出示测绘作业证件并做好相应的解释工作，取得各方面支持和帮助，以保障测绘工作正常进行。

(2) 测绘作业证件为测绘人员提供了权利保障。《测绘法》规定，测绘人员进行测绘活动时，应当持有测绘作业证件。任何单位和个人不得阻碍测绘人员依法进行测绘活动。测绘人员依法从事的测绘活动，受到法律保护，其前提条件是测绘人员应当首先出示相应的测绘作业证件，主动表明身份。

(3) 从事测绘活动出示测绘作业证件是测绘人员的义务。《测绘法》规定，测绘人员进行测绘活动时应当持有测绘作业证件，在使用测量标志时也应当出示测绘作业证件，接受测绘地理信息主管部门监督检查时应当出示测绘作业证件，这是测绘人员必须履行的法定义务。

(4) 测绘作业证件的效力有一定的限制。如测绘人员进入保密单位、军事禁区和法律法规规定的需经特殊审批的区域进行测绘活动时，仅仅出示测绘作业证是不够的，还应当按照规定持有关部门的批准文件。因此，测绘作业证仅是从事测绘活动的合法凭证，并不具有其他与测绘活动无关的法律效力。

二、测绘法对测绘作业证制度的规定

(1) 测绘人员进行测绘活动时，应当持有测绘作业证件。

测绘作业证件是指测绘作业人员依法进行测绘活动的合法身份的证件。测绘人员在进行测绘时，特别是在从事野外测绘工作时，会经常深入到机关单位、厂矿以及居民地院落里，需要得到身份确认以取得支持和帮助。如进入机关、企业、住宅小区、耕地或者其他地块进行测绘时，需要使用有关单位院内或他人土地、建筑物上或者住宅小区内的测量标志，为保障合法的测绘活动，需要测绘作业人员出示有法定效力的、能证明身份和行为性质的证件，以维护施测现场单位和个人的知情权。测绘人员从事测绘活动持有测绘作业证件，以表明测绘人员身份和工作性质，这是法律对测绘从业人员设置的一项义务，凡不能出示有效的测绘作业证件的，所进行的测绘活动有可能无法得到相关单位和个人的配合与协助；凡在施测时已出示有效的测绘作业证件的，所进行的测绘活动受法律保护，施测人员有权要求有关单位和个人提供便利，有关单位和个人对所进行的测绘活动应当予以配合。

(2) 任何单位和个人不得阻碍测绘人员依法进行测绘活动。

测绘人员的外业工作具有高度分散和流动性大的特点,日常接触的单位和个人比较多,因此,测绘活动所涉及的相关单位和个人应当给予支持和配合,而不得无理阻挠,给合法的测绘活动设置障碍。这里所说的"任何单位和个人",是指一切同测绘活动产生直接或者间接接触,或者在测绘过程中需要其提供便利和协助的单位和个人。"阻挠",是指违反法律、法规的规定,以一定的方式致使测绘活动不能进行或者不能正常进行的行为。"依法进行测绘活动",是指各类测绘单位及其测绘工作人员依照法律、法规的规定,取得测绘资质证书,并按照有关法律、法规所开展的正常的测绘活动,测绘工作人员应当首先出示有效的测绘作业证件,以表明身份。

(3)测绘作业证件的式样,由国务院测绘地理信息主管部门统一规定。

测绘作业证件是测绘人员从事测绘活动的法定凭证,为维护测绘作业证件的权威性、法定性和严肃性,也便于测绘活动当事人能够辨别真伪,《测绘法》规定,测绘作业证件的证书式样,与测绘资质证书、测绘专业技术人员的执业证书一样,由国务院测绘地理信息主管部门统一规定。这项规定意味着测绘作业证件在全国范围内适用,体现了测绘作业证件的权威性和统一性。

三、测绘作业证制度的实施

(一)测绘作业证的管理权限

(1)国务院测绘地理信息主管部门负责测绘作业证的统一监督管理工作,负责规定测绘作业证的式样。

(2)省、自治区、直辖市人民政府测绘地理信息主管部门负责测绘作业证的审核、发证工作。

(3)市、县级测绘地理信息主管部门负责测绘作业证的受理、上报和年度注册核准以及日常的监督管理工作。

(二)申请测绘作业证的人员

(1)从事测绘外业作业的人员。

(2)需要领取测绘作业证的其他人员。

测绘单位申领测绘作业证,应当向单位所在地的省、自治区、直辖市人民政府测绘地理信息主管部门或者其委托的市(地)级人民政府测绘地理信息主管部门提出办证申请,并需填写"测绘作业证申请表"和"测绘作业证申请汇总表"。

(三)测绘作业证件的使用

根据测绘法和《测绘作业证管理规定》,测绘人员在下列情况下,应当使用测绘作业证:

①测绘人员进入机关、企业、住宅小区、耕地或者其他地块进行测绘时;

②测绘人员使用永久性测量标志时;

③测绘人员接受测绘行政主管部门的执法监督检查时;

④测绘人员办理与所从事的测绘活动相关的其他事项时。

(四)测绘作业证注册核准

测绘作业证注册是指测绘地理信息主管部门对测绘作业证的使用情况、持有、完整状况进行验证,并标示合格标识的管理行为。根据《测绘作业证管理规定》,测绘作业证由省、自治区、直辖市人民政府测绘地理信息主管部门或者其委托的市(地)级人民政府测绘地理信息主管部门负责注册核准。每次注册核准有效期为 3 年。注册核准有效期满前 30 日内,测绘单位应当将测绘作业证送交单位所在地的省、自治区、直辖市人民政府测绘地理信息主管部门或者其委托的市(地)级人民政府测绘地理信息主管部门进行注册核准。

过期不注册核准的测绘作业证按无效处理,并将失去其应有的法律效力。因此,持有测绘作业证的人员,应当按照规定的期限,及时进行测绘作业证注册核准。

(五)测绘作业证的监督管理

按照测绘作业证管理的相关规定,测绘人员违反测绘作业证管理的有关规定,由所在单位收回其测绘作业证并及时交回发证机关,对情节严重者依法给予行政处分;构成犯罪的,依法追究刑事责任。测绘人员违反《测绘作业证管理规定》的行为,主要包括以下内容:

①将测绘作业证转借他人的;
②擅自涂改测绘作业证的;
③利用测绘作业证严重违反工作纪律、职业道德或者损害国家、集体或者他人利益的;
④利用测绘作业证进行欺诈及其他违法活动。

第五节 测绘项目招投标管理

一、测绘项目招投标的概念

(一)测绘项目招标

测绘项目招标是测绘项目发包的一种方式。测绘项目招标是项目法人单位对自愿参加某一特定测绘项目的承包单位进行邀约、审查、评价和选定的过程。测绘项目招标分为公开招标和邀请招标两种方式。测绘项目招标制度的实施,引进了市场竞争机制,建立了公开、公平、公正的竞争环境,是我国测绘市场不断发展壮大并逐渐成熟的一个重要标志。

(二)测绘项目投标

测绘项目投标是与测绘项目招标相对应的概念。测绘项目投标是根据测绘项目招标方或者委托招标代理机构的邀约,响应招标并向招标方书面提出测绘项目实施计划、方案和价格等,参与测绘项目竞争的过程。测绘项目招标和投标都受《中华人民共和国招标投标法》(以下简称《招标投标法》)《测绘法》的制约，必须严格依法进行。

(三) 从事测绘活动的基本原则

(1)测绘单位不得超越资质等级许可的范围从事测绘活动。

超越测绘资质等级许可的范围，一是指超越测绘资质等级，即低等级的资质单位承揽需要较高资质等级的单位才能承揽的测绘项目；二是超越范围，是指测绘单位承揽资质证书上没有载明的测绘业务，或者资质证书上虽然载明相应的业务，但超越了该资质等级规定的业务范围规模，包括规定的测绘面积、线路长度以及控制测量等级等。拥有不同资质等级和业务范围的测绘单位的专业技术人员素质、仪器设备的状况、生产能力和管理水平等都是不一样的，其所承揽的测绘业务能力也有高低之分。因此，《测绘法》明确规定测绘单位不得超越资质等级许可的范围从事测绘活动，这是测绘单位从事测绘活动的一项基本原则。

(2)测绘单位不得以其他测绘单位的名义从事测绘活动。

以其他测绘单位的名义从事测绘活动，就是借用他人的测绘资质证书从事测绘活动。这种情形主要有两种情况：一是从事测绘活动的单位未取得测绘资质证书，为了承揽测绘项目，借用别人的测绘资质证书，或者用取得测绘资质证书的单位名义承揽测绘项目；二是有些单位取得了测绘资质证书，但资质等级和业务范围达不到承揽项目的需要，借用具有相应的单位资质证书或名义。这些做法实际上是未取得相应的测绘资质证书而从事测绘活动的行为，是违反测绘法规定的行为，违法者应当承担相应的法律责任。

(3)测绘单位不得允许其他单位以本单位的名义从事测绘活动。

取得测绘资质证书的单位允许其他单位以本单位的名义从事测绘活动，实质是出借测绘资质证书的行为。在实际工作中，有些单位将资质证书出借给低资质等级或者不具备资质条件的测绘单位使用，也有些单位以假"合作""挂靠"等方式允许其他单位以本单位的名义从事测绘活动，这些行为都严重地扰乱了测绘市场秩序，使测绘成果质量难以得到有效保障，甚至造成严重的不良后果，必须坚决予以禁止，对出借测绘资质证书的单位及借用测绘资质证书的单位都必须依据测绘法的规定严肃处理。

二、测绘法对测绘项目招投标的规定

随着经济社会发展对地理信息资源需求的增加和大众地理信息消费的持续扩大，我国的测绘市场不断发展壮大，测绘项目招投标活动也越来越多、越来越频繁，低价竞争、串通投标等违法违规招标投标现象时有发生，严重地扰乱了测绘市场秩序，不仅损害了国家利益、集体利益和社会公共利益，也损害了合法经营的测绘单位的自身权益。为了规范测绘项目招投标活动，维护测绘单位的合法、正当利益，促进测绘市场公平竞争，国家建立测绘项目招投标管理制度。

(1)测绘项目的招标单位应当依法在招标公告或者投标邀请书中对测绘单位资质等级作出要求，不得让不具有相应测绘资质等级的单位中标。

根据《测绘法》确定的从事测绘活动的基本原则，测绘单位不得超越测绘资质等级许可的范围从事测绘活动。因此，招标单位在测绘项目招标时，应当将测绘资质等级要求作为招标条件之一，在招标公告或者招标邀请书中明确载明，并提出要求。《测绘资质管理规定》和《测绘资质分级标准》对不同资质等级可以从事测绘活动的范围作出了明确规定，招标的测绘项目必须符合《测绘资质管理规定》和《测绘资质分级标准》对测绘资质等级的要求。招标单位在测绘项目招标时，应当依法查验投标单位的测绘资质等级和业务范围，不得让不具有测绘资质或者测绘资质等级不符合测绘项目要求的单位中标。

（2）测绘项目招标单位不得让测绘单位低于测绘成本中标。

目前，我国的经营性测绘活动市场压价竞争现象非常普遍，大部分测绘项目收费仅能达到国家收费标准的30%左右，甚至出现"0元中标""1元中标"现象，严重背离了公平、公正和诚实守信的招投标原则，引发测绘市场无序竞争。由于招标项目价格过低，造成测绘成果粗制滥造，对后续的各项工程建设带来严重质量隐患。因此，测绘单位低于测绘成本中标的行为必须坚决禁止。因此，《测绘法》明确规定测绘项目招标单位不得让测绘单位低于测绘成本中标，有效地保障了测绘单位的合法权益，对于维护测绘市场的竞争秩序，具有十分重要的意义。

（3）中标的测绘单位不得向他人转让测绘项目。

《招标投标法》规定，中标人应当按照合同约定履行义务，完成中标项目。中标人不得向他人转让中标项目，也不得将中标项目肢解后分别向他人转让。测绘项目的中标单位不得将所承揽的测绘项目全部转给他人完成，或者将测绘项目的主体工作或大部分工作转给他人完成，也不得将全部测绘项目肢解后以分包的名义分别转给第三人完成。测绘合同的签订是测绘项目招标单位对中标单位能力的信任，中标单位应当以自己的设备、技术和劳力完成承揽的主要测绘工作。这里说的主要工作，一般是指对测绘成果质量起决定性作用的或者工作量最大的工作。但是，目前有些单位不考虑招标单位的权益，将测绘项目层层转包，从中牟取暴利，不仅使测绘成果质量得不到保障，也使合同工期无法保证；有些单位与测绘项目发包方相互勾结，暗中收受回扣，严重扰乱测绘市场秩序，败坏社会风气。因此，《招标投标法》规定，测绘单位将其承揽的测绘项目的主体、关键性工作或者将中标项目的部分主体、关键性工作分包给他人的，由工商行政管理机关或者测绘地理信息主管部门依法处理。

（4）违法进行测绘项目招投标应当承担相应的法律责任。

《测绘法》第五十七条规定："违反本法规定，测绘项目的招标单位让不具有相应资质等级的测绘单位中标，或者让测绘单位低于测绘成本中标的，责令改正，可以处测绘约定报酬二倍以下的罚款。招标单位的工作人员利用职务上的便利，索取他人财物，或者非法收受他人财物为他人谋取利益的，依法给予处分；构成犯罪的，依法追究刑事责任。"《测绘法》第五十八条规定："违反本法规定，中标的测绘单位向他人转让测绘项目的，责令改正，没收违法所得，处测绘约定报酬一倍以上二倍以下的罚款，并可以责令停业整顿或者降低测绘资质等级；情节严重的，吊销测绘资质证书。"

三、测绘项目招投标监督管理

测绘地理信息主管部门应当依照我国《测绘法》《招标投标法》的规定，依法履行测绘项目招投标监督管理职责，加强对测绘项目招投标活动的监督管理。

(一)严格投标人资格审查

测绘地理信息主管部门要通过认真核查招标预审公告、招标公告、投标邀请书、招标文件和投标文件，一方面，核实测绘项目的招标单位是否依法在招标公告或者投标邀请书中对测绘单位资质等级作出要求；另一方面，核实招标人是否让不具有相应测绘资质等级的单位投标等情况，严格投标人资格审查，加强源头治理，避免违法违规招投标行为的发生。

(二)强化项目评标过程监督

根据测绘项目招标投标实际情况，测绘地理信息主管部门可以会同有关监督部门现场监督开标、评标活动，并可以旁听与招标投标事项有关的重要会议，向招标人、投标人、招标代理机构、交易平台、招标公正机构等了解情况，听取意见，及时发现问题、解决问题，保证测绘项目招标投标活动公平、公正、公开进行。

(三)监督测绘项目招标结果

测绘地理信息主管部门可以通过审阅招投标情况报告、合同等有关文件，现场查验、调查、核实招标结果执行情况等多种方式，了解招标人是否存在让测绘单位低于测绘成本中标的现象，强化对测绘项目招投标结果的监督，发现存在测绘单位低于测绘成本中标的现象，要根据《测绘法》的规定，依法责令改正，并作出相应的处罚。

(四)加强对中标后测绘项目的监管

测绘地理信息主管部门要加强对中标后测绘项目实施过程的监督管理，通过双随机抽查等方式，重点查处中标的测绘单位是否向他人转让测绘项目，是否存在违法转包、非法分包的现象，核查项目招标单位与项目具体实施单位是否一致等。发现中标的测绘单位向他人转让测绘项目的，要依据《测绘法》的规定，责令改正，没收违法所得，处测绘约定报酬一倍以上二倍以下的罚款，并可以责令停业整顿或者降低测绘资质等级；情节严重的，吊销测绘资质证书。

四、测绘项目立项审核

(一)国家建立测绘项目立项审核制度

测绘项目立项一般是由政府有关业务主管部门和测绘成果使用单位提出，由同级政府发展改革主管部门审核列入项目实施计划，政府财政部门拨付测绘项目经费。为避免重复测绘，最大限度地发挥测绘成果的使用效益，提高公共财政资金的使用效率，国家建立测绘项目立项审核制度。由测绘地理信息主管部门对由其他部门申请立项的、使用财政资金的测绘项目和涉及测绘的其他使用财政资金的项目进行必要性审核，并根据已有测绘成果的具体情况，提出具体建议和意见。有适宜测绘成果的，提出应当充分利用已有的测绘成果，避免重复测绘的意见，并建议不予批准立项。

(二)测绘地理信息主管部门负责测绘项目立项审核

《测绘法》规定,使用财政资金的测绘项目和涉及测绘的其他使用财政资金的项目,有关部门在批准立项前应当征求本级人民政府测绘地理信息主管部门的意见,从而明确了测绘地理信息主管部门测绘项目立项审核的职责。

测绘项目立项审核,主要包括两大类测绘项目:一是使用财政资金的测绘项目,指使用财政资金的单一的或者独立的测绘项目,如基础测绘项目、数字城市地理信息公共服务平台建设、卫星导航定位基准服务系统建设项目等。使用财政资金的测绘项目往往具有公益性性质,属于政府公共服务职能范畴。二是涉及测绘的其他使用财政资金的项目,指在其他工程建设中涉及测绘工作的项目,如在由政府财政投资的高速公路建设项目中,就涉及测绘的内容。这里所指的财政资金,既包含了国家和各级地方人民政府的财政资金,也包含了各级地方人民政府所属部门和事业单位使用的财政资金。

对于使用财政资金的测绘项目和涉及测绘的其他使用财政资金的项目,测绘地理信息主管部门进行立项前审核时,主要审核以下内容:一是测绘项目或涉及测绘的其他使用财政资金的项目的基本情况,包括项目空间分布情况、覆盖范围及主要成果;二是测绘项目或涉及测绘的其他使用财政资金的项目的基本技术要求,包括所采用的测绘基准、执行的技术标准和规范情况以及起算依据等;三是测绘项目或涉及测绘的其他使用财政资金的项目的特殊要求,即满足项目立项申请单位或者测绘成果使用单位的特殊规定、技术要求等。四是根据测绘地理信息主管部门掌握的已有的基础测绘成果资料及其资料现势性(包括其他部门汇交的测绘成果资料),对测绘项目或涉及测绘的其他使用财政资金的项目情况进行综合比对、分析,提出审核意见。已有测绘成果的精度、规格及范围能够满足测绘项目需要的,测绘地理信息主管部门应当在 10 日内提出不予批准立项的建议文件。已有测绘成果资料难以满足立项申请单位和测绘成果使用单位需求的,测绘地理信息主管部门应当同意发展改革主管部门立项,并出具相应的立项审核文件。

目前,从全国范围来看,由于法律、行政法规确立的测绘项目立项审核制度不完善,缺乏相应的责任追究机制,从而使该项制度并没有很好地落实,使用财政资金重复进行测绘的现象还比较普遍。

第六节 测绘单位信用管理

一、对测绘单位实行信用管理的意义

随着测绘市场的不断壮大和地理信息产业的快速发展,参与测绘市场竞争的测绘企事业单位数量不断增加,测绘市场竞争越发激烈,测绘单位的信用在市场竞争中的作用日益得到强化。加快实施测绘单位信用管理制度,有助于促进全行业逐步形成"守信激励、失信惩戒"的竞争机制,引导测绘单位诚信自律经营,增进测绘人员诚信意识,推动测绘行业行风建设,有利于促进形成公平有序的测绘市场环境,维护合法守信、正当经营的测绘单位的权益。

信用管理是完善社会主义市场经济体制、加强和创新社会治理的重要手段，也是政府部门创新市场监管方式的重要途径。对测绘市场主体实行信用管理，能够转变测绘地理信息主管部门"重审批、轻监管"的传统管理方式，强化了信用约束，提高了政府监管效能，扩大了社会监督，对维护市场公平竞争、促进测绘行业单位诚信自律、保障地理信息产业健康发展等，都具有重要而深远的意义。

二、测绘法对测绘单位信用管理的规定

测绘单位信用管理，是指测绘地理信息主管部门在测绘市场监督管理活动中，依据一定的信用信息评价标准和规则，对测绘单位的信用信息进行采集、认定、交换、公开、评价、使用及监督管理的活动。对测绘单位实行信用管理是测绘法赋予测绘地理信息主管部门的一项法定职责，是创新测绘市场监管方式的重大制度安排。测绘法对测绘单位的信用管理规定，主要涉及两个方面的内容：

（1）县级以上测绘地理信息主管部门应当对测绘单位实行信用管理。

加快完善测绘市场信用管理制度，既是简政放权、放管结合、优化服务的一项重要举措，也是测绘地理信息主管部门加强市场监管、创新市场监管方式的关键一招，对于维护测绘市场公平竞争、促进单位诚信自律、保障地理信息产业健康发展等，都具有重要意义。因此，《测绘法》规定，县级以上人民政府测绘地理信息主管部门应当对测绘单位实行信用管理。对测绘单位实行信用管理，是《测绘法》赋予县级以上人民政府测绘地理信息主管部门的法定职责。

（2）县级以上人民政府测绘地理信息主管部门应当依法公示测绘单位的信用信息。

测绘单位的信用水平直接影响到测绘单位的市场竞争，关系到测绘单位自身的合法权益。因此，测绘地理信息主管部门应当通过制定相应的信用管理规定和信用分类、评价标准，及时收集、整理测绘单位的信用信息，建立信用信息审核发布机制，依法将测绘单位的信用信息予以公示。测绘单位对公示的信用信息有异议的，测绘地理信息主管部门应当按照相应的规定及时予以核实、更正。依法公示测绘单位的信用信息，既是新时期政府信用治理的客观要求，也是《测绘法》确定的县级以上人民政府测绘地理信息主管部门的法定义务。

三、测绘单位信用管理的内容

（一）测绘单位信用信息分类

根据国务院测绘地理信息主管部门制定发布的《测绘地理信息行业信用指标体系》，测绘单位的信用信息由基本信息、良好信息和不良信息构成。

1. 基本信息

基本信息是指测绘单位的资质条件、年度报告公示等基本情况信息。基本信息主要包括测绘单位名称、单位类型、所属系统、成立日期、办公地址、法定代表人、人员规模、仪器设备、资质等级、专业范围、资质变更记录、测绘单位质量管理、成果及资料档案管理、保密管理制度以及测绘单位基本情况变化（含上市、兼并重组、改制分立、重大股权变化等）信息等。

2. 良好信息

良好信息是指测绘单位受到表彰、取得荣誉、科技创新、社会贡献等信息。主要包括：测绘市场行为获得工商、银行、税务等部门授予的良好资信评级；单位测绘工作受到县级以上人民政府及其有关行政管理部门的表彰奖励；获得国家和测绘领域学会、协会等社会团体评定的相关奖项或荣誉称号；取得测绘领域相关产品发明专利权、软件著作权；在国家级或省级测绘成果质量监督检查中，批成果质量合格且样本质量等级达到优级；为政府、公众提供防灾减灾、应急保障等测绘与地理信息服务等信息。

3. 不良信息

不良信息是指测绘单位违反测绘法律及相关法律法规和政策规定产生失信行为的信息。不良信息分为严重失信信息、一般失信信息和轻微失信信息。

严重失信信息包括：测绘成果质量经测绘质检机构判定为批不合格，涂改、倒卖、出租、出借或者以其他形式转让测绘资质证书，由于市场不正当竞争行为被查处，以欺骗手段取得测绘资质证书从事测绘活动，超越资质等级许可范围从事测绘活动，以其他测绘资质单位名义从事测绘活动，允许其他单位以本单位的名义从事测绘活动，测绘资质单位将承包的测绘项目转包，伪造、变造测绘成果等。

一般失信信息包括：提供虚假测绘行政许可申请材料，不配合测绘地理信息主管部门依法实施监督检查，隐瞒、拒绝和阻碍提供有关文件、资料，在测绘市场监督检查中发现的测绘资质单位经营异常信息，不履行与测绘有关的处罚、判决、裁定等，被人民法院强制执行，未按规定汇交测绘成果资料等。

轻微失信信息包括：测绘资质单位名称、注册地址、法定代表人发生变化 30 日内未申请变更，未按照相关规定要求履行测绘项目备案(任务登记、验证登记等)义务，未按要求报送测绘资质年度报告，因与测绘有关的不良行为被提起民事诉讼，法院终审判决测绘资质单位承担责任或者履行义务等。

(二)测绘单位信用管理职责

根据《测绘法》和《测绘地理信息行业信用管理办法》，国务院测绘地理信息主管部门负责指导全国测绘行业信用体系建设，负责建立全国统一的测绘行业信用管理平台，负责甲级测绘资质单位信用信息的发布和管理工作。各省、自治区、直辖市测绘地理信息主管部门负责本行政区域内乙级以下测绘资质单位信用信息的发布和管理工作。市、县级以上测绘地理信息主管部门负责测绘资质单位信用信息的征集工作。

(三)测绘单位信用信息征集

根据《测绘地理信息行业信用管理办法》，测绘资质单位的信用信息，主要通过以下渠道进行征集：一是测绘地理信息主管部门征集；二是测绘资质单位自行申报；三是政府有关部门依法公开的信息；四是经查实的公众举报信息；五是通过其他有关渠道获得的信息。

测绘单位信用信息征集是测绘行业信用体系建设的重要内容，测绘地理信息主管部门应当按照国家社会信用信息平台建设总体要求，逐步健全信用信息共享机制，推进测绘地理信息主管部门与相关部门之间的信用信息互联互通、共享共治。征集测绘单位的信用信息，不得采用欺骗、盗窃、胁迫、利用计算机网络侵入或者其他不正当手段。

（四）信用信息发布与查询

目前，测绘资质单位的信用信息通过测绘行业信用管理平台公开发布，公民、法人或者其他组织均可查询。测绘资质单位可以向省级以上测绘地理信息主管部门申请获取本单位的信用报告。其他查询者获取测绘资质单位的信用报告，应当向省级以上测绘地理信息主管部门提交载明查询事由的书面申请及该测绘资质单位同意查询的书面意见。

（五）信用信息的异议处理

根据《测绘地理信息市场信用管理暂行办法》规定，公民、法人或者其他组织以及测绘单位对信用信息存在异议的，可以向省级以上测绘地理信息主管部门提交书面核查申请及相关证据。异议处理期间，应当暂停发布该异议信息。省级以上测绘地理信息主管部门应当自收到异议申请之日起20日内，按照下列规定处理：一是经核实异议信息确须更正的，由相应测绘地理信息主管部门及时更正，并书面告知异议申请人；二是经核实异议信息无须更正的，由相应测绘地理信息主管部门告知异议申请人。

（六）测绘单位的信用结果运用

测绘单位信用结果的运用，主要体现在两个方面：一是测绘地理信息主管部门可以直接运用测绘单位的信用结果，给予相应的测绘单位以惩戒或者激励；二是市场自发地运用信用结果。测绘单位的信用状况会对测绘项目的招投标活动带来影响，对于测绘信用不好的单位，将直接影响其招投标或影响招投标结果，这正是测绘单位的信用在市场竞争中的作用体现。

1. 严重失信信息

根据《测绘地理信息行业信用管理办法》规定，测绘资质单位受到测绘地理信息主管部门及相关部门行政处罚的，计入该单位的严重失信信息，自该信息生效之日起两年内不得申请晋升测绘资质等级或者新增专业范围。

2. 一般失信信息

测绘资质单位被测绘地理信息主管部门计入一般失信信息的，自该信息生效之日起一年内不得申请晋升测绘资质等级或者新增专业范围。

3. 轻微失信信息

测绘资质单位被测绘地理信息主管部门计入轻微失信信息的，自该信息生效之日起半年内不得申请晋升测绘资质等级或者新增专业范围。

思考题：

1. 为什么要实行测绘资质管理制度？

2. 国家依法对测绘从业人员管理设立了哪些制度？

3.《测绘法》对测绘项目招投标活动设定了哪些禁止性规范？

第五章 测绘成果管理

第一节 测绘成果的作用与分类

一、加强测绘成果管理的必要性

(1)测绘成果应用范围广，涉及经济社会发展各个领域。

测绘成果，是指各类测绘活动形成的记录和描述自然地理要素或者地表人工设施的形状、大小、空间位置及其属性的地理信息、数据、资料、图件和档案。测绘成果可以广泛应用于国防军事、行政管理、自然资源开发利用、灾害监测、生态环境评价、交通运输、公共安全和公共卫生、科学研究、商业规划与运作、日常生活等人类经济社会活动的各个方面。测绘成果是重要的信息资源，基础地理信息是数据量最大、覆盖面最宽、应用最广泛的战略性信息资源之一，基础地理信息资源的规模、品种和服务水平等已成为衡量国家信息化水平的一个重要标志。在信息化时代，小到个人出行，大到区域开发、实现可持续发展等重大战略的实施都离不开测绘成果。

随着我国经济社会的快速发展和测绘技术进步，各行业、各领域对测绘成果的需求日益增加，并不断呈现出多样化特点，测绘成果的服务领域、应用范围更加广泛，已经融入经济社会发展的各个领域。因此，必须加强对测绘成果的统一监督管理，更好地发挥各类测绘成果的作用。

(2)测绘成果涉及国家秘密，关系国家主权、安全和利益。

测绘成果是与国家安全有着密切关联的特殊资源，尤其是基础测绘成果大多数涉及国家秘密，直接关系到国家安全、主权和利益。测绘成果为现代战争提供实施远程精确打击的地理信息，是赢得战争主动权的基础性工具。特别是在网络化时代，通过互联网处理、传输、标注、上传涉及国家秘密的测绘成果资料和地理信息数据，对国家安全所带来的威胁和安全隐患，是不可估量的，一旦发生测绘成果失泄密事件，其所带来的影响将不可逆转，并且带有长期性。作为测绘成果直观表现形式的地图，是国家版图的主要表现形式，体现着国家的主权利益和政治外交立场。维护国家地理信息安全，已成为新时期加强测绘成果管理的一项重要内容。

同时，随着国家信息化进程的不断加快，测绘成果的应用层次也在不断深化，各级政府、政府部门、企业和社会公众对测绘成果的需求越来越旺盛，成果保密与广泛利用之间的矛盾日益突出，必须妥善处理测绘成果广泛利用与保密的关系，切实加强对测绘成果的管理，在促进测绘成果广泛利用的同时，维护国家地理信息安全。

（3）测绘成果具有商品属性，必须推动测绘成果的共享利用。

测绘成果具有商品的一般属性，只有被广泛利用，才能体现出其价值，满足国家经济建设、国防建设、社会发展和生态保护的需要是测绘成果的价值基础。目前，测绘成果虽然在人类经济社会活动的各个方面都得到了应用，并且有越来越旺盛的需求态势，但是长期以来，测绘成果共享利用不足，政府部门和行业间的"信息孤岛"现象普遍存在，可公开使用的公众版测绘成果少，地理信息公共服务水平低。一方面，大量的测绘成果被闲置，不能充分共享利用；另一方面，一些政府部门和行业又急需测绘成果，重复进行测绘成果生产，不仅造成了公共财政资金的浪费，也使得测绘成果的使用价值得不到充分发挥。如何更好地发挥测绘成果的作用，实现测绘成果的最大利用价值，促进测绘成果的共享利用，消除部门和行业间的"信息孤岛"，避免多个部门重复建设，迫切需要建立测绘成果汇交、保管、提供利用制度，建立健全测绘成果共建共享利用机制，促进测绘成果的广泛利用。

二、测绘成果的作用

（1）测绘成果是经济建设、国防建设、社会发展和生态保护的基础。

测绘事业是经济建设、国防建设、社会发展和生态保护的基础性、前期性工作，测绘成果广泛应用于经济社会发展的各个领域。各项工程建设从规划设计、施工管理到项目竣工验收的各个阶段，都离不开各类测绘成果的支撑保障。不论是国土空间规划、自然资源管理、环境保护治理、城市建设、交通、水利、电力、生态保护等各个领域，都需要测绘提供第一手基础资料。现代战争更是离不开高精度的地形图和卫星导航定位数据支持，测绘成果已成为国家经济建设、国防建设、社会发展和生态保护的重要基础。

（2）地理信息资源是国家信息资源的重要组成部分。

测绘成果所记录和承载的信息主要包括地理空间位置信息和属性信息。人类活动的信息80%以上都与地理位置有关，基础地理信息是国民经济和社会信息集成的载体，具有较好现势性和高精度的地理信息数据，可以广泛地应用于人类经济社会活动的各个方面，并对经济增长、环境质量改善和社会发展进步等作出重要贡献。

（3）地理信息是实现信息化的重要基础之一。

大力推进信息化是我国加快实现现代化的必然选择。信息化的一个重要基础设施，就是"数字中国""数字城市"地理空间框架，它是电子政务和各种信息系统的基础和共享平台，也是智慧城市建设的重要空间基础。人类社会的任何现象都具有时间、空间和属性三个基本特征，而空间位置和属性信息恰恰是测绘成果所承载的重要内容，地理信息已成为国民经济信息化的重要基础之一。

（4）测绘成果为实现可持续发展提供保障。

可持续发展是全面建成小康社会的奋斗目标之一。研究解决人口、资源、环境、灾害等人类共同面对的可持续发展问题，都需要地理空间信息的支撑和保障。不论是区域人口普查与分类统计、资源管理与资源环境承载力调查评价以及环境治理、资源监测等，都离不开卫星遥感影像、基本比例尺地图、导航定位信息等成果的支持，测绘成果为实现可持续发展提供了基础保障。

三、测绘成果的分类

测绘成果有不同的分类方法。按测绘成果的性质分类，测绘成果可分为基础测绘成果和其他测绘成果；按成果所承载的信息是否涉及国家秘密，可分为秘密测绘成果和公开测绘成果；按成果覆盖的区域划分，可分为全国性测绘成果和区域性测绘成果；按测绘成果所涉及的专业不同进行分类，可分为大地测量成果、工程测量成果、不动产测绘成果等。这里主要介绍测绘成果按性质进行的分类。

(一)基础测绘成果

基础测绘成果描述了自然和人文信息及其空间关系，它通过建立和维护国家统一的空间定位基准和基础地理信息系统，提供满足社会发展所需要的地理信息的基础平台和空间定位框架，使用户可以根据需要选择使用基础地理信息或加载与空间位置有关的信息，它提供的各种比例尺地形图和地理信息数据是经济建设重要的基础性资料，是实现信息集成和信息共享及可持续利用的支持条件和根本保障。基础测绘成果主要包括：

①为建立全国统一的测绘基准和测绘系统进行的天文测量、三角测量、水准测量、卫星大地测量、重力测量所获取的数据、图件；

②基础航空摄影所获取的数据、影像资料；

③遥感卫星和其他航天飞行器对地观测所获取的基础地理信息遥感资料；

④国家基本比例尺地图、影像图及其数字化产品；

⑤基础地理信息系统的数据、信息等。

(二)其他测绘成果

其他测绘成果主要是指通过实施专业测绘所获得的成果，包括工程测量成果、不动产测绘成果等。其他测绘成果主要包括：

①天文测量、大地测量、卫星大地测量、重力测量的数据和图件；

②航空航天遥感和摄影的底片、磁带；

③各种地图(包括地形图、普通地图、地籍图、海图和其他有关的专用地图等)及其数字化成果；

④各类基础地理信息以及在基础地理信息基础上挖掘、分析形成的信息；

⑤工程测量数据和图件；

⑥地理信息系统中的测绘数据及其运行软件；

⑦其他有关的地理信息数据；

⑧与测绘成果直接有关的技术资料和档案等。

第二节　测绘成果质量管理

一、测绘成果质量的概念

测绘成果质量是指测绘成果满足国家规定的测绘技术规范和标准，以及满足用户期望目标值的程度。测绘成果广泛应用于国家经济建设、国防建设、社会发展和生态保护的各个方面，测绘成果质量不仅关系到各项工程建设的质量和安全，关系到经济社会发展规划决策的科学性、准确性，而且还涉及国家主权、安全和利益，影响着国家信息化建设的顺利进行。在实际工作中，因为测绘成果质量不合格，使工程建设受到影响并造成重大损失的事件时有发生。提高测绘成果质量是国家信息化建设和重大工程建设质量的基础保证，是提高政府管理决策水平的重要基础，是维护国家主权和人民群众利益的现实需要。

我国历来重视测绘成果质量的管理，国家先后发布了一系列的测绘成果质量管理规章制度和各种技术规范及标准。为提高测绘单位产品质量，要求测绘单位应当建立健全技术质量管理体系并有效运行。测绘单位应当建立质量责任制，明确岗位职责，制定并落实岗位考核办法和质量责任。测绘项目实施所使用的仪器设备应按照国家有关规定进行检定、校准。测绘项目实施要坚持先设计后生产，不允许边设计边生产，禁止没有设计就进行生产。测绘项目实行"两级检查、一级验收"制度。测绘单位对其完成的测绘成果质量负责，所交付的成果，必须保证是合格品。测绘单位应建立质量信息征集工作机制，主动征求用户对测绘成果质量的意见，并为用户提供咨询服务。测绘项目验收后，测绘单位应当将项目质量信息报送项目所在地测绘地理信息主管部门等。为了保证测绘成果质量，我国还建立了注册测绘师制度，要求在测绘活动中形成的技术设计和测绘成果质量文件，必须由注册测绘师签字并加盖执业印章方可生效，注册测绘师要保证执业活动中相应的测绘成果质量并承担质量责任。

二、测绘法对测绘成果质量管理的规定

（1）测绘单位对完成的测绘成果质量负责。

这项规定明确了测绘成果质量责任主体是测绘单位，测绘单位应当对其完成的测绘成果质量负责。测绘单位对测绘成果不符合质量要求的，要承担相应的法律责任，既包括行政法律责任，又包括民事法律责任。行政法律责任即测绘单位因施测的测绘成果不合格可能会被测绘地理信息主管部门依法查处，如停业整顿、降低测绘资质等级或吊销测绘资质证书等。民事法律责任即测绘单位因测绘成果质量不合格给对方造成损失的，应当依法承担相应的赔偿责任。

（2）县级以上人民政府测绘地理信息主管部门应当加强对测绘成果质量的监督管理。

这项制度规定包含了三层基本含义：一是明确国家建立测绘成果质量监督管理制度，加强对测绘成果质量的监督管理，并以法律的形式予以确认；二是明确县级以上人民政府测绘地理信息主管部门负责对测绘成果质量的监督管理，测绘成果质量监督管理是测绘地理信息主管部门的法定职责，而不是其他部门的职责；三是测绘地理信息主管部门应当采

取措施加强对测绘成果质量的监督管理，包括制定国家标准和行业标准、出台测绘成果质量监督管理政策、加强成果质量监督检查、依法查处质量违法行为等。各级测绘地理信息主管部门应当依法履行职责，采取多种有效措施，切实加强对测绘成果质量的监督管理。

（3）测绘成果质量不合格要承担相应的法律责任。

测绘成果是各项工程建设和规划管理决策的基础，测绘成果质量合格的，能够满足各项工程建设和用户需求的，测绘单位才能交付使用。测绘单位完成的测绘成果质量不合格的，依法将承担相应的法律责任。因此，《测绘法》第六十三条规定："违反本法规定，测绘成果质量不合格的，责令测绘单位补测或者重测；情节严重的，责令停业整顿，并处降低测绘资质等级或者吊销测绘资质证书；造成损失的，依法承担赔偿责任。"由此可看出，测绘成果质量不合格涉及的法律责任，包括了行政法律责任和民事法律责任。

三、测绘成果质量监督管理方式

测绘成果质量监督管理是各级测绘地理信息主管部门履行市场监管职责的一项重要内容。根据测绘成果质量特性和测绘成果质量管理工作实践，测绘地理信息主管部门进行测绘成果质量监督管理的方式，主要包括以下几种：

（一）制定国家标准和行业标准

测绘地理信息主管部门履行测绘成果质量监督管理的主要技术依据是国家标准、行业标准及测绘活动双方约定的特殊技术要求。根据测绘行业实际需求，及时制定测绘国家标准和行业标准并督促落实，是测绘地理信息主管部门履行质量监督管理职责的一项重要措施。测绘地理信息主管部门要通过制定测绘国家标准和行业标准，加强质量、标准及计量基础工作，确保测绘成果质量。同时，测绘地理信息主管部门要积极引导项目发包方和测绘单位自觉贯彻执行国家规定的测绘技术规范和标准，为提高测绘成果质量打下良好的基础。

（二）建立质量监督管理体系

随着地理信息产业发展，目前我国测绘单位数量庞大，测绘成果种类繁多，测绘地理信息主管部门全面落实测绘成果质量监督管理职责，必须要建立完善测绘成果质量监督管理体系，健全各级测绘成果质量监督管理机构和质量检验机构，明确相应的质量监督管理职责，建立质量管理责任制，并督促引导测绘单位建立健全测绘成果质量管理制度，落实测绘成果质量责任。

（三）测绘成果质量监督检查

对测绘单位完成的测绘成果定期或者不定期进行监督检查，是各级测绘地理信息主管部门实施测绘成果质量监督的重要方法。通过定期开展测绘成果质量监督检查，建立随机抽查工作机制，可以及时发现质量问题，督促测绘单位进行整改，完善质量管理制度。监督检查的主要内容一般包括质量管理体系建立及运行情况，执行测绘技术标准和规范的情况，产品质量状况，仪器设备的检定情况等。通过定期或者不定期检查，可以督促和推动测绘单位加强测绘成果质量管理，完善各项质量管理制度和措施，确保测绘成果质量。测绘地理信息主管部门组织开展测绘成果质量监督检查，不得收取任何费用。

（四）依法查处质量不合格的测绘成果

依法查处测绘成果质量违法案件是加强测绘成果质量监督管理的重要措施和手段。通过查处测绘成果质量违法案件，充分发挥查办案件的治本功能，可以进一步提高测绘单位的质量意识和质量责任，从而有效地保证测绘成果质量。

测绘地理信息主管部门除了采取以上四种主要的测绘成果质量监督管理方式外，还包括对测绘单位在生产中使用的测量器具是否经法定的计量检定机构检测合格进行监督，组织开展对全行业测绘成果质量的评定等。测绘地理信息主管部门对测绘成果进行监督检查中需要进行的检验、鉴定、检测等监督检验活动，由实施监督检查的测绘地理信息主管部门委托测绘成果质量监督检验机构承担。测绘成果质量监督检查结果要依法向社会公布。

近年来，为加强测绘成果质量监督管理，国务院测绘地理信息主管部门先后制定实施了一系列测绘成果质量管理规定及相应的成果质量检查验收标准，包括《测绘成果质量监督抽查管理办法》《测绘生产质量管理规定》《测绘市场管理暂行办法》以及《测绘成果检查验收标准》《数字测绘成果检查验收标准》等，为各级测绘地理信息主管部门和测绘成果检验机构依法实施测绘成果质量监督和监督检验提供了制度保障和标准依据，测绘单位应当认真贯彻执行。

第三节　测绘成果保密管理

一、测绘成果保密的概念与特征

（一）测绘成果保密的概念

测绘成果保密，是指测绘成果由于涉及国家秘密，综合运用法律和行政手段将测绘成果严格限定在一定范围内和被一定范围内的人员知悉的活动。

由于大量的测绘成果都涉及国家秘密，测绘成果也相应地被划分为秘密测绘成果和非涉密测绘成果两类。对于测绘成果的密级划分，1984 年 4 月，原国家测绘局专门出台了《全国测绘资料和测绘档案管理规定》。2003 年 12 月 23 日，原国家测绘局和国家保密局又联合印发了《测绘管理工作国家秘密范围的规定》，对测绘成果的密级进行了严格的划分。2020 年 6 月 18 日，自然资源部、国家保密局联合印发了《测绘地理信息管理工作国家秘密范围的规定》，对《测绘管理工作国家秘密范围的规定》进行了修订。

1. 机密级测绘成果

机密级测绘成果包括：2000 国家大地坐标系、1954 年北京坐标系、1980 西安坐标系之间的相互转换参数；国家大地坐标系与相对独立的平面坐标系统之间相互转换精度优于 ±10 厘米的转换参数；国家认定的地理信息保密处理技术算法及参数；分辨率高于 5′×5′，精度优于 ±5 毫伽的重力异常成果；精度优于 ±3″的垂线偏差成果；1∶2.5 万、1∶5 万国家基本比例尺地形图(模拟产品)及其全要素数字化成果;军事禁区大于或等于1:1万的国家基本比例尺地形图(模拟产品)及其全要素数字化成果;军事禁区平面精度优于(含)10米的正射影像;军事禁区和军事管理区(不含作战指挥工程和重要军事设施区域)以及国家安全要害部门所在地标注有敏感地理实体属性信息的遥感影像;军事禁区平面精度优于(含)10米或高程精度优于(含)15米的数字高程模型和数字表面模型成果;军事禁区平面精度优于(含)10米或地物高度相对量测精度优于(含)5%的三维模型、点云、倾斜影像、实景影像、导航电子地图等实测成果;体现和表明我国政府立场与主张的敏感、争议地区测绘地理信息成果,以及泄露后会对国家利益、社会稳定和民族团结造成重大影响的重要地理信息数据;与上述机密级条款涉及的要素、空间精度和范围相当的其他测绘地理信息成果。

2. 秘密级测绘成果

秘密级测绘成果包括:构成环线且覆盖范围大于2500平方千米或线路长度超过1000千米的国家等级水准网成果;军事禁区(不含作战指挥工程和重要军事设施区域)内卫星导航定位基准站观测数据;军事禁区以外卫星导航定位基准站坐标、基准站网观测数据;军事禁区和军事管理区以外带有名称、属性、位置等信息的国家等级控制点的坐标成果、国家等级重力控制点成果、重力加密点成果及其观测数据,国家等级全球导航卫星系统(GNSS)大地控制点、天文、三角、导线的观测成果;分辨率在$5' \times 5'$至$30' \times 30'$,精度在± 5毫伽至± 7毫伽的重力异常成果;精度优于± 0.2米的高程异常成果;精度在$\pm 3''$至$\pm 6''$的垂线偏差成果;军事禁区以外1:1万、1:5千国家基本比例尺地形图(模拟产品)及其全要素数字化成果;军事禁区以外连续覆盖范围超过25平方千米的大于1:5千的国家基本比例尺地形图(模拟产品)及其全要素数字化成果;含有国家法律法规、部门规章及其他规定禁止公开内容的水系、交通、居民地及设施、管线等分要素测绘地理信息专题成果;优于(含)20米等高距的等高线,以及与其精度相当的高程注记点;军事禁区以及国家安全要害部门所在地地面分辨率优于0.5米的航摄影像;军事禁区以外平面精度优于10米或者地面分辨率优于0.5米、且连续覆盖范围超过25平方千米的正射影像;军事禁区以外平面精度优于(含)10米或高程精度优于(含)15米、且连续覆盖范围超过25平方千米的数字高程模型和数字表面模型成果;军事禁区以外平面精度优于(含)10米或地物高度相对量测精度优于(含)5%,且连续覆盖范围超过25平方千米的三维模型、点云、倾斜影像、实景影像、导航电子地图等实测成果;涉及军事、国家安全要害部门的点位名称及坐标;与军事、国家安全相关的国民经济重要设施精度优于(含)± 10米的点位坐标及其名称属性;与上述秘密级条款涉及的要素、空间精度和范围相当的其他测绘地理信息成果。

(二)测绘成果保密的特征

(1)测绘成果涉及的国家秘密事项是客观存在的实体。

测绘成果是对自然地理要素和地表人工设施的空间位置、大小、形状和属性的客观反映,测绘成果保密的关键是相当一部分自然地理要素和地表人工设施的大小、形状、空间位置及其属性需要保密。例如,军事设施的空间位置、大小、形状和属性需要保密,有些国防设施、经济设施、科技设施以及国家安全设施等的空间位置、大小、形状、属性需要保密，这就决定了其相应的测绘成果应当保密。这些特定的设施都是现实存在的物质实体，测绘成果涉及的国家秘密事项是客观存在的实体。

（2）测绘成果涉及的国家秘密事项具有广泛性。

无论国家或者地区的测绘成果，都是对国家或者一个地区自然地理要素和地表人工设施的空间位置、大小、形状和属性的客观反映。这些自然地理要素和地表人工设施不仅分布广泛，而且数量巨大。根据《中华人民共和国保守国家秘密法》（以下简称《保密法》）的规定，国家事务重大决策中的秘密事项、国防建设和武装力量活动中的秘密事项、外交和外事活动中的秘密事项以及对外承担保密义务的事项、国民经济和社会发展中的秘密事项、科学技术中的秘密事项、维护国家安全活动和追查刑事犯罪中的秘密事项、其他经国家保密行政管理部门确定为应当保守的国家秘密事项等都属于国家秘密，这些国家秘密的相当一部分都会通过测绘手段反映在不同类型的测绘成果中。因此，测绘成果涉及国家秘密的事项具有广泛性。

（3）涉及国家秘密的测绘成果数量大，涉及面广。

至2020年底，我国地理信息产业从业单位数量超过13.8万家，从业人员超过了336万人，测绘资质单位从业人员52万人，地理信息产业总产值达到6890亿元，产业关联度大，地理信息产业已经成为国民经济新的经济增长点。面对如此巨大的市场，测绘成果数量巨大，其中大部分都属于国家秘密。从国家基础测绘成果来讲，国家大地坐标系统、平面坐标系统、高程系统、重力测量系统的数量，至少有100多万点的数据；国家1∶1万至1∶50万基本比例尺地形图及数据库和城市覆盖范围超过25平方千米的1∶500、1∶1 000、1∶2 000、1∶5 000比例尺地形图及数据库以及数字高程模型、数字正射影像信息、城市三维数据、基础地理信息数据库等，都涉及国家秘密，与这些测绘成果直接接触的人员数量和涉及的计算机信息系统等数量都是相当庞大的，这些人员涉及的领域和范围也非常广。

（4）测绘成果涉及的国家秘密事项保密时间长。

测绘成果涉及的国家秘密要素是客观存在的物质实体，这些物质实体大部分都会长期存在着，即使由于各种人为和自然毁坏等原因使这些物质实体不存在了，但也会因此而产生新的保密内容。特别是各类测绘基准和测绘系统的点位和数据，始终是测定保密要素的空间位置、大小、形状的依据。因此，除国家有变更密级或解密的规定外，测绘成果的保密期限都是长期的，需要长久保存。

（5）测绘成果不同于其他文件、档案等保密资料。

测绘成果是实用性很强的技术性成果资料，测绘成果一旦对外提供，便由使用单位自行使用、保存和销毁，这一点与其他带有密级的文件、档案等秘密资料不同。带有密级的文件、档案、音像等资料一般都是通过采取登记借阅的方式，借阅完后要在规定的时间内归还。因此，对提供和使用测绘成果的单位和人员都要有特殊的要求，以防止泄露国家秘密的事件发生，危害国家安全和利益。因此，《测绘法》明确规定，对外提供测绘成果，必须经国务院测绘地理信息主管部门和军队测绘部门批准。

由于测绘成果广泛应用于经济建设、国防建设、生态保护、科学研究、文化教育、行政管理、人民生活等众多领域，使用测绘成果的单位和个人十分广泛，从而使测绘成果的保密管理难度非常大，需要获取、持有、提供、利用测绘成果的单位建立完善的保密管理制度，加强保密法律法规的宣传教育和培训，设立专门的保密工作机构和管理人员，与核心涉密人员签订保密责任书，并设置安全的保密防护设施。

二、测绘法对测绘成果保密管理的规定

(1)涉密测绘成果必须遵守保密法律、行政法规的规定。

各种测绘成果是我国经济建设、国防建设、社会发展和生态保护等各项建设事业的基础性资料，大部分测绘成果都含有非常重要、准确的基础地理信息数据，属于国家秘密范畴，不能公开。需要保密的测绘成果，属于《保密法》规定的保密对象，其密级划分为绝密、机密和秘密三个保密等级。测绘成果应当按照国家秘密及其密级的具体范围的规定确定密级，同时确定保密期限和知悉范围，建立保密管理制度。测绘成果的密级、保密期限和知悉范围，应当依据《保密法》的规定，根据情况的变化及时变更。密级、保密期限和知悉范围的变更，由原定密机关和单位决定，也可以由其上级机关决定。涉密测绘成果保管期限为长期，属于《保密法》另行规定的情形，不得期满自行解密。对在保密期限内因保密事项范围调整不再作为国家秘密事项，或者公开后不会损害国家安全和利益，不需要继续保密的，应当及时解密。测绘成果保密管理应当严格依照国家保密法律、行政法规的规定执行，国家保密法律、行政法规的规定适用于测绘成果保密管理。

(2)对外提供涉密测绘成果必须经过批准。

对外提供测绘成果，是指向国外、境外及其与国内单位合作的外国法人或者其他组织提供测绘成果。目前我国已与70多个国家和地区的测绘部门或机构建立了合作关系。特别是围绕着服务"一带一路"倡议，测绘领域对外开放合作项目越来越多，需要对外提供测绘成果的项目也越来越多。同时，在很多涉外建设项目中也涉及测绘成果。为确保测绘成果安全，必须加强保密管理，建立严格的对外提供使用测绘成果的审批制度，杜绝测绘成果对外提供使用时泄密问题的发生。因此，对外提供属于国家秘密的测绘成果，应当按照国务院和中央军事委员会规定的审批程序，报国务院测绘地理信息主管部门或者省、自治区、直辖市人民政府测绘地理信息主管部门审批；测绘地理信息主管部门在审批前，还应当征求军队有关部门的意见。

对外提供属于国家秘密的测绘成果审批是一项行政许可事项，要求申请人具有企业或者事业单位法人资格，或为政府部门，同时具有相应的保密管理制度和成果保管条件。申请对外提供的涉密测绘成果应当是经国家批准的中外经济、文化、科学技术合作项目所必需的成果资料。对于成果对外提供后妨碍国家安全的、已有非涉密成果能够满足需求的、申请人隐瞒有关情况或者提供虚假材料的，不予批准。

(3)测绘成果的秘密范围和秘密等级的确定及调整必须坚持一定的原则。

我国现行的测绘成果定密，主要依据是2003年原国家测绘局和国家保密局联合印发的《测绘管理工作国家秘密范围的规定》。长期以来，各级测绘地理信息主管部门为加强测绘成果保密管理，通过不断完善保密管理制度，建立健全保密监督管理技术防控体系，加强测绘成果保密监督检查，测绘成果保密管理取得了积极成效，有力地维护了国家地理

信息安全。但从长期的测绘成果保密管理实践来看，随着测绘科技进步和地理信息应用的日益广泛，对测绘成果秘密范围的划定存在密级偏高、范围偏大、线条偏粗的情况，已不能适应地理信息产业发展的需求，在一定程度上制约了地理信息应用范围和消费需求。2020年6月，自然资源部、国家保密局对《测绘管理工作国家秘密范围的规定》进行了修订，自2020年7月1日起施行新的秘密范围规定，为科学定密、合理调整密级提供了新的制度保障。

为进一步扩大测绘成果应用，促进地理信息产业发展，《测绘法》第三十四条规定："测绘成果的秘密范围和秘密等级，应当依照保密法律、行政法规的规定，按照保障国家秘密安全、促进地理信息共享和应用的原则确定并及时调整、公布。"这项规定包含三层含义：一是明确了测绘成果的定密原则。测绘成果的秘密范围和秘密等级，应当依照保密法律、行政法规的规定确定。二是要按照保障国家秘密安全、促进地理信息共享和利用的原则，及时调整测绘成果的秘密等级和范围，努力做到"该保的保住，该放的放开"，在全力保障地理信息安全的同时，促进地理信息共享利用。三是要将确定和调整的测绘成果的秘密等级和秘密范围及时予以公布，使社会各界能够广泛知悉和了解。

(4)利用涉及国家秘密测绘成果开发生产的产品，未进行保密技术处理的，秘密等级不得低于所用测绘成果的秘密等级。

利用涉及国家秘密的测绘成果开发生产的产品，是指利用涉密测绘成果的全部或部分要素研制开发的各类成果和产品，包括任何形式的复制品、衍生品，以及对数据部分修改或经任何格式、投影变换的结果及其衍生品等。为加强测绘成果保密管理，《测绘成果管理条例》规定，利用涉及国家秘密的测绘成果开发生产的产品，未经国务院测绘地理信息主管部门或者省、自治区、直辖市人民政府测绘地理信息主管部门进行保密技术处理的，其秘密等级不得低于所用测绘成果的秘密等级。

这项制度规定主要包含两层含义：一是保密技术处理必须由国务院测绘地理信息主管部门或者省、自治区、直辖市人民政府测绘地理信息主管部门进行，其他单位无权处理；二是未经上述保密技术处理的产品，其秘密等级不得低于所使用的测绘成果的秘密等级，也就是说不能公开或降低密级使用。

三、测绘成果保密管理

《测绘法》和《测绘成果管理条例》对涉密测绘成果的提供利用都建立了严格的审批制度，提供属于国家秘密的基础测绘成果和对外提供属于国家秘密的测绘成果必须依法经过许可。涉密测绘成果的提供利用审批是测绘成果保密管理的重要内容。

(一)利用属于国家秘密的基础测绘成果审批

《测绘成果管理条例》规定，法人或者其他组织需要利用属于国家秘密的基础测绘成果的，应当提出明确的利用目的和范围，报测绘成果所在地的测绘地理信息主管部门审批。测绘地理信息主管部门审查同意的，应当以书面形式告知测绘成果的秘密等级、保密要求以及相关著作权保护要求。这项规定具有以下含义：一是需要利用属于国家秘密的基础测绘成果，应当提出明确的利用目的和范围；二是需要报测绘成果所在地的测绘地理信息主管部门审批；三是明确规定测绘地理信息主管部门的义务，包括以书面形式告知测绘成果的秘密等级、保密要求以及相关著作权保护要求等。

为加强基础测绘成果提供使用的管理，贯彻公开、便民、高效的原则，保障合理使用基础测绘成果，根据《测绘法》《测绘成果管理条例》及有关法律法规的规定，国务院测绘地理信息主管部门2006年出台了《基础测绘成果提供使用管理暂行办法》，进一步明确了属于国家秘密的基础测绘成果提供使用审批的具体职责分工和要求。

1. 国务院测绘地理信息主管部门审批职责

①全国统一的一、二等平面控制网、高程控制网和国家重力控制网的数据、图件。

②1：50万、1：25万、1：10万、1：5万、1：2.5万国家基本比例尺地图、影像图和数字化产品。

③国家基础航空摄影所获取的数据、影像等资料，以及获取基础地理信息的遥感资料。

④国家基础地理信息数据。

⑤其他应当由国务院测绘地理信息主管部门审批的基础测绘成果。

2. 省级测绘地理信息主管部门审批职责

①本行政区域内全国统一的三、四等平面控制网、高程控制网的数据和图件。

②本行政区域内的1：1万、1：5 000等国家基本比例尺地图、影像图和数字化产品。

③本行政区域内的基础航空摄影所获取的数据、影像等资料，以及获取基础地理信息的遥感资料。

④本行政区域内的基础地理信息数据。

⑤属国务院测绘地理信息主管部门审批范围，但已委托省级测绘地理信息主管部门负责管理的基础测绘成果。

⑥其他应当由省级测绘地理信息主管部门审批的基础测绘成果。

3. 市、县级测绘地理信息主管部门审批职责

根据《基础测绘成果提供使用管理暂行办法》，市、县级测绘地理信息主管部门受理审批基础测绘成果的具体范围和审批办法，由省、自治区、直辖市测绘地理信息主管部门规定。一般情况下，市、县级测绘地理信息主管部门负责审批的属于国家秘密的基础测绘成果，主要包括本行政区域内的1：500、1：1 000、1：2 000等国家基本比例尺地图、影像图和数字化产品；本行政区域内的基础地理信息数据等。

(二) 对外提供属于国家秘密的测绘成果审批

对外提供属于国家秘密的测绘成果，是指向境外、国外以及其与国内有关单位合作的法人或者其他组织提供的属于国家秘密的测绘成果。根据《测绘成果管理条例》，对外提供属于国家秘密的测绘成果，应当按照国务院和中央军事委员会规定的审批程序，报国务院测绘地理信息主管部门或者省、自治区、直辖市人民政府测绘地理信息主管部门审批；测绘地理信息主管部门在审批前，应当征求军队有关部门的意见。

测绘成果与国家安全息息相关，测绘成果特别是基础测绘成果大部分都涉及国家秘密，对外提供测绘成果必须认真贯彻既要保密又能适应对外开展各项合作项目需要的原

则。经国家批准的对外合作项目中必不可少的测绘成果资料，原则上均可提供，但要严格控制其品种、范围和精度，并应区别情况进行必要的技术处理。对外提供的属于国家秘密的测绘成果，不仅包括涉及国家秘密的基础测绘成果，也包括涉及国家秘密的非基础测绘成果，即便是测绘项目出资人投资测绘的涉及国家秘密的其他测绘成果，对外提供时也必须依法经过批准。

第四节　测绘成果汇交与保管

一、测绘成果汇交的意义

测绘成果汇交，是指测绘项目出资人或者承担国家投资的测绘项目的单位按规定将测绘成果的副本或者目录向有关测绘地理信息主管部门提交，由测绘地理信息主管部门编制测绘成果目录，并向社会发布相关信息，利用汇交的测绘成果副本更新地理信息公共产品并依法向社会提供利用的过程。

测绘成果是各项工程建设的基础，是实现信息化的重要前提，广泛应用于经济建设、国防建设、社会发展和生态保护等各个领域。测绘成果具有重复利用而不降低其使用价值的基本特性，各种测绘活动生产的测绘成果，不仅可以直接服务于与之相关的各项工程建设或者项目管理，还可以广泛应用于其他社会需求。通过建立测绘成果汇交制度，有利于各级测绘地理信息主管部门及时掌握本行政区域的最新基础地理信息，并向社会提供；有利于实现测绘公共信息资源共享，避免重复测绘、重复投入；有利于不同行业、不同部门的测绘成果信息资源被社会广泛知悉，更好地发挥这些测绘成果的作用，提高测绘成果的使用效益，降低政府行政成本。

二、测绘成果汇交的特性

(一)法定性

测绘成果汇交制度是测绘法确定的一项重要法律制度，成果汇交的内容和汇交的义务主体、成果接受主体等都由法律规定。测绘成果汇交主体应当汇交测绘成果目录的，测绘地理信息主管部门不能强制性地要求汇交主体汇交测绘成果副本；依法应当汇交测绘成果副本的，测绘项目承担单位也不能只汇交测绘成果目录，测绘成果汇交必须严格依法进行。

(二)完整性

测绘成果是各项工程建设的基础，具有科学性、系统性、专业性等特点，测绘成果所包含的数据、信息、图件以及相关的技术资料是有机统一的整体，不可分割，汇交测绘成果资料时必须保证成果的完整性。

(三)无偿性

测绘成果汇交是成果汇交主体的法定义务，汇交测绘成果的目的是促进测绘成果资料的共建共享，提高测绘成果的使用效率，节约公共财政的资金投入，测绘成果汇交实行无偿汇交。无偿汇交测绘成果是测绘成果汇交的一个重要特性。

(四) 排他性

为了保证测绘成果资料的完整和安全，维护测绘成果所有权人的权益，未经测绘成果所有权人许可，任何单位或者个人不得向第三方提供，测绘项目出资人或者测绘单位汇交的测绘成果副本依法受法律保护，具有排他性。

三、测绘法关于测绘成果汇交的规定

(一) 测绘项目出资人或者承担国家投资的测绘项目的单位负责汇交测绘成果

测绘项目出资人往往是测绘成果的所有者，按照未经所有权人同意不得随意处分其财产的民法理念，只有具有测绘成果所有权的出资人才有资格实际履行测绘成果汇交义务。因此，《测绘法》规定测绘项目所形成的测绘成果的汇交主体是出资人。对于国家投资的测绘项目，其形成的测绘成果归国家所有，由承担国家投资的测绘项目的单位负责汇交测绘成果，更便于实际操作，使法定义务人能够更好地履行法定义务。

国家投资是指由各级财政投入的资金。其中，中央财政投资完成的测绘项目，由承担测绘项目的单位向国务院测绘地理信息主管部门汇交测绘成果资料；地方财政投资完成的测绘项目，由承担测绘项目的单位向测绘项目所在地的省、自治区、直辖市人民政府测绘地理信息主管部门汇交测绘成果资料；使用其他资金完成的测绘项目，由测绘项目出资人向测绘项目所在地的省、自治区、直辖市人民政府测绘地理信息主管部门汇交测绘成果资料。

(二) 国家或者省级测绘地理信息主管部门负责接收汇交的测绘成果

根据《测绘法》，测绘项目完成后，测绘项目出资人或者承担国家投资的测绘项目的单位，应当向国务院测绘地理信息主管部门或者省、自治区、直辖市人民政府测绘地理信息主管部门汇交测绘成果资料，从而明确了各有关部门或单位汇交的测绘成果的接受主体，是国务院测绘地理信息主管部门或者省、自治区、直辖市人民政府测绘地理信息主管部门，而不是其他有关部门，也不是市、县级测绘地理信息主管部门。

(三) 基础测绘项目汇交成果副本，非基础测绘项目汇交测绘成果目录

按照《测绘法》规定的测绘成果汇交原则，属于基础测绘项目的，应当汇交测绘成果副本；属于非基础测绘项目的，应当汇交测绘成果目录。由于基础测绘是公益性事业，由国家投资完成，属公共财政支持的范畴，其成果是国家的公产财产，应当用于公共服务。因此，基础测绘项目应当汇交成果副本。

对于非基础测绘成果，是实施非基础测绘项目取得的测绘成果，往往是各相关部门或单位为进行各项工程建设而实施的测绘。这些测绘成果往往仅供一次性使用，不需要持续地进行更新，这也是基础测绘成果与非基础测绘成果的重要区别之一。为维护测绘成果所

有权人的合法权益,测绘成果目录依法向社会公开后,为使用这些非基础测绘成果的单位或者个人提供了成果来源信息,从而促进测绘成果资料共享利用。

(四)测绘地理信息主管部门应当承担相应的法律义务

根据《测绘法》,负责接收测绘成果副本和目录的相应测绘地理信息主管部门应当出具测绘成果汇交凭证,并及时将测绘成果副本和目录移交给保管单位。国务院测绘地理信息主管部门和省、自治区、直辖市人民政府测绘地理信息主管部门应当及时编制测绘成果目录,并向社会公布。这项规定明确的测绘地理信息主管部门的法定义务,主要包含以下内容:

1. 出具测绘成果汇交凭证

测绘项目出资人或者承担国家投资的测绘项目的单位在汇交测绘成果资料后,负责接受测绘成果资料的测绘地理信息主管部门,应当及时出具测绘成果汇交凭证,作为测绘成果汇交义务主体汇交成果的凭据。根据《测绘成果管理条例》规定,测绘项目出资人或者承担国家投资的测绘项目的单位应当自测绘项目验收完成之日起 3 个月内,向测绘地理信息主管部门汇交测绘成果副本或者目录,测绘地理信息主管部门应当在收到汇交的测绘成果副本或者目录后,出具汇交凭证。

2. 及时将测绘成果副本和目录移交给保管单位

测绘地理信息主管部门接受了汇交的测绘成果资料后,不能将测绘成果保存在不具有相应保管条件和设施的机关单位或某一个机构内,应当依法及时将测绘成果副本和目录移交给测绘成果保管单位。根据《测绘成果管理条例》,测绘地理信息主管部门自收到汇交的测绘成果副本或者目录之日起 10 个工作日内,应当将其移交给测绘成果保管单位。

测绘成果保管单位是指由测绘地理信息主管部门授权或指定的具有一定保密设施条件和档案及保密管理制度的测绘成果档案保管单位。测绘成果保管单位应当具有法人资格,能够承担相应的法律责任。测绘成果资料的存放设施与条件,应当符合国家保密、消防及档案管理的有关规定和要求。

3. 及时编制测绘成果目录,并向社会公布

测绘成果目录是测绘成果类别、规格和属性信息等的索引,是按照一定的分类规则将测绘成果的名称、数量、规格及属性等信息编制成册。测绘成果目录包括全国测绘成果目录和省级测绘成果目录。

编制测绘成果目录并及时向社会公布,有利于使用测绘成果的单位快捷地获取所需测绘成果资料信息,以避免重复测绘,促进测绘成果共享利用。根据《测绘法》规定,国务院测绘地理信息主管部门和省、自治区、直辖市人民政府测绘地理信息主管部门应当及时编制测绘成果目录,并向社会公布。这里需要明确两点:一是负责及时编制测绘成果目录的责任主体,是国务院测绘地理信息主管部门和省级测绘地理信息主管部门,市、县级测绘地理信息主管部门不具有此项职责;二是编制完成测绘成果目录后,要通过一定的方式向社会公布。公布测绘成果目录,属于政府信息主动公开的内容,应当严格依照《政府信息公开条例》的规定执行。

(五)国务院规定测绘成果汇交的具体办法

测绘成果种类繁多，投资主体不一致，测绘成果汇交的具体内容也非常复杂，汇交的义务主体和接受主体也各不相同。测绘法虽然对测绘成果汇交的基本原则作出了规定，但涉及成果汇交的具体内容、程序和期限等要求，都需要通过制定具体的行政法规或规章予以明确。因此，测绘法授权国务院规定测绘成果汇交的具体办法。

为加强测绘成果管理，完善测绘成果汇交制度，促进测绘成果的共享利用，国务院于2006年颁布实施了《测绘成果管理条例》，对测绘成果汇交的具体要求作出了规定。

(六)不依法汇交测绘成果资料应当承担相应的法律责任

《测绘法》第六十条规定："违反本法规定，不汇交测绘成果资料的，责令限期汇交；测绘项目出资人逾期不汇交的，处重测所需费用一倍以上二倍以下的罚款；承担国家投资的测绘项目的单位逾期不汇交的，处五万元以上二十万元以下的罚款，并处暂扣测绘资质证书，自暂扣测绘资质证书之日起六个月内仍不汇交的，吊销测绘资质证书；对直接负责的主管人员和其他直接责任人员，依法给予处分。"

四、测绘成果保管制度

(一)测绘法关于测绘成果保管的规定

测绘成果保管是指测绘成果保管单位依照国家有关测绘、档案法律、行政法规的规定，采取科学的防护措施和手段，对测绘成果进行归档、保存和管理的活动。《测绘法》关于测绘成果保管的制度性规定，主要有以下几个方面：

(1)测绘成果保管单位应当采取措施保障测绘成果的完整和安全。

测绘成果是广大测绘工作者风餐露宿，付出艰辛的劳动获得的成果，有些测绘成果属于国家秘密的范畴，事关国家安全，测绘成果一旦灭失很难重新获取，或者重新获取成本很高。因此，测绘成果保管单位应当本着对国家和人民利益高度负责的态度，采取必要的措施管理好测绘成果，防止测绘成果损坏、丢失和泄密。测绘成果保管单位应当制定和完善测绘成果存放、保管、提供、销毁、保密等方面的制度，配备存放载体介质的库房设施、存放载体介质的柜架设施、专业技术装备、安全防护设施、管理与服务设备等必要的设施，确保测绘成果资料的安全。例如，测绘成果保管单位对基础测绘成果资料要实行异地备份存放制度，即将基础测绘成果进行备份，并存放于不同地点，以保证基础测绘成果资料意外损毁，可以迅速恢复。因此，《测绘法》规定，测绘成果保管单位应当采取措施保障测绘成果资料的完整和安全。

(2)测绘成果保管单位应当按照国家有关规定向社会公开和提供利用测绘成果。

测绘成果向社会公开是充分利用测绘成果、减少重复测绘、发挥测绘成果的实际功能，最终实现成果共享利用的有效手段。然而，在实际工作中常常出现一方面测绘成果保管单位拥有大量的测绘成果，没有充分发挥作用；另一方面，有的部门和单位急需的测绘成果却无处获取，只好委托测绘单位进行重复测绘。随着国家各项经济建设步伐的不断加快，地物地貌不断变化，一些测绘成果如果不能尽快提供使用，其使用价值将会大大降低。因此，《测绘法》明确，测绘成果保管单位应当按照国家有关规定向社会公开和提供利用测绘成果。

（3）测绘成果保管单位违反测绘法规定应承担相应的法律责任。

依法保管测绘成果资料是测绘成果保管单位的义务，不依法保管测绘成果资料，造成测绘成果损毁、散失的，或者不能正确履行测绘成果保管职责的，要依法承担相应的法律责任。《测绘成果管理条例》对测绘成果保管单位的法律责任作出了具体规定，明确测绘成果保管单位有下列行为之一的，由测绘地理信息主管部门给予警告，责令改正；有违法所得的，没收违法所得；造成损失的，依法承担赔偿责任；对直接负责的主管人员和其他直接责任人员，依法给予处分：一是未按照测绘成果资料的保管制度管理测绘成果资料，造成测绘成果资料损毁、散失的；二是擅自转让汇交的测绘成果资料的；三是未依法向测绘成果的使用人提供测绘成果资料的。

（二）测绘成果保管制度的实施

（1）测绘成果保管单位要建立健全测绘成果资料保管制度，采取安全保障措施。

测绘成果是对不同时期的自然地理要素和地表人工设施的真实描述和反映，不仅数量大，测绘成果的获取需要花费大量人力、物力和财力，测绘成果一经丢失、毁坏，必须得到实地进行重新测绘，并且测绘成果散失后容易造成失、泄密，从而危害国家安全和利益。因此，测绘成果保管单位必须要建立健全测绘成果资料保管制度，采取安全保障措施，以保障测绘成果的完整和安全。测绘成果资料的存放设施与条件，要符合国家保密、消防及档案管理的有关规定和要求。

（2）基础测绘成果要实行异地存放。

测绘成果包括基础测绘成果和其他测绘成果，其中，基础测绘成果覆盖范围大，通用性、系统性、科学性强，投资大，涉及国家秘密。因此，为保障国家基础测绘成果资料的安全，避免出现基础测绘成果资料由于意外情况造成毁坏、散失，测绘成果保管单位应当按照国家有关规定，对基础测绘成果资料实行异地备份存放制度。基础测绘成果异地备份存放的设施和条件，不能低于测绘成果保管单位的设施和条件。根据国家规范规定，基础测绘成果异地存放的异地距离，一般不得少于 500 千米。

（3）测绘成果保管不得损毁、散失和转让。

由于测绘成果的重要性和具有著作权特点，测绘成果保管单位应当按照规定保管测绘成果资料，不得损毁、散失，未经测绘成果所有权人许可，不得擅自转让测绘成果。由于大部分测绘成果都属于国家秘密，国家秘密测绘成果损毁、散失，会给国家安全和利益造成危害。因此，《测绘成果管理条例》规定，测绘成果保管单位应当采取措施保证测绘成果的完整和安全，不得损毁、散失和转让。

第五节　测绘成果提供利用

一、测绘成果提供利用的特征

(一)提供测绘成果具有商品交易的特性

测绘成果是投入大量人力、物力和财力，经过复杂的内外业生产过程获取的测绘技术文件和资料，具有价值和使用价值，提供测绘成果具有商品交易的基本特性。除国家法律规定应当无偿提供的情形外，其他测绘成果均实行有偿使用。

(二)测绘成果不能擅自提供

大部分测绘成果都属于国家秘密，涉及国家主权、安全和利益，不同的测绘成果具有不同的提供范围和要求。国家对涉密测绘成果具有严格的管理规定，不能擅自提供利用。特别是涉密测绘成果，必须履行严格的审批手续，在进行必要的保密技术处理后，方可使用。

(三)测绘成果具有知识产权

各类地图、地理信息系统等大部分测绘成果都具有著作权。在提供利用测绘成果时，必须遵守国家有关著作权保护的法律、行政法规的规定。例如，作者享有著作权，其他人不得擅自转让，不得擅自复制，不能侵权盗版等。

二、测绘成果提供利用的原则

(一)合法性原则

无论是国家基础测绘成果、国家投资完成的其他测绘成果，还是由出资人投资完成的其他非基础测绘成果，都必须严格按照国家规定的管理权限、价格标准依法提供，做到既能充分发挥测绘成果的效能，保证测绘成果的完整和安全，又能有效保障测绘成果所有权人的合法权益。提供属于国家秘密的测绘成果，还必须遵守测绘、保密法律、行政法规的规定，依法经过批准，并按照相应规定依法使用。

(二)分类提供原则

测绘成果按照成果的投资主体来划分，一般可分为国家基础测绘成果、国家投资完成的其他非基础测绘成果和由出资人投资完成的其他测绘成果三大类；按照测绘成果的用途可以分为用于国家机关决策、社会公益性事业以及其他用途三种情况。因此，在提供测绘成果资料时，应当分门别类，区别对待。对于国家基础测绘成果资料的提供，要严格按照

《行政许可法》的规定，坚持公开、公平、公正和便民的原则，依法实施许可。对于国家投资完成的非基础测绘成果，要按照《测绘法》的规定，实行有偿与无偿相结合的原则，充分发挥测绘成果的使用效益；对于由项目出资人投资完成的其他测绘成果，要按照国家有关测绘成果价格的规定依法实行有偿提供。

(三)安全保密原则

测绘成果是地球表面自然地理要素和地表人工设施的真实再现，有其特殊性，大部分测绘成果都涉及国家秘密。因此，在提供测绘成果资料时，一定要坚持保密原则，严格按照国家测绘、保密法律、行政法规的规定履行审批手续，并自觉做好测绘成果的保密工作，强化测绘成果保密意识。利用涉及国家秘密的测绘成果开发生产的产品，未经国务院测绘地理信息主管部门或者省、自治区、直辖市人民政府测绘地理信息主管部门进行保密技术处理的，其秘密等级不得低于所用测绘成果的秘密等级。

(四)方便、快捷原则

测绘成果资料作为地理信息公共服务产品，提供利用时必须遵循方便、快捷的原则，最大限度地发挥测绘成果资料的作用。随着社会对测绘成果需求的大幅增加和网络通信技术发展，测绘地理信息主管部门应当转变思想观念，充分利用现有信息技术和网络通信技术，不断改变测绘成果的提供方式和方法，大力开发建设地理信息公共服务平台，积极推广、实时在线提供地理信息服务的方式，缩短审批时间，提高审批效率，以更好地满足经济社会发展和人民群众对测绘成果的需求。

三、测绘法对测绘成果提供利用的规定

(1)测绘成果无偿提供和无偿使用应当遵循相应的原则。

①无偿提供：

基础测绘成果和国家投资完成的其他测绘成果是由公共财政支付的用于公共服务的产品，其所有权归国家，属于全体人员。作为国家意志实际执行者的各级政府在决策时，有权无偿使用国家所有的测绘成果。政府决策指的是政府在履行职能时，所做出的相关决定及政策。主要包括察觉机制、沟通机制、公众参与机制、专家参与机制、制约机制和协调机制。国防建设是指为满足国家安全利益需要，提高国防能力而进行的各方面建设，是国家安全与经济发展的基本保证。公共服务是指使用公共权力和公共资源向公民提供的各项服务。因此，《测绘法》明确规定，基础测绘成果和国家投资完成的其他测绘成果，用于政府决策、国防建设和公共服务的，应当无偿提供。

②无偿使用：

无偿使用与无偿提供是相互对应的。通常情况下，大部分测绘成果提供利用都应当遵循市场经济规律，依法实行有偿使用。但是，为了公共事业需要，充分发挥各类测绘成果在防灾减灾、应对突发事件、维护国家安全等公共利益中的作用，《测绘法》规定，测绘成果除了用于政府决策、国防建设和公共服务外，各级人民政府及有关部门和军队因防灾

减灾、应对突发事件、维护国家安全等公共利益的需要，可以无偿使用测绘成果。

根据《测绘法》，无偿使用测绘成果必须满足两个条件：一是用于政府决策、国防建设和公共服务的，可以无偿使用基础测绘成果和国家投资的其他测绘成果；二是各级人民政府及有关部门和军队因防灾减灾、应对突发事件、维护国家安全等公共利益的需要，除了可以无偿使用基础测绘成果和国家投资的其他测绘成果外，还可以无偿使用由项目出资人投资完成的其他测绘成果。

（2）县级以上人民政府应当建立健全政府部门间地理信息资源共建共享机制，促进地理信息广泛应用。

目前，我国地理信息共享利用机制不健全，许多地理信息数据分散在多个行业和部门，共享协调难度大，社会化应用缓慢，难以有效地发挥地理信息的作用。这些都需要县级以上人民政府进行协调推动，建立健全政府部门间地理信息资源共建共享机制，明确共建共享的内容、方式和责任，统筹协调地理信息获取分工、更新和共享利用工作，在保障政府部门应用需求的基础上，避免重复建设和资源浪费。同时，积极引导和支持企业提供地理信息社会化服务，促进地理信息广泛应用。因此，《测绘法》规定，县级以上人民政府应当建立健全政府部门间地理信息资源共建共享机制，引导和支持企业提供地理信息社会化服务，促进地理信息广泛应用。

（3）县级以上人民政府测绘地理信息主管部门应当采取措施促进测绘成果的社会化应用。

《测绘法》第三十四条规定："县级以上人民政府测绘地理信息主管部门应当积极推进公众版测绘成果的加工和编制工作，通过提供公众版测绘成果、保密技术处理等方式，促进测绘成果的社会化应用。"县级以上人民政府测绘地理信息主管部门应当及时获取、处理、更新基础地理信息数据，通过地理信息公共服务平台向社会提供地理信息公共服务，实现地理信息数据开放共享，从而明确了县级以上人民政府测绘地理信息主管部门促进测绘成果应用的具体职责。根据《测绘法》的规定，县级以上人民政府测绘地理信息主管部门促进测绘成果社会化应用的主要措施包括：

①推进公众版测绘成果的加工和编制。

公众版测绘成果是指国家认可的、适合公众公开使用的系列标准化测绘成果。它具备两个重要特性，一是可公开性，基础测绘成果大部分属于国家秘密范畴，不能直接面向社会公开使用，通过把测绘成果中几何位置精度降低至不影响国家安全的程度，删除涉及国家安全的属性内容，使之符合国家保密政策的要求，可以公开使用。二是通用性，即能满足公众一般的使用需求，主要是指测绘成果的内容和精度两个方面，内容上要突出共性，满足公众普遍而共同的需求；精度上要保证相对位置的准确，满足公众日常生活应用一般性的需求。

推进公众版测绘成果的加工和编制工作，能够有效地解决测绘成果保密与测绘成果提供利用之间的矛盾，更大范围地促进测绘成果的共享利用，最大限度地发挥测绘成果的作用，促进地理信息产业发展。推进公众版测绘成果的加工和编制是测绘地理信息主管部门促进测绘成果利用的一项重要制度性安排，也是测绘地理信息主管部门的一项重要职责。由于公众版测绘成果的加工和编制不单纯是技术工作，政策性较强，因此，公众版测绘成果的编制和加工，应由国务院测绘地理信息主管部门规定编制、加工的原则和要求，以防止对国家安全和利益造成不利影响，避免各地区、各行业出现使用和管理上的混乱。

②提供公众版测绘成果、保密技术处理方式。

测绘地理信息主管部门加工和编制公众版测绘成果，目的是促进测绘成果的应用，因此，公众版测绘成果生产完成后，应当及时通过一定的方式向社会提供。

保密处理技术是指依照国家相关法律法规规定，经国务院测绘地理信息主管部门会同保密部门、军队测绘部门共同认定，实现涉密地理信息数据解密处理的技术方法（包括参数及算法等）及其相应的软件程序。随着测绘成果越来越广泛地应用于经济社会各个领域，成果安全保密与广泛应用的矛盾越来越突出。为了在确保测绘成果安全的前提下，促进测绘成果的广泛应用，测绘地理信息主管部门应当将测绘成果的保密技术处理方式向用户提供。因此，《测绘法》规定，县级以上人民政府测绘地理信息主管部门要在加工和编制公众版测绘成果的基础上，通过提供公众版测绘成果和保密技术处理等方式，促进测绘成果的社会化应用。提供公众版测绘成果和保密技术处理方式，是测绘地理信息主管部门的义务和责任。

③及时获取、处理、更新基础地理信息数据，通过地理信息公共服务平台向社会提供地理信息服务。

基础地理信息数据主要是指通用性最强、共享需求最大，几乎为所有与地理信息有关的行业采用作为统一的空间定位和进行空间分析的基础地理单元，主要由自然地理信息中的地貌、水系、植被以及社会地理信息中的居民地、交通、境界、特殊地物、地名等要素构成。基础地理信息数据是基础测绘成果的重要内容，及时获取、处理、更新基础地理信息数据属于基础测绘工作的重要任务。及时获取、处理、更新基础地理信息数据，可以提高基础地理信息数据的现势性，更好地满足各项经济建设发展对基础地理信息的应用需求，更好地促进基础地理信息的共享利用。

地理信息公共服务平台是指以地理空间框架数据为基础，以地理信息系统为主要管理工具，整合与空间信息有关的非空间信息，以宽带网络为载体，以各种信息终端为媒介，面向政府、公众、行业提供地理信息的服务平台。为促进地理信息产业发展，扩大地理信息消费需求，各级测绘地理信息主管部门应当加快建设权威、开放的地理信息公共服务平台，认真落实基础测绘管理制度和职责，积极开展基础测绘工作，及时获取、处理、更新基础地理信息数据，并通过地理信息公共服务平台向社会提供地理信息公共服务，实现地理信息数据开放共享。

（4）由国务院制定测绘成果使用的具体办法。

测绘成果种类繁多，有的涉及国家秘密，测绘成果提供利用涉及很多具体情况。为了强化对测绘成果提供利用的管理，保障测绘成果的完整和成果所有权人的合法权益，维护国家地理信息安全，还需要通过制定行政法规、规章等方式对测绘成果使用作出具体规定。因此，《测绘法》授权国务院制定测绘成果使用的具体办法。

2006年国务院第469号令公布的《测绘成果管理条例》，对测绘成果使用作出了具体规定。同时，国务院测绘地理信息主管部门还相继出台了一系列规范性文件，规范测绘成果提供利用行为。如《基础测绘成果提供使用管理暂行办法》《基础测绘成果应急提供办法》《关于加强涉密测绘成果管理工作的通知》等，有力地保障了测绘成果提供利用制度的落实，切实维护国家地理信息安全。

四、测绘成果提供利用制度的实施

《测绘法》《测绘成果管理条例》对测绘成果提供利用都作出了具体规定，主要涉及促进测绘成果社会化应用和涉密测绘成果的使用管理问题。测绘地理信息主管部门要一手抓保密，一手抓应用，妥善处理测绘成果应用与成果保密之间的关系，最大限度地发挥测绘成果的作用。

(一)大力促进测绘成果的社会化应用

促进测绘成果的社会化应用，必须要解决测绘成果共享和成果保密的瓶颈问题。一是测绘地理信息主管部门要大力开展公众版测绘成果的加工和编制工作，鼓励企事业单位和个人使用公众版测绘成果，并在公众版测绘成果的基础上进行增值加工服务，满足经济社会发展需要。二是要科学合理地确定测绘成果的秘密等级和范围，按照保障国家秘密安全、促进地理信息共享和应用的原则及时对测绘成果的秘密等级和范围进行调整并公布。三是县级以上人民政府要建立健全政府部门间地理信息资源共建共享机制，引导和支持企业提供地理信息社会化服务，促进地理信息广泛应用。四是测绘地理信息主管部门要及时获取、处理、更新基础地理信息数据，通过地理信息公共服务平台向社会提供地理信息服务。通过建立健全地理信息共享利用机制，生产普适性的公众版测绘成果并加大推广应用力度，不断为地理信息产业发展提供动力支持，满足经济建设、国防建设、社会发展和生态保护等各领域需要。

(二)严格涉密测绘成果提供审批

《测绘成果管理条例》对属于国家秘密的基础测绘成果提供利用以及对外提供属于国家秘密的测绘成果的审批职责，都作出了具体规定，明确了各相关方的责任和义务。法人或者其他组织需要利用属于国家秘密的基础测绘成果以及对外提供属于国家秘密的测绘成果审批，是法律赋予测绘地理信息主管部门的两项行政许可事项，测绘地理信息主管部门应当严格按照《测绘法》《行政许可法》和《测绘成果管理条例》的规定执行。相关内容已在测绘成果相关章节中进行了介绍，这里不再赘述。

(三)严格涉密测绘成果利用管理

根据原国家测绘局《关于进一步加强涉密测绘成果行政审批与使用管理工作的通知》，使用涉密测绘成果，除了必须遵守《测绘法》《保密法》等法律法规外，还必须严格按照下列规定执行：

①测绘成果使用单位对申请使用的涉密测绘成果保管、利用、销毁等情况应当开展经

常性检查，不得擅自留存、复制、转让或转借涉密测绘成果。使用目的实现或项目完成后，使用单位必须在六个月内销毁申请使用的涉密测绘成果，确因工作需要继续使用的，必须按照涉密测绘成果提供使用管理规定办理审批手续。

②使用单位若委托第三方承担测绘成果开发利用任务的，第三方必须具有相应的测绘成果保密条件，涉及测绘活动的，还应具备相应的测绘资质；使用单位必须与第三方签订成果保密责任书，第三方承担相关保密责任；委托任务完成后，使用单位必须按照保密规定及时回收或监督第三方销毁涉密测绘成果及其衍生产品。第三方为外国组织和个人以及在我国注册的外商独资企业和中外合作企业的，使用单位应当履行对外提供我国测绘成果的审批程序，依法经国务院测绘地理信息主管部门或者省、自治区、直辖市测绘地理信息主管部门批准后，方可委托。

③测绘成果保管单位、各使用单位要严格按照国家定密、标密等规定，及时、准确地为涉密测绘成果及其衍生产品标明密级、保密期限和控制范围。涉密测绘成果及其衍生产品，未经国务院测绘地理信息主管部门或者省、自治区、直辖市测绘地理信息主管部门进行保密技术处理的，不得公开使用，严禁在互联网及其他公共信息网络上登载发布使用。

④测绘成果使用单位和保管单位要切实规范涉密测绘成果提供使用行为，严格按照"谁使用、谁申请""谁保管、谁负责"的原则，落实保密责任，加强监督检查。对违反规定，擅自审批、提供、使用涉密测绘成果的行为，相关测绘地理信息主管部门要依法严查，对造成失泄密后果的要依法追究责任，切实维护国家秘密安全。

五、测绘成果知识产权保护

改革开放以来，我国测绘成果的知识产权保护取得了显著成效。法律法规对测绘成果的知识产权问题有了明文规定，建立了测绘成果知识产权保护制度；一些企事业单位开始研发具有自主知识产权的软件系统和地理信息产品；知识产权在测绘服务总值中的比重和在市场竞争中的作用不断提高，企事业单位的知识产权保护意识不断增强，通过司法裁决知识产权争端的案例时有发生。但是，总体来说，测绘领域还存在着知识产权法律制度不完善，知识产权保护缺乏抓手，地理信息产权界定模糊，侵权盗版现象经常发生等一些突出问题。因此，为加强测绘成果知识产权保护，《测绘法》规定，国家依法保护测绘成果的知识产权。

(一) 测绘成果知识产权的概念

测绘成果知识产权，是指测绘单位或者个人等主体依据法律的规定，对其所从事测绘活动所生产的测绘成果所享有的专有权利。测绘成果知识产权主要包括人身权和财产权。

测绘成果知识产权中的人身权，是指测绘组织或个人基于其创造的测绘成果而依法享有的人身专属权，主要包括：①测绘署名权，即测绘组织或者个人拥有在其测绘成果上署名的权利；②测绘荣誉权，指测绘单位或个人因创造了具有特殊价值的测绘成果而享有的获得荣誉称号或其他奖励的权利；③测绘发表权，即测绘组织或个人拥有决定是否将该测绘成果公布于众的权利。

测绘成果知识产权中的财产权，是指测绘组织或个人基于其创造的测绘成果而依法享有的经济权利，具体是指当测绘成果经法律确认后，该测绘单位或个人拥有可以利用这项测绘成果取得报酬或经济奖励的权利。

测绘成果种类繁多，其中地图及其数字化成果、地理信息系统、地理信息数据和资料等许多测绘成果都属于知识产权保护的范围，应当依法对权利人的知识产权予以保护。

(二)测绘法对测绘成果知识产权保护的规定

1. 国家建立测绘成果知识产权保护制度

测绘成果是国家经济建设、国防建设、社会发展和生态保护的重要基础，地理信息是国家重要的基础性、战略性信息资源，是广大测绘科技工作者不辞辛苦，运用智力和体力通过长期测绘工作形成的成果，其中有些测绘成果创新性强，科技含量高，需要投入大量的科技人员、综合运行各种专业技术知识才能生产或者创造出来，如各种地图、地理信息系统等。为了维护测绘成果权利人的合法权益，激励广大测绘科技工作者的创造力和创新力，不断地为测绘事业发展贡献力量，必须保护测绘成果的知识产权。因此，《测绘法》规定，国家依法保护测绘成果的知识产权，从而建立了我国测绘成果知识产权保护法律制度。

2. 国家加强对测绘成果的知识产权保护

测绘成果凝聚了测绘科技工作者的智慧和心血，广泛应用于国民经济建设、国防建设和社会发展各个领域，测绘成果的知识产权必须依法获得保护。《中华人民共和国著作权法》(以下简称《著作权法》)将地图及示意图等图形作品纳入著作权保护的范畴；《测绘成果管理条例》明确测绘成果涉及著作权保护和管理的，依照有关法律、行政法规的规定执行。国家在多部法律、行政法规中都对测绘成果知识产权保护作出了规定，各级测绘地理信息主管部门应当会同有关部门依法加强对测绘成果知识产权保护的管理，完善地理信息产权制度，制定地理信息产权保护的具体政策措施，严肃查处各类测绘成果侵权盗版行为，切实加强对测绘成果知识产权的保护。

第六节 测绘地理信息业务档案管理

一、测绘地理信息业务档案的概念

测绘地理信息业务档案是指在从事测绘地理信息业务活动中形成的具有保存价值的文字、数据、图件、电子文件、声像等不同形式和载体的历史纪录，是测绘成果的重要组成部分。测绘地理信息业务档案主要包括：航空、航天遥感影像获取档案；基础测绘项目档案；地理国情监测(普查)档案；应急测绘保障服务档案；测绘成果与地理信息应用档案；

测绘科学技术研究项目档案；工程测量档案；海洋测绘与江河湖水下测量档案；界线测绘与不动产测绘档案；公开地图制作档案等。

为加强测绘地理信息业务档案管理工作，确保测绘地理信息业务档案真实、完整、安全和有效利用，根据《中华人民共和国档案法》（以下简称《档案法》）《测绘法》等法律，2015 年 3 月，原国家测绘地理信息局会同国家档案局制定了《测绘地理信息业务档案管理规定》。

二、测绘地理信息业务档案管理的主要内容

测绘地理信息业务档案工作应当遵循统筹规划、分级管理、确保安全、促进利用的原则。各级测绘地理信息行政主管部门应当加强测绘地理信息业务档案基础设施建设，推进测绘地理信息业务档案信息化和数字档案馆建设。

(一)测绘地理信息主管部门负责全国测绘地理信息业务档案管理工作

国家测绘地理信息主管部门测绘业务档案管理职责包括：贯彻执行国家档案工作的法律、法规和方针政策，统筹规划全国测绘地理信息业务档案工作；制定国家测绘地理信息业务档案管理制度、标准和技术规范；指导、监督、检查全国测绘地理信息业务档案工作；组织国家重大测绘地理信息项目业务档案验收工作。

(二)县级以上地方人民政府测绘地理信息行政主管部门负责本行政区域内的测绘地理信息业务档案管理工作

县级以上地方人民政府测绘地理信息行政主管部门测绘地理信息业务档案管理职责包括：贯彻执行档案工作的法律、法规和方针政策，制定本行政区域的测绘地理信息业务档案工作管理制度；指导、监督、检查本行政区域的测绘地理信息业务档案工作；组织本行政区域内重大测绘地理信息项目业务档案验收工作。

(三)测绘地理信息业务档案保管机构

省级以上测绘地理信息行政主管部门及有条件的市、县测绘地理信息行政主管部门应当设立专门的测绘地理信息业务档案保管机构(以下简称档案保管机构)。

档案保管机构职责包括：接收、整理、集中保管测绘地理信息业务档案；开发和提供利用馆藏测绘地理信息业务档案资源；开展测绘地理信息业务档案信息化建设；指导测绘地理信息业务档案的形成、积累、整理、立卷等档案业务工作；督促建档单位按时移交测绘地理信息业务档案；承担测绘地理信息业务档案验收工作；负责测绘地理信息业务档案鉴定工作；收集国内外有利用价值的测绘地理信息资料、文献等；开展馆际交流活动。

(四)测绘单位

测绘单位应当设立档案资料室，负责管理本单位测绘业务档案。

三、测绘地理信息业务档案的建档与归档

测绘地理信息项目承担单位(以下称建档单位)负责测绘地理信息业务文件资料归档材料的形成、积累、整理、立卷等建档工作。

(一)测绘地理信息业务档案建档

测绘地理信息业务档案建档工作应当纳入测绘地理信息项目计划、经费预算、管理程序、质量控制、岗位责任。测绘地理信息项目实施过程中,应当同步提出建档工作要求,同步检查建档制度执行情况。测绘地理信息项目组织部门下达测绘地理信息项目计划时,应当以书面形式告知相应的档案保管机构,并在项目合同书、设计书等文件中,明确提出测绘地理信息业务档案的归档范围、份数、时间、质量等要求。建档单位应当按照"测绘地理信息业务档案保管期限表",将归档材料收集齐全、整理立卷,确保测绘地理信息业务档案的完整、准确、系统和安全,不得篡改、伪造、损毁、丢失测绘地理信息业务档案。

(二)测绘地理信息业务档案归档

测绘地理信息业务归档文件材料应当原始真实、系统完整、清晰易读和标识规范,符合归档要求,档案载体能够长期保存。国家或地方重大测绘地理信息项目业务档案验收应当由相应的测绘地理信息行政主管部门组织实施,并出具验收意见。其他测绘地理信息项目业务档案的验收,由相应的档案保管机构负责,并出具验收意见。未获得档案验收合格意见的测绘地理信息项目不得通过项目验收。测绘地理信息项目组织部门在完成项目验收后,应当将项目验收意见抄送档案保管机构。建档单位应当在测绘地理信息项目验收完成之日起2个月内,向项目组织部门所属的档案保管机构移交测绘地理信息业务档案,办理归档手续。

四、测绘地理信息业务档案保管与销毁

测绘地理信息业务档案保管期限分为永久和定期。具有重要查考利用保存价值的,应当永久保存;具有一般考查利用保存价值的,应当定期保存,期限为10年或30年,具体划分办法按照"测绘地理信息业务档案保管期限表"要求执行。

档案保管机构应当将测绘地理信息业务档案进行分类、整理并编制目录,做到分类科学、整理规范、排架有序和目录完整。具备档案安全保管条件,库房配备防火、防盗、防渍、防有害生物、温湿度控制、监控等保护设施设备,库房管理应当符合国家有关规定。建立健全测绘地理信息业务档案安全保管制度,定期对测绘地理信息业务档案保管状况进行检查,采取有效措施,确保档案安全。重要的测绘地理信息业务档案实行异地备份保管。

档案保管机构应当对保管期满的测绘地理信息业务档案提出鉴定意见,并报同级测绘地理信息行政主管部门批准。对不再具有保存价值的档案应当登记、造册,经批准后按规定销毁。禁止擅自销毁测绘地理信息业务档案。因机构变动等原因,测绘地理信息业务档案保管关系发生变更的,原单位应当妥善保管测绘地理信息业务档案并向指定机构移交。

鼓励单位和个人向档案保管机构移交、捐赠、寄存测绘地理信息业务档案，档案保管机构应当对其进行妥善保管。

五、测绘地理信息业务档案服务与利用

各级测绘地理信息行政主管部门和档案保管机构应当依法向社会开放测绘地理信息业务档案，法律法规另有规定的除外。单位和个人持合法证明，可以依法利用已经开放的测绘地理信息业务档案。档案保管机构应当定期公布馆藏开放的测绘地理信息业务档案目录，并为档案利用创造条件，简化手续，提供方便。测绘地理信息业务档案的阅览、复制、摘录等应当符合国家有关规定。

各级测绘地理信息主管部门和档案保管机构应当采取档案编研、在线服务、交换共享等多种方式，加强对档案信息资源的开发利用，提高档案利用价值，扩大利用领域。向档案保管机构移交、捐赠、寄存测绘地理信息业务档案的单位和个人，对其档案具有优先利用权，并可对其不宜向社会开放的档案提出限制利用意见，维护其合法权益。

第七节　重要地理信息数据审核公布

一、重要地理信息数据的概念与特征

(一)重要地理信息数据的概念

重要地理信息数据，是指在中华人民共和国领域和中华人民共和国管辖的其他海域内的重要自然和人文地理实体的位置、高程、深度、面积、长度等位置信息数据和重要属性信息数据。重要地理信息数据主要包括：

①国界、国家海岸线长度。

②领土、领海、毗连区、专属经济区面积。

③国家海岸滩涂面积、岛礁数量和面积。

④国家版图的重要特征点、地势、地貌分区位置。

⑤国务院测绘地理信息主管部门会商国务院其他有关部门确定的其他重要自然和人文地理实体的位置、高程、深度、面积、长度等地理信息数据。

(二)重要地理信息数据的特征

1. 权威性

重要地理信息数据的获取是依据科学的观测方法和手段，由国务院测绘地理信息主管部门审核，并要求与国务院其他有关部门、军队测绘部门会商后，报国务院批准，由国务院或者国务院授权的部门以公告形式公布，并在全国范围内发行的报纸或者互联网上刊登，体现出了重要地理信息数据的权威性。

2. 准确性

重要地理信息数据涉及重要自然和人文地理实体的位置、高程、深度、面积、长度等

位置信息数据和重要属性信息数据，这些数据是依据科学的观测方法和手段获取的，建议人提出建议后，国务院测绘地理信息主管部门还要对数据的科学性、完整性、可靠性等进行严格审核，因而，重要地理信息数据具有准确性。

3. 法定性

重要地理信息数据审核公布制度由国家法律规定，重要地理信息数据的审核、批准、公布的主体和程序都必须严格按照测绘法以及《重要地理信息数据审核公布管理规定》执行，任何单位和个人不得擅自审核公布。重要地理信息数据一经公布，便具有法定效力。

(三) 重要地理信息数据审核公布的意义

中华人民共和国领域和中华人民共和国管辖的其他海域的位置、高程、深度、面积、长度等重要地理信息数据，关系国家政治、经济和国际地位以及对外主张，涉及国家主权和领土完整以及民族尊严。如果擅自发布中华人民共和国领域和中华人民共和国管辖的其他海域的重要地理信息数据，这些数据的真实性和准确性将无法得到保障，任何单位和个人如果采用了这些不准确的数据，将会给正常的生产生活带来不利的影响，造成不必要的损失，有些未经批准发布的重要地理信息数据甚至会影响到社会稳定、民族团结以及对外交往。建立重要地理信息数据审核公布制度，对于维护国家主权、领土完整和民族团结，确保对外公布的重要地理信息数据的权威性和准确性，满足人民群众生产生活的需要，具有十分重要的意义。

二、测绘法对重要地理信息数据审核公布的规定

(1) 重要地理信息数据审核公布必须按照规定的程序进行。

重要地理信息数据涉及国家主权、领土完整和民族尊严，关系国家政治、经济和外交立场及社会稳定。因此，重要地理信息数据的审核公布必须严格依照法定的程序进行，不能随意公布。《测绘法》第三十七条规定："中华人民共和国领域和中华人民共和国管辖的其他海域的位置、高程、深度、面积、长度等重要地理信息数据，由国务院测绘地理信息主管部门负责审核，并与国务院其他有关部门、军队测绘部门会商后，报国务院批准，由国务院或者国务院授权的部门公布。"由此可知，国家重要地理信息数据不是任何单位和个人可以随意审核和公布的，必须经过国务院测绘地理信息主管部门严格审核、多部门会商、国务院批准、由国务院或国务院授权的部门公布这个严密的程序进行。

(2) 国家重要地理信息数据由国务院测绘地理信息主管部门审核。

任何地理实体的位置、高程等信息和属性信息，都属于测绘成果的范畴，应当依法由测绘地理信息主管部门监督管理，国家重要地理信息数据应当由国务院测绘地理信息主管部门负责审核。有关单位或者个人想向社会公布的，应当依法将数据报送国务院测绘地理信息主管部门审核，审核国家重要地理信息数据是国务院测绘地理信息主管部门的一项法定职责。国务院测绘地理信息主管部门依法对重要地理信息数据的必要性、真实性、完整性、科学性、可靠性、是否符合国家利益和国家安全的要求等进行审核，其他任何部门都不具有审核重要地理信息数据的职责。

(3)国家重要地理信息数据审核要与国务院有关部门、军队测绘部门会商。

审核重要地理信息数据是国务院测绘地理信息主管部门的法定职责。国务院测绘地理信息主管部门在重要地理信息数据通过审核后，还必须围绕通过审核的重要地理信息数据公布的必要性、安全性、公布部门等内容与国务院有关部门、军队测绘部门进行会商，并向国务院上报公布建议。例如，有关国界线的重要地理信息数据必须与外交部会商，有关海岸线的数据必须与国务院海洋行政主管部门会商。测绘法建立了重要地理信息数据审核公布会商工作机制，更充分体现了国家重要地理信息数据的重要性。

(4)国家重要地理信息数据由国务院或国务院授权的部门公布。

重要地理信息数据经国务院测绘地理信息主管部门审核，并与国务院有关部门、军队测绘部门会商后，国务院测绘地理信息主管部门还必须将审核和会商后的数据报国务院审批。经国务院批准，由国务院公布，或者国务院授权某个部门或几个部门共同公布。2020年5月，国测一大队第7次测定珠穆朗玛峰高程为8848.86米。

(5)擅自发布重要地理信息数据要承担相应的法律责任。

重要地理信息数据必须依法公布。擅自发布中华人民共和国领域和中华人民共和国管辖的其他海域的重要地理信息数据的，依照《测绘法》的规定，测绘地理信息主管部门可以给予警告，责令改正，可以并处五十万元以下的罚款；对直接负责的主管人员和其他直接责任人员，依法给予处分；构成犯罪的，依法追究刑事责任。

为加强重要地理信息数据审核、公布工作的管理，确保对外公布的重要地理信息数据的权威性和准确性，2003年3月25日，原国土资源部以19号令颁布了《重要地理信息数据审核公布管理规定》，对重要地理信息数据审核与公布进行了具体规定。

三、重要地理信息数据审核公布

(一)重要地理信息数据审核的内容

根据《重要地理信息数据审核公布管理规定》，重要地理信息数据审核的内容，主要包括以下内容：

①重要地理信息数据公布的必要性；
②提交的有关资料的真实性和完整性；
③重要地理信息数据的可靠性和科学性；
④重要地理信息数据是否符合国家利益，是否影响国家安全；
⑤与相关历史数据、已公布数据的对比等。

(二)重要地理信息数据公布

经国务院测绘地理信息主管部门商国务院其他有关部门对重要地理信息数据进行审核并报国务院后，由国务院批准，并由国务院或者国务院授权的部门公布。重要地理信息数据经国务院批准并明确授权公布的部门后，要以公告形式公布，并在全国范围内发行的报纸或者互联网上刊登。重要地理信息数据公布时，应当注明审核、公布的部门。依法公布重要地理信息数据的国务院有关部门，应当在公布时，将公布公告抄送国务院测绘地理信息主管部门。国务院测绘地理信息主管部门收到公布公告后，应当按照规定期限书面通知建议人。国务院有关部门、有关单位或者个人擅自发布已经国务院批准并授权国务院有关部门公布的重要地理信息数据的，擅自发布未经国务院批准的重要地理信息数据的，要依法承担相应的法律责任。

(三)重要地理信息数据的使用

中华人民共和国领域和管辖的其他海域的位置、高程、深度、面积、长度等重要地理信息数据，关系到国家政治、经济和外交，涉及国家主权利益和民族尊严。因此，《重要地理信息数据审核公布管理规定》规定，在行政管理、新闻传播、对外交流等对社会公众有影响的活动、公开出版的教材以及其他需要使用重要地理信息数据的，应当使用依法公布的数据。

思考题：

1. 测绘成果的内涵是什么？
2. 《测绘法》规定测绘成果汇交、保管和利用的制度具体有哪些？
3. 《测绘法》规定了哪些地理信息属于重要的地理信息？

第六章 地图管理

第一节 地图的分类与功能

一、地图的分类

(一)按内容分类

地图按内容分类，可分为普通地图和专题地图。普通地图是综合、全面地反映一定制图区域内的自然要素和社会经济现象一般特征的地图。该地图内包含有地形、水系、土壤、植被、居民点、交通网、境界线等自然地理信息和人文地理信息内容，可广泛用于经济、国防和科学文化教育等领域，并可作为编制各种专题地图的基础。专题地图是指突出而尽可能完善、详尽地表示制图区内的一种或几种自然或社会经济(人文)要素的地图。专题地图的制图领域宽广，凡具有空间属性的信息数据都可用其来表示，其内容、形式多种多样，能够广泛应用于国民经济建设、教学和科学研究、国防建设等各个领域。普通地图与专题地图都是地图的组成部分，都反映了自然要素和社会经济要素的特征，都有广泛的应用。

(二)按比例尺分类

地图按比例尺分类，可以分为大比例尺地图、中比例尺地图和小比例尺地图，也可以划分为国家基本比例尺地图和任意比例尺地图两类。地图比例尺的分母越大，比例尺就越小。一般情况下，人们把比例尺大于 1∶20 万的地图，称为大比例尺地图；比例尺介于 1∶20 万与 1∶100 万之间的地图，称为中比例尺地图；比例尺小于 1∶100 万的地图，称为小比例尺地图。

国家基本比例尺地图是指按照国家规定的测图技术标准、编图技术标准、图式和比例尺系统测量编制的若干特定规格的地图系列。我国目前确定的国家基本比例尺地图包括 1∶500、1∶1 000、1∶2 000、1∶5 000、1∶1 万、1∶2.5 万、1∶5 万、1∶10 万、1∶25 万、1∶50 万和 1∶100 万共 11 种。国家基本比例尺地图系列是国家各项经济建设、国防建设、社会发展和生态保护的基础图件，具有使用频率高、内容表示详细、分类齐全、精度高等特点，是我国最具权威性的基础地图。

(三)按表现形式分类

地图按其表现形式可分为：数字地图、电子地图、影像地图等。数字地图是纸制地图的数字存在，是在一定坐标系统内具有确定的坐标和属性的地面要素和现象的离散数据，在计算机可识别的可存储介质上概括的、有序的集合。数字地图可以非常方便地对普通地图的内容进行任意形式的要素组合、拼接，形成新的地图，可以对数字地图进行任意比例尺、任意范围的绘图输出。它易于修改，可极大地缩短成图时间，可以很方便地与卫星影像、航空照片等其他信息源结合，生成新的图种。

电子地图是利用计算机技术，以数字方式存储和查阅的地图。电子地图储存资讯的方法，一般使用向量式图像储存，地图可放大、缩小或旋转而不影响显示效果；而早期使用的位图式储存，地图不能放大或缩小，现代电子地图软件一般都是利用地理信息系统来储存和传送地图数据。电子地图不同于数字地图，数字地图是一种以数字形式存储的抽象地图，是存储方式。电子地图是多媒体显示的地图，以数字地图为基础，是数字地图的可视化，是表现方式。电子地图按照其数据结构的不同，分为矢量地图和栅格地图两种。

影像地图是一种带有地面遥感影像的地图，是利用航空像片或卫星遥感影像，通过几何纠正、投影变换和比例尺归化，运用一定的地图符号、注记，直接反映制图对象地理特征及空间分布的地图。影像地图是具有影像内容、线划要素、数学基础、图廓整饰的地图。随着国民经济信息化进程的不断加快，电子地图、影像地图的应用领域越来越广。

地图的分类复杂，除了可按比例尺、表现形式和地图内容进行分类外，地图按其用途分为：参考图、教学图、地形图、航空图、海图、海岸图、天文图、交通图、旅游图等。按其制图区域范围分为：世界图、半球图、大洲图、大洋图、大海图、国家(地区)图、省区图、市县图等。按其使用形式又可分为：挂图、桌面图、地图集(册)等。

二、地图的功能

地图的功能是指地图发挥的效能与作用。地图的基本功能包括以下几个方面：

(一)地图信息传输功能

地图是空间信息的载体和图形传递形式，是信息传输工具之一。地图的编者须充分掌握原始信息，研究制图对象，结合用图要求，合理使用地图语言，将信息准确地传递给使用地图的人。使用地图者需要熟练掌握地图语言，深入阅读分析地图信息，形成对制图对象正确而深刻的认识。

(二)地图信息载负功能

地图是自然地理信息和人文地理信息以及经济社会信息的重要载体，可容纳大量信息。地图不仅能够表达和描述地表自然地理要素的空间位置、大小、形状及其属性信息，也能够根据需要表示经济社会发展的各类信息，具有载负功能。

(三)地图模拟功能

地图作为再现客观世界的形象符号模型，不仅能准确地反映制图对象空间结构特征，还可反映出时间系列的变化，并可根据需要，通过建立数学模式、图形数字化与数字模型，经计算机处理完成各种评价、预测、规划与决策。

(四)地图认识功能

地图认识功能包括经过图解分析可获取制图对象空间结构与时间过程变化的认识；通过地图量算分析可获得制图对象的各种数量指标；通过数理统计分析可获得制图对象的各种变量及其变化规律；通过地图上相应要素的对比分析可认识各现象之间的相互关系；通过不同时期地图的对比分析，可认识制图对象的时空演变和发展。发挥地图认识功能，就要充分发挥地图在分析规律、综合评价、预测预报、决策对策、规划设计、指挥管理中的作用。

随着地图制图理论和技术进步以及地图载体和应用环境的不断变化与发展，地图的功能也在不断地扩大和延伸。特别是随着移动互联网、物联网、大数据、人工智能等高新技术的普及应用，地图的经济功能、文化功能以及空间认知功能等都将逐步被挖掘和释放出来，使得地图成为人们认识世界、改造世界、创造智慧未来的重要工具和媒介。

第二节　地图管理制度

一、地图管理制度的内容

为维护国家主权、安全和利益，保证地图质量，促进地理信息产业的健康发展，《测绘法》建立了地理管理制度，主要内容包括以下几个方面：

(1)地图的编制、出版、展示、登载及更新应当遵守国家有关地图编制标准、地图内容表示、地图审核的规定。

这项规定主要涉及了五个方面的内容，包括地图编制、地图出版、地图展示、地图登载以及地图更新。从事地图编制、地图出版、地图展示、地图登载以及地图更新工作，必须遵守国家有关地图编制标准、地图内容表示以及地图审核的规定。

①地图编制：

地图编制是指编制地图的作业过程，既包括通过实地测量的成果进行地图绘制，也包括在一张现有的底图上增、减、编辑地理信息数据和要素，还包括通过制图综合由已有的地图编辑生成地图。

为规范地图编制行为，提高地图编制质量，国务院于1995年7月10日颁布了《中华人民共和国地图编制出版管理条例》，对地图编制作出了具体规定。2015年11月，国务院审议通过了修订后的《地图管理条例》，自2016年1月1日起施行。《地图管理条例》第八条规定："编制地图，应当执行国家有关地图编制标准，遵守国家有关地图内容表示的规定。地图上不得表示下列内容：(一)危害国家统一、主权和领土完整的；(二)危害国家安全、损害国家荣誉和利益的；(三)属于国家秘密的；(四)影响民族团结、侵害民族风俗习惯的；(五)法律、法规规定不得表示的其他内容。"同时，《地图管理条例》第九条规定："编制地图，应当选用最新的地图资料并及时补充或者更新，正确反映各要素的地理位置、形态、名称及相互关系，且内容符合地图使用目的。编制涉及中华人民共和国国界的世界地图、全国地图，应当完整表示中华人民共和国疆域。"为了规范地图内容表示，国务院测绘地理信息主管部门先后出台了《公开地图内容表示若干规定》《公开地图内容表示补充规定(试行)》等。这些规定都为地图编制工作提供了根本的遵循依据,从事地图编制的单位必须严格执行,并按照《地图管理条例》的规定报测绘地理信息主管部门审核批准。

②地图出版:

地图出版是指将编制的地图作品进行编辑加工,经过复制向公众发行。地图出版包括专门的地图(集、册或幅),数字、多媒体等电子地图,报纸、期刊、图书等出版物上插附的地图等。

根据《地图管理条例》,出版单位从事地图出版活动的,应当具有国务院出版行政主管部门审核批准的地图出版业务范围,并依照《地图管理条例》《出版管理条例》的有关规定办理地图审核及出版审批手续。出版单位根据需要,可以在出版物中插附经审核批准的地图。任何出版单位不得出版未经审定的中小学教学地图。出版单位出版地图,应当按照国家有关规定向国家图书馆、中国版本图书馆和国务院出版行政主管部门免费送交样本。地图著作权的保护,依照有关著作权法律、法规的规定执行。

③地图展示:

地图展示是指以地图为载体在公开场合展出或使用的地图图形,如影视、广告、标牌、橱窗、壁画、宣传背景、票证、展览、展厅中展示和使用的地图图形。展示的地图出现问题,特别是出现"政治问题",不仅危害国家主权、安全和利益,还容易误导广大消费者和社会公众,甚至带来恶劣的政治影响。因此,《地图管理条例》规定,公民、法人和其他组织应当使用正确表示国家版图的地图。公开展示地图的,展示者应当按照《地图管理条例》的规定送测绘地理信息主管部门审核批准。但是,景区图、街区图、地铁线路图等内容简单的地图除外。《地图管理条例》和国务院测绘地理信息主管部门制定的《公开地图内容表示若干规定》都对地图展示做出了具体规定。

④地图登载:

地图登载是指利用数字地图,经可视化处理,通过网络传输的地图,如互联网地图等。我国网民众多,互联网应用范围广,网络上登载的地图出现问题,特别是"政治问题",其带来的影响将更加广泛。因此,登载的地图,应当使用经依法审核批准的地图,并建立地图数据安全管理制度,采取安全保障措施,加强对地图新增内容的核校,并按规定履行相应的备案手续。登载的地图内容发生变化的,应当依法送测绘地理信息主管部门审核批准。

⑤地图更新:

地图更新是指为了保持地图的现势性、准确性和可靠性,按现实情况对地图内容进行更正的过程。根据有关法律法规规定,编制地图应当选用最新的地图资料并及时补充或者更新,正确反映各要素的地理位置、形态、名称及相互关系,且内容符合地图使用目的。地图内容只有及时更新,才能更好地满足经济社会发展和人民群众生产生活需要。

地图涉及国家主权、安全和利益,关系百姓日常生活,广泛服务于社会各个领域。目前,社会对地图的需求极为旺盛,传统纸质地图和各类电子地图、互联网地图快速发展，手机地图用户规模已超过 6 亿。在地图市场不断繁荣发展的同时，也出现了一些亟待解决的问题。例如，地图上错绘国界线、行政区域界线以及漏绘我国南海诸岛和钓鱼岛的现象屡禁不止，甚至出现违背"一个中国"原则的错误；在互联网地图上标注和上传涉及国家秘密的信息，泄露国家秘密、危害国家安全的问题时有发生，甚至引发外交争议。"问题地图"引起了党中央、国务院的高度重视，国务院测绘地理信息主管部门联合其他有关部门，多次开展专项整治活动，查处地图市场的违法违规行为。为规范地图市场秩序，维护国家主权、安全和利益，《测绘法》明确规定，在地图编制、出版、展示、登载及更新的各个环节，都需要遵守国家有关地图编制标准、地图内容表示和地图审核的规定。

（2）县级以上人民政府和测绘地理信息主管部门、网信部门等有关部门应当加强对地图编制、出版、展示、登载和互联网地图服务的监督管理，保证地图质量，维护国家主权、安全和利益。

随着经济社会发展和人民群众物质文化生活水平的不断提高，应用地图来进行宏观决策、制定规划、方便生活以及旅游购物等越来越普遍，特别是互联网地图应用的领域更加广泛，给地图市场监督管理带来了很大的难度。一张地图从编制、出版、展示、登载和更新、印刷等各个环节，涉及多个行业和多个部门，测绘地理信息主管部门、工业和信息化、出版、保密等相关部门都有所涉及。根据我国目前的地图管理体制，国务院测绘地理信息主管部门负责全国地图工作的统一监督管理，国务院其他有关部门按照国务院规定的职责分工，负责有关的地图工作。县级以上地方人民政府测绘地理信息主管部门负责本行政区域地图工作的统一监督管理。县级以上地方人民政府其他有关部门按照本级人民政府规定的职责分工，负责有关的地图工作。网信部门负责互联网地图服务领域的网络安全和信息化工作。其他有关部门还包括民政、交通、外交、教育、新闻出版等部门。为明确责任，落实职责分工，特别是强化各级人民政府的地图管理职责，《测绘法》规定，县级以上人民政府和测绘地理信息主管部门、网信部门等有关部门应当加强对地图编制、出版、展示、登载和互联网地图服务的管理，杜绝有问题的地图产品，打击侵权盗版、假冒伪劣地图，保证地图质量，规范地图市场秩序，维护国家主权、安全和利益。

（3）国务院规定地图管理的具体办法。

《测绘法》建立了地图管理制度，明确了各级人民政府和测绘地理信息主管部门、网信部门以及其他有关部门的地图监督管理职责，但《测绘法》对地图管理规定得比较笼统，对地图编制、地图出版、地图审核、互联网地图服务以及监督检查和相应的法律责任等，都需要通过制定行政法规来作出具体规定。因此，《测绘法》授权国务院制定地图管理的具体办法。

2015 年 11 月 26 日，国务院第 664 号令颁布了《地图管理条例》，自 2016 年 1 月 1 日起施行。《地图管理条例》进一步完善了地图编制、地图审核、出版、监督检查等各个行政管理环节的法律规定，确立了增强公民国家版图意识、建立健全地理信息资源共建共享机制、加强互联网地图服务监督管理、强化事中事后监管等多项法律制度，为加强地图管理提供了基本依据。《地图管理条例》的颁布实施，有利于进一步规范地图市场秩序，营造公正、公平、公开的市场环境，有利于提高测绘行业单位和从业人员守法意识，有利于加快推进地理信息产业发展。2017 年 11 月 20 日，原国土资源部审议通过了修订后的《地图审核管理规定》，进一步明确和细化了地图审核管理工作要求，为测绘地理信息主管部门依法审核地图提供了直接依据，也为保证地图质量，奠定了坚实的基础。

（4）违反地图管理规定应当承担相应的法律责任。

地图涉及国家主权、安全和利益，违法编制、出版、展示、登载地图，必须承担相应的法律责任。《测绘法》规定，编制、出版、展示、登载、更新的地图或者互联网地图服务不符合国家有关地图管理规定的，依法给予行政处罚、处分；构成犯罪的，依法追究刑事责任。同时，《地图管理条例》对违反地图管理规定的行为也规定了相应的法律责任。

二、地图管理制度的实施

根据《测绘法》《地图管理条例》建立的地图管理制度，结合我国地图管理工作实践，测绘地理信息主管部门和其他有关部门履行地图监督管理职责的主要内容，主要包括以下几个方面：

（一）地图编制单位的资质管理

根据《测绘法》规定，地图编制属于测绘活动，依法应当取得测绘资质证书，并在测绘资质证书规定的资质等级和许可的业务范围内开展地图编制活动。从事地图编制的单位应当具有一定数量的地图编制专业技术人员、技术装备和设施，有健全的技术质量保证体系、测绘成果资料与档案管理制度和信息安全保障措施及安全保密管理制度等条件。地图编制单位取得由国务院测绘地理信息主管部门或者省、自治区、直辖市人民政府测绘地理信息主管部门颁发的载有地图编制业务的测绘资质证书后，方可依法从事地图编制活动。对无地图编制资质或者超越资质证书规定的业务范围违法从事地图编制活动，应当依法查处。

（二）地图上绘制的界线管理

1. 国界线

地图上国界线的绘制是否准确是地图管理的一项十分重要的内容。国界线涉及国家的主权、安全和利益以及领土完整，涉及国家的政治立场和外交关系，地图上国界线的绘制具有严肃的政治性。因此，在地图上绘制中华人民共和国国界、中国历史疆界、世界各国间边界、世界各国间历史疆界，应当遵守下列规定：①中华人民共和国国界，按照中国国界线画法标准样图绘制；②中国历史疆界，依据有关历史资料，按照实际历史疆界绘制；③世界各国间边界，按照世界各国国界线画法参考样图绘制；④世界各国间历史疆界，依据有关历史资料，按照实际历史疆界绘制。中国国界线画法标准样图、世界各国国界线画法参考样图，由外交部和国务院测绘地理信息主管部门拟订，报国务院批准后公布。

2. 行政区域界线

行政区域界线涉及界线周边地区安全稳定和经济社会发展，行政区域界线的绘制也必须严格依法依规进行。在地图上绘制我国县级以上行政区域界线或者范围，应当符合行政区域界线标准画法图、国务院批准公布的特别行政区行政区域图和国家其他有关规定。在地图上绘制行政区域界线，应当遵守下列原则：一是国务院已经划定界线的，或者相邻省、自治区、直辖市人民政府已经协商确定界线的，按照界线协议或者有关文件确定的界线画法绘制；二是相邻省、自治区、直辖市人民政府虽未就界线划分签订具体协议，但是双方地图上界线绘制一致，并且没有争议的，按照双方地图上绘制一致的界线画法绘制；三是相邻省、自治区、直辖市人民政府对界线划分存在明显争议，并且双方地图上界线绘制不一致，这种情况应当按照国家公布的行政区域界线标准画法图绘制。

地图上国界线、行政区域界线画法的管理，主要体现在地图编制、出版、展示、登载等相关单位在地图编制、出版、展示、登载前，要按照国家关于地图审核管理的规定依法送政府主管部门进行审核，并及时进行修改，避免出现国界线、行政区域界线绘制上存在错误，对于地图上存在的错绘、漏绘国界线和行政区域界线的问题，要依法予以查处。

(三)地图审核管理

国家建立地图审核制度。向社会公开的地图，应当报送有审核权的测绘地理信息主管部门审核。景区图、街区图、地铁线路图等内容简单的地图除外。地图审核不得收取费用。涉及出版地图的，由出版单位送审；展示或者登载不属于出版物的地图的，由展示者或者登载者送审；进口不属于出版物的地图或者附着地图图形的产品的，由进口者送审；进口属于出版物的地图，依照《出版管理条例》的有关规定执行；出口不属于出版物的地图或者附着地图图形的产品的，由出口者送审；生产附着地图图形的产品的，由生产者送审。

《地图管理条例》规定，对于全国地图以及主要表现地为两个以上省、自治区、直辖市行政区域的地图，香港特别行政区地图、澳门特别行政区地图以及台湾地区地图，世界地图以及主要表现地为国外的地图和历史地图，由国务院测绘地理信息主管部门负责审核。省、自治区、直辖市人民政府测绘地理信息主管部门负责审核主要表现地在本行政区域范围内的地图。其中，主要表现地在设区的市行政区域范围内不涉及国界线的地图，由设区的市级人民政府测绘地理信息主管部门负责审核。地图审核是一项行政许可事项，测绘地理信息主管部门在审核地图时，必须严格执行行政许可法的规定。

为规范地图审核程序，2017年11月，原国土资源部审议通过了修订后的《地图审核管理规定》，对地图审核的基本内容、程序和要求，作出了具体的规定，各级测绘地理信息主管部门在地图审核时应当严格执行《地图审核管理规定》。

(四)地图质量管理

编制地图属于测绘活动，各类地图属于测绘成果的重要组成部分，依法实施测绘成果质量监督管理是各级测绘地理信息主管部门的重要职责。地图编制单位在编制地图时，除了不允许错绘、漏绘国界线和行政区域界线外，还必须遵守国家有关测绘成果质量管理的规定，遵守国家有关地图内容表示的规定和相应的地图制图标准和规范。各级测绘地理信息主管部门要通过开展地图质量监督检查，及时查处各类地图质量不合格的行为，切实加强对地图质量的监督管理。

（五）地图标准化管理

《测绘法》规定，地图的编制、出版、展示、登载及更新应当遵守国家有关地图编制标准、地图内容表示、地图审核的规定。地图编制、地图内容表示以及地图审核等都需要有明确的标准和规范。因此，测绘地理信息主管部门应当加强地图标准化管理工作，及时制定或者修订有关地图编制、地图内容表示、地图审核以及地图展示、登载等具体标准和规范，并加强对地图编制、展示、登载和更新标准规范执行情况的监督检查，为提高地图质量、加强地图管理提供标准化支撑。

（六）地图出版管理

国家对地图出版单位实行许可制度，设立地图出版单位必须具备相应的条件，并经有关的行政主管部门批准。地图出版单位经批准后，方可按照批准的出版范围从事地图出版业务。根据《地图管理条例》，出版单位从事地图出版活动的，应当具有国务院出版行政主管部门审核批准的地图出版业务范围，并依照《出版管理条例》的有关规定办理审批手续。出版单位根据需要，可以在出版物中插附经审核批准的地图。任何出版单位不得出版未经审定的中小学教学地图。县级以上人民政府出版行政主管部门应当加强对地图出版活动的监督管理，依法对地图出版违法行为进行查处。

（七）地图市场监督管理

近年来，各种地图产品在经济社会发展和人民群众生活中的应用日益广泛，特别是随着互联网和智能手机的大范围普及使用，使得手机地图、互联网地图成为人们日常工作生活的重要辅助工具，推动着地图市场不断繁荣发展。在地图市场日益繁荣发展的同时，各种"问题地图"也时有发生，有的错绘、漏绘国界线和行政区域界线，有的漏绘我国台湾岛、海南岛、南海诸岛、钓鱼岛、赤尾屿等重要岛屿，给国家主权、安全和利益带来影响，甚至影响我国的对外政治主张和外交立场；有的地图出现严重的质量问题，地图内容现势性差，粗制滥造，误导人民群众的生产生活。地图市场上的这些问题已经引起党中央、国务院的高度重视，国务院测绘地理信息主管部门曾多次联合工商、新闻出版、海关、保密等部门联合开展地图市场专项整治，取得了积极成效。地图市场监督管理涉及多个部门，地图市场监管对象也涉及多个群体，地图编制、出版、展示、登载等又涉及多个环节，只有在各级人民政府领导下，各相关政府主管部门协调一致，共同协作，才能切实加强对地图市场的监督管理。因此，《测绘法》明确规定，县级以上人民政府和测绘地理信息主管部门、网信部门等有关部门应当加强对地图编制、出版、展示、登载和互联网地图服务的监督管理，保证地图质量，维护国家主权、安全和利益。

第三节 互联网地图服务管理

一、互联网地图的概念与特征

(一)互联网地图的概念

互联网地图,是指登载在互联网上或者通过互联网发送的基于服务器地理信息数据库形成的具有实时生成、交互控制、数据搜索、属性标注等特性的电子地图。广义上的互联网地图,既包括以地理信息数据库为基础生成的网络电子地图,也包括在互联网上登载的静态的地图以及附有国家版图图形的图片和宣传品等。目前,互联网地图主要包括:各类城市地图、旅游地图、公路交通地图、全国及地方地图、专题地图,国家与区域地图集等。

互联网地图经历了从简单地图到复杂地图,从静态地图到动态地图,从二维平面地图到三维立体地图的发展过程,而且随着互联网技术、WebGIS 技术的迅速发展,互联网地图的传输与浏览速度将会越来越快,互联网地图服务的内容也会越来越丰富。

(二)互联网地图的特征

互联网地图从本质上说,是一种电子地图,通过计算机屏幕可以显示和阅读、浏览,也可以打印、复制或者下载使用。它具有电子地图的一般特点,如开窗放大、漫游浏览、任意交互与动态显示以及一定的查询检索与分析功能。但互联网地图同一般的电子地图相比,它还有许多新的特征:

①远程地图信息传输。以光盘、磁盘存储的多媒体电子地图是把经过编辑加工生产的一幅幅电子地图集成并组装成地图集,用户可以根据目录打开阅读、浏览,地图的载体是光盘、磁盘,通过光盘、磁盘直接传输和阅读。互联网地图是以地理信息数据库为基础,在异地通过网络传输数据(数据存储于服务器),通过浏览生成地图,供用户浏览阅读。互联网地图的浏览速度相较于一般电子地图要慢一些,尤其是数据量很大的复杂地图。随着宽带网络和互联网技术的不断进步,互联网地图数据传输显示的速度将会越来越快。

②广泛便捷传播。互联网地图同纸质地图和普通电子地图相比较,具有更广泛的用户群体,能最大限度地发挥地图的使用效益和社会效益,而且还具有远程快速传输的优越性,正如电子邮件优越于普通邮政信件一样。

③人机交互性更强。普通的电子地图与纸质地图相比,具有交互性,而互联网地图比电子地图具有更强的交互性。用户可以根据自己的需要选择不同地图网站的不同内容和不同形式的地图,而且可以任意地放大,增加、减少某些图层或添加某些线划与符号,下载打印用 E-Mail 发给他人。互联网地图还可以查询、检索更多的相关信息,例如从旅游地图上可以查询旅游景点的更多信息或宾馆、酒店的详细信息等。

④实时动态更新。虽然光盘电子地图与纸质地图相比,具有更易于更新再版的特点,但互联网地图与光盘电子地图相比,具有更容易实时动态更新的特点。互联网地图的数据可以根据需要,依靠网络资源、众包在线实时进行更新。此外,互联网地图的数据还可根

据互联网地图服务提供者自身的更新机制，随时更新。

二、测绘法对互联网地图服务的规定

(1)网上登载地图应当遵守国家有关地图编制标准、地图内容表示、地图审核的规定。

近年来，互联网地图服务应用广泛，已成为推进信息化建设和改善人民群众物质文化生活水平的重要载体。在互联网地图应用日益普遍的同时，互联网地图市场也存在着亟待解决的一些问题：一是一些组织和个人的国家版图意识不强，有意或无意地在网络上发布、使用错误的国家版图，造成"问题地图"不断出现，如把我国大片领土标绘到国外，漏绘南海诸岛、钓鱼岛、赤尾屿等重要岛屿，错绘、漏绘我国行政区域界线等。二是把涉及国家安全和一些敏感、不宜公开的地理坐标数据上传、标注到互联网地图上。互联网地图出现的问题，不仅损害消费者利益，严重的还会损害国家安全利益和民族尊严，甚至会带来恶劣的政治影响。因此，《测绘法》明确规定，地图的编制、出版、展示、登载及更新应当遵守国家有关地图编制标准、地图内容表示、地图审核的规定。

(2)互联网地图服务提供者必须履行法定义务。

由于互联网地图具有实时、动态、交互等特点，在网络化、智能生活和智慧化时代，互联网地图应用领域十分广泛。为加强互联网地图服务管理，维护国家主权、安全和利益，《测绘法》明确了互联网地图服务提供者必须履行的三项法定义务：一是要求互联网地图服务提供者应当使用经依法审核批准的地图；二是规定互联网地图服务单位，应当建立地图数据安全管理制度，采取安全保障措施；三是要求互联网地图服务提供者加强对互联网地图新增内容的核校，提高服务质量。

根据《地图管理条例》，互联网地图服务单位在履行《测绘法》规定的法定义务基础上，还应当履行下列法定义务：一是将存放地图数据的服务器设在中华人民共和国境内，并制定互联网地图数据安全保障制度。二是收集、使用用户个人信息的，应当明示收集、使用信息的目的、方式和范围，并经用户同意。公开收集、使用规则，不得泄露、篡改、出售或者非法向他人提供用户的个人信息，并采取技术措施和其他必要措施，防止用户的个人信息泄露、丢失。三是用于提供服务的地图数据库及其他数据库不得存储、记录含有按照国家有关规定在地图上不得表示的内容。四是发现其网站传输的地图信息含有不得表示的内容的，应当立即停止传输，保存有关记录，并向县级以上人民政府测绘地理信息行政主管部门、出版行政主管部门、网络安全和信息化主管部门等有关部门报告。

为保证互联网地图的准确性，互联网地图与其他向社会公开的地图一样，要经依法审核批准。主动送审互联网地图，也是互联网地图服务单位的一项法定义务。互联网地图服务内容发生变化的，必须依照《地图管理条例》和《地图审核管理规定》的要求，及时送有关的测绘地理信息主管部门审核。

(3)各级人民政府和测绘地理信息、网信等部门必须履行互联网地图服务监管职责。

互联网地图服务领域十分宽广，监督管理部门也相对较多，测绘地理信息、工业和信息化、出版、保密、军队等相关部门都有所涉及。互联网地图市场管理实践证明，互联网地图市场的发展离不开各相关部门的密切配合。多年来，国务院测绘地理信息主管部门、中央网信办、外交部、教育部、工业和信息化部、公安部、民政部、商务部、海关总署、原国家工商行政管理总局、新闻出版、国家保密局等多部门组成的全国国家版图意识宣传教育和地图市场监管协调指导小组，在全国开展了地图市场专项整治行动，进一步加强了地图包括互联网地图服务的监管。2008年，经国务院同意，原国家测绘局、外交部、公安部、原信息产业部、工商总局等八部门联合印发《关于加强互联网地图和地理信息服务网站监管的意见》，在全国组织开展了对互联网地图和地理信息服务违法违规行为的专项整治，取得了良好成效。在总结互联网地图市场监管经验的基础上，《测绘法》进一步明确：县级以上人民政府和测绘地理信息主管部门、网信部门等有关部门应当加强对地图编制、出版、展示、登载和互联网地图服务的监督管理，保证地图质量，维护国家主权、安全和利益。从而进一步明确了互联网地图服务的监督管理职责，为维护互联网地理信息安全提供了有力保障。

（4）收集、使用用户个人信息应当遵守法律、行政法规关于个人信息保护的规定。

个人信息是指以电子或者其他方式记录的能够单独或者与其他信息结合识别特定自然人身份或者反映特定自然人活动的各种信息，包括个人姓名、出生日期、身份证号码、生物识别信息、住址、通信联系方式、通信记录和内容、账号密码等。利用互联网、手机、平板电脑等移动终端设备收集、记录、传输用户个人的地理位置、身份证号码等个人信息十分便捷，并且越来越普遍，对公民的个人隐私和信息安全带来严重威胁。为加强移动互联网时代的地理信息安全监管，防止个人信息的滥用，《测绘法》规定：互联网地图服务提供者收集、使用用户个人信息的，应当遵守法律、行政法规关于个人信息保护的规定。

这里指的法律、行政法规，既包括《测绘法》《中华人民共和国网络安全法》（以下简称《网络安全法》）《中华人民共和国民法总则》（以下简称《民法总则》）《中华人民共和国刑法》（以下简称《刑法》）等有关规范和约束用户个人信息使用管理的法律，也包括行政法规，如《地图管理条例》等。

《地图管理条例》第三十五条对互联网地图服务提供者涉及的个人用户信息作出了具体规定："互联网地图服务单位收集、使用用户个人信息的，应当明示收集、使用信息的目的、方式和范围，并经用户同意。互联网地图服务单位需要收集、使用用户个人信息的，应当公开收集、使用规则，不得泄露、篡改、出售或者非法向他人提供用户的个人信息。互联网地图服务单位应当采取技术措施和其他必要措施，防止用户的个人信息泄露、丢失。"

（5）违反互联网地图服务管理规定应承担相应的法律责任。

互联网地图服务涉及国家政治、经济和外交立场，与国家安全密切相关。《测绘法》授权国务院制定地图管理的具体办法，其中包括对互联网地图服务作出相应的规定。2015年11月11日，国务院第111次常务会议审议通过了《地图管理条例》，并自2016年1月1日起开始施行。《地图管理条例》对互联网地图服务提供者的法律责任作出了具体规定。

《地图管理条例》第五十四条规定："违反本条例规定，互联网地图服务单位使用未经依法审核批准的地图提供服务，或者未对互联网地图新增内容进行核查校对的，责令改正，给予警告，可以处20万元以下的罚款；有违法所得的，没收违法所得；情节严重的，责令停业整顿，降低资质等级或者吊销测绘资质证书；构成犯罪的，依法追究刑事责任。"第五十五条规定："违反本条例规定，通过互联网上传标注了含有按照国家有关规定在地图上不得表示的内容的，责令改正，给予警告，可以处 10 万元以下的罚款；构成犯罪的，依法追究刑事责任。"

三、互联网地图服务监管

根据《测绘法》《地图管理条例》等法律法规的规定和互联网地图服务监督管理工作实践，互联网地图服务监管主要涉及以下内容：

(一) 互联网地图服务准入管理

互联网地图服务单位向公众提供地理位置定位、地理信息上传标注和地理信息数据库开发等服务的，应当依法取得相应等级的测绘资质证书，并在测绘资质证书规定的业务范围内从事互联网地图服务活动。测绘地理信息主管部门应当严格互联网地图服务单位资质审核许可，并通过"双随机"执法检查、日常巡查、受理投诉举报和网络在线监控等多种方式，加强事中事后监管，保证互联网地图服务依法依规进行，尽责维护国家地理信息安全。

(二) 互联网地图审核、备案管理

为保证互联网地图的正确性，避免出现"问题地图"或者危害国家地理信息安全的现象发生，互联网地图与其他向社会公开的地图一样，必须经依法审核批准。根据《地图管理条例》，互联网地图服务单位应当使用经审核批准的地图，加强对互联网地图新增内容的核查校对，并按照国家有关规定向国务院测绘地理信息主管部门或者省、自治区、直辖市人民政府测绘地理信息主管部门备案。由于互联网地图具有实时性和交互性，通过上传、标注等功能在互联网上新增的地理信息应当按规定送审，但又不可能随时送审。因此，测绘地理信息主管部门应当通过要求配备安全审校员、每六个月新增兴趣点备案等形式，加强对互联网地图的安全监管和备案审核。互联网地图服务审图号有效期为两年。审图号到期，应当重新送有审核权的测绘地理信息主管部门审核，审核结果应当通过互联网等方式向社会公开。

(三) 互联网地图数据安全监管

互联网地图数据安全监管，是互联网地图服务监督管理的重要内容。根据《测绘法》《地图管理条例》的规定，县级以上人民政府测绘地理信息主管部门对互联网地图数据的安全监管，主要涉及以下内容：一是检查互联网地图服务单位的地图数据安全管理制度建立情况，并监督各项数据安全管理制度是否得到全面落实；二是检查存放地图数据的服务器是否放在中华人民共和国境内，是否采取了保障地图数据安全的保障措施，是否按规定配备了互联网地图数据安全审校员等；三是检查互联网地图服务单位是否加强了对新增数据的核实校对，互联网地图是否经依法审核批准，并按规定标注了审图号等；四是涉及收集、使用用户个人信息的，是否明示收集、使用信息的目的、方式和范围，是否经用户同意并公开收集、使用规则，是否采取技术措施和其他必要措施，防止用户的个人信息泄

露、丢失；五是用于提供服务的地图数据库及其他数据库是否存储、记录含有按照国家有关规定在地图上不得表示的内容等。上述五个方面的内容，是互联网地图数据安全监管的重要内容。

（四）依法查处互联网地图服务违法案件

互联网服务网站具有受众面广、交互性强、传播速度快、影响范围大等特点，是新时期社会公众获取资讯信息的重要途径，登载的地图一旦出现错误表示国家版图或登载敏感、涉密内容等问题，将损害国家利益和民族尊严，造成不良社会影响。测绘地理信息主管部门应当会同公安、网信等有关部门，通过建立互联网地图服务网络监控系统和"双随机"抽查工作机制，切实加强事中事后监管，强化在线监督管理力度。对违法编制、出版、展示、登载、更新的地图或者互联网地图服务不符合国家有关地图管理规定的，应当综合运用法律、行政和技术手段，依法严肃查处。

四、个人信息保护

个人信息被称为 21 世纪最富有价值的资源。尊重和保护个人信息，不仅关系技术和商业伦理，更是衡量一个社会文明程度高低的标志之一。随着人工智能、大数据、移动通信等前沿技术的迅猛发展和快速应用，万物互联正日益成为现实，个人信息的价值体现更加突出，个人信息的安全威胁已不可回避，并且无处不在。如何加强个人信息保护，保护个人隐私，维护国家信息安全，已成为网络化、智能化时代的重要课题。

（一）个人信息的含义

个人信息既包括个人的专属性信息，也包括涉及公民隐私的信息。《刑法》明确的公民个人信息，是指能够识别公民个人身份的信息，主要包括：姓名、年龄、性别、身份证号码、职业、职务、学历、民族情况、婚姻状况、专业资格及特长、工作经历、家庭背景及住址、电话号码、信用卡号码，教育、医疗、经济活动等的记录，指纹、网上登录账号和密码等。一般来说，一个人的种族、肤色、肖像、性别、年龄、婚姻状况、家庭情况、宗教信仰、思想观点、爱好、受教育情况、财产状况、血型、指纹、病历、职业经历、住址、电话、电子邮件等都属于他的个人信息。

《网络安全法》对个人信息的定义，是指以电子或者其他方式记录的能够单独或者与其他信息结合识别自然人个人身份的各种信息，包括但不限于自然人的姓名、出生日期、身份证件号码、个人生物识别信息、住址、电话号码等。

国家标准《信息安全技术个人信息安全规范》中对个人信息的定义，是指以电子或者其他方式记录的能够单独或者与其他信息结合识别特定自然人身份或者反映特定自然人活动的各种信息。列举：姓名、出生日期、身份证号码、生物识别信息、住址、通信通讯联系方式、通信记录和内容、账号密码、财产信息、征信信息、行踪轨迹、住宿信息、健康生理信息、交易信息等。

(二)个人信息的特征

①主体性。个人信息为个人信息的主体所拥有。个人信息主体是其所拥有的个人信息可以作为数据收集、处理的自然人。个人信息主体享有人格权和法律赋予的义务,其所拥有的个人信息是可识别的,并可依据这些信息直接定位于特定的主体。

②可识别性。个人信息的可识别性,是指通过个人信息的内容,经过判断可以确定个人信息的主体。可识别性是个人信息的重要特征,是明确个人信息内容和范畴的客观标准。

③价值性。个人信息的属性决定了个人信息是有价值的资源。由于个人信息的可识别性,可以非常方便地了解个人信息主体的个人喜好、生活习惯、个人需求等,从而创造可能获得利润的机会。个人信息具有的价值取向是个人信息的显著特征。

④容易共享性。个人信息由于具有巨大的流动性而使得社会各界在个人信息保护问题上经常不知所措。一方面,个人信息主要是以数据信息形式传播于互联网或者储存在各大云端之中,共享利用非常容易;另一方面,个人信息具有极高的流动性,一旦发生个人信息泄露,很难计算个人信息主体的潜在损失。

(三)测绘法对个人信息保护的规定

(1)地理信息生产、利用单位和互联网地图服务提供者应当保护用户个人信息。

我国高度重视个人信息保护工作,通过多部法律明确了个人信息保护制度。2012年,全国人大常委会通过了《关于加强网络信息保护的决定》,明确国家保护能够识别公民个人身份和涉及公民个人隐私的电子信息,任何组织和个人不得窃取公民个人身份和涉及公民个人隐私的电子信息,不得出售或者非法向他人提供公民个人电子信息。网络服务提供者和其他企事业单位在业务活动中收集、使用公民个人电子信息,应当遵循合法、正当、必要的原则,明示收集、使用信息的目的、方式和范围,并经被收集者同意,不得违反法律、法规的规定和双方的约定收集、使用信息。同时,全国人大常委会还在统计法、社会保险法、旅游法、消费者权益保护法、居民身份证法等法律中对有关领域的个人信息保护作出了明确规定。

2016年11月7日,全国人大常委会审议通过了《网络安全法》,对网络环境下个人信息的保护进一步作出了规定。2017年3月15日,第十二届全国人民代表大会第五次会议审议通过的《民法总则》规定,任何组织和个人需要获取他人个人信息的,应当依法取得并确保信息安全,不得非法收集、使用、加工、传输他人个人信息,不得非法买卖、提供或者公开他人个人信息。

在国家先后出台有关个人信息保护法律、行政法规的基础上,为规范地理信息生产、利用单位和互联网地图服务提供者收集、使用用户个人信息的行为,维护个人信息安全,《测绘法》明确,地理信息生产、利用单位和互联网地图服务提供者应当保护用户个人信息。

(2)地理信息生产、利用单位和互联网地图服务提供者收集、使用用户个人信息的,应当遵守法律、行政法规关于个人信息保护的规定。

随着互联网、移动互联网的普及应用，利用手机、平板电脑、车载导航系统等终端设备采集、记录、传输用户的地理位置等个人信息越来越便捷，个人地理位置信息泄露现象非常普遍并且日益严重，给公民个人的隐私和安全带来很大的威胁或损害。近年来，恶意程序、各类"钓鱼"和欺诈继续保持高速增长，同时黑客攻击和大规模的个人信息泄露事件频发，与各种网络攻击大幅增长相伴的，是大量网民个人信息的泄露与财产损失的不断增加。中央电视台调查显示，当时热门的330多款手机软件中，58%以上都有隐私信息泄露的问题。只要用户使用手机和这些软件，就能够定位，并且可以在数字地图上把用户的位置标出来，在用户不知情的情况下跟踪用户的位置。当前，许多真三维地图、街景地图、全景地图、虚拟现实地图等地理信息产品，在生产制作和使用过程中也收集、使用了大量的个人信息。如果对这些收集、使用个人信息的行为不加以限制，必然会对公民个人的隐私和安全带来威胁或损害。

目前，在测绘行业内涉及收集、使用用户个人信息的，主要涉及地理信息生产、利用单位和互联网地图服务提供者，特别是互联网地图服务提供者收集、使用用户个人信息的更为普遍。为加强对移动互联网时代的地理位置信息的监督管理，防止对个人信息的滥用，切实维护公民个人的人身安全，《测绘法》规定，地理信息生产、利用单位和互联网地图服务提供者收集、使用用户个人信息的，应当遵守法律、行政法规关于个人信息保护的规定。

"法律、行政法规关于个人信息保护的规定"所指的法律、行政法规，包括《网络安全法》《民法总则》、全国人大《关于加强网络信息保护的决定》《刑法》等有关法律。行政法规，是指包括《地图管理条例》等行政法规。《地图管理条例》对个人信息也作出了相应规定：互联网地图服务单位收集、使用用户个人信息的，应当明示收集、使用信息的目的、方式和范围，并经用户同意；互联网地图服务单位需要收集、使用用户个人信息的，应当公开收集、使用规则，不得泄露、篡改、出售或者非法向他人提供用户的个人信息；互联网地图服务单位应当采取技术措施和其他必要措施，防止用户的个人信息泄露、丢失。

第四节　国家版图意识宣传教育

一、国家版图的基本概念

(一) 国家版图

版图包括一个国家的陆地、河流、湖泊、内海、领海以及它们的底床、底土和上空（领空），是主权国管辖的国家全部疆域。领土是位于国家主权下的地球表面的特定部分，以及其底土和上空。领土是国家行使主权的空间，国际法承认国家在其领土上行使排他的管辖权。领土同时也是国家行使主权的对象，是国际法的客体。

国家版图是指一个国家行使主权的疆域，是国家主权和领土完整的象征。在我国古代，"版"指登记户口和土地的簿册，"图"指地图，"版图"即代表了户籍和地图，并逐渐演变成国家疆域的代名词。

国家的疆域可以用地图、文字等多种形式来表达，其中，地图是表示国家版图最常用、最主要的形式。在地图上可以形象直观地表示出国家的疆域范围和边界、各级行政区域、行政中心、主要城市等。地图是国家版图的主要表现形式，体现着一个国家在主权方面的意志和在国际社会中的政治、外交立场，具有严肃的政治性、严密的科学性和严格的法定性。

(二)国家版图意识

国家版图意识主要指公民对国家疆域的认知、认同和自觉维护的意识。树立国家版图意识是爱国主义教育的重要内容，也是维护国家版图尊严和领土完整的需要。正确的国家版图是国家主权和领土完整的象征，是国家主权的体现形式，在国际社会交往中，反映了一个国家的政治和外交立场。公民的国家版图意识也体现了公民的基本素质。国家版图同国旗、国歌、国徽一样代表了国家，是国家的象征。

二、测绘法对国家版图意识宣传教育的规定

(1)各级人民政府和有关部门应当加强对国家版图意识的宣传教育，增强公民的国家版图意识。

国家版图是国家主权和领土完整的象征，表示了国界线的地图体现了国家的主权意志和政治外交立场，因此，世界各国都十分重视本国版图在地图上的正确表示。我国政府高度重视维护国家版图的尊严，采取多种有效措施来增强全民的国家版图意识，规范地图管理，杜绝错误表示中国版图的"问题地图"的出现。"问题地图"的表现形式，主要包括：①在地图表示上将我国领土标到国外；②漏绘我国台湾岛、海南岛、南海诸岛、钓鱼岛、赤尾屿等重要岛屿；③将我国台湾省、西藏自治区、东北三省、新疆维吾尔自治区错误地按独立国家表示；④错绘我国行政区域界线，擅自发布重要地理信息数据；⑤把一些敏感的、不宜公开的、甚至是涉及国家秘密的相关信息标注在地图上；⑥其他有损国家主权、安全和利益的地图。针对一些公开展示、登载、生产、销售、出口的地图和地图产品出现的上述问题，近年来，各级测绘地理信息主管部门在工商、新闻出版、网信等部门的大力配合下，查处了一大批违法违规地图和地图产品，有效地净化了地图市场环境。但是，随着地图市场的日益繁荣发展，各种地图新产品、新业态不断涌现，地图品种、地图载体和地图的受众面越来越广，特别是互联网、移动互联网的普及应用，使地图市场的监管问题越来越突出。因此，《测绘法》规定，各级人民政府和有关部门应当加强对国家版图意识的宣传教育，增强公民的国家版图意识。

这项规定包含两层含义：一是为了落实国家版图意识宣传教育制度，强化国家版图意识宣传教育，国家以法律的形式明确了各级人民政府和有关部门的国家版图意识宣传教育职责；二是明确各级人民政府和有关部门应当采取措施加强国家版图意识宣传教育工作，进一步强化公民的国家版图意识，提高公民对国家版图的认可、认知和自觉维护的能力。

（2）新闻媒体应当开展国家版图意识的宣传。

随着新闻媒体传播时代的到来，大众媒体在当代社会不仅发挥着传递信息、提供娱乐等社会功能，还不断改变着人们的价值观念和生活方式，塑造着社会公共生活，它为整个社会的发展和进步不断提供一系列具有导向性的社会公共价值观念，并创造了极具大众化色彩的媒体话语系统，媒体文本也日益成为现代人精神消费的重要形式。新闻媒体以其对社会覆盖面之大，对人影响力之巨而成为现代社会一种无所不在的文化存在方式。为了充分发挥新闻媒体的作用，不断扩大国家版图意识宣传教育的受众面，《测绘法》对新闻媒体的职责进行了规定，明确新闻媒体应当开展国家版图意识的宣传。新闻媒体一方面要自觉使用正确表示国家版图的地图，并对错绘我国国界线、漏绘属于我国的台湾岛、钓鱼岛、澎湖列岛、南海诸岛等重要岛屿的行为进行舆论监督；另一方面，就是要发挥新闻媒体自身的宣传教育和文化传播功能，开展多种形式的国家版图意识宣传，积极营造良好的使用正确的国家版图、维护国家版图、提高国家版图意识的氛围和环境。同时，新闻媒体还应当提高国家版图意识宣传教育的自觉性和主动性，在努力发挥新闻媒体自身宣传教育功能的同时，还应当积极主动配合、支持各相关部门开展国家版图意识宣传教育。

（3）教育行政部门、学校应当将国家版图意识教育纳入中小学教学内容，加强爱国主义教育。

爱国主义教育的沃土需要从小培植，国家版图意识的宣传教育也要从中小学生开始抓起。教育行政部门、学校掌握着独特的教育资源，受众面为广大的中小学生，面向广大中小学生开展国家版图意识宣传教育，是一项功在长久、利在千秋的伟大事业，对于培养伟大的爱国主义情操，树立爱国意识，具有十分重要的现实意义和深远的历史意义。因此，《测绘法》第七条规定："教育行政部门、学校应当将国家版图意识教育纳入中小学教学内容，加强爱国主义教育。"

这项规定包括两层含义：一是明确了教育行政部门要将国家版图意识教育纳入中小学教学内容，将国家版图意识教育纳入中小学教学内容、加强爱国主义教育是教育行政部门的一项法定职责。二是明确学校要将国家版图意识教育作为学校爱国主义教育的重要内容。爱国主义是中华民族的光荣传统，是推动中国社会前进的巨大力量，是各族人民共同的精神支柱，是社会主义精神文明建设主旋律的重要组成部分，同时也是中国培养"四有"新人的基本要求。广大中小学校要把国家版图意识宣传教育纳入爱国主义教育范畴，提升国家版图的自豪感和使命感，从小培养爱国意识和国家情怀，逐步营造自觉维护国家版图的尊严与国家主权和领土完整的社会氛围。

三、国家版图意识宣传教育制度的实施

完整的国家版图是国家主权和领土完整的象征，树立国家版图意识是维护国家版图尊严和完整的需要，开展国家版图意识宣传教育是树立国家版图意识、维护国家版图尊严的重要前提。《测绘法》明确了各级人民政府和有关部门、新闻媒体以及教育行政部门和学校开展国家版图宣传教育的基本职责，各级人民政府和有关部门应当依法履行职责，切实加强国家版图意识的宣传教育，保证国家版图意识宣传教育制度的实施。

根据《测绘法》《地图管理条例》和国家版图意识宣传教育工作实践，深入开展国家版图意识宣传教育，应当着重在以下几个方面下工夫：

(一) 建立完善国家版图意识宣传教育工作机制

国家版图意识宣传教育是爱国主义教育的一项重要内容，受众广，影响大，涉及各级人民政府和测绘地理信息、网信、新闻出版、教育、国家安全等多个部门。各级人民政府和测绘地理信息、新闻出版、市场监管、教育、网信等有关部门应当充分发挥国家版图意识宣传教育和地图市场监管协调指导小组的作用，建立完善国家版图意识宣传教育工作机制。通过定期召开协调指导小组联席会议，研究解决地图市场监管和国家版图意识宣传教育活动开展情况，统一思想认识，相互交流学习，并通过定期联合开展地图市场监督检查和开展群众性的国家版图意识宣传教育活动，相互协调配合，强化部门协作，不断形成国家版图意识宣传教育合力。

(二) 搭建国家版图意识宣传教育平台

各级人民政府和测绘地理信息、网信等有关部门应当充分发挥教育行政部门、学校、新闻媒体等资源优势，除了将国家版图意识宣传教育纳入中小学教学内容外，还应当不断创新国家版图意识宣传教育方式。通过定期组织开展"少儿手绘地图大赛""国家版图知识竞赛"和"国家版图知识进校园、进社区、进厂矿"等群众喜闻乐见的宣传教育活动，把国家版图意识宣传教育纳入测绘地理信息法制宣传教育规划，积极搭建国家版图意识宣传教育平台，并逐步形成品牌影响力，让广大人民群众喜闻乐见，青年学生积极主动参与，逐步营造国家版图意识宣传教育的良好社会环境和氛围。

(三) 创新地图市场监管方式，强化网络地图监管

开展国家版图意识宣传教育的目的，是为了树立国家版图意识，维护国家版图尊严，避免使用"问题地图"和错绘、漏绘国家版图的现象发生。测绘地理信息、网信等有关部门应当加快互联网地图监管技术创新，通过开发建设互联网地图在线过滤和监控系统，前移网上地理信息安全监管关口，加大对违法地图案件的查处力度，充分发挥查办案件的警示教育功能，不断增强国家版图意识宣传教育的针对性和有效性，从而达到查处一件、教育一片的宣传效果。

(四) 不断丰富公共地图服务产品

建立促进地图市场良性发展的工作机制，测绘地理信息主管部门必须一手抓监管，一手抓服务。在不断强化地图市场监管、加强国家版图意识宣传教育的同时，还必须不断提高地理信息公共服务水平，丰富公共地图产品。测绘地理信息主管部门要在做好国界线标准画法样图编制与发布工作的基础上，定期编制并提供公益性的各类标准地图，推进"天地图"的建设与应用，让质量有保证、准确表示国家版图的各类地图占据地图市场，让人民群众能够用得放心。

思考题：

　　1. 哪些地图需要送测绘地理信息主管部门审查后才能公开？

　　2.《测绘法》对互联网地图服务提供者的义务作了哪些规定？

　　3. 如何依法加强国家版图意识教育？

第七章 测量标志保护

第一节 测量标志的概念与特征

一、测量标志的概念

(一)测量标志

测量标志是指在陆地和海洋标定测量控制点位置的标石、觇标以及其他标记的总称。标石(一般)是埋设于地下的固定标识物,标定控制点的位置;觇标是指建在地面上或者建筑物顶部的测量专用标架,作为观测照准目标和提升仪器高度的基础设施。根据测量标志的用途和使用的期限,测量标志可分为永久性测量标志和临时性测量标志。

(二)永久性测量标志

永久性测量标志是指设有固定标志物以供测绘单位长期使用的需要永久保存的测量标志,包括国家各等级的三角点、基线点、导线点、军用控制点、重力点、天文点、水准点、GNSS卫星地面跟踪站和卫星定位点的木质觇标、钢质觇标和标石标志,以及用于地形测图、工程测量和形变测量等的固定标志和海底大地点设施等。

(三)临时性测量标志

临时性测量标志是指测绘单位在测量过程中临时设立和使用的,不需要长期保存的标志和标记。如测站点的木桩、活动觇标、测旗、测杆、航空摄影的地面标志、描绘在地面或者建筑物上的标记等,都属于临时性测量标志。

二、测量标志的特征

①空间位置精确性。每一座永久性测量标志都精确地承载了该标志点所在地的平面位置、高程和重力等数据信息,这些数据精度非常高,大多精确到毫米级,是其他后续测绘活动的起算依据和基础,任何碰撞和移动都有可能使其精确度受到损失,从而影响到后续测量使用。

②位置控制范围性。永久性测量标志的位置范围都有一定的限制,在一定面积范围内是受到严格控制的。根据《测量标志保护条例》,建设永久性测量标志需要占用土地的,地面标志占用土地的范围为36~100平方米,地下标志占用土地的范围为16~36平方米。

在测量标志周围安全控制范围内，国家法律、行政法规明确规定禁止从事特定活动，如禁止放炮、采石、架设高压线等以及其他危害测量标志的活动。

③保管长期性。永久性测量标志是指那些需要被永久保存和长期使用的测量标志，这些测量标志一经建立便拥有精确的测量成果数据，并且要定期进行检测和复测，具有长期保存和使用的特性，不能被损坏或者擅自移动。

第二节　测量标志保护的意义与原则

一、测量标志保护的意义

(一)测量标志是国家重要的基础设施

每一座永久性测量标志都是经过测绘工作者精心建设和精准测量后保存下来的重要测绘基础设施。它们不仅仅是一个固定标识物，更重要的是每一座测量标志都承载着相应的精确测量的测绘成果数据。测量标志为国家经济建设各行各业提供了精准的空间基准数据支撑，包括平面的、高程的和重力的数据等。如各项工程测量、勘探矿藏、地质科学研究、观测地壳沉降、地震预报、自然资源调查与监测等，都离不开精确、完好的测量标志。中华人民共和国成立以来，全国各地建立了各类永久性测量标志约90多万座，包括各等级的天文点、重力点、三角点、导线点、卫星定位点、水准点以及其他控制点的永久性测量标志。这些测量标志是国家十分宝贵的财富，在国家建设、改革和发展的各个历史阶段，都发挥了重要作用，并将长期发挥不可替代的基础作用，是国家经济建设、国防建设、社会发展和生态保护的重要基础设施，加强测量标志保护具有十分重要的意义。

(二)测量标志是各项测绘工作和科学研究的基础

测量标志是维持国家坐标系统、高程系统、重力系统及其框架的基础设施，它不仅是获取各种测绘数据的起算点，同时也是地学及有关学科进行科学研究、科学分析的重要参照物。测量标志是为各项测绘工作和从事地学相关领域科学研究提供基础地理信息的基础，是一切测绘工作的起算依据，没有测量标志，一切测绘工作都无法正常进行。

全国人大、国务院、中央军委对保护测量标志历来都十分重视，先后颁布实施了多部法律、行政法规和命令对测量标志保护工作作出规定，不仅体现了国家对测量标志保护工作的高度重视，也充分说明了加强测量标志保护的重要性。

二、测量标志保护的原则

(一)政府主导原则

测量标志是国家十分重要的基础设施，关系国家经济建设、国防建设和科学研究事业，依法保护永久性测量标志不仅是测绘地理信息主管部门和测量标志建设单位的责任，也是各级人民政府的重要职责。《测绘法》第四十五条规定："县级以上人民政府应当采取有效措施加强测量标志的保护工作。县级以上人民政府测绘地理信息主管部门应当按照规定检查、维护永久性测量标志。乡级人民政府应当做好本行政区域内的测量标志保护工作。"由此可见，目前，我国测量标志保护体现了政府主导的基本原则。

(二)分类保护原则

由于测量标志数量众多，分布区域十分广阔，并且大部分永久性测量标志建造历史久远，使得测量标志保护具有非常大的难度。多年来，各级测绘地理信息主管部门在测量标志保护方面投入了大量的人力、物力和财力，但由于工程建设、城市发展、自然灾害以及人为破坏等多种原因，测量标志被破坏的局面一直没有从根本上得到好转。据不完全统计，国家永久性测量标志完好率已不足 50%，测量标志保护工作任务十分艰巨。因此，立足于我国测量标志保护工作实际，目前，我国对永久性测量标志实施分类保护，重点保护国家各类基准点、基岩点等有测量基准和特殊意义的重点测量标志，并逐步建立永久性测量标志的分类保护体系，取得了积极成效。

(三)避让原则

《测绘法》第四十一条规定："任何单位和个人不得损毁或者擅自移动永久性测量标志和正在使用中的临时性测量标志，不得侵占永久性测量标志用地，不得在永久性测量标志安全控制范围内从事危害测量标志安全和使用效能的活动。"进行工程建设，应当避开永久性测量标志，从而在法律上建立了测量标志保护的避让原则，坚持保护测量标志优先，未经许可，任何单位和个人都有义务避让永久性测量标志，不得擅自损毁或者移动，以确保测量标志完好。

(四)拆迁许可原则

根据《测绘法》规定，进行工程建设，应当避开永久性测量标志；确实无法避开，需要拆迁永久性测量标志或者使永久性测量标志失去使用效能的，应当经省、自治区、直辖市人民政府测绘地理信息主管部门批准。在各项工程建设中，为了降低建设成本，节约国家资金，从国家大局出发，并不是任何情况下都不能移动永久性测量标志。拆迁永久性测量标志必须经过测绘地理信息主管部门批准。实施永久性测量标志拆迁许可，是测绘地理信息主管部门的一项重要行政权力。

(五)义务保管原则

在计划经济时期，国家对永久性测量标志实行义务保管制度。1996 年国务院颁布的《测量标志保护条例》规定：国家对测量标志实行义务保管制度。在永久性测量标志义务保管原则下，保护永久性测量标志是每一个公民和建设单位、测量标志使用单位的法定义务。随着市场经济的发展，目前，全国有部分省、自治区、直辖市人民政府已经尝试实行义务保管与有偿保管相结合的原则，给予测量标志保管人员一定的经济补偿，有力地促进了测量标志保护工作的开展。

第三节　测量标志保护制度

一、测量标志保护的基本规定

(1)任何单位和个人不得损毁或者擅自移动永久性测量标志和正在使用中的临时性测量标志。

损毁永久性测量标志是指人为造成永久性测量标志部分或全部失去使用效能的违法行为；擅自移动永久性测量标志是指未按法律法规的规定履行报批手续，或超越职权移动、迁建测量标志，改变测量标志原来的位置或高程的非法行为。损毁或者擅自移动永久性测量标志，都属于故意破坏永久性测量标志的行为，对测量标志造成的危害是十分严重的，它不仅是对国家财产的一种破坏，而且还会影响正常的国家经济建设和国防建设。因此，《测绘法》作出禁止性规定，任何单位和个人不得损毁或者擅自移动永久性测量标志和正在使用中的临时性测量标志。

(2)任何单位和个人不得侵占永久性测量标志用地。

永久性测量标志用地是指按照国家有关规定确定的每一座永久性测量标志的占地范围。对于永久性测量标志的占地范围，《测量标志保护条例》对建设永久性测量标志需要占用土地及地面标志占用土地的范围、地下标志占用土地的范围等都作出了具体规定，任何单位和个人都不得侵占永久性测量标志的上述占地范围。在现实生活中，侵占永久性测量标志占地范围的情况时有发生，特别是建立在耕地中的永久性测量标志的占地范围被侵占的情况更为严重。这种侵占行为不仅影响测量标志的使用效能，严重的还会造成测量标志的破坏。侵占永久性测量标志用地的行为有很多，如在测量标志用地范围内采矿、取土、挖沙、采石、爆破、耕作、建造建筑物等，这些行为都是违法行为。因此，《测绘法》规定，任何单位或者个人不得侵占永久性测量标志用地。

(3)任何单位和个人不得在永久性测量标志安全控制范围内从事危害测量标志安全和使用效能的活动。

永久性测量标志安全控制范围是指为了保障测量标志的安全和使用效能，防止人为破坏和减少自然侵蚀，依法在永久性测量标志周围划定的，禁止某种活动的区域。这里所说的危害测量标志安全和使用效能的活动是指：在测量标志占地范围内烧荒、耕种、挖沙、取土；在距测量标志 50 米范围内放炮、采石；在测量标志 120 米范围内架设高压线；在测量标志的标架上附挂电线或通信线；将测量标志当做观望台、搭帐篷和拴牲畜；在有测量标志的地面上建造建筑物；触动和震动地下测量标志的标石；在两个相邻测量标志之间建造建筑物，使测量标志之间不能通视等。《测绘法》对在永久性测量标志安全控制范围内从事危害测量标志安全和使用效能的活动作出了禁止性规定。

二、测量标志建设单位的义务和责任

测量标志建设是指测绘单位或者项目施工单位为满足测绘活动或者科学研究的需要，按照国家有关标准和技术规范，在地面、地下或者建筑物顶部通过浇注、埋设等方式，建

造用于标记测量点位的活动。《测绘法》及《测量标志保护条例》都对永久性测量标志建设单位的义务和责任进行了具体规定。

(一)设立明显标记

根据用途和使用期限,测量标志分为永久性测量标志和临时性测量标志。永久性测量标志设有固定标识物,可以长期使用,需要永久保存。长期以来,我国的测量标志损坏情况十分严重,除了自然损毁原因以外,还有人为的破坏。其中,有相当一部分是由于群众不认识测量标志,不知道测量标志的重要性而造成的。例如,有人将觇标拆毁或将标石挖出,做成门窗、房屋基石或地界桩等,给国家造成了很大的损失。因此,测量标志保护除了要加强对群众的宣传教育外,还应当对测量标志特别是永久性测量标志设立必要的明显标记,使其容易识别,同时也起到一定的警示作用,更好地为测绘工作者使用测量标志提供方便。因此,《测绘法》规定,永久性测量标志建设单位应当对永久性测量标志设立明显标记。

(二)委托当地有关单位指派专人负责保管

测量标志保管是指测量标志建设单位或者测绘地理信息主管部门委托专门人员进行看护,并采取一定的保护措施,避免测量标志损坏或者使其失去使用效能的活动。我国永久性测量标志分布十分广泛,遍及全国各个地方,城市、乡村、草原、山区、大漠地区等都有测量标志。为了使测量标志得到妥善的保护,必须依靠测量标志所在地的人民群众和当地政府。建设永久性测量标志的单位,应当委托当地有关单位指派专人负责保管永久性测量标志,并签订测量标志委托保管书,由建设单位将测量标志委托保管书抄送乡级人民政府和县级以上地方人民政府测绘地理信息主管部门备案。签订测量标志委托保管书时,应当明确双方的权利和义务,并告知测量标志保管人员有关测量标志的重要作用、我国法律有关测量标志保护的规定以及测量标志保管方面的基本知识,使测量标志保管单位和保管人员宣传有材料、保管有依据、保护有办法。这里所说的有关单位,既可以是政府机关,也可以是企事业单位。所谓指派专人是指将保管责任落实到具体人员,做到责任到人。

负责保管测量标志的单位和个人的责任是保管好测量标志,避免被破坏和移动。因此,测量标志保管人员要定期与当地测绘地理信息主管部门联系沟通,定期通报测量标志保护状况等。对于履行保管责任成绩突出的单位和个人,各级人民政府和测绘地理信息主管部门应当给予奖励。

三、永久性测量标志拆迁审批制度的内容

(1)进行工程建设,应当避开永久性测量标志。

测量标志是国家重要的基础设施。建设一座永久性测量标志需要大量的资金投入。首先要经过实地踏勘、选定点位位置,然后投入钢材、砂石、水泥等材料建造测量标志,再经过精密的测量和控制网整体平差计算得出平面坐标和高程,其中需要消耗大量的人力、物力和财力。永久性测量标志一经建立,就应当永久保存并长期发挥作用。因此,《测绘法》规定,进行工程建设时应当避开永久性测量标志,尽量避免损毁测量标志或者使测量

标志失去使用效能。

工程建设避开永久性测量标志，是指工程建设避开永久性测量标志用地，在两个相邻测量标志之间建设建筑物不能影响相邻标志之间相互通视，在测量标志附近建设建筑物不能影响卫星定位设备接收卫星传送信号，工程建设不得造成测量标志沉降或者位移，在测量标志附近建设微波站、广播电视台站、雷达站、架设线路等，要避免受到电磁干扰影响测量仪器正常使用等。

(2)需要拆迁永久性测量标志或者使永久性测量标志失去使用效能的应当经过批准。

国家法律明确规定，工程建设应当避开永久性测量标志。但在实际工程建设中，确实无法避开永久性测量标志的重大工程建设项目非常多，有的项目一旦避开永久性测量标志，将导致设计方案变动，比如线路改线、另选项目用地、终止项目建设等，会给国家和地方政府造成更大的经济损失，甚至影响到国家重大工程建设规划的实施和工程建设项目的质量，这时往往需要拆迁永久性测量标志或者使永久性测量标志失去使用效能。在这种情况下，工程建设单位在工程建设施工前，就应当及时按照规定程序报请相关机关批准。例如，工程建设单位占用测量标志用地的，在两个相邻测量标志之间建设建筑物的，在测量标志附近建设建筑物影响卫星定位设备接收卫星传送信号的，工程建设有可能造成测量标志沉降或者位移的，在测量标志附近建设微波站、广播电视台站、雷达站、建设线路的，都要依照《测绘法》的规定，经省、自治区、直辖市人民政府测绘地理信息主管部门批准。未经批准的，不得拆除、拆迁永久性测量标志，也不得使永久性测量标志失去使用效能。

这项规定的主要含义，是指在工程建设单位确实无法避开永久性测量标志时，一是应当向省、自治区、直辖市人民政府测绘地理信息主管部门提出拆迁申请；二是省、自治区、直辖市人民政府测绘地理信息主管部门应当依法作出批准或不予批准拆除或拆迁的决定；三是按照省、自治区、直辖市人民政府测绘地理信息主管部门批准的拆迁方案进行拆迁。

军用控制点是指军事上专用的控制点。军用控制点的测量标志对于国防建设具有十分重要的作用，省、自治区、直辖市人民政府测绘地理信息主管部门在审批拆迁或者使军用控制点测量标志失去效能时，应当先听取军队测绘部门的意见，然后再作出审批决定。

(3)工程建设单位支付永久性测量标志的迁建费用。

拆迁或者拆除永久性测量标志，重建和恢复永久性测量标志的使用效能，都需要投入一定的经费，包括永久性测量标志拆迁费用、拆除费用、测量费用以及重新建设费用等。省、自治区、直辖市人民政府测绘地理信息主管部门批准拆除或者拆迁永久性测量标志后，工程建设单位必须按照《测绘法》《测量标志保护条例》等国家有关规定依法支付必需的费用，用于重建永久性测量标志。目前永久性测量标志拆迁费用的核算标准，是原国家测绘局与财政部制定的《测绘生产成本费用定额》。永久性测量标志的重建工作由收取测量标志迁建费用的部门或单位组织实施，目前，一般都由当地测绘地理信息主管部门组织实施。

四、永久性测量标志使用制度的内容

（1）测绘人员使用永久性测量标志，应当持有测绘作业证件，并保证测量标志的完好。

测绘人员凭测绘作业证件使用测量标志是保护测量标志的一项积极有效的措施。永久性测量标志作为国家的宝贵财产，过去曾长期存在着随意使用和不便于严格管理的现象。有的测绘人员使用时不注意保护，使用后不注意恢复原状，随意弃置，从而使测量标志遭到破坏失去了使用效能。为增强测绘人员的测量标志保护意识，自觉履行测量标志保护责任，《测绘法》第四十四规定："测绘人员使用永久性测量标志，应当持有测绘作业证件，并保证测量标志的完好。"这项规定有四层含义：

第一，测绘人员使用永久性测量标志应当持有测绘作业证件，这是测绘人员使用永久性测量标志应当履行的手续，测绘人员应当依法主动地向保管测量标志的人员出示测绘作业证件。第二，测量标志保管人员通过查验使用测量标志的测绘人员的测绘作业证件，掌握测量标志的使用情况和实际用途，监督测量标志的使用情况。第三，测量标志保管人员通过查验测绘作业证件，有证件的测绘人员基于合法的测绘活动，允许其使用永久性测量标志，无证件的人员不允许其使用测量标志，可以有效地防止随意使用测量标志对测量标志造成损坏，也可以防止犯罪分子故意破坏测量标志。第四，保证测量标志完好是测绘人员应负的责任和义务。保证测量标志完好，要求测绘人员在使用永久性测量标志时严格按照国家有关标准和规范进行，不得造成测量标志的损坏、位移，使用完后要恢复原状，测绘人员在使用测量标志过程中直接或间接造成测量标志损坏的，应当承担相应的法律责任。

（2）测量标志保管人员应当查验测量标志使用后的完好状况。

测绘人员使用测量标志后，保管测量标志的人员或者说测量标志保管员应当对测量标志是否受到损坏进行现场查验。测量标志完好的，保管人员要监督测绘人员及时将测量标志恢复原状；发现测量标志受到损坏的，要及时采取相应措施，并向当地乡级人民政府和县级人民政府测绘地理信息主管部门报告情况。查验测量标志使用后的完好状况，既是测量标志保管人员的义务，也是测量标志保管人员的责任。

五、测量标志保护职责

（一）测量标志保护职责

（1）县级以上人民政府应当采取有效措施加强测量标志的保护工作。

测量标志属国家所有，是国家公共基础设施，是国家经济建设、国防建设、科学研究、社会发展和生态保护的重要基础。各级人民政府代表国家行使权利，对保护测量标志负有义不容辞的责任。测量标志保护工作中的许多问题，包括法规制度建设、保护经费落实以及建立健全测量标志保护管理体制等，都需要各级人民政府统筹协调。因此，《测绘法》规定，县级以上人民政府应当采取有效措施加强测量标志的保护工作，从而明确了县级以上人民政府的测量标志保护工作职责。各级人民政府应当加强对测量标志保护工作的

领导，及时研究解决当地测量标志保护工作中的有关问题，加大对测量标志保护工作的经费投入，加强对测量标志保护工作的宣传教育，提高全民的测量标志保护意识，协调解决当地测量标志保护中的重大问题。

(2) 县级以上人民政府测绘地理信息主管部门应当按照规定检查、维护永久性测量标志。

定期检查、维护永久性测量标志，是保持永久性测量标志完好的一项重要措施，也是保护测量标志的一项十分重要的工作。县级以上人民政府测绘地理信息主管部门是测绘工作的统一监督管理部门，定期检查、维护永久性测量标志是测绘地理信息主管部门的一项重要工作。《测绘法》规定，县级以上人民政府测绘地理信息主管部门应当按照规定检查、维护永久性测量标志，从而使检查、维护永久性测量标志成为县级以上人民政府测绘地理信息主管部门的一项法定职责。

测量标志维护是指测绘地理信息主管部门或者测量标志保管、建设单位通过采取设立指示牌、构筑防护井、物理加固等方式，保证测量标志完好的活动。检查、维护测量标志的主要工作内容包括：一是定期对测量标志进行普查，建立测量标志档案或测量标志数据库，对测量标志的分布及完好状况做到心中有数；二是对测量标志进行定期维护，保证测量标志处于完好状态；三是对损坏的测量标志按照国家测量标志维修规程进行维修，恢复测量标志的使用效能。测绘地理信息主管部门工作人员在检查、维护永久性测量标志时，需要严格按照规范、规程和其他有关规定执行。

县级以上人民政府测绘地理信息主管部门作为测量标志保护的主管部门，还应当加强测量标志保护工作的宣传教育，将测量标志保护纳入测绘普法工作的重要内容。定期组织测量标志保管人员培训，提高测量标志保管人员的保护能力和工作水平；依法查处测量标志违法案件等。

(3) 乡级人民政府应当做好本行政区域内的测量标志保护工作。

我国地域广阔，测量标志数量、种类繁多，分布地域十分广泛。乡级人民政府是我国的最基层的人民政府，对管辖的区域非常熟悉，将测量标志保护责任落实到乡级人民政府，是我国法律的创制符合我国国情的有效措施。因此，《测绘法》规定，乡级人民政府应当做好本行政区域内的测量标志保护工作，从而使得测量标志保护工作成为我国乡级人民政府目前唯一的一项测绘工作职责。

乡级人民政府做好测量标志保护工作，主要涉及以下内容：一是做好测量标志保护的宣传教育工作，使所管辖区域的人民群众能够了解测量标志保护的重要意义和有关知识；二是依法对永久性测量标志的委托保管书进行备案，并协助落实好测量标志保管责任；三是定期开展测量标志保护巡查工作，发现测量标志被损毁的情况，及时向县级以上人民政府测绘地理信息主管部门或者当地公安机关报告，并协助查处案件；四是制止损害测量标志的行为等。

(二) 测量标志分类保护

2020 年 11 月 25 日，为进一步加强新时期测量标志保护工作，落实永久性测量标志保护责任，自然资源部办公厅印发了《关于加强测量标志保护工作的通知》，要求各级自然资源主管部门要高度重视永久性测量标志保护工作，认真落实永久性测量标志保护职责，建立健全永久性测量标志分类保护制度，并明确了国家级测量标志委托保管工作由省级自然资源主管部门统一管理，并可根据实际确定由下级自然资源主管部门具体承担，完善测量标志委托保管工作机制。

1. 测量标志保护分类

根据《国家级测量标志分类保护方案》，为实现对测量标志的有效保护，突出保护工作的高效性和经济性，实行测量标志分类保护措施，将国家级测量标志（指中央财政投资、自然资源部组织建设的测量标志）划分为重点保护、一般保护两类。对仍在使用的、涉及我国测绘基准安全的各类控制点，以及具备较高文化价值的测量标志实施重点保护；对未纳入重点保护类的测量标志实施一般保护。

（1）重点保护类：

①国家大地原点、水准原点；

②仍在使用的国家一、二等水准点；

③国家级卫星导航定位基准站；

④仍在使用的国家 B 级卫星大地控制点；

⑤仍在使用的国家级重力点；

⑥仪器检定场专用测量标志；

⑦其他有重要使用价值或者纪念、科普等文化价值的测量标志。

（2）一般保护类：

其他未纳入重点保护范围的国家级测量标志为一般保护类。

2. 保护措施

（1）重点保护措施：

对重点保护类测量标志应采取以下保护措施：

①查清测量标志的现状，录入重点保护测量标志数据库；

②构筑必要的防护设施，设置规格统一、内容明确的警示标识；

③对需供电、通信保障的测量标志提供稳定的供电、通信保障，确保其安全可靠运行；

④对具有历史纪念意义和科普宣传等文化价值的测量标志，申报列入文物保护单位名录或改造成景观型测量标志加以保护；

⑤明确测量标志保护的责任单位和人员，每年至少开展一次巡查，及时掌握和上报测量标志状态；

⑥定期开展维护，对损坏的测量标志进行维修；

⑦严格测量标志拆迁审批，加强测量标志迁建审批事中、事后监管，确保迁建质量合格；

⑧将测量标志保护工作纳入日常监管，对测量标志保护情况进行监督检查；

⑨加强针对重点保护类测量标志周边相关单位和群众的宣传教育。

（2）一般保护措施：

对一般保护类测量标志采取以下保护措施：

①录入一般保护测量标志数据库，并根据保管单位和人员、测量标志使用单位反馈的信息更新测量标志状态信息；

②对损毁的测量标志进行评估，不具有使用价值的测量标志不再维修或重建，及时拆除存在安全隐患的测量标志；

③对申请拆迁的测量标志进行评估，不具有使用价值的测量标志拆除后不再重建。

六、测量标志保护的法律责任

为加强测量标志保护工作，落实测量标志保护责任，保障国家永久性测量标志完好，《测绘法》确立了明确的法律责任。《测绘法》第六十四规定："违反本法规定，有下列行为之一的，给予警告，责令改正，可以并处二十万元以下的罚款；对直接负责的主管人员和其他直接责任人员，依法给予处分；造成损失的，依法承担赔偿责任；构成犯罪的，依法追究刑事责任：（一）损毁、擅自移除永久性测量标志或者正在使用中的临时性测量标志；（二）侵占永久性测量标志用地；（三）在永久性测量标志安全控制范围内从事危害测量标志安全和使用效能的活动；（四）擅自拆迁永久性测量标志或者使永久性测量标志失去使用效能，或者拒绝支付迁建费用；（五）违反操作规程使用永久性测量标志，造成永久性测量标志毁损。

思考题：

1.《测绘法》规定的永久性测量标志有哪些？

2.《测绘法》对测量标志建设者的义务做了哪些规定？

3. 新形势下如何加强测量标志管理？

第八章 测绘其他管理与测绘执法

第一节 促进地理信息产业发展

一、地理信息产业的内涵

(一)地理信息

地理信息是国家重要的基础性、战略性信息资源，关系到国家主权、安全和利益。地理信息产业是以地理信息资源开发利用为核心的高技术服务业，具有发展快、效益高、贡献大、需求广、潜力足、前景好、可持续、环境友好等特点。发展地理信息产业对于实现科学发展、维护国家安全、加快转变经济发展方式、保障和改善民生等具有重要意义。《测绘法》第四十条规定："国家鼓励发展地理信息产业，推动地理信息产业结构调整和优化升级，支持开发各类地理信息产品，提高产品质量，推广使用安全可信的地理信息技术和设备。"

上海辞书出版社 1999 年出版的《辞海》对"地理信息"的解释，是指"人对地理现象的感知。其内容包括地理系统诸要素的数量、质量、分布特征、相互关系和变化规律等，分为空间位置信息和属性特征信息两大类"。中国标准出版社出版的《地理信息国际标准手册》对"地理信息"的解释，是指"与地球上位置直接相关的现象的信息"。可见，地理信息一定是与地理位置直接或者间接相关的，地理位置是人类自身以及进行各种活动的立足点。人类获得的信息 80% 与地理位置有关，凡可以抛开地理位置而进行描述的信息通常不称为地理信息。《国家地理信息产业发展规划(2014—2020 年)》中定义的地理信息，是指人类在经济社会活动中获取或形成的、主要描述事物或者现象的地理位置、时空分布及其动态特征和相关自然社会属性的信息，是重要的基础性信息资源，是国家信息资源的重要组成部分，广泛应用于经济社会发展各领域。

从学术上，地理信息的概念可分为广义的和狭义的两种。广义的地理信息是指与空间地理分布有关的信息，它表示地表物体和环境固有的数量、质量、分布特征、联系和规律的数字、文字、图形、图像等的总称。狭义的地理信息是确定地球上的自然地物或人工建(构)筑物以及境界的地理定位和特征(属性)的数据。

地理信息属于三维空间信息，具有位置、时间和属性三个基本特征。在地理信息中，其位置是通过数据进行标识和联系的，这是地理信息区别于其他类型信息的最显著的标志。地理信息具有区域性、多维结构特性和动态变化的特性，还有可存储性、可传输性、可转换性、可扩充性、商品性与共享性等诸多特征。

(二)地理信息产业

地理信息产业是以现代测绘和地理信息系统、遥感、卫星导航定位等技术为基础，以地理信息开发利用为核心，从事地理信息获取、处理、应用的高技术服务业。随着近年来地理信息产业迅速兴起并保持高速增长，这一战略性新兴产业在我国经济社会发展中的作用日益显现。

地理信息产业以地理信息的开发利用为核心，直接决定了地理信息资源在地理信息产业发展中的重要地位。地理信息是国家信息资源的重要组成部分，广泛应用于国民经济建设、国防建设和社会发展等领域。《国民经济和社会发展第十二个五年规划纲要》提出，要完善地理、人口、法人、金融、税收、统计等基础信息资源体系，将地理信息列为我国六大基础信息资源之首。离开了地理信息资源，地理信息产业发展将成为无本之木、无源之水。同时，地理信息资源不足或获取困难也将直接制约地理信息产业的发展。

(三)地理信息技术

地理信息技术是以现代测绘技术、地理信息系统技术、遥感技术、卫星导航定位技术为核心的一门综合技术。遥感、卫星导航定位技术和现代测量技术是地理信息数据获取的重要手段，地理信息系统技术是地理信息处理和应用的重要工具，同时，遥感和卫星导航定位技术又是现代测绘的关键技术。地理信息产业是随着地理信息技术的应用逐步形成和发展起来的，地理信息技术发展为地理信息产业发展提供直接动力。随着地理信息技术的发展，地理信息应用不断拓展深化，产品不断丰富，企业不断发展壮大，市场不断繁荣，地理信息产业逐渐形成并不断发展起来。20世纪90年代以后，全球经济结构进入以电子和信息为核心的新一轮技术竞争发展阶段，地理信息技术随着计算机技术、网络技术、航空航天技术、通信技术等信息技术的发展而不断创新发展，不断开拓地理信息产业应用新领域和新市场，成为引发地理信息产业变革的主要动力。

(四)主要产业活动

地理信息产业链主要有上游、中游和下游三个环节，主要产业活动包括地理信息获取、处理和应用。我国当前从事地理信息获取的产业活动主要包括大地测量、工程测量、地籍测量、房产测量、卫星遥感、航空摄影、导航电子地图生产、地理信息获取装备制造等。从事地理信息处理的产业活动主要包括为地理信息处理进行的软件研发，以及对获取的地理信息进行投影转换、自动识别、自动矢量化、质量控制、自动编辑、格式转换、遥感影像处理等处理业务。地理信息应用指利用地理信息及其技术服务于经济社会发展和人类生活的各个领域。我国当前从事地理信息应用的产业活动主要包括地理信息应用系统集成、遥感信息服务、卫星导航定位、地图制图与出版、互联网地图服务、基于位置的服务等。

二、地理信息产业的产业特征

(一)高技术服务业特征

地理信息技术作为高新技术，是高新技术服务业的重要内容。地理信息产业具备国家高新技术产业特征，具有知识和技术密集的特点，资源消耗低，产品和服务附加值高，产值增长强劲，渗透性较强，对其他产业的带动作用明显。地理信息技术广泛集成和利用航空航天技术、数据库技术、通信技术、互联网技术、云计算等前沿和尖端技术，对地理信息资源进行采集、加工、开发、应用、服务，对知识和技术的依赖程度高。地理信息快速获取、自动化处理、网络化分发服务以及应用等需要高精尖的技术装备，投入的研发比重大，对高素质的技术人员和管理人员依赖性强，从业人员中科技人员比重较大。我国已明确将地理信息系统、遥感图像处理与分析软件技术、空间信息获取及综合应用集成系统、卫星导航定位应用服务系统等地理信息产业相关内容列入《国家重点支持的高新技术领域》，其中包括空间信息获取系统(包括低空遥感系统、基于导航定位的精密测量与检测系统、与手持设备及移动通信部件一体化的数据获取设备等)、导航定位综合应用集成系统(包括基于北斗卫星导航应用的导航、定位设备及公众服务系统)、基于位置服务技术的应用系统平台、时空数据库的构建及其应用技术等。

(二)战略性新兴产业特征

战略性新兴产业是以重大技术突破和重大发展需求为基础，对经济社会全局和长远发展具有重大引领带动作用，知识技术密集、物质资源消耗少、成长潜力大、综合效益好的产业。李克强同志曾指出，地理信息产业具有科技含量高、环境污染小、市场前景广阔、吸纳就业能力较强的特点，是战略性新兴产业和生产型服务业的重要结合点。发展战略性新兴产业是国家为了应对世界主要国家抢占新一轮经济和科技发展制高点采取的重大战略举措，不仅自身具有很强的发展优势，对经济发展具有重大贡献，而且直接关系经济社会发展全局和国家安全，对带动经济社会进步、提升综合国力具有重要促进作用。地理信息产业作为战略性新兴产业的重要内容，具备以下典型特征：一是先导性，地理信息产业的发展体现了信息技术和产业发展的新趋势，具有知识技术密集、创新活跃度强、资源节约、环境友好等特征；二是成长性，地理信息市场需求潜力大，产业链条长，在发育成熟后发展速度较快，能形成较大规模的市场和最终消费；三是带动性，我国《战略性新兴产业分类(2012)(试行)》中已将地理信息系统软件，电子测量仪器制造，卫星导航定位用芯片和嵌入式软件，卫星遥感系统综合应用平台，卫星导航定位应用系统，卫星遥感在国土测绘与监测、气象观测与服务、资源考察、城市规划管理与监测、交通运输、农林监测、地质勘探、环保监测及防灾减灾等领域的应用系统，卫星导航定位设备，基于位置信息的综合服务系统及其应用服务终端(与无线通信网络结合的全球导航卫星系统技术和室内定位技术)，具有导航、通信、视听等多种功能的车辆、船舶信息系统、个人导航信息终端设备等内容列入其中。

三、发展特征与发展趋势

(一)发展特征

当前,我国地理信息产业正处在快速发展的关键时期。技术成果不断创新,新型产品不断涌现,社会应用不断拓展,服务业态不断变革,市场环境不断改善,发展前景广阔,呈现以下五个重要特征:

1. 需求旺盛

地理信息产业作为朝阳产业,需求十分广泛。地理信息服务已经走向各行各业,走进千家万户,成为经济社会众多领域的重要支撑,成为百姓衣食住行的重要帮手。无论是应对气候变化、发展低碳经济、构建和谐社会等宏观层面问题,还是城市规划建设、资源环境管理、应急救灾保障等中观层面课题,或是单位信息化建设等微观层面领域,都对地理信息及其服务提出迫切需求,展现强大潜力。

2. 技术突变

技术突飞猛进是我国地理信息产业发展的又一重要特征。资源三号卫星成功发射并传回高质量遥感影像,成功打破高分辨率卫星遥感数据获取技术瓶颈,初步建成全国卫星遥感信息接收、处理、分发体系和卫星对地观测应用体系。北斗卫星导航系统建设稳步推进,并开发与北斗兼容的多频多系统高精度定位芯片,打破了国外品牌一统天下的局面。无人机航测系统、车载激光建模测量系统、地理信息应急监测车逐步推广应用。2011年我国首次实现卫星遥感地面接收站商业出口,实现了航空(天)影像处理技术测图自动化软件的产业化。我国GIS软件技术水平已与国外同类软件相当,在某些算法性能和支持机制方面甚至优于同类软件。

3. 服务拓展

服务的全方位拓展也已成为我国地理信息产业的显著特征。地理信息产业服务内容、方式和领域产生深刻变革,从提供常规地图数据服务到提供多样化地理信息综合服务,从基础数据生产到政府公共服务,从个人生活领域到智能生产领域,从以车载导航、手机地图为主的个人应用发展到以互联网技术为支撑的物联网等应用。地理信息应用已从传统的资源管理、城市规划、基础设施建设等领域向金融、生态环境保护、医疗卫生、文物保护、企业信息化等领域全方位扩展,地理信息同时还被广泛应用到车载导航、位置搜索、移动目标监控、智能交通、便携式移动导航灯等方方面面。

4. 市场繁荣

我国地理信息市场规模、企业、产品、用户不断繁荣发展。据不完全统计,2020年我国地理信息产业年总产值已达6890亿元人民币,从业单位数量超过13.8万家,从业人员超过336万人,仅测绘资质单位就达到2万多家。自2009年以来,每年保持较高速度持续增长。测绘地理信息工程服务范围广泛,产业项目成倍增长。地理信息系统和导航应用软件产品持续增长。卫星导航与位置服务市场突飞猛进,应用终端社会总持有呈高速增长态势。国产遥感卫星数据应用取得突破性进展,并向一些发展中国家提供资源卫星数据。国产测绘地理信息装备发展速度加快,南方测绘、中海达等占据国内重要市场。地图市场更加繁荣，全国有超过 70 家出版社参与地图出版，一批民营工作室相继出现。以互联网地图服务和移动位置服务为代表的地理信息服务迅速兴起并向大众领域渗透，并已成为驱动地理信息市场的新兴力量。企业"走出去"步伐不断加快，地理信息市场呈现繁荣景象。

5. 集聚发展

在政府部门的积极推动下，产业集聚发展的特征已越来越明显，集群效应和规模效应初见端倪。在国家地理信息科技产业园的带动下，黑龙江、浙江、陕西、湖北、江西、云南、广西等地先后启动了地理信息产业园区建设，其他省区正在积极筹划建立地理信息产业园和测绘地理信息科技创新基地，以期通过地方政府的统筹，形成地理信息产品密集区、企业密集区、研发密集区、人才密集区。通过集群效应和规模经济，可集约化使用土地、节约公共设施投入成本、提高资源使用效率，降低企业成本。

（二）发展趋势

当前，国际地理信息产业呈现如下五大趋势：

1. 市场全球化趋势日益明显

伴随经济全球化步伐加快，地理信息服务也越来越多地在全球范围内展开。越来越多的国际地理信息企业在我国开展地理信息获取、处理、提供服务以及相关的咨询和技术服务。同时，我国的地理信息企业也已经开始走出国门，承担地理信息数据加工处理、工程测量等外包服务。随着我国对地观测体系的不断完善，将有更多的企业走出去占领国际地理信息高端市场。

2. 技术集成化趋势更加突出

地理信息技术与高新技术的集成发展成为地理信息产业发展的重要趋势。一方面，地理信息技术与其他具有高关联性的现代高新技术集成、融合的步伐不断加快，推动地理信息获取、处理、服务等技术朝着更加先进、更加智能化的方向发展。如与电子技术的集成大幅度提高了地理信息装备的生产能力，与物联网、通信技术、空间技术的融合进一步丰富了地理信息获取的手段，与高性能计算技术、并行处理技术、人工智能技术的集成大幅度提高了数据处理与管理的效率，与互联网技术、云计算的集成大幅度提升了地理信息数据传输的效率和服务的质量。另一方面，地理信息技术与移动网络、3D 技术等集成将大大拓展地理信息应用领域和产业市场。如与移动网络技术的集成能更好地拓展导航定位与位置服务市场，与 3D 技术的集成在管线管理、电子商务、现代物流等诸多领域开辟新的应用，与视频游戏技术的集成将极大地扩展在休闲娱乐方面的市场。

3. 服务多元化趋势明显拓展

地理信息服务多元化趋势明显拓展，服务领域从以物流、交通、旅游、出行为主拓展到商业、房产、消费、交友、娱乐等领域；服务终端从以互联网、汽车、手机为主已拓展到各种行使记录仪、手表、腰带、船舶、电视、物联网等终端；服务内容从提供基本位置信息服务到提供更加丰富的兴趣点信息以及导航、时间、监控等集成服务。此外，智慧地球、智慧中国、智慧城市建设也有力地推动着地理信息产业加快突破地图数据和地理信息服务框架，快速拓展至促进各行各业智慧化建设与运行的平台服务、知识服务等更具智慧功能的地理信息服务内容。通信网、互联网、移动网、车联网、物联网的快速发展极大地提升了地理信息产业服务能力，提供车载综合信息导航、基于 LBS 智能服务、位置娱乐、电子地图、三维城市等服务。基于移动定位与位置服务的商业网站层出不穷，将地理信息与电子商务、社交网站进行集成，使商务信息、消费者信息与位置信息相关联，不断开拓新的市场。

4. 资产并购化趋势显著加强

企业并购、市场洗牌是地理信息产业发展壮大的必经之路。在地理信息市场竞争日趋激烈的状况下，大企业并购潜在的竞争对手，是补充自身短板、扩大市场份额、提高市场竞争能力的重要手段。当前地理信息产业已经逐渐步入成熟期，必然促使部分企业通过并购重组，促进企业布局向综合化、规模化、集团化、园区化、连锁化发展，促进配套企业布局朝专业化和园区化转变，并逐步建立起网络化、分散化的服务渠道。一些国际大型IT 企业为了优化公司业务结构，提升企业竞争力，开始纷纷涉足这一产业。谷歌、微软、诺基亚、苹果、摩托罗拉等国际大型 IT 公司，通过收购地理信息企业或开展地理信息相关业务，短期内快速获得地理信息数据资源和地理信息核心技术，进军地理信息市场。

5. 应用大众化趋势更加凸显

随着互联网、云计算、物联网、移动通信、三维建模、多媒体视频等技术的快速发展，及其与地理空间信息技术的广泛融合，地理信息产业企业级、大众化应用趋势将更加凸显，以往由政府项目主导市场的局面已经明显改变。以往没有实力搭建属于自己的 GIS应用平台的中小企业能够通过各种网络服务接口调用地图和地理信息服务，并利用编程接口将网络地理信息服务资源潜入自有的系统中搭建新的应用系统，社会大众也能通过网络非常方便快捷地享受到地图浏览、地理位置查询、距离和面积量算、兴趣点标注、驾车路线规划、交友定位等各种基本地理信息服务。企业级 GIS 已经使越来越多的企业机构拥有了强大的地理空间处理能力，其应用范围也已渗入到各个传统以及非传统 GIS 行业。未来在新技术巨大市场空间的推动下，地理信息的企业级、大众化应用之路将会越走越宽。

四、存在的问题

面对产业的蓬勃发展，面对市场的激烈竞争，我国地理信息产业存在一些亟待解决的突出问题。

①政策支持不够有力。地理信息产业的迅速兴起和不断壮大，对现行的管理体制和政策制度等提出新的挑战。尽管在地理信息市场引导和监管等方面，现有测绘法律法规和政策已发挥重要作用，但相对于新形势下地理信息产业发展的要求仍然存在差距，地理信息的提供使用与安全管理、成果质量与市场监管、产权保护与技术创新等方面缺乏有效的政策措施，市场准入制度不健全，监管力度相对薄弱，特别是产业支持、财税金融扶持等政策滞后，亟待国家出台指导产业发展的宏观政策以及相应的配套措施。

②产业结构不尽合理。地理信息产业链发展不平衡，上游和下游偏弱。从上游来看，高、中分辨率遥感影像数据 90%都是源自国外；从下游应用来看，地理信息开发应用能力不足，与日本、欧美发达国家的差距较大，市场竞争力不强。地理信息产业布局不完善，没有科学的地理信息产业布局规划，现有的产业基地主要是发展产业过程中互相比

较、竞争发展形成的；企业分布也都是企业根据自身业务发展的情况进行布局规划，带有很强的随意性，往往造成产业重复投资，无法形成产业集群、无法形成规模效应、无法提升应用水平。

③市场规模不够宏大。我国地理信息企业规模普遍偏小，缺乏国际大型龙头企业，无论是企业规模，还是资产，都无法与国外同类大企业相比，更无法与国外企业进行有效竞争。美国部分地理信息企业年产值超过 10 亿美元，而我国 2 万多家地理信息企业中，年产值达到 20 亿元人民币的企业是凤毛麟角。据 2018 年抽样调查，我国地理信息企业绝大部分为中小企业，注册资金在 500 万元以下的企业占 40%，从业人员数在 100 人以下占 70%。

④技术创新不够强劲。3S 技术是地理信息产业发展的核心技术，但我国卫星导航定位系统、遥感卫星等核心基础设施和技术装备主要依赖国外，海量、多源地理信息数据处理、集成管理与网络化应用服务、地理信息数据分析、表达与可视化等方面技术研发不够。地理信息企业同质化现象较为明显，缺乏具有专、精、特、新的企业。中高端地理信息技术装备在国际市场份额较低。商业模式上更多的是模仿国外的地理信息企业商业模式，缺乏自主创新。地理信息标准化领先水平不高，信息孤岛现象仍然非常严重。

⑤市场环境不够规范。地理信息市场的主体成分较为复杂，有相当一部分是依靠公共财政支持的事业单位，在一定程度上造成了市场机制的失灵。市场无序甚至恶性竞争的局面较为严重，市场仍靠低价竞争而非靠品牌、服务、质量取胜，产品良莠不齐、服务不规范的状况仍然存在。

五、促进产业发展的政策措施

我国十分重视地理信息产业的发展。江泽民同志早在 1996 年就要求"发展地理信息产业"。李克强同志于 2011 年 5 月指出，"要积极发展地理信息新型服务业态，加强政府引导，抓紧研究制定地理信息产业发展规划，完善财政、税收、政府采购、市场准入等方面的政策措施，为地理信息产业发展创造有利条件、营造良好环境"。我国《国民经济和社会发展第十一个五年规划纲要》和《国民经济和社会发展第十二个五年规划纲要》都提出要"发展地理信息产业"。2007 年，《国务院关于加强测绘工作的意见》（国发〔2007〕30 号）提出要"促进地理信息产业发展"；2011 年的《政府工作报告》明确要求"积极发展地理信息新型服务业态"；2013 年，《国务院关于促进信息消费扩大内需的若干意见》（国发〔2013〕32 号）指出要"大力发展地理信息产业，拓宽地理信息服务市场"。2014 年 1 月 22 日，《国务院办公厅关于促进地理信息产业发展的意见》（国办发〔2014〕2 号，以下简称《意见》）正式印发。《意见》全面阐述了发展地理信息产业的重要性，提出了当前和今后一个时期促进地理信息产业发展的指导思想、基本原则、主要目标、重点领域和政策措施，对促进地理信息产业发展作出了全面、系统的部署，是引领地理信息产业发展的纲领性文件，对于推动我国地理信息产业健康快速发展具有十分重要和深远的意义。

（一）促进发展的指导思想

加强统筹规划，围绕经济社会发展的需求，以市场为导向，以企业为主体，以关键技术创新为核心，以需求应用示范为抓手，以产业扶持培育为重点，以安全保障为前提，营造发展环境，创新服务模式，强化标准规范，合理规划布局，加强资源共享，深化军民融合，打造具有国际竞争力的地理信息产业体系，有序推进地理信息产业持续健康发展，为促进经济社会可持续发展作出新的贡献。

（二）促进发展的基本原则

一是坚持市场主导与政府引导相结合。充分发挥市场配置资源的功能，突出企业主体作用。同时，政府发挥引导作用，营造环境，创造条件，推动地理信息产业又好又快发展。二是坚持自主创新与国际合作相结合。坚持自主创新，完善以企业为主体的科技创新体系，着力推进关键核心技术研发。同时，以国际市场为依托，瞄准前沿，借力发展，大力促进科技成果产品化、产业化和国际化。三是坚持安全可控与广泛应用相结合。强化安全意识，加强监管，有效防范，切实维护国家安全。同时，采取有效政策，促进地理信息高效、广泛利用。四是坚持重点发展与整体推进相结合。优先发展对地理信息产业具有支撑、牵引作用的重点领域，进行系统规划，鼓励优势企业通过兼并重组等方式做大做强。同时，通过加快产业结构调整和优化升级，促进产业集聚、整体推进和全面提升。

（三）促进发展的目标

实现地理信息产业在经济社会各领域的广泛应用，掌握地理信息产业关键核心技术，基本形成安全可控、具有国际竞争力的地理信息产业体系，成为推动经济社会智能化和可持续发展的重要力量。

（四）促进发展的重点

一是统筹协调。准确把握地理信息产业发展的全局性和战略性问题，加强科学规划，统筹推进地理信息产业应用、技术、产业、标准的协调发展。加强部门、行业、地方间的协作协同。发展壮大一批骨干企业，培育一批"专、精、特、新"的创新型中小企业，形成一批各具特色的产业集群，打造较完善的地理信息产业链，形成较完整的地理信息产业体系。

二是协同创新。强化创新基础，提高创新层次，加快推进关键技术研发及产业化，实现产业集聚发展，培育壮大骨干企业。拓宽发展思路，创新商业模式，发展新兴服务业。强化创新能力建设，完善地理信息公共服务平台，建立以企业为主体、产学研用相结合的技术创新体系。实现技术创新、管理创新和商业模式创新的协同发展。创新资源和要素得到有效汇聚和深度合作。

三是需求牵引。从促进经济社会发展和维护国家安全的重大需求出发，统筹部署、循序渐进，以重大示范应用为先导，带动地理信息产业关键技术突破和产业规模化发展。在工业、农业、节能环保、商贸流通、交通能源、公共安全、社会事业、城市管理、安全生产、国防建设等领域实现地理信息产业试点示范应用，部分领域的规模化应用水平显著提升，培育一批地理信息产业应用服务优势企业。

四是有序推进。根据实际需求、产业基础和信息化条件，有重点、有步骤地推进地理信息产业持续健康发展。加强资源整合协同，提高资源利用效率，避免重复建设。在竞争性领域，坚持应用推广的市场化。在社会管理和公共服务领域，积极引入市场机制，增强地理信息产业发展的内生性动力。

五是安全可控。强化安全意识，注重信息系统安全管理和数据保护。建立健全地理信息产业安全测评、安全防范、应急处置等机制，增强地理信息产业基础设施、重大系统、重要信息等的安全保障能力，形成系统安全可用、数据安全可信的地理信息产业应用系统。

六是标准领先。制定一批地理信息产业发展所急需的基础共性标准、关键技术标准和重点应用标准，形成满足地理信息产业规模应用和产业化需求的标准体系。以地理信息标准化提高产业规模效应和深化地理信息应用，通过推动标准的全球化来抢占产业发展的制高点。

(五) 主要任务

1. 加快技术研发

以掌握原理实现突破性技术创新为目标，把握技术发展方向，围绕应用和产业急需，明确发展重点。加快建设航空航天对地观测数据获取、处理及应用设施，形成光学、雷达、激光等遥感数据获取体系，显著提高遥感数据获取水平。加强遥感数据处理技术研发，进一步提高数据处理、分析能力。加强北斗导航技术的研发与产业化，加快传感器、智能终端、大数据处理、智能分析、服务集成等关键技术研发创新，推进地理信息产业与新一代移动通信、云计算、下一代互联网、卫星通信等技术的融合发展。充分利用和整合现有创新资源，形成一批地理信息产业技术研发实验室、工程中心、企业技术中心，促进应用单位与相关技术、产品和服务提供商的合作，加强协同攻关，突破产业发展瓶颈。

2. 推动应用示范

对工业、农业、商贸流通、节能环保、安全生产等重要领域和交通、能源、水利等重要基础设施，围绕生产制造、商贸流通、物流配送和经营管理流程，推动地理信息产业技术的集成应用，抓好一批效果突出、带动性强、关联度高的典型应用示范工程。积极利用地理信息产业技术推进精细化管理和科学决策，提升生产和运行效率，创新发展模式，促进产业升级。

3. 提升公共服务

在应急事务、公共安全、社会保障、城市管理、民生服务等领域，围绕管理模式和服务模式创新，实施地理信息产业典型应用示范工程，构建更加便捷高效和安全可靠的智能化社会管理和公共服务体系。发挥地理信息产业技术优势，促进社会管理和公共服务信息化，扩展和延伸服务范围，提升管理和服务水平，提高人民生活质量。加快"天地图"建设，加快打造成为民族优秀品牌、国际知名品牌。

4. 推动园区集群

引导和督促地方根据自身条件合理确定地理信息产业发展定位，结合科研能力、应用基础、产业园区等特点和优势，科学谋划，因地制宜，有序推进地理信息产业发展。信息化和信息产业基础较好的地区要强化地理信息产业技术研发、产业化及示范应用，信息化和信息产业基础较弱的地区侧重于推广成熟的地理信息产业应用。应用地理信息技术建设智慧城市，加强统筹、注重效果、突出特色。

5. 强化标准体系

强化统筹协作，依托跨部门、跨行业的标准化协作机制，协调推进地理信息产业标准体系建设。按照急用先立、共性先立原则，加快编码标识、接口、数据、信息安全等基础共性标准、关键技术标准和重点应用标准的研究制定。推动军民融合标准化工作，开展军民通用标准研制。鼓励和支持国内机构积极参与国际标准化工作，提升自主技术标准的国际话语权。

6. 壮大核心产业

加快地理信息产业关键核心产业发展，构建完善的地理信息产业获取、处理、应用与服务链，发展地理信息相关产业。大力培育具有国际竞争力的地理信息产业骨干企业，积极发展创新型中小企业，建设特色产业基地和产业园区，不断完善产业公共服务体系，形成具有较强竞争力的地理信息产业集群。强化产业培育与应用示范的结合，鼓励和支持设备制造、软件开发、服务集成等企业及科研单位参与应用示范工程建设。

7. 创新商业模式

积极探索地理信息产业链上下游协作共赢的新型商业模式。大力支持企业发展有利于扩大市场需求的地理信息产业专业服务和增值服务，推进应用服务的市场化，带动服务外包产业发展，培育新兴服务产业。鼓励和支持电信运营、信息服务、系统集成等企业参与地理信息产业应用示范工程的运营和推广。

8. 保障信息安全

提高地理信息产业信息安全管理与数据保护水平，加强信息安全技术的研发，推进信息安全保障体系建设，建立健全监督、检查和安全评估机制，有效保障地理信息产业信息采集、传输、处理、应用等各环节的安全可控。涉及国家公共安全的重要地理信息产业应用，其系统解决方案、核心设备以及运营服务必须立足于安全可控。

9. 强化资源共享

充分利用现有基础地理信息开展地理信息产业应用。促进地理信息系统间的互联互通、资源共享和业务协同，避免形成新的信息孤岛。重视信息资源的智能分析和综合利用，避免重数据采集、轻数据处理和综合应用。加强对地理信息产业建设项目的投资效益分析和风险评估，避免重复建设和不合理投资。

(六) 保障措施

1. 加强统筹规划协调

建立健全部门、行业、区域、军地之间的地理信息产业发展统筹协调机制，充分发挥地理信息产业发展部际联席会议制度的作用，研究重大问题，协调制定政策措施和行动计划，加强应用推广、技术研发、标准制定、产业链构建、基础设施建设、信息安全保障等的统筹，形成资源共享、协同推进的工作格局和各环节相互支撑、相互促进的协同发展效应。加强地理信息产业相关规划、科技重大专项、产业化专项等的衔接协调，合理布局地理信息产业重大应用示范和产业化项目，强化产业链配套和区域分工合作。

2. 营造良好发展环境

建立健全有利于地理信息产业应用推广、创新激励、有序竞争的政策体系，抓紧推动制定完善信息安全与促进应用等方面的法律法规。建立鼓励多元资本公平进入的市场准入机制。加快地理信息产业相关标准、检测、认证建设。加强知识产权保护，积极开展地理信息产业相关技术的知识产权分析评议，加快推进地理信息产业相关专利布局。

3. 加强财税金融扶持

中央财政应加大支持力度，充分发挥国家科技计划、科技重大专项的作用，建立地理信息产业发展专项资金等支持政策，集中力量推进地理信息产业关键核心技术研发和产业化，大力支持标准体系、创新能力平台、重大应用示范工程等建设。支持符合条件的地理信息产业企业，条件的地理信息产业企业按规定享受现行软件和集成电路税收优惠政策和高新技术企业税收优惠政策。鼓励金融资本、风险投资及民间资本投向地理信息产业应用和产业发展。加快建立包括财政出资和社会资金投入在内的多层次担保体系，加大对地理信息产业企业的融资担保支持力度。对技术先进、优势明显、带动和支撑作用强的重大地理信息产业项目优先给予信贷支持。积极支持符合条件的地理信息产业企业在海内外资本市场直接融资。鼓励设立地理信息产业股权投资基金，通过国家新兴产业创投计划设立一批地理信息产业创业投资基金。

4. 提升国际合作水平

积极推进地理信息产业技术交流与合作，充分利用国际创新资源。立足于提升我国地理信息产业应用水平和产业核心竞争力，引导国内企业与国际优势企业加强地理信息产业关键技术和产品的研发合作。鼓励国外企业在我国设立地理信息产业研发机构。支持国内企业参与地理信息产业全球市场竞争，推动我国自主技术和标准走出去，鼓励企业和科研单位参与国际标准制定。

5. 加快科技创新产业转化

国家科技计划、知识创新工程和自然科学基金项目应加大对地理信息科技创新的支持力度，发挥国家科技重大专项的核心引领作用，集中力量突破一批支撑产业发展的关键共性核心技术，加快推进产业重点领域创新发展和科研成果的产业转化。强化企业在科技创新中的主体地位，鼓励符合条件的地理信息企业申请建立各类科技创新平台，构建专业技术创新与产业转化服务体系。

6. 加强人才队伍建设

建立多层次多类型的地理信息产业人才培养和服务体系。支持相关高校和科研院所加强多学科交叉整合，加快培养地理信息产业相关专业人才。依托国家重大专项、科技计划、示范工程和重点企业，培养地理信息产业高层次人才和领军人才。加快引进地理信息产业高层次人才，完善配套服务，鼓励海外专业人才回国或来华创业。

第二节　地理信息安全监管

一、地理信息安全的概念

(一)信息安全

信息安全的概念，在 20 世纪80—90 年代才被广泛提出。信息安全的实质就是要保护信息系统或信息网络中的信息资源免受各种类型的威胁、干扰和破坏，即保证信息的安全性。进入 21 世纪以来，信息安全问题日益突出，对信息安全的研究已成为国家安全的核心问题，不仅是为了信息和数据自身的安全性，更重要的是因为信息安全已经渗透到国家的政治、军事、经济等各个领域。

信息安全问题是国家安全的一个重要组成部分，已成为现阶段突出的、前沿问题，成为整个国家安全保障的新重心，因而日益受到世界各国政府的高度关注。信息安全直接涉及和影响政治、军事、经济、文化等各个方面。目前，我国的信息化还处在初步阶段，全社会更多着眼于信息化带来的便利，全民共建信息安全网络的意识还比较薄弱。近年来，随着国家安全问题日益突出，国家对安全问题的重视程度也越来越高。2013 年 11 月 12 日，由中共中央总书记习近平任主席的中央国家安全委员会（简称"国安委"）正式成立，目的是完善国家安全体制和国家安全战略，确保国家安全。

（二）地理信息安全

地理信息安全是一个系统性问题，属于信息安全的范畴，涉及政策、管理和技术等多因素与数据采集、加工处理、存储管理和共享应用等多个环节。地理信息安全的实质与信息安全大致相同，其根本含义在于通过各种计算机、网络、密码和信息安全等技术，保护地理信息在公用通信网络中的传输、交换、存储，管理信息的机密性、完整性和真实性，并对信息的传播及内容掌有控制能力，从而保证地理信息在网络上流动或者静态存储时不被非授权用户非法访问或破坏。

地理信息安全，主要包括保证地理信息的保密性、真实性、完整性、未授权拷贝和所寄生系统的安全性等五个方面内容，其根本目的就是使内部地理信息不受外部威胁，因此地理信息通常需要加密。地理信息安全是一门涉及计算机科学、网络技术、通信技术、密码技术、信息安全技术、应用数学、数论、信息论等多种学科的综合性学科。

对地理信息安全内涵的认识，随着时代发展变化而不断深化。网络时代之前，地理信息安全并没有引起太多的关注，各国只是从保密的角度来定义和规范地理信息安全。随着通信技术和互联网技术的发展与应用，人们逐渐认识到地理信息安全具有时代性特征。在当前经济社会建设各方面对地理信息的需求越来越旺盛的形势下，如何在保障地理信息的机密性的同时，使其最大限度地得到应用，是一个亟待解决的难题。

地理信息安全的宗旨就是向合法的服务对象提供准确、及时、可靠的信息，而对其他任何人员和组织，包括内部、外部乃至于敌对方，保持最大限度的信息不可获取性、不透明性、不可干扰性、不可接触性、不可破坏性，而且不论信息所处的状态是静态的、动态的、还是传输过程中的。地理信息安全的主要任务就是实现地理信息的安全属性。

二、地理信息安全的属性和特征

（一）地理信息安全的属性

地理信息安全的基本属性，主要体现在以下五个方面（牛少彰等，2004；石志国等，2007）：

①完整性，即保证地理信息的真实性，即地理信息在生成、传输和使用过程中不应被第三方篡改。

②机密性，即保证地理信息不被非授权访问，即用户 A 发送的信息只能由 B 收到并知晓其内容。一旦第三方获取了信息，并知晓信息的内容则说明机密性被破坏。

③可用性，是保障地理信息资源随时可供服务的特性，即授权用户可以根据需要随时访问所需信息。

④不可否认性，也称为不可抵赖性，即所有参与者都不可能否认或抵赖曾经完成的操作和承诺。发送方不能否认发送过信息，接收方不能否认接受过信息。

⑤可控性，是指对地理信息的传播及内容具有控制能力，授权机构能够随时控制信息的机密性，能够对信息实施安全监控。

(二)地理信息安全的特征

基于地理信息的基本概念，结合信息安全的一般特征以及地理信息采集、加工、处理和共享应用环节等诸多因素，地理信息安全主要有以下特征：

1. 主权性

主权是国家的最重要属性，是国家在国际法上所固有的独立处理对内对外事务的权力。领土主权是指国家在其领土范围内享有的最高的排他的权利，包含所有权和管辖权两方面的内容。国家领土由领陆、领水、领空和底土四个部分构成，而领土范围往往采用版图的形式表达。今天，国家版图已经成为一个国家行使主权的领土疆域，是国家构成的要素之一，是国家行使最高权力的空间范围。

地图是国家版图的主要表现形式，地图更多体现的是统治集团的意志和利益。地图与国家统一、疆界划定、边疆稳定密切相关。边界划分，总是同地图标示联系在一起，由边界划分而形成的国界也总要用地图来表示。从政治及国家治理的角度来审视地图，即把地图视为能反映制图者空间观、政治势力以及与外界环境关系的一种文化和意识形态上的人工制品，并对一些疆域问题进行探究。"国家抚有疆宇，谓之版图，版言乎其有民，图言乎其有地。"人口和土地是国家赖以存在的最基本要素，二者密不可分，地图则反映了国家对二者控制的结果(牛汝辰，2005)。地图的基本定义是空间的再现，地图往往再现的是文化象征、政治倾向、历史过程和社会利益。地图已经成为国家领土主权的名片，是国家主权与领土完整的象征。所以说，地理信息带有明显的疆域主权特征。

2. 时空性

地理信息与其他信息的根本区别在于地理信息具有时空性特征。其中，空间性主要表现为目标和现象的三维空间的位置(这里包括其相应的属性描述)、形状大小和纹理等特征，空间性是安全敏感性的基础。现势性(对时间性的一种表达)是与安全有关的信息新旧程度。时空和属性是地理数据不可分割的三个重要特征。敏感信息的安全程度与时空特征密切相关，是地理信息安全中密级界定和密级更新的重要因素。

地理信息的时间性主要是指地理信息的动态变化特征，即时序特征。可以按照时间尺度将地球信息划分为超短期的、短期的、中期的、长期的、超长期的，等等。地理信息常根据时间尺度划分成不同时间段信息。对地理信息安全的理解、地理信息价值以及地理信息的采集手段都在随时间不断变化。

3. 尺度性

尺度一般指信息被观察、表示、分析和传输的详细程度。它是地理数据的重要特征，指数据表达的空间范围（包括属性）的大小和时间的长短。相对于地理信息安全，尺度表征了空间范围大小、信息密度、容量、空间和时间分辨率等。而空间和时间分辨率又分别与精度、现势性和规律性相关。我国基础地理数据的密级界定和保密措施的制定，基本依据主要是"尺度"标准。

4. 资源性

资源性是由地理信息的社会性、基础性、公益性和商品性等特征形成的，政府决策、企业应用、大众需求等都凸显了地理信息资源性的特征（孔云峰等，2006）。以地图为例，它是一种常见的地理信息表达形式，具有广泛的应用需求和明显的资源性特征。

从政府的角度，一般将地理信息数据看作信息资源、公共产品、基础设施、商品。资源观强调地理信息利用价值；公共产品观强调政府为社会提供公共产品的责任和义务；基础设施观是将地理信息数据服务机制和体系当作公共基础设施；商品观强调市场机制，明确地理信息数据的版权所有者，按照市场规则进行交易。地理信息的生产和供应政策直接影响到用户的数据可获得性，很大程度上影响着 GIS 技术的应用与普及。在我国，地理信息数据投资具有公共产品性质。随着地理信息资源的大量积累和 GIS 的广泛使用，地理信息的社会属性逐渐显现。地理信息的社会属性包括了地理信息数据中的隐私问题、利益与法律责任问题、数据分类与管理等问题。同时，地理信息与 GIS 应用中还广泛存在跨文化现象。

5. 商品性

信息是一种具有价值与使用价值并且可以用来交换流通的财产。地理信息除具有商品财产的一般属性外，还具有自身的特殊属性。一般属性是指客观地理信息通过高新技术工具进行采集、存储、传输；主观地理信息是通过包括高新技术在内的思维加工处理，都付出了大量的物化劳动，因此，地理信息具有价值和使用价值，可以用来交换流通。空间信息处理与应用从需求出发，依据用户具备的知识将所采集的空间信息进行加工，用于空间分析和空间决策。这些活动在一定的组织机构内有组织、有计划地进行，往往要花费相当多的人力和财力资源，进行投资决策、项目实施和应用实践。从宏观的角度看，这些活动都受到一个国家或地区的技术知识、经济水平、组织制度、社会文化等方面的影响。反之，空间数据的大量使用也反作用于社会结构和文化，自然也反作用于信息安全（孔云峰，2006）。

显然，地理信息因其具有保密的要求而成为一种特殊的商品，又因其具有一般商品的市场属性，而成为一种可以用来交易买卖的特殊秘密。

6. 共享性

地理信息的本质是一种信息。地理信息共享需求是由地理信息的基础性、公益性、社会性、资源性和商品价值等特征所决定的，不流动的地理信息是没有生命的，而共享涉及泄密等安全风险。地理信息的使用具有长期性、范围广和经常性的特点，网络的普及应用使得地理信息发布和应用需求日益普及和增强。一般来说，地理信息共享应用越广，安全风险越大。

地理信息的用户从部门到个人，从各级政府机关、教学科研单位到私营公司，从政府工作人员到社会大众。人们不同程度地应用地理信息，其应用环境从室内到室外，越来越多的人应用地图和地理信息，并渴望获得内容精确详细、现势性强的地图和地理信息（MASSER，1998）。数字地球、数字城市乃至智慧城市建设，基础地理信息数据均不可或缺并且广泛应用。

7. 唯一性

唯一性是指数据获取渠道的唯一，对应着木桶理论，即信息安全的同一性问题。当拥有相同信息的各方采取相同行动时，数据保护的决策才是有效的。如果由敏感数据构成的信息可以轻易地观测或能够从公开的当前或历史的信息资源中获得，那么它就不具有唯一性，对其进行安全保护无法有效地增强相关设施的安全性。其他途径无法获得，或者说单凭高科技手段难以获得非常精确可靠的地理信息，则构成唯一性。

由此可见，唯一性和准确性与隐秘性等相关，高精度、高分辨率由于其一定程度的不可获得性和隐秘性信息，具有明显的唯一性，如地下和水下等地理信息。在美国，最高分辨率、最新的遥感数据和产品仅限于提供给美国政府或美国政府批准的用户。地理信息数据的隐秘性体现了数据获取的唯一性。如目标的内部特征，这些特征对于目标设施的运行至关重要，如重要桥梁的限高、限宽、净空、载重量和坡度属性，重要隧道的高度和宽度属性，公路的路面铺设材料属性；江河的通航能力、水深、流速、底质和岸质属性，水库的库容属性，拦水坝的构筑材料和高度属性，水源的性质属性，沼泽的水深和泥深属性；高压电线、通信线、管道的属性等。在大多数情况下，地理数据所描述的属性信息由于其隐秘性，往往比其空间位置和几何关系特征信息更敏感。信息隐秘性决定了信息获取的难度，是构成唯一性的重要因素。

三、地理信息安全监管的必要性

(一) 我国地理信息安全存在的问题

当前，地理信息产业飞速发展，GIS 的网络化以及地理信息的共享应用已经成为主流的发展趋势和研究热点。从局域网到城域网，从互联网到移动互联网以及其他无线网络，计算机网络及其他通信网络的每一步发展都在改变着 GIS 的应用规模和地理信息服务方式。在地理信息网络化和共享应用的大趋势下，地理信息的应用已从专业领域和军事领域应用拓展到面向大众和政府部门，造成了地理信息数字产品的获取、访问、传播、复制更为便捷，导致严重违法、侵权行为屡禁不止，安全问题日益突出。地理信息安全涉及国家安全、科技协作交流和知识产权保护等多个方面内容，是制约经济、科学与技术可持续发展的重要因素之一。地理信息安全在地理信息产业的发展过程中备受关注。

近年来，随着我国综合国力和国际地位的不断提升，一些境外组织或个人对我国重要地理信息数据的关注度日益提高。他们常以中外合资、考古、考察、探险、旅游等形式做掩护，对我国的交通要道、军事设施、国防项目等进行非法测绘。一些部门或单位保密观念淡薄，违反保密制度和测绘成果管理规定，擅自向外商提供未经保密处理的重要观测数据。一些企事业单位受经济利益驱使，无测绘资质或超越资质等级许可范围，非法采集、加工和使用地理信息数据，扰乱正常的市场秩序，这些都对国家安全构成极大隐患。

1. 信息安全的普遍安全威胁

地理信息安全作为信息安全的一部分，面临着各种针对信息安全的普遍攻击方式的威胁，包括物理上对于数据的非法拷贝、盗窃以及存储设备的破坏等；逻辑上的数据安全威胁、系统安全威胁和网络安全威胁等。借鉴信息安全领域已有的安全技术和安全策略是维护地理信息安全的基础工作之一。

2. 网络传输中存在的安全问题

互联网和地理信息系统的结合，尤其是 Web 2.0 和网格技术的快速发展正快速地改变地理信息的获取、分析、处理、共享与发布方式。但从安全的角度来看，地理信息遭受攻击的可能性也大大提高了，因为互联网的开放性在客观上导致了网络中地理信息的窃取、篡改、伪装身份、非法占用等都有成为现实的可能。总的来看，目前地理信息在网络传输中存在如下三类安全问题：黑客对网站的恶意攻击，如非法登录、删改数据、破坏系统、阻塞网络等；地理信息在网络中传播的不确定，如用户认证、访问控制、内部泄露；数据方面的问题，如数据精度保证、数据完整性、数据不可否认性、数据保密性等。

3. 应用中存在的版权保护问题

地理信息在应用中面临保密和广泛应用的矛盾、版权保护、统一监管不力等安全问题。无论是在线应用还是离线应用，最大的问题就是版权得不到有效的保护，比如说非法复制和未经授权的增值加工。为了保护地理信息数据生产者和信息提供商的利益回报，很多地理信息数据不能免费提供给社会用户。如果大量用户通过非正当途径获得地理信息，将会使数据生产者和信息提供商无法获得合理的利益回报，打击他们投资的积极性，最终会使广大用户无法继续获得便捷的地理信息服务。因此，对基础地理信息数据的版权保护是一项至关重要的技术，它可以为地理信息产业的健康、快速地发展提供强有力的技术保障。

随着信息化的快速发展，信息网络安全形势愈加严峻。信息安全攻击手段向简单化、综合化演变，攻击形式却向多样化、复杂化发展。在新的信息网络应用环境下，针对新的安全风险必须要有创新的信息安全技术，需要认真对待新的安全威胁，切实加强地理信息安全监管。

(二)加强地理信息安全监管的重要作用

近年来，我国的一些地理信息，特别是重要军事区、重大工程区等敏感地理信息，已成为西方间谍垂涎的重要目标，我国每年查处的外国人违法测绘案件正呈现出不断上升之势。仅 2006 年至 2011 年，各级测绘地理信息主管部门就开展执法检查22 000多次，立案调查地理信息违法案件3 500余件。从案件的多发性、复杂性、危害性，可以看出加强地理信息安全监管对于维护国家安全的极端重要性。

1. 维护地理信息安全事关国家主权

在测绘活动中，很多项目涉及的重要地理信息与国家主权和领土完整问题关系密切，如国界线的测绘、编制出版地图、制作或展示绘有地图的产品等。如果这些测绘成果出现测量错误或绘制错误，其直接的严重后果便是损害国家主权，造成不良的国际影响。2002年，原浙江省测绘局和辽宁省测绘局联合查处浙江某地球仪生产单位批量生产严重政治问题产品，其生产的地球仪将台湾标注为一个"独立的国家"，有境外媒体报道中国生产的地图已经承认台湾为一个"独立的国家"，"台独"分子也乘机兴风作浪，造成了恶劣的政治影响。

2. 维护地理信息安全可以保障国防安全

随着国民经济建设和信息化进程的加快，各方面对地理信息资源的需求不断增长，地理信息数据采集活动在新形势下呈现出易采集、范围广、覆盖全、比例尺大等特点。这些地理信息广泛应用于国家经济建设和社会发展，可以造福人类；其中高精度的地理信息数据如果被敌对势力获取，运用到制导武器系统中，应用于军事打击，就能实现远程精确打击重要目标，对国家安全造成极大的威胁。

3. 维护地理信息安全可以保障经济安全

根据欧洲委员会进行的一项研究估算，欧洲公共信息的经济价值每年约600亿~700亿欧元，其中与地理信息有关的(制图、土地与地产、气象服务、环境数据)占一半以上。2010年7月5日，北京市第一中级人民法院对美国某能源公司的东北亚区经理薛某做出判决，判处有期徒刑8年。薛某是美籍中国人，他搜集了中国石油天然气集团公司所属一些油田的信息和文件，还有一个包括数万口油井的地理坐标和储量信息的数据库，随后出售给美国一家咨询公司。油井的数据，如压力、产量、成分组成、深度等都属于国家机密，并有很详细的密级划分。薛某窃取的地理数据涉及国家经济命脉，严重威胁到国家经济安全。可见，重要地理信息一旦泄露，危害巨大，直接威胁甚至损害我国相关行业的经济利益。

四、地理信息安全治理的基本原则

(一)预防为主原则

预防为主原则，就是根据地理信息自身特点和地理信息安全问题产生的原因，预先采取防范措施，排除地理信息安全隐患，有效防止危害地理信息安全问题的发生。预先防范是地理信息安全工作的重要措施。通常情况下，地理信息安全事件发生后，会给国家安全带来威胁，在特殊时期甚至会导致灾难性的后果，地理信息安全危害具有长期性和复杂性，很难消除或需要很长时间才能消除。

预防为主原则的提出与风险社会紧密相连。人类社会自从诞生以来，各种风险和危机就如影随形。早先，人们认为科学具有确定性，因此在预防风险时要求提供确凿的证据，证明预防措施与风险之间存在因果关系。随着科学技术的发展，科学研究和应用中出现了所谓的不确定性，原因和结果之间的关系趋于复杂和模糊。在科学的不确定性普遍存在的情况下，如果任由风险或者危机行为发生或者推迟对风险行为的控制，将带来极大的危害。孔繁华在《论预防原则在食品安全法中的适用》指出：预防原则要求风险规制者在颁布旨在保护人体健康和环境生态的标准与政策时，将科学不确定性的因素考虑在内。

(二)利益平衡原则

利益平衡原则是法律制定和执行过程中的一项基本原则，其宗旨是全面考虑一项规则的制定或适用可能引起的各方面的利益变动，对各种利益做全面考察，不过分损害任何一方的利益。按照功利主义法学理论，要做到"保护最大多数人的最大利益"，将利益损失的总和降低到最少。

地理信息安全的利益平衡，实质上是地理信息保密权和他人知悉权之间的平衡。随着我国工业化、城镇化、信息化战略不断向纵深推进，一方面地理信息安全的重要性得到了普遍重视，另一方面，公民获取地理信息的需求明显加强，这就要求在使用限制权和公民知悉权之间建立平衡，尤其是对于涉及国家安全的地理信息(以下简称"国家安全地理信息")。国家安全地理信息的所有权属于全体国民，国家为保障国家地理信息安全必须有足够的理由并经合法程序才可限制公民的知悉权。对国家安全地理信息安全性的要求使得原来信息安全立法中只注重保护信息内容的禁止性规定，无法满足大量国家安全地理信息流通中的安全需要，信息流转规模的扩大化要求国家安全地理信息立法应当采取新的禁止性措施，如对权利管理信息的保护和技术措施的保护，这些都是属于非自主式保护方式。作为自主式信息安全保护方式的技术措施是更优的利益平衡结果。

(三)多元投入原则

本书提出的地理信息安全管控的多元投入原则，试图从资金投向这个经济基础出发。地理信息安全技术创新具有投入多、风险大、收益高的特点，这就决定了它的知识密集型、人才密集型及其产品更新快、市场变化迅速的属性。稳定充足的资金对地理信息安全技术创新是不可或缺的。而地理信息安全技术创新高风险以及收益的不确定性，使从事地理信息安全技术研发的企业的融资比较困难，因此，需要建立多元化的投入机制以分散和分担投资风险。因此，对地理信息安全技术创新提供多元资金支持，提高投资的效率和地理信息安全技术创新企业的综合竞争能力，增强企业自觉投入地理信息安全技术研发的积极性，对提升我国地理信息安全防护能力极具现实意义。

(四)高效便捷原则

高效便捷原则，要求政府管理地理信息安全工作要追求高效，用户使用涉及国家安全的地理信息时比较便捷。当前，地理信息提供和应用在载体形式、服务对象、应用方式等方面正发生深刻变化，现行的体制和机制难以适应地理信息安全监管的新形势，地理信息安全监管出现既管不住又管得死两难境地。《国务院办公厅关于促进地理信息产业发展的意见》提出："强化安全监管。健全涉密地理信息保密管理规定，进一步完善涉密地理信息处理、分发与应用跟踪机制，加强安全监管能力建设，进一步提高涉密地理信息保密安全监管水平。"新形势下，按照效益原则，要完善监管体制，细化各相关部门的职责，明确工作思路，健全工作机制，创新监管技术，提升监管能力。

五、测绘法对地理信息安全管理的规定

(1)县级以上人民政府测绘地理信息主管部门应当会同本级人民政府其他有关部门建立地理信息安全管理制度和技术防控体系。

地理信息承载大量国家秘密，关系国家安全，地理信息安全监管是国家信息安全管理的重要组成部分。加强地理信息安全监管，必须要建立健全地理信息安全管理制度，并通过建立技术防控体系，运行技术手段和措施，形成群防群控、技防技控的多层次、多级互动的地理信息安全监管体系，不断提高地理信息安全保密意识，才能确保国家地理信息安全。

①建立地理信息安全管理制度。

建立地理信息安全管理制度，是指国家从建立监管工作机制和监管制度层面上，制定相应的地理信息安全管理制度，完善相关的监管工作机制，强化对地理信息安全的监督管理。地理信息安全管理制度涉及地理信息定密、获取、持有、提供、利用、登载等全过程的一整套制度体系，是加强地理信息安全管理的制度保障。

近年来，国务院测绘地理信息主管部门与多个部门建立联合工作机制，充分发挥各自的职能优势，共同加强地理信息安全监管。2009年1月，国务院办公厅转发原国家测绘局等七部门《关于整顿和规范地理信息市场秩序的意见》，由原国家测绘局牵头，会同工业和信息化部、国家安全部、原国家工商行政管理总局、原新闻出版总署、国家保密局、总参测绘导航局联合开展了全国地理信息市场专项整治工作。各地区、各部门根据国务院统一部署，高度重视，团结协作，周密部署，加强监管，用一年多时间，有效整顿和规范了全国地理信息市场秩序，营造了良好的地理信息产业发展环境，有力地维护了国家安全和利益，推动了地理信息产业快速发展。2010年4月，原国家测绘局等七部门在全面总结全国地理信息市场专项整治工作经验的基础上，联合印发了《关于加强地理信息市场监管工作的意见》，对严把市场准入关口、加强地理信息市场动态监管、建立市场监测预警机制、进一步加大联合执法力度、加大涉密地理信息保密监管力度等提出了明确要求。各级测绘地理信息主管部门与有关部门建立健全协作工作机制，完善相关监管制度，逐步建立健全了地理信息安全管理制度体系。

②建立地理信息技术防控体系。

建立地理信息技术防控体系，是指国家从技术层面上所采取的地理信息安全防护、监管、预警和安全保障技术措施和手段。随着计算机、网络技术的普及和测绘成果从传统的模拟产品向数字化产品转变，容易制作、复制、携带和传递成为地理信息安全的突出隐患。为防止涉密地理信息数据的失泄密，必须依靠先进的技术手段来保证地理信息安全，包括使用地理信息安全技术装备。地理信息安全技术装备是技术防控、确保地理信息数据安全保密的重要基础，包括硬件设备、软件系统、网络安全和数据安全。其中，硬件设备要符合国家计算机机房建设标准，经权威部门检测，安全可靠，谨防窃密；软件系统要使用经国家认定的正版应用软件，及时修补系统漏洞后门，防止病毒感染和黑客攻击；网络安全要防止冒充合法用户非法接入网络并访问非授权资源；地理信息数据要避免因存储故障导致丢失，因病毒破坏造成数据不再可用，甚至被恶意修改而无法追踪记录，被非法复

制和拷贝造成泄密等。

建立技术防控体系，必须着眼于安全保密技术创新，加强地理信息安全保密基础理论研究，着力开展测绘成果安全保密技术攻关，积极推进身份认证、数字水印、非线性处理等保密技术应用。引进和创新各种安全技术，完善涉密地理信息采集、处理、提供、使用、登载的安全监管政策和支撑手段，制定涉密敏感地理信息生产管理规范，开发覆盖涉密测绘成果生产、更新、管理与分发全过程的一体化、网络化安全监控系统，建立覆盖全国、多级互动、快速响应的地理信息安全监控平台，提高涉密地理信息的网络化、社会化监督水平。同时对地理信息相关管理、技术人员定期开展安全和技术培训，全面提升相关人员的地理信息安全意识。制定地理信息成果安全等级规范，解决地理信息数据的保密问题，提高地理信息数据的安全性。

(2)县级以上人民政府测绘地理信息主管部门应当会同本级人民政府其他有关部门加强对地理信息安全的监督管理。

地理信息广泛应用于经济建设、国防建设、社会发展和生态保护各个领域，并且成为人民群众提高物质文化生活水平的重要工具和空间载体。尤其是卫星导航定位基准站建设和涉密地理信息的获取、持有、提供、利用等，直接关系国家主权、安全和利益，一旦在某个环节发生泄密，其危害重大而深远。党中央、国务院高度重视新形势下的地理信息安全工作，中央领导同志多次作出重要批示，要求加强管理、督促检查，堵塞漏洞、消除隐患，防止失泄密案件发生。近年来，随着信息技术的快速发展和地理信息的广泛应用，涉密地理信息安全管理面临着严峻形势。部分涉密地理信息生产和使用单位保密意识淡薄，非法建设卫星导航定位基准站，在非涉密计算机上违规存储涉密信息，甚至在互联网上发送、传递涉密信息；非法获取、提供和买卖涉密地理信息的案件时有发生；多次发生境外组织和个人窃取我国重要地理信息数据的案件等。当前，地理信息载体种类和表现形式更加丰富，数字化成果广泛应用，传播途径更为多样，给涉密地理信息的安全管理带来严峻挑战。

测绘地理信息主管部门是测绘工作的统一监督管理部门，加强地理信息安全监管是测绘地理信息主管部门的一项重要职责。各级测绘地理信息主管部门应当会同国家安全、保密、工业和信息化等有关部门，建立健全地理信息安全管理制度和技术防控体系，切实加强涉密地理信息安全管理。

(3)地理信息生产、保管、利用单位应当对属于国家秘密的地理信息的获取、持有、提供、利用情况进行登记并长期保存，实行可追溯管理。

地理信息是经济社会活动的基础，许多地理信息都涉及国家秘密。地理信息生产、保管、利用单位经常接触和保存、利用大量的属于国家秘密的地理信息数据，如果不加强地理信息生产、保管、利用等各个环节的安全保密管理，很容易造成涉密地理信息失泄密，给国家安全带来隐患。

对涉密地理信息的获取、持有、提供、利用情况进行登记，实行可追溯管理，是加强对涉密地理信息事中事后监督管理的重要措施，也是建立涉密地理信息可追溯管理体系的重要基础和条件。对属于国家秘密的地理信息的获取、持有、提供、利用情况进行登记，有利于实施对涉密地理信息从获取、持有、提供、利用的全过程监管，通过建立涉密地理信息登记台账或者簿册，即时履行清点、编号、登记、签收手续，并落实相关责任人，从而实现精准地追溯和溯源。涉密地理信息获取、持有、提供、利用单位应当依法建立详细的登记簿册，对涉及国家秘密的地理信息从获取、持有、提供、利用的每一个环节都要进行详细的登记记录，并且要长期保存，作为事中、事后监管的重要凭证和依据，做到可追溯、可溯源。

（4）从事测绘活动涉及获取、持有、提供、利用属于国家秘密的地理信息，应当遵守保密法律、行政法规和国家有关规定。

按照《保密法》规定，下列涉及国家安全和利益的事项，泄露后可能损害国家在政治、经济、国防、外交等领域的安全和利益的，应当确定为国家秘密：一是国家事务中重大决策中的秘密事项；二是国防建设和武装力量活动中的秘密事项；三是外交和外事活动中的秘密事项以及对外承担保密义务的秘密事项；四是国民经济和社会发展中的秘密事项；五是科学技术中的秘密事项；六是维护国家安全活动和追查刑事犯罪中的秘密事项；七是经国家保密行政管理部门确定的其他秘密事项。政党的秘密事项中符合上述规定的，属于国家秘密。国家秘密的等级分为绝密、机密、秘密三级。绝密级国家秘密是最重要的国家秘密，泄露会使国家安全和利益遭受特别严重的损害；机密级国家秘密是重要的国家秘密，泄露会使国家安全和利益遭受严重的损害；秘密级国家秘密是一般的国家秘密，泄露会使国家安全和利益遭受损害。国家秘密及其密级的具体范围，由国家保密行政管理部门分别会同外交、公安、国家安全和其他中央有关机关规定。军事方面的国家秘密及其密级的具体范围，由中央军事委员会规定。

在测绘活动中涉及获取、持有、提供、利用属于国家秘密的地理信息，实质上属于生产、保管、提供、利用国家秘密载体。《保密法》中对国家秘密载体的生产、保管、使用等都作出了明确规定：一是制作国家秘密载体，应当由机关、单位或者经保密行政管理部门保密审查合格的单位承担，制作场所应当符合保密要求。二是收发国家秘密载体，应当履行清点、编号、登记、签收手续。三是传递国家秘密载体，应当通过机要交通、机要通信或其他符合保密要求的方式进行。四是复制国家秘密载体或者摘录、引用、汇编属于国家秘密的内容，应当按照规定报批，不得擅自改变原件的密级、保密期限和知悉范围，复制件应当加盖复制机关、单位印记，并视同原件进行管理。五是保存国家秘密载体的场所、设备、设施，应当符合国家保密要求。六是维护国家秘密载体，应当由本机关、本单位专门技术人员负责。确需外单位人员维修的，应当由本机关、本单位的人员现场监督；确需在本机关、本单位以外维修的，应当符合国家保密规定。七是携带国家秘密载体外出的，应当符合国家保密规定，并采取可靠的保密措施；携带国家秘密载体出境的，应当按照国家保密规定办理批准和携带手续。

这项规定中所指的"保密法律、行政法规和国家有关规定"，包括了《保密法》及其实施条例、《测绘成果管理条例》和《地图管理条例》等法律、行政法规的规定，也包括了《测绘地理信息管理工作国家秘密范围的规定》等有关规定。

（5）危害国家地理信息安全应当承担相应的法律责任。

不论是外国的组织或者个人来华测绘、涉军测绘，还是卫星导航定位基准站建设与运行维护和互联网地理信息服务，以及从事测绘活动涉及获取、持有、提供、利用属于国家秘密的地理信息的，都直接关系国家地理信息安全，关系国家主权、安全和利益，必须严格监管。

违反《测绘法》有关地理信息安全管理的规定，包括外国的组织或者个人来华从事违法测绘活动，违法建设卫星导航定位基准站的，以及非法获取、持有、提供、利用属于国家秘密的地理信息的行为，违法从事互联网地理信息服务等，都应当承担相应的法律责任，受到法律的制裁。《测绘法》作为从事测绘活动的基本法律和行为规则，在多个环节、各个领域都设置了明确的法律责任，涉及外国的组织或者个人来华测绘、违法建设卫星导航定位基准站、违法从事互联网地理信息服务以及非法获取、持有、提供、利用属于国家秘密的地理信息的行为等，这些内容在相应章节中都进行了介绍，这里不再赘述。

六、地理信息安全监管措施

《测绘法》建立了地理信息安全管理制度，明确了地理信息安全监督管理职责，明确要建立地理信息安全管理制度和技术防控体系，确立了地理信息安全监管的重点任务和目标。各级测绘地理信息主管部门和其他有关部门必须以习近平新时代中国特色社会主义思想为指导，牢固树立总体国家安全观，提高政治站位，站在国家发展战略全局的高度，通过采取积极有效的措施，切实加强地理信息安全监管。根据《测绘法》等有关法律、行政法规的规定，地理信息安全监管措施主要包括以下内容：

（一）建立地理信息安全管理制度

各级测绘地理信息主管部门要依据《测绘法》和《测绘成果管理条例》等法律、行政法规的规定，建立涉密地理信息定密解密、使用审批及公开、使用和长期登记保存制度，落实测绘成果核心涉密人员持证上岗制度，不断完善地理信息安全管理制度体系。对涉密地理信息的获取、持有、提供、利用情况实行可追溯管理，建立健全涉密地理信息的获取、持有、提供、利用登记保存制度，完善地理信息安全管理制度体系，扎牢地理信息安全保密制度的笼子。

（二）建立地理信息安全技术防控体系

地理信息安全涉及数据安全、网络安全和系统安全等多方面内容，其安全保密技术主要涉及以下内容：一是信息保密技术，涉及地理信息数据的加密技术、信息隐藏技术、数字水印技术、信息伪装技术和信息脱密技术等。二是信息认证技术，防止非授权人员对系统进行的主动攻击，包括数字签名技术、身份认证技术和数字水印技术等。三是访问控制技术。访问控制是信息安全的一个重要组成部分，涉及身份认证、安全审计和公正机制。四是网络安全技术。目前，网络安全成为地理信息安全的关键，包括防火墙技术、入侵检测技术、安全协议、反病毒技术、网络攻击技术、安全扫描技术、内外网隔离技术、内网安全技术等。五是系统安全技术。系统是软硬件运行的统一体，也是安全威胁的对象。其中，操作系统、应用软件系统和数据库系统是 GIS 运行的主要平台，也是黑客攻击的重点。

测绘地理信息主管部门要针对当前网络化、智能化条件下的地理信息安全监管新形势、新任务和新要求，认真分析研究当前地理信息安全监管领域面临的新问题和存在的技术瓶颈，积极开展地理信息安全保密技术攻关，大力推广应用身份认证、数字水印、非线性处理、信息脱密等保密技术应用，引进和创新各种地理信息安全保密技术，完善涉密地理信息采集、处理、提供、使用、登载的安全监管技术支撑手段和分级标准及规范，着力建立健全地理信息安全技术防控体系。要加强地理信息涉密人员和安全管理人员技术培训，提高地理信息安全保密意识，掌握地理信息安全技术，提高技术防范防护能力和水平。

(三) 对涉密地理信息数据实行可追溯管理

涉密地理信息可追溯管理是指测绘地理信息主管部门通过建立地理信息生产、保管、利用单位获取、持有、提供、利用涉密地理信息情况登记及长期保存制度，实现全过程实时监控涉密地理信息获取、持有、提供、利用状况以及存在的问题和安全隐患，从而有效管控涉密地理信息的行政管理活动。

地理信息生产、保管、利用单位经常接触和拥有大量的属于国家秘密的地理信息，有的单位对地理信息安全的重要性认识不足，单位领导和涉密人员保密意识薄弱，保密知识匮乏，保密管理制度不健全、措施不到位，涉密地理信息使用中存在大量的失泄密隐患，给地理信息安全带来严重威胁。为保障涉密地理信息安全，维护国家主权、安全和利益，实现对涉密地理信息获取、持有、提供、利用各个环节的全覆盖、无死角监管，建立涉密地理信息可追溯管理，可以进一步落实涉密地理信息安全监管责任，堵塞涉密地理信息生产、保管、利用各个环节中的漏洞，通过各个环节留痕、备查，为防范和化解地理信息安全风险奠定了基础。

(四) 建立健全地理信息安全监管机制

地理信息安全监管涉及多个领域和多个部门，涉及国防、军事和外交立场。测绘地理信息主管部门要立足当前地理信息安全监管工作实际，着眼于建立地理信息安全监管长效机制，强化与国家安全、网信、工业和信息化、保密以及军队等部门的沟通协作，取得各相关部门的配合支持，共享相关监管信息，相互借鉴成熟的信息安全管理经验和技术，不断形成地理信息安全监管合力。加强与网信、保密、国家安全、公安等有关部门的配合协作，定期组织开展外国组织或者个人来华测绘、涉军测绘、互联网地图服务及涉密地理信息安全保密等监督检查，尤其加强对重点单位、重点环节和重点部位的安全检查，及时组织查处涉密地理信息违法案件，严厉打击窃取、刺探、买卖和非法提供涉密地理信息的行为。

(五) 加强地理信息安全保密意识宣传教育

地理信息安全保密意识宣传教育，是维护国家地理信息安全的一项重要的基础工作，也是培养国家观念、增强爱国情怀、进行爱国主义教育的重要内容。测绘地理信息主管部门和其他有关部门要充分发挥移动互联网、微信、微博等新媒体的作用，重点加强对卫星导航定位基准站建设管理，涉外测绘，国家版图意识，互联网地图服务，涉密地理信息生产、保管、提供、利用的宣传教育，把地理信息安全保密意识宣传教育纳入测绘普法工作规划，提高全社会的地理信息安全保密意识。同时，要加强对涉密地理信息违法案件的宣传，通过"以案说法"，充分发挥查办案件的警示教育作用，提升全社会自觉维护地理信息安全的共识，为地理信息安全管理营造良好的社会环境。

第三节　涉外测绘管理

一、涉外测绘的特征

涉外测绘，是指外国的组织或者个人在中华人民共和国领域和管辖的其他海域通过采取合作的方式从事商业性测绘活动以及以旅游、文化传播、科学考察等为目的的一次性测绘活动的总称。

外国的组织或个人是指中华人民共和国以外的其他国家或者地区的政府部门、企事业单位、民间团体和不具有中华人民共和国国籍的公民。这里所说的外国组织，是指外国的政党、社会团体及其他企事业单位等。外国个人，是指外国公民、无国籍人以及外籍华人等。

根据原国土资源部 2010 年 11 月 29 日修订实施的《外国的组织或者个人来华测绘管理暂行办法》，外国的组织或者个人来华测绘，必须遵守中华人民共和国的法律、法规和国家有关规定，不得涉及中华人民共和国的国家秘密，不得危害中华人民共和国的国家安全。来华测绘有其特殊性，这种特殊性主要体现在以下两个方面：

(一) 涉外测绘涉及国家秘密

外国的组织或个人在中华人民共和国领域和管辖的其他海域从事测绘活动，可以获得我国境内的自然地理地貌和地表人工设施的空间位置、形状、大小及其属性等信息，其中可能包括国防、科技及军事设施以及敏感地区的空间地理信息。大部分测绘成果都涉及国家秘密，通过测绘成果不仅可以定性地掌握我国自然地理要素和地上、地下的各种建筑物、构筑物及设施，并且可以获取一些特定的空间定位点、卫星导航定位基准站点和其他基准点，而这些点位的空间位置信息几乎都属于国家秘密，有的甚至是绝密级测绘成果。因此，外国的组织或个人来华测绘涉及国家秘密。

(二) 涉外测绘关系国家安全

随着我国改革开放的不断深入，特别是党的十八大以来，我国许多领域对外开放的力度进一步加大，对外开展经济、文化、科学技术的交流与合作越来越多，在许多开放的领域都涉及测绘工作。测绘获取了自然地理要素和地表人工设施的空间位置、形状、大小及其属性，其中有许多属于不能对外公开的国家秘密事项，特别是我国境内一些国防军事设施和一些敏感的地理空间信息，关系国家主权、安全和利益。因此说，外国的组织或个人在中华人民共和国领域和管辖的其他海域从事测绘活动关系国家安全。

(三) 涉外测绘关系国家利益

当今世界，非传统安全威胁对世界和平与稳定不断提出新的挑战。外国的组织或者个人在中华人民共和国领域和管辖的其他海域从事测绘活动，不仅可以获取我国重要的地理信息数据，同时也可以获取我国经济建设、国防建设和社会发展等有关领域重要的、敏感的、不宜对外公开的经济信息、国防军事信息以及重大科技项目信息等，这些信息不仅涉及国家秘密，影响国家安全，同时也涉及我国国家利益，给我国经济安全、金融安全、生态环境安全、信息安全、资源安全等带来巨大的影响。

二、测绘法对涉外测绘的规定

(1) 涉外测绘必须经国务院测绘地理信息主管部门会同军队测绘部门批准。

测绘涉及国家秘密，事关国家安全和主权。现代战争离不开测绘提供的地理空间信息实施远程精确打击。随着改革开放的不断深入，特别是党的十八大以来，我国许多领域开始全方位对外开放，对外开展经济、文化、科学技术的交流与合作越来越多，在许多领域都涉及测绘工作。经国务院批准的《外商投资产业指导目录》将测绘列入限制类目录。为了维护国家安全和国家主权，必须加强对外国的组织或者个人在我国从事测绘活动的管理。未经批准，不允许其在我国从事测绘活动。因此，《测绘法》规定，外国的组织或者个人在中华人民共和国领域和中华人民共和国管辖的其他海域从事测绘活动，应当经国务院测绘地理信息主管部门会同军队测绘部门批准。

(2) 涉外测绘必须遵守中华人民共和国有关法律、行政法规的规定。

外国的组织或者个人经批准在中华人民共和国领域和管辖的其他海域内从事测绘活动后，还必须遵守我国的有关法律、行政法规的规定，严格依法从事测绘活动，在法律规定和允许的范围内从事测绘活动。这项规定中所称法律、行政法规不仅包括《测绘法》《测绘成果管理条例》《地图管理条例》等在内的有关测绘法律、行政法规，也包括了与涉外测绘活动有关的其他法律、行政法规。例如，涉及合作测绘的，还必须遵守《中华人民共和国中外合作经营企业法》(以下简称《中外合作经营企业法》)等法律法规。值得强调的是，这里不涉及地方性法规，地方性法规不适用于涉外测绘管理。

《外国的组织或者个人来华测绘管理暂行办法》对外国的组织或者个人在中华人民共和国领域和管辖的其他海域从事测绘活动作出了具体规定。其中，外国的组织或者个人来华从事合作测绘不得开展大地测量、测绘航空摄影、行政区域界线测绘、海洋测绘、地图编制以及导航电子地图制作等业务。

(3) 涉外测绘应当与中华人民共和国有关部门或者单位合作进行，并不得涉及国家秘密和危害国家安全。

由于测绘工作涉及国家主权、安全和利益，大部分测绘成果都属于国家秘密，因此，必须加强对涉外测绘活动的全过程监督管理。实现对涉外测绘的全过程监管的一个重要措施，就是不允许其独立从事测绘活动，要与中方有关部门或者单位采取合作的方式进行，以保证其能够严格依法测绘，确保不涉及国家秘密和危害国家安全。因此，《测绘法》规定，外国的组织或者个人在中华人民共和国领域从事测绘活动，应当与中华人民共和国有关部门或者单位合作进行，并不得涉及国家秘密和危害国家安全。

外国的组织或者个人与我国有关部门或者单位合作从事测绘活动，包括以下几种情况：一是采取设立测绘企业的形式，采取这种形式的企业，应当依照《测绘法》《中外合资经营企业法》《中外合作经营企业法》以及其他相关法律、行政法规的规定设立合作企业并依法取得测绘资质后方能从事测绘活动。二是在我国对外开放领域中，外国的组织或者个人与我国有关部门或者单位合作的项目中包含测绘工作，从事此类测绘活动也应当遵守合作的规定，应当由具有符合中华人民共和国法律、行政法规规定的条件和具有测绘资质的单位承担其中的测绘工作。三是外国的组织或者个人经批准与我国有关部门或者单位合作，为开展科技、文化、体育等活动而进行的一次性测绘活动。这种情况，应当保证中方测绘人员全程参与具体测绘活动。

（4）涉外从事违法测绘必须承担相应的法律责任。

外国的组织或者个人来华测绘涉及国家安全、主权和利益，外国的组织或者个人违法在中华人民共和国领域和管辖的其他海域内从事测绘活动，必须承担相应的法律责任。《测绘法》第五十一条规定："违反本法规定，外国的组织或者个人未经批准，或者未与中华人民共和国有关部门、单位合作，擅自从事测绘活动的，责令停止违法行为，没收违法所得、测绘成果和测绘工具，并处十万元以上五十万元以下的罚款；情节严重的，并处五十万元以上一百万元以下的罚款，限期出境或者驱逐出境；构成犯罪的，依法追究刑事责任。"

三、涉外测绘监管

根据《外国的组织或者个人来华测绘管理暂行办法》，县级以上人民政府测绘地理信息主管部门依照法律、行政法规和规章的规定，对来华测绘履行监督管理职责。具体包括以下几个方面：

（一）涉外测绘资质管理

采取合作方式来华测绘，必须依法取得测绘资质证书并在测绘资质证书规定的业务范围内从事测绘活动。

来华测绘的合作企业申请测绘资质，应当按照规定分别向国务院测绘地理信息主管部门和其所在地的省级测绘地理信息主管部门提出申请。国务院测绘地理信息主管部门在收到申请材料后依法作出是否受理的决定，决定受理的，应当及时通知省、自治区、直辖市人民政府测绘地理信息主管部门进行初审。省级测绘地理信息主管部门应当在 20 个工作日内提出初审意见，并报国务院测绘地理信息主管部门。国务院测绘地理信息主管部门接到初审意见后，应当在 5 个工作日内送军队测绘部门会同审查，并在接到会同审查意见后8 个工作日内作出审查决定。审查合格的，由国务院测绘地理信息主管部门颁发测绘资质证书；审查不合格的，由国务院测绘地理信息主管部门作出不予许可的决定。

根据《外国的组织或者个人来华测绘管理暂行办法》，合作测绘不得从事下列测绘活动：

①大地测量；

②测绘航空摄影；

③行政区域界线测绘；

④海洋测绘；

⑤地形图、世界政区地图、全国政区地图、省级及以下政区地图、全国性教学地图、地方性教学地图和真三维地图的编制；

⑥导航电子地图编制；

⑦国务院测绘地理信息主管部门规定的其他测绘活动。

测绘地理信息主管部门在审批来华测绘企业测绘资质时，应当严格依照法定的程序进行，并不得批准上述规定的限制性测绘业务。同时，要通过建立双随机监督抽查工作机制，加强对来华测绘企业的日常监督管理。对有不良信用记录、经营异常的来华测绘企业，要加大抽查频次，强化日常监管，涉嫌违法违规的，依法予以处理。

(二) 一次性测绘管理

一次性测绘，是指外国的组织或者个人经批准来华开展科技、文化、体育等活动时，需要进行的一次性测绘活动。根据《外国的组织或者个人来华测绘管理暂行办法》，经国务院及其有关部门或者省、自治区、直辖市人民政府批准，外国的组织或者个人来华开展科技、文化、体育等活动时，需要进行一次性测绘活动的，可以不设立合作企业，但是必须经国务院测绘地理信息主管部门会同军队测绘部门批准，并与中华人民共和国的有关部门和单位的测绘人员共同进行。

1. 申请一次性测绘应当提交的材料

①申请表；

②国务院及其有关部门或者省、自治区、直辖市人民政府的批准文件；

③按照法律法规规定应当提交的有关部门的批准文件；

④外国的组织或者个人的身份证明和有关资信证明；

⑤测绘活动的范围、路线、测绘精度及测绘成果形式的说明；

⑥测绘活动时使用的测绘仪器、软件和设备的清单和情况说明；

⑦中华人民共和国现有测绘成果不能满足项目需要的说明。

2. 一次性测绘审批程序

①提交申请：经国务院及其有关部门批准，外国的组织或者个人来华开展科技、文化、体育等活动时，需要进行一次性测绘活动的，应当向国务院测绘地理信息主管部门提交申请材料。经省、自治区、直辖市人民政府批准，外国的组织或者个人需要在本行政区内进行一次性测绘活动的，应当向国务院测绘地理信息主管部门和省、自治区、直辖市人民政府测绘地理信息主管部门分别提交申请材料。

②初审：国务院测绘地理信息主管部门在收到申请材料后依法作出是否受理的决定。经省、自治区、直辖市人民政府批准，外国的组织或者个人来华开展科技、文化、体育等

活动时，需要进行一次性测绘活动的，国务院测绘地理信息主管部门决定受理后，应当及时通知省、自治区、直辖市人民政府测绘地理信息主管部门进行初审。省、自治区、直辖市人民政府测绘地理信息主管部门应当在接到初审通知后 20 个工作日内提出初审意见，并报国务院测绘地理信息主管部门。

③审查：国务院测绘地理信息主管部门受理后或者接到初审意见后 5 个工作日内送军队测绘主管部门会同审查，并在接到会同审查意见后 8 个工作日内作出审查决定。

④批准：准予一次性测绘的，由国务院测绘地理信息主管部门依法向申请人送达批准文件，并抄送测绘活动所在地的省、自治区、直辖市人民政府测绘地理信息主管部门；不准予一次性测绘的，应当作出书面决定。

一次性测绘应当按照国务院测绘地理信息主管部门批准的内容进行。对伪造证明文件、提供虚假材料等手段，骗取一次性测绘批准文件的，或者超出一次性测绘批准文件的内容从事测绘活动的，测绘地理信息主管部门应当依法进行处罚。

(三) 来华测绘成果管理

来华测绘成果管理，依照有关测绘成果管理的法律、行政法规的规定执行，汇交、保管、公布、利用、销毁测绘成果必须遵守有关保密法律法规的规定，采取必要的保密措施，保障测绘成果的安全。外国的组织或者个人依法与中华人民共和国有关部门或者单位合作，经批准在中华人民共和国领域内从事测绘活动的，测绘成果归中方部门或者单位所有，并由中方部门或者单位向国务院测绘地理信息主管部门汇交测绘成果副本。未经依法批准，不得以任何形式将测绘成果携带或者传输出境。

根据《测绘成果管理条例》，来华测绘涉及对外提供属于国家秘密的测绘成果，应当按照国务院和中央军事委员会规定的审批程序，报国务院测绘地理信息主管部门或者省、自治区、直辖市人民政府测绘地理信息主管部门审批；测绘地理信息主管部门在审批前，应当征求军队有关部门的意见。

(四) 来华测绘监督检查

根据《外国的组织或者个人来华测绘管理暂行办法》，县级以上地方人民政府测绘地理信息主管部门，应当加强对本行政区域内来华测绘的监督管理，定期对下列内容进行检查：

①是否涉及国家安全和秘密；
②是否在测绘资质证书载明的业务范围内进行；
③是否按照国务院测绘行政主管部门批准的内容进行；
④是否按照《测绘成果管理条例》的有关规定汇交测绘成果副本或者目录；
⑤是否保证了中方测绘人员全程参与具体测绘活动。

测绘地理信息主管部门对来华测绘涉及中华人民共和国的国家秘密或者危害中华人民共和国的国家安全行为的，应当依法追究其法律责任。

第四节　测绘执法检查措施

一、测绘执法的概念与特征

(一)测绘执法的概念

测绘执法是指测绘地理信息主管部门依据测绘法律、法规和规章，按照法定程序对测绘行政管理相对人依法行使权利和履行义务的情况进行监督检查，或者作出影响其权利义务的处理决定，保证测绘法律、法规和规章正确实施的行政行为。狭义的测绘执法包括行政处罚和执法检查，不包括行政许可、行政征收、行政给付等其他行政处理行为。

(二)测绘执法的特征

1. 法定性

测绘执法的主体、程序、依据等都是根据测绘法律法规的直接授权或者规定。测绘执法主体是由法律法规直接授权的行政机关或者组织，凡未经授权的其他任何组织或者机关都不得进行测绘执法活动。测绘执法主体在执法活动中的程序、手段、结果等都要受到法律的限制，不得超出法定的范围，法律没有授予的权力不得为之，测绘执法具有鲜明的法定性特点。

2. 具体性

测绘地理信息主管部门代表国家实施行政管理，主要是通过抽象行政行为和具体行政行为来体现。一方面，测绘地理信息主管部门按照法定职权通过制定法规、规章和规范性文件，来规范和约束管理相对人的行为；另一方面，测绘地理信息主管部门通过对管理相对人实施监督检查、行政许可等一些具体的行政行为，保障测绘法律、法规和规章的实施。

3. 强制性

测绘执法受国家强制力保障，测绘地理信息主管部门一经作出具体行政行为，管理相对人就必须执行，对拒不执行的或者妨碍执行的，测绘地理信息主管部门有权依法强制执行或者依法予以制裁。

4. 关联性

测绘工作是国民经济建设、国防建设、社会发展和生态保护的一项基础性工作，涉及多个行业和部门，呈现出与其他行业和部门较强的关联性。因此，测绘执法通常需要与其他有关行政部门一起进行。如测绘成果保密检查与处理，测绘地理信息主管部门应当与保密工作部门共同配合进行。

5. 专业性

测绘行业是一个技术密集型行业，测绘技术手段、技术成果及成果的表现形式与科技发展水平紧密相关，客观上使测绘执法带有很强的专业性特点，对测绘执法人员的专业素质要求比较高，尤其是随着现代通信技术和网络技术的发展，对各级测绘执法人员提出了

191

更高的要求。

二、建立测绘执法随机抽查机制的意义

建立健全执法检查随机抽查机制是国家简政放权、放管结合、优化服务的重大制度安排。2015 年 7 月 29 日，《国务院办公厅关于推广随机抽查规范事中事后监管的通知》要求建立随机抽取被检查对象、随机选派检查人员的"双随机"抽查机制，不断创新市场监管方式、规范市场监管行为，强化市场主体自律和社会监督。

"双随机"抽查机制实现了科学高效监管，推动了政府治理能力建设，蕴含着深刻的科学规律和数学逻辑。"双随机"是运用数学中的随机抽样方法实现统计规律意义上的市场主体覆盖和执法检查人员全覆盖。根据随机的数学定义，"双随机"抽查涉及随机抽取检查对象、随机抽取执法人员和随机匹配过程，执法人员需要通过抽签、摇号等方式与市场主体相匹配后开展执法检查。

通过建立"双随机"抽查制度，能够使不同的测绘市场主体被抽查到的机会均等，任何测绘市场主体都不能有侥幸心理，实现抽查全覆盖，解决了测绘执法力量不足的问题；能够使抽查的执法人员机会均等，调动了所有测绘执法人员的积极性，解决了一部分执法人员懒政怠政的问题；有助于规范测绘执法活动，每一次"双随机"抽查对测绘单位和执法人员来说，都是一次性抽查，执法必须严格依照测绘法和有关法律法规进行，在做到规范公正文明执法的同时，还要做到执法留痕，有利于建立公正高效的测绘行政权力运行机制；能够打破固有的属地监管模式，抽查对象与抽查人员随机匹配，杜绝了人情监管和"选择性执法"，使测绘执法活动在公开透明的阳光下进行，有效地保障了测绘市场主体权利平等、机会均等、规则一致。

三、测绘执法检查随机抽查机制的内容

(一) 制定随机抽查事项清单

测绘地理信息主管部门要对照《测绘法》、行政法规及规章规定的检查事项，制定执法检查随机抽查事项清单，明确抽查依据、抽查主体、抽查内容、抽查方式等内容。随机抽查事项清单要根据测绘法律法规修订情况和测绘市场监管工作实际及时进行动态调整，并向社会公布。

(二) 建立"双随机"抽查机制

测绘地理信息主管部门要建立随机抽查检查对象、随机抽取执法检查人员的"双随机"抽查机制，严格限制测绘地理信息主管部门的执法自由裁量权。建立健全测绘市场主体名录库和执法检查人员名录库，通过摇号等方式，从测绘市场主体名录库中随机抽取被检查对象，从执法检查人员名录库中随机选派执法检查人员。推广运用电子化手段，对"双随机"抽查做到全程留痕，实现责任可追溯。

(三)合理确定随机抽查的比例和频次

测绘地理信息主管部门要根据当地经济社会发展和测绘市场监管领域的实际情况,合理确定随机抽查的比例和频次,既要保证必要的抽查覆盖面和工作力度,又要防止检查过多和执法扰民。对投诉举报多、列入经营异常名录或有严重违法违规记录等情况的测绘市场主体,要加大随机抽查工作力度,增加随机抽查的比例和频次。

(四)加强抽查结果运用

测绘地理信息主管部门对抽查发现的测绘违法违规行为,要依法依规加大惩处力度,形成有效震慑,不断增强测绘市场主体守法的自觉性。对抽查对象的查处情况,要纳入测绘单位的信用档案,形成"一处受罚、处处受制"的失信惩戒机制。同时,抽查情况及查处结果要及时向社会公布,接受社会监督。

建立健全测绘执法随机抽查机制是县级以上人民政府测绘地理信息主管部门依法履行测绘市场监督检查职责的重要途径,县级以上人民政府测绘地理信息主管部门还要通过接受举报、追踪舆情等其他方式获取违法信息,依法履行监督检查职责。

四、测绘执法检查措施

《测绘法》规定,测绘地理信息主管部门发现涉嫌违反测绘法规定行为的,可以依法采取下列措施:查阅、复制有关合同、票据、账簿、登记台账以及其他有关文件、资料;查封、扣押与涉嫌违法测绘行为直接相关的设备、工具、原材料、测绘成果资料等。

(1)查阅、复制有关合同、票据、账簿、登记台账以及其他有关文件、资料。

查阅、复制有关文件资料,包括测绘项目合同、票据、账簿、登记台账等其他有关文件资料,是各级测绘地理信息主管部门执法检查人员为了发现并获得涉嫌违反测绘法规定行为的确切证据并予以固定的行政行为,是测绘法授权测绘地理信息主管部门可以实施的执法检查措施和手段。通过查阅、复制有关测绘合同、票据、账簿、登记台账以及其他有关文件、资料,可以及时发现测绘单位的违法违规问题,并获取相应的证据材料,为案件调查处理提供有力依据。

(2)查封、扣押与涉嫌违法测绘行为直接相关的设备、工具、原材料、测绘成果资料等。

查封、扣押是对涉嫌违法测绘行为直接相关的设备、工具、原材料、测绘成果资料等实施行政暂时性控制的措施,属于行政强制措施。实施行政强制性措施,必须严格按照《中华人民共和国行政强制法》(以下简称《行政强制法》)的规定执行。

行政强制措施,是指行政机关在行政管理过程中,为制止违法行为、防止证据销毁、避免危害发生、控制危险扩大等情形,依法对公民的人身自由实施暂时性控制,或者对公民、法人或者其他组织的财物实施暂时性控制的行为。根据《行政强制法》的规定,查封、扣押应当由法律、法规规定的行政机关实施,其他任何行政机关或者组织不得实施。测绘地理信息主管部门在实施测绘行政强制措施时,要严格依法进行。

①测绘行政强制措施的实施，必须严格按照《行政强制法》《测绘法》等有关法律、行政法规的规定进行。

②根据《测绘法》，测绘行政强制措施仅包括查封、扣押两种类型，不包含其他行政强制措施。查封、扣押的范围，包括查封、扣押与涉嫌违法测绘行为直接相关的设备、工具、原材料、测绘成果资料等，不包括其他内容。

③测绘行政强制措施的实施，必须依法由县级以上人民政府测绘地理信息主管部门实施，其他任何行政机关不得实施，并不得委托。

五、被检查单位和个人的义务

《测绘法》规定，测绘地理信息主管部门依法履行监督检查职责时，被检查的单位和个人应当配合，如实提供有关文件、资料，不得隐瞒、拒绝和阻碍。任何单位和个人对违反测绘法规定的行为，都有权向县级以上人民政府测绘地理信息主管部门举报。接到举报的测绘地理信息主管部门应当及时依法处理。

(1)被检查单位和个人应当配合，如实提供有关文件、资料。

执法机关的监督检查是履行法定职责的体现。为了保证执法机关依法履职顺利进行，被检查单位和个人必须予以配合。县级以上人民政府测绘地理信息主管部门依法履行监督检查职责时，被检查单位和个人应当如实提供有关文件、资料，不得隐瞒、拒绝和阻碍。检查对象要按照县级以上人民政府测绘地理信息主管部门的要求，将自己所掌握的有关监督检查所需要的合同、票据、账簿、登记台账以及其他有关文件、资料，实事求是地予以提供。

(2)不得隐瞒、拒绝、阻碍检查。

被检查单位和个人在接受检查时，要如实反映情况，为监督检查机构依法履行职责提供便利，不能消极应付，不能隐瞒，更不能采取违法方式阻碍检查。违反配合义务或者阻挠、干涉检查的，要承担相应的法律责任。

(3)任何单位和个人对违反测绘法规定的行为，有权向县级以上人民政府测绘地理信息主管部门举报。

测绘活动涉及面广，与国家安全、主权和利益密切相关。为有效打击各种测绘违法行为，应当动员全社会的力量，对测绘活动实施广泛的社会监督。社会监督具有广泛性、及时性的特点，充分发挥社会监督的力量，有利于保障测绘法的有效实施，切实维护国家主权、安全和利益。任何单位和个人发现有违反测绘法规定的行为，都有权向县级以上人民政府测绘地理信息主管部门举报。向县级以上人民政府测绘地理信息主管部门举报既是任何单位和个人的权利，也是法律规定的义务。

(4)接到举报的测绘地理信息主管部门应当及时依法处理。

县级以上人民政府测绘地理信息主管部门接到举报后，应当依法履行职责，及时作出处理。在处理单位和个人的举报时，应当严格依法进行。县级以上人民政府测绘地理信息主管部门不依法履行监督管理职责，或者发现违法行为不予查处的，对负有责任的领导人员和直接责任人员，依法给予处分；构成犯罪的，依法追究刑事责任。

第五节　测绘法律责任

一、测绘行政法律责任

(一)测绘行政法律责任的概念

行政法律责任是指个人或者单位违反行政管理方面的法律规定所应当承担的法律责任。行政法律责任包括行政处分和行政处罚。行政处分是行政机关内部,上级对有隶属关系的下级违反纪律的行为或者是尚未构成犯罪的轻微违法行为给予的纪律制裁。行政处罚是指行政主体依照法定职权和程序对违反行政法律规范,尚未构成犯罪的相对人给予行政制裁的具体行政行为。

测绘行政法律责任是测绘行政法律关系主体由于违反测绘法规定的法定权利和义务构成行政违法,而应当依法承担的法律责任。根据责任主体不同,测绘行政法律责任包括测绘地理信息主管部门及其机关工作人员在行政管理中因违法失职、滥用职权或行政不当而产生的行政法律责任,也包括从事测绘活动的单位、个人或者其他组织等行政相对人违反测绘法律法规而产生的行政法律责任。

测绘行政法律责任是测绘法律责任中最常见的一种法律责任,适用范围非常广泛,这里主要介绍从事测绘活动的单位或者个人违反测绘法规定应当承担的行政法律责任。

(二)测绘行政法律责任的表现形式

《测绘法》确定的测绘行政法律责任,其主要的表现形式可以归纳为以下几种:警告、责令改正、责令停止违法行为、责令补测或者重测、责令限期汇交测绘成果、没收违法所得、没收违法所得和测绘成果、没收测绘工具、罚款、责令停业整顿、暂扣测绘资质证书、降低测绘资质等级、吊销测绘资质证书、责令限期出境或者驱逐出境等。

1. 警告

警告是行政处罚法规定的行政处罚的一种,也是行政处罚中最轻的一种。警告是测绘地理信息主管部门对违法的单位或者个人提出告诫,使其充分认识到自己的违法性质,并督促违法行为人主动采取措施纠正违法行为的一种行政处罚。警告既有教育意义,又有行政处罚的性质,它是基于对违法行为人给予道德和社会舆论的压力,从而给违法行为人的信誉或商誉造成不利影响。

2. 责令改正

法律责任主体实施了违法行为,并且对于违法行为不积极主动地进行改正,测绘地理信息主管部门要责令违法行为人纠正违法行为。例如,对建立地理信息系统采用不符合国家标准的基础地理信息数据的,要责令其限期改正,改为采用符合国家标准的基础地理信息数据。

3. 责令停止违法行为

违法行为人正在实施的违法测绘行为被发现时,测绘地理信息主管部门应当责令违法行为人立即停止该违法行为，不能继续从事违法的特定的测绘活动。例如，无测绘资质的单位违法从事测绘活动被发现后，应当立即责令其停止一切测绘活动，使违法行为的后果降低至最低，并等待测绘地理信息主管部门的最终调查处理结果。

4. 责令测绘单位补测或者重测

责令测绘单位补测或者重测，是《测绘法》规定的一种特定的行政处罚方式。补测是指在测绘成果质量问题不是很严重的情况下，测绘地理信息主管部门责令测绘单位按照特定的技术规范要求采取补充测量的方法，使测绘成果质量达到合格的标准。重测是对成果质量问题非常严重、存在严重质量问题的测绘成果，测绘地理信息主管部门可以要求由原测绘单位或者另外聘请测绘单位按照技术规范要求重新进行测绘。补测或者重测的经费应当由原承担测绘项目的单位承担。

5. 责令限期汇交测绘成果

责令限期汇交测绘成果也是《测绘法》规定的一种特定的行政处罚方式。责令限期汇交测绘成果，是指测绘项目的出资人或者承担国家投资的测绘项目的单位，没有按照《测绘法》及测绘行政法规的规定在规定的期限内汇交测绘成果资料，由测绘地理信息主管部门责令测绘项目的出资人或者承担国家投资的测绘项目的单位在规定的期限内依法汇交测绘成果资料，终止自己的违法行为，完整履行自己的法定义务。

6. 没收违法所得

没收违法所得是指行政机关依法将违法行为人以违法手段获得的金钱及其他财务收归国有的一种财产罚，是在行政处罚中适用最多的一种处罚方式。如测绘单位超越测绘资质证书规定的业务范围违法从事测绘活动，并且已获得项目资金收入。这里说的违法所得，是指违法行为人承担测绘项目的全部收入。

7. 没收测绘成果

没收测绘成果实质上是没收违法行为人的非法财物。违法行为人违法测绘获得的测绘成果属于非法财物，测绘地理信息主管部门应当依法予以全部没收。没收的违法测绘成果应当按照国家规定公开拍卖或者按照国家有关规定予以处理。

8. 没收测绘工具

测绘工具是指从事测绘工作必需的具体测绘技术装备与设施。测绘技术装备如卫星定位接收机、全站仪、全数字摄影测量工作站以及计算机、服务器等设备，具有数据获取、处理、存储或传输地理信息数据的功能。对于违法行为及情节严重的，应当予以没收。没收测绘工具是能力罚的一种，实际上是限制了违法行为人的生产能力。

9. 罚款

罚款是市场监管执法中最常用的一种经济处罚，测绘地理信息主管部门应当依法作出罚款的决定，并责令违法行为人向国家无偿缴纳一定数额的金钱。罚款的额度必须准确裁量，并且是法律明确规定的。如《测绘法》规定，卫星导航定位基准站的建设和运行维护不符合国家标准、要求的，可以给予警告，责令限期改正，没收违法所得和测绘成果，并处三十万元以上五十万元以下的罚款。

10. 责令停业整顿

责令停业整顿是指对违法行为情节较为严重、在某一方面管理十分混乱的测绘单位，由测绘地理信息主管部门责令其在一定时间内停止测绘活动，进行全面整改、整顿。责令停业整顿实际上是暂时剥夺了测绘单位的生产权利。如《测绘法》规定，测绘成果质量不合格的，责令测绘单位补测或者重测；情节严重的，责令停业整顿，并处降低测绘资质等级或者吊销测绘资质证书；造成损失的，依法承担赔偿责任。

11. 暂扣测绘资质证书

暂扣测绘资质证书是指暂时扣押违法测绘单位的测绘资质证书，扣押期间涉嫌违法的测绘单位从事测绘活动的资格被暂时剥夺，也就是说测绘资质证书被扣押期间测绘单位不得从事测绘活动，违法行为得到纠正后，测绘地理信息主管部门可以解除暂扣测绘资质证书的处罚。如《测绘法》规定，承担国家投资的测绘项目的单位逾期不汇交测绘成果资料的，处五万元以上二十万元以下的罚款，并处暂扣测绘资质证书，自暂扣测绘资质证书之日起六个月内仍不汇交的，吊销测绘资质证书。

12. 降低测绘资质等级

降低测绘资质等级是指将存在违法行为的测绘单位的测绘资质降为低于现有的测绘资质等级，即低于违法行为前的测绘资质等级。如《测绘法》规定，中标的测绘单位向他人转让测绘项目的，责令改正，没收违法所得，处测绘约定报酬一倍以上二倍以下的罚款，并可以责令停业整顿或者降低测绘资质等级；情节严重的，吊销测绘资质证书。

13. 吊销测绘资质证书

吊销测绘资质证书是指撤销测绘单位从事测绘活动的资格和权利，终止其继续从事测绘资质证书规定的测绘业务活动，实质上是剥夺了测绘单位的生产权利。吊销测绘资质证书是测绘地理信息主管部门作出的最为严重的一种测绘行政处罚，作出吊销测绘资质证书的处罚决定时，必须严格依法进行，并由颁布测绘资质证书的机关决定。

14. 责令限期出境或者驱逐出境

责令限期出境或者驱逐出境，是指外国的组织或者个人在我国从事违法测绘活动，并且情节严重，由公安机关责令其在规定的期限内离开我国或者直接驱逐出境。如违反《测绘法》规定，外国的组织或者个人未经批准，或者未与中华人民共和国有关部门、单位合作，擅自从事测绘活动的，责令停止违法行为，没收违法所得、测绘成果和测绘工具，并处十万元以上五十万元以下的罚款；情节严重的，并处五十万元以上一百万元以下的罚款，限期出境或者驱逐出境；构成犯罪的，依法追究刑事责任。

根据《测绘法》规定，降低测绘资质等级、暂扣测绘资质证书、吊销测绘资质证书的行政处罚，由颁发测绘资质证书的部门决定；责令限期出境和驱逐离境由公安机关依法决定并执行；其他行政处罚，由县级以上人民政府测绘地理信息主管部门决定。

二、测绘民事法律责任

(一)测绘民事法律责任的概念

民事法律责任是民事主体对于自己因违反合同，不履行其他民事义务，或者侵害国家的、集体的财产，侵害他人的人身财产、人身权利所引起的法律后果，依法应当承担的民事法律责任。民事法律责任是现代社会最常见的法律责任，主要为补偿性的财产责任，其承担者一般都是具有民事责任能力的自然人和法人。

测绘民事法律责任是测绘活动主体对自己在测绘活动中因违反合同、不履行《测绘法》规定的民事义务或者其他民事法律规定，侵害国家、集体的财产和他人的人身财产、人身权利应当承担的法律责任。测绘民事法律责任主要是由违法测绘行为或违约行为引起的，这种违法测绘行为、违约行为除了民事违法行为和违约行为外，还可能涉及部分刑事违法行为和行政违法行为。

(二) 承担测绘民事法律责任的情形

民事法律责任是以财产为主要内容的法律责任。承担民事法律责任的主要方式，包括停止侵害、排除障碍、消除危险、返还财产、恢复原状、赔偿损失、消除影响等。《测绘法》中涉及的测绘民事法律责任，主要涉及赔偿损失，具体体现在以下情形：

1. 未取得测绘执业资格

《测绘法》规定，未取得测绘执业资格，擅自从事测绘活动的，除了责令停止违法行为、没收违法所得和测绘成果，并对其所在单位可以处违法所得二倍以下的罚款外，情节严重的，没收测绘工具，造成损失的，要依法承担民事赔偿责任。

2. 测绘成果质量不合格

《测绘法》第六十三条规定："违反本法规定，测绘成果质量不合格的，责令测绘单位补测或者重测；情节严重的，责令停业整顿，并处降低测绘资质等级或者吊销测绘资质证书；造成损失的，依法承担赔偿责任。"

3. 非法获取、持有、提供、利用涉密地理信息

《测绘法》第六十五条规定："违反本法规定，获取、持有、提供、利用属于国家秘密的地理信息的，给予警告，责令停止违法行为，没收违法所得，可以并处违法所得二倍以下的罚款；对直接负责的主管人员和其他直接责任人员，依法给予处分；造成损失的，依法承担赔偿责任；构成犯罪的，依法追究刑事责任。"

4. 破坏永久性测量标志

《测绘法》第六十四条规定："违反本法规定，有下列行为之一的，给予警告，责令改正，可以并处二十万元以下的罚款；对直接负责的主管人员和其他直接责任人员，依法给予处分；造成损失的，依法承担赔偿责任；构成犯罪的，依法追究刑事责任：(一)损毁、擅自移动永久性测量标志或者正在使用中的临时性测量标志；(二)侵占永久性测量标志用地；(三)在永久性测量标志安全控制范围内从事危害测量标志安全和使用效能的活动；(四)擅自拆迁永久性测量标志或者使永久性测量标志失去使用效能，或者拒绝支付迁建费用；(五)违反操作规程使用永久性测量标志，造成永久性测量标志毁损。"

三、测绘刑事法律责任

(一) 测绘刑事法律责任的概念

刑事法律责任是指违反刑事法律规定的个人或者单位所应当承担的法律责任。行为人违反刑事法律规定的行为，必须具备犯罪的构成要件才承担刑事法律责任。刑事法律责任

的主体,不仅包括公民,也包括法人等单位。

测绘刑事法律责任是指违法行为人因实施与测绘活动有关的违反刑事法律规定的行为而应当承担的法律责任。测绘刑事法律责任一般都是涉及违法行为影响重大、危害程度深、触犯国家刑法、构成犯罪的违法行为。

(二)承担测绘刑事法律责任的情形

测绘法中涉及的测绘刑事法律责任,主要体现在以下几种情形:

1. 测绘地理信息主管部门或其工作人员行为构成犯罪

《测绘法》规定,县级以上人民政府测绘地理信息主管部门或者其他有关部门工作人员利用职务上的便利收受他人财物、其他好处或者玩忽职守,对不符合法定条件的单位核发测绘资质证书,不依法履行监督管理职责,或者发现违法行为不予查处的,对负有责任的领导人员和直接责任人员,依法给予处分;构成犯罪的,依法追究刑事责任。

2. 外国的组织或者个人来华非法测绘

《测绘法》第五十一条规定:"违反本法规定,外国的组织或者个人未经批准,或者未与中华人民共和国有关部门、单位合作,擅自从事测绘活动的,责令停止违法行为,没收违法所得、测绘成果和测绘工具,并处十万元以上五十万元以下的罚款;情节严重的,并处五十万元以上一百万元以下的罚款,限期出境或者驱逐出境;构成犯罪的,依法追究刑事责任。"

3. 卫星导航定位基准站建设与运行维护不符合国家规定要求

《测绘法》第五十四条规定:"违反本法规定,卫星导航定位基准站的建设和运行维护不符合国家标准、要求的,给予警告,责令限期改正,没收违法所得和测绘成果,并处三十万元以上五十万元以下的罚款;逾期不改正的,没收相关设备;对直接负责的主管人员和其他直接责任人员,依法给予处分;构成犯罪的,依法追究刑事责任。"

4. 违法进行测绘项目招投标

《测绘法》第五十七条规定:"违反本法规定,测绘项目的招标单位让不具有相应资质等级的测绘单位中标,或者让测绘单位低于测绘成本中标的,责令改正,可以处测绘约定报酬二倍以下的罚款。招标单位的工作人员利用职务上的便利,索取他人财物,或者非法收受他人财物为他人谋取利益的,依法给予处分;构成犯罪的,依法追究刑事责任。"

5. 擅自发布重要地理信息数据

《测绘法》第六十一条规定:"违反本法规定,擅自发布中华人民共和国领域和中华人民共和国管辖的其他海域的重要地理信息数据的,给予警告,责令改正,可以并处五十万元以下的罚款;对直接负责的主管人员和其他直接责任人员,依法给予处分;构成犯罪的,依法追究刑事责任。"

6. 编制、出版、展示、登载和更新的地图违反国家地图管理规定

测绘行为人违反《测绘法》中关于地图管理的相关规定,编制、出版、展示、登载、更新的地图或者互联网地图服务不符合国家有关地图管理规定的,依法给予行政处罚、处分;构成犯罪的,依法追究刑事责任。

7. 破坏永久性测量标志

《测绘法》规定，损毁、擅自移动永久性测量标志或者正在使用中的临时性测量标志；侵占永久性测量标志用地；在永久性测量标志安全控制范围内从事危害测量标志安全和使用效能的活动；擅自拆迁永久性测量标志或者使永久性测量标志失去使用效能，或者拒绝支付迁建费用；违反操作规程使用永久性测量标志，造成永久性测量标志毁损的，给予警告，责令改正，可以并处二十万元以下的罚款；对直接负责的主管人员和其他直接责任人员，依法给予处分；造成损失的，依法承担赔偿责任；构成犯罪的，依法追究刑事责任。

8. 地理信息失泄密

《测绘法》规定，地理信息生产、保管、利用单位未对属于国家秘密的地理信息的获取、持有、提供、利用情况进行登记、长期保存的，给予警告，责令改正，可以并处二十万元以下的罚款；泄露国家秘密的，责令停业整顿，并处降低测绘资质等级或者吊销测绘资质证书；构成犯罪的，依法追究刑事责任。违法获取、持有、提供、利用属于国家秘密的地理信息的，给予警告，责令停止违法行为，没收违法所得，可以并处违法所得二倍以下的罚款；对直接负责的主管人员和其他直接责任人员，依法给予处分；造成损失的，依法承担赔偿责任；构成犯罪的，依法追究刑事责任。

思考题：

1. 如何加强地理信息安全监管？
2. 什么是"可追溯管理"？
3. 违反《测绘法》的规定可能承担哪几类责任？

第九章　测绘标准化管理

第一节　测绘标准化发展

一、古代、近现代测绘标准化

从古代开始，所有测绘活动的开展都离不开标准化的概念。据《史记·夏本纪》记载，公元前 2200 多年，夏禹治水"左准绳，右规矩，载四时，以开九州，通九道"，这里所提及的"准"是测高低的，"绳"是量距的，"规"画圆，"矩"则是画方形和三角形的；还有个"步"，是计量单位，折三百步为一里。这说明 4000 多年前，我们的祖先就有了最原始的测绘标准化概念。

长沙马王堆一号汉墓出土的地形图是在 2100 多年前随葬入土的，图的比例尺约1∶18万，山川走向、居民地的位置与现代地图比较相当吻合，符号设计也有一定的原则，其中涉及的比例尺概念、图式表达概念都是测绘标准化的具体体现。

晋朝著名的制图学家裴秀在总结前人经验的基础上创造的《制图六体》，即分率（比例尺）、准望（测量方法）、道里（测量距离）、高下（测量高低）、方邪（测量角度）、迂直（测量曲线与直线）六条测制地图的原则，就是最早的成系统的测绘标准化著作。

秦始皇统一中国后"掌天下之图以掌天下之地"。唐朝初期，历时 16 年完成《海内华夷图》。宋朝沈括奉旨用 12 年的时间修编了《天下州县图》。清朝先后测绘了华北、东北、内蒙古、东南、西南、西藏等地区的地图，编绘了《皇舆全图》《西域图志》和《亚洲全图》。

二、当代测绘标准化

中华人民共和国成立初期，测绘工作基础非常薄弱，全国没有统一的测量基准和技术标准。当时主要采取全面引用苏联出版的大地测量、地形测量、航空摄影测量、地图制图的规范、细则、图式等相关的测绘标准，以解决当时测绘工作的实际需要。同时，也在实际应用中不断检验验证这些规范的应用成效，并着手建立我国的一些大地测量基准，例如：1953 年建立了天文基本点，其后建立了"1954 北京坐标系""1956 年黄海高程系"，等等，为后来的测绘标准提供了起始依据。

1956 年成立原国家测绘总局后，测绘工作在全国范围内全面开展，测绘技术水平逐步提高。1959 年，由原国家测绘总局和中国人民解放军总参谋部测绘局共同制定了《1：10 000、1：25 000、1：50 000、1：100 000比例尺地形图测绘基本原则(草案)》和《中华人民共和国大地测量法式(草案)》。这两项属于测绘基础标准，是以后制定相关测绘标准的依据，标志着我国测绘标准化工作进入一个新阶段。至"文革"前，根据这两项基础标准而制定和修订的测绘规范、细则、图式以及有关的技术补充规定大约 70 项。"文革"期间，测绘标准化工作处于停滞状态。

三、经典测绘标准化时代

1973 年原国家测绘局重建后，很快着手组织力量开展测绘标准化工作。至 1983 年，先后制定、修订并出版了《国家三角测量和精密导线测量规范》《1：100 万地形图编绘规范及图式》等 76 项测绘标准。

20 世纪 80 年代末期，《中华人民共和国标准化法》(以下简称《标准化法》)颁布。测绘在对已有标准进行全面复查的基础上，经合并、取消等技术处理后，整理上报可列入国家标准 91 项、行业标准 111 项。

20 世纪 90 年代，原国家测绘局组织开展测绘标准体系研究，制定出"测绘标准体系表"，分为"测绘行业通用标准""测绘专业通用标准""测绘专业专用标准"三层系列，共计 254 项标准，其中国家标准 91 项、专业标准 163 项。

至此为止，我国测绘标准化工作形成了 1：500 至1：1 000 000比例尺系列，涉及地形图外业测图、航空摄影及摄影测量、地形图编绘、图式表达、成果检验、仪器设备、测绘管理等较为完备的、采用解析测图为主的方式生产各种测绘成果的 100 余项传统测绘标准。这些标准经过几十年的不断完善与努力，在我国测绘发展中起到了不可替代的作用。

四、数字化及信息化测绘标准化

进入数字化测绘时代以后，测绘科学技术已发生了革命性的变化。先后制定了与基础地理信息要素分类与代码、基础地理信息要素数据字典、基础地理信息 4D 成果生产技术规程、数字航空摄影测量规范等有关的一大批数字化测绘基础性、生产关键技术标准，并根据数字化测绘的特点及要求，修订了国家基本比例尺地图图式、水准测量规范、基础地理信息 4D 成果规范等标准，为 90 年代至 20 世纪末期传统测绘向数字化测绘过渡发挥了标准的导向性、基础保障作用。

进入 21 世纪，空间技术和信息技术等不断进步，测绘标准化工作也不断强化。2008 年制定了《地理信息标准体系》，2009 年制定了《测绘标准体系》并于 2017 年重新修订发布。及时制定发布了实景地图、导航定位基准站、导航电子地图、智慧城市等相关系列标准。

截至 2021 年 12 月，我国有现行测绘地理信息国家标准共 209 项，其中强制性标准 5 项、推荐性标准 201 项、指导性技术文件 3 项；现行测绘地理信息行业标准共 168 项，其中强制性标准 17 项、推荐性标准 154 项、指导性技术文件 13 项。

第二节　测绘标准化组织

一、国家标准化管理委员会

国家市场监督管理总局对外保留国家标准化管理委员会牌子，以国家标准化管理委员会(以下简称"国标委")名义，下达国家标准计划，批准发布国家标准，审议并发布标准化政策、管理制度、规划、公告等重要文件；开展强制性国家标准对外通报；协调、指导和监督行业、地方、团体、企业标准工作；代表国家参加国际标准化组织、国际电工委员会和其他国际或区域性标准化组织；承担有关国际合作协议签署工作；承担国务院标准化协调机制日常工作。测绘地理信息国家标准均由国家标准化管理委员会批准、发布。

二、全国地理信息标准化技术委员会

全国地理信息标准化技术委员会(编号 SAC/TC230，以下简称地标委)是在全国范围内从事直接或间接与地球上位置相关目标或现象有关的测绘地理信息领域国家标准及行业标准起草、审定和宣贯等标准化工作的非法人技术组织，主要负责测绘地理信息、自然资源信息化和卫星应用等领域国家标准和行业标准制修订工作，标准化的对象包括地理空间信息的获取、处理、量测、质检、分析、管理、存储、显示、发布和应用服务等。

地标委经国家标准化管理委员会批准设立，由自然资源部负责管理，在自然资源标准化工作管理委员会的指导和监督下开展工作。受国标委委托，地标委承担国际标准化组织地理信息技术委员会(ISO/TC 211)国内技术对口工作。

地标委及所属分技术委员会(以下简称分技委)由从事测绘地理信息、自然资源信息化和卫星应用等相关生产、科研、应用、检测、服务和管理的人员组成，组成方案及委员人选经自然资源部同意后，由国标委审核批准和聘任。

地标委的主要任务包括：

(1)遵循国家有关法律法规、方针政策，提出本领域标准化工作的政策及措施建议，建立完善相关管理制度。

(2)分析本领域标准化需求，编制本领域标准体系；根据社会各方的需求，提出本领域制修订国家标准和行业标准项目建议。

(3)按标准制修订计划组织开展本领域国家标准和行业标准的起草、征求意见、技术审查、复审，组织国家标准和行业标准外文版的翻译和审查工作。

(4)开展本领域国家标准和行业标准的宣贯和标准起草人员及相关管理人员的培训工作。

(5)受国家标准委和自然资源部委托，承担归口国家标准和行业标准的解释工作。

(6)开展标准实施情况的评估、研究分析。负责归口的国家标准和行业标准的复审工作，提出相关国家标准、行业标准继续有效、修订或者废止的建议。

(7)履行 ISO/TC 211 国内技术对口工作职责，参加国际标准的制定工作和相关会议，组织提出国际标准新工作项目提案建议，组织开展测绘地理信息领域国内外标准一致性比对分析，跟踪、研究相关领域国际标准化的发展趋势和工作动态。

（8）负责管理下设的分技术委员会，提出组建和调整分技委的建议。

（9）受省（区、市）自然资源和测绘地理信息主管部门、有关行业学会或协会的委托，提供本领域相关地方标准、团体标准的技术咨询服务。

（10）承担国家标准委、自然资源部交办的其他工作。

三、全国地理信息标准化技术委员会分技术委员会

2020 年 6 月，国家标准化管理委员会决定成立全国地理信息标准化技术委员会信息化分技术委员会、全国地理信息标准化技术委员会测绘分技术委员会、全国地理信息标准化技术委员会卫星应用分技术委员会，由自然资源部负责日常管理和业务指导。

全国地理信息标准化技术委员会信息化分技术委员会编号为 SAC/TC230 /SC1，主要负责自然资源领域信息化国家标准制定或修订工作。秘书处由自然资源部信息中心承担。

全国地理信息标准化技术委员会测绘分技术委员会编号为 SAC/TC230 /SC2，主要负责测绘类国家标准制修订工作。秘书处由自然资源部测绘标准化研究所承担。

全国地理信息标准化技术委员会卫星应用分技术委员会编号为 SAC/TC230 /SC3，主要负责自然资源调查监测、地质调查、矿产勘查、地质环境遥感、测绘与地理信息、海洋调查与监测等领域的卫星应用国家标准制定或修订工作。秘书处由自然资源部国土卫星遥感应用中心承担。

四、计量标准化机构

2010 年 8 月 3 日，全国几何量长度计量技术委员会正式成立测绘仪器分技术委员会，技术委员会委员主要来自测绘、地震、制造和国防等领域。

测绘仪器分技术委员会秘书处设在国家光电测距仪检测中心，负责处理委员会的日常事务，包括接受计量技术法规制定、修订的申请，组织计量法规文件的审定并承办报批手续。秘书处还负责组织计量技术法规的贯彻实施，提出比对计划和组织实施，以及计量技术研讨等工作。

委员会每年主要承担的工作包括：国家计量技术法规的制定、修订，国家计量技术法规的宣贯，计量基准和标准比对，国际学术交流活动和计量基准、标准量值的国际比对等有关工作，计量技术服务工作。

五、地方测绘地理信息标准化技术委员会

为更好地贯彻《中华人民共和国标准化法》（以下简称《标准化法》）《中华人民共和国标准化法实施条例》（以下简称《标准化法实施条例》）和标准化工作的有关法规，组织测绘地理信息有关国家、行业、地方标准的实施，推动测绘地理信息行业标准化事业的迅速发展，国务院测绘地理信息主管部门加大了对地方标准化工作的推进力度，先后有浙江、广东、黑龙江、江西、内蒙古、吉林等省（自治区、直辖市）成立了地方测绘地理信息标准化技术委员

会(以下简称地方标委会)。地方标委会积极作为，大力开展测绘地理信息标准宣传、培训、交流工作，组织研制并形成了一批地方测绘地理信息标准，推进了地方测绘地理信息标准化建设。

第三节　测绘标准化范畴

一、标准化对象

测绘地理信息标准化对象是指测绘地理信息及其相关领域内所涉及的具有"重复性"或"共同性"基础性地理实体与现象。

测绘地理信息标准化对象一般可以分为两大类：一类是测绘地理信息标准化的具体对象，即需要制定标准的具体事物；另一类是地理信息测绘标准化的总体对象，即各种具体对象的总和所构成的整体，通过它可以研究各种具体对象的共同属性、本质和普遍规律。

一般来说，测绘地理信息标准化对象主要有以下几个方面：

(1)测绘地理信息产品和成果的内容、技术要求、技术指标要求。

(2)测绘产品和成果的检测、测试、使用方法和数据获取、数据处理过程中的技术要求和精度要求。

(3)测绘地理信息方面的技术术语、定义术语、符号、分类与代码、参考系、地名译音。

(4)测绘地理信息的生产技术和管理要求。

二、标准分类

测绘地理信息标准是测绘地理信息标准化系统最基本的要素。为了便于研究和应用，人们依据不同的视角和属性对测绘地理信息标准进行不同的分类。目前，常用的分类方法有按标准的层级划分、按标准化对象的基本属性划分、按标准的约束力划分。

(一)按标准的层级划分

按照测绘地理信息标准所起的作用和涉及范围，可以将标准划分为国际标准、区域标准、国家标准、行业标准、地方标准、团体标准和企业标准。

1. 国际标准

国际标准是由主权国参加组成的国际标准化组织按一定的工作程序，通过有组织的合作和协商所制定和发布的标准，以及国际标准化组织出版的《题内关键词索引》(以下简称KWIC)中收录的40个ISO认可的国际组织制定的标准等。

国际标准一般适用于任何国家和地区。国际上有很多标准化组织都在研发测绘地理信息标准，真正能够反映国际水平的主要体现在地理信息技术委员会(ISO/TC 211)、开放地理信息联盟(OGC)、国际海道测量组织(IHO)等研究的标准。

2. 区域标准

区域标准是"由某一区域标准化或标准组织机构制定，并公开发布的标准"（ISO/IEC指南2）。目前，有影响的区域标准组织主要有亚洲标准咨询委员会（ASAC）、欧洲标准化委员会（CEN）、非洲地区标准化组织（ARSO）、阿拉伯标准化与计量组织（ASMO）、泛美标准委员会（COPANT）等。

3. 国家标准

测绘地理信息国家标准是在全国范围内统一的技术要求，由国务院标准化行政主管部门编制计划，协调项目分工，组织制定（含修订），统一审批、编号、发布。

每一项国家标准都有唯一的标准编号。标准编号由国家标准代号、顺序号和年号组成。如"GB 13923—2006"，表示2006年发布的第13923号国家标准。强制性国家标准的代号为"GB"，推荐性国家标准的代号为"GB/T"，指导性技术文件的代号为"GB/Z"。

4. 行业标准

对于没有测绘地理信息国家标准而又需要在全国测绘地理信息行业范围内统一的技术要求，可以制定测绘地理信息行业标准。测绘地理信息行业标准是由测绘地理信息行业标准化团体或主管部门（见表9.1）批准发布，在测绘地理信息行业范围内统一使用的标准。我国测绘地理信息主管部门发布的行业标准，其标准代号为"CH/T"。

表9.1　　　　　　　我国与测绘地理信息有关的行业标准化主管部门一览表

序号	行业名称	行业标准代号	行业主管部门	行业标准化工作范围
1	测绘地理信息	CH	自然资源部	测绘产品、数据获取、数据处理、质量检查等
2	电力	DL	电力工业部	电力生产技术、能源、电厂、电线、变电站等
3	水利	SL	水利部	库、坝、水资源、水利技术、水利工程等
4	石油天然气	SY	中国石油和化学工业协会	石油管道、天然气测定、安全、钻井等
5	交通	JT	交通运输部	交通运输、变压器、公路工程、公路养护等
6	地质矿产	DZ	自然资源部	地质勘查、地质图、地质资源等
7	城镇建设	CJ	住房和城乡建设部	城镇道路、市政工程、建筑排水等
8	铁路运输	TB	国家铁路局	铁路建设、轨道、铁路运输、铁路给排水等

5. 地方标准

地方标准是对没有国家标准和行业标准而又需要在省、自治区、直辖市范围内统一要求所制定的标准。地方标准由省、自治区、直辖市标准化行政主管部门统一编制计划、组织制定、审批、编号、发布，并报国务院标准化行政主管部门和国务院有关行政主管部门备案。地方标准适用于本行政区域，不得与国家标准和行业标准相抵触。

地方标准也有标准代号。汉语拼音字母"DB"加上省、自治区、直辖市行政区划代码前两位数再加斜线，组成强制性地方标准代号。再加"T"，组成推荐性地方标准代号。省（自治区、直辖市，含特别行政区）代码见表9.2。例如：江苏省强制性地方标准代号：DB32/；江苏省推荐性地方标准代号：DB32/T。

表9.2　　　　　　　　　　　　　省、自治区、直辖市、特别行政区代码

名称	代码	名称	代码	名称	代码	名称	代码
北京市	110000	江苏省	320000	广东省	440000	甘肃省	620000
天津市	120000	浙江省	330000	广西壮族自治区	450000	青海省	630000
河北省	130000	安徽省	340000	海南省	460000	宁夏回族自治区	640000
山西省	140000	福建省	350000	重庆市	500000	新疆维吾尔自治区	650000
内蒙古自治区	150000	江西省	360000	四川省	510000	中国台湾省	710000
辽宁省	210000	山东省	370000	贵州省	520000	香港特别行政区	810000
吉林省	220000	河南省	410000	云南省	530000	澳门特别行政区	820000
黑龙江省	230000	湖北省	420000	西藏自治区	540000		
上海市	310000	湖南省	430000	陕西省	610000		

6. 团体标准

测绘地理信息团体标准是指由具有法人资格，且具备相应专业技术能力、标准化工作能力和组织管理能力的学会、协会、商会、联合会和产业技术联盟等社会团体按照团体确立的标准制定程序自主制定发布，由社会自愿采用的标准。在标准管理上，对团体标准不设行政许可，由社会组织和产业技术联盟自主制定发布，通过市场竞争优胜劣汰。国务院标准化主管部门会同自然资源部制定测绘地理信息团体标准发展指导意见，对测绘地理信息团体标准进行必要的规范、引导和监督。

团体标准编号宜由团体标准代号、团体代号、团体标准顺序号和年代号组成。其中，团体标准代号是固定的，为"T/"；团体代号由各团体自主拟定，宜全部使用大写拉丁字母或大写拉丁字母与阿拉伯数字的组合，不宜以阿拉伯数字结尾。例如：T/CAS 115—2015。

7. 企业标准

测绘地理信息企业标准是由测绘地理信息企业自行制定、发布的标准，是对测绘地理信息企业本身范围内需要协调、统一的技术要求、管理要求和工作要求所制定的标准。测绘地理信息企业标准应有利于合理利用测绘地理信息数据，有利于推广测绘地理信息产品和成果，并应做到技术上先进，经济上合理，市场适应性强，符合地理信息数据的使用要求。

企业标准不得低于相应的国家标准或行业标准的要求。测绘地理信息企业标准适用于企业内部。测绘地理信息企业的企业标准必须报当地政府标准化行政主管部门和有关行政主管部门备案。企业标准的代号由"企业"汉语拼音字母"Q"加斜线再加企业代号组成。企业代号可用汉语拼音字母或阿拉伯数字或两者兼用组成，具体办法由当地行政主管部门规定。

(二) 按标准化对象的基本属性划分

按对象的基本属性标准分为技术标准和管理标准两大类，测绘地理信息标准的对象和内容可详细划分为定义与描述类标准、获取与处理类标准、成果类标准、应用服务类标准、检验与测试类标准、管理类标准等6类。

1. 定义与描述类标准

定义与描述类标准为测绘提供基础性、公共性描述，确保信息的互联互通和一致理解，促进信息融合、共享和使用。该大类标准可以作为其他标准的基础和依据，具有普遍指导意义。

2. 获取与处理类标准

获取与处理类标准为满足特定要求，对测绘生产所采用的技术方法、途径等需要协调的事项进行规范统一，以满足连续、重复使用要求的通用性标准。该大类标准规定测绘过程中的技术要求、参数和程序，支撑测绘成果按技术规范高效生产，可作为其他标准的基础和依据。

3. 成果类标准

成果类标准是测绘成果生产、使用和维护中需遵守技术准则、要求方面的专用标准。该类标准描述测绘成果的结构、规格、质量等技术指标，以保证测绘成果的规范性。

4. 应用服务类标准

应用服务类标准是测绘应用服务对象定义与描述、技术要求与流程、成果内容与指标、服务运行等方面进行规范的专用标准。该类标准为测绘应用服务提供支撑。

5. 检验与测试类标准

检验与测试类标准为验证测绘生产、成果和应用服务是否满足确定准则，对成果、仪器设备、软件和环境进行检查和验收的通用或专用标准。检验与测试类标准提供质量要求、检测内容与方法、质量评定等。

6. 管理类标准

管理类标准是为保障测绘工作的协调运行和顺利实施，以测绘管理领域共性因素为对象所制定的通用标准。管理类标准提供测绘项目、成果、文档和安全方面的管理手段和措施，是测绘生产、管理和维护的重要保障。

(三) 按标准的约束力划分

根据测绘地理标准实施的法律约束性(强制程度)，可以把测绘地理信息标准分为强制性标准和推荐性标准。

1. 强制性测绘地理信息标准

强制性测绘地理信息标准是指涉及国家安全、人身及财产安全、建立与维护测绘系统与基准、国家基本比例尺地图测绘与更新、重要基础地理信息平台建设方面的国家标准、行业标准，以及国家法律、行政法规规定强制执行的内容及其技术要求。

强制性测绘地理信息就是我国测绘地理信息标准的技术法规，具有法律属性，必须执行。

2. 推荐性测绘地理信息标准

推荐性测绘地理信息标准是指测绘地理信息数据获取、处理、生产、使用等方面通过经济手段或市场调节而自愿采用的一类测绘地理信息标准。这类测绘地理信息标准不具有强制性，任何单位均有权决定是否采用这类标准，不构成经济或法律方面的责任。推荐性测绘地理信息标准一经接受并采用，或各方商定同意纳入经济合同中，就成为各方必须共同遵守的技术依据，具有法律上的约束性。推荐性测绘地理信息标准的对象一般是具有指导意义，推荐采用、自愿执行，但又不宜强制执行的测绘地理信息生产技术和管理要求。国家鼓励采用推荐性测绘地理信息标准。

上述三种分类法是从不同的角度对同一个标准集合所进行的划分。它们之间存在着相互交叉的关系，一个测绘地理信息标准可以同时按多种分类方法进行分类，如《基础地理信息要素分类与代码》（GB/T 13923—2006）是测绘地理信息国家标准、定义与描述类标准，也是推荐性测绘地理信息标准。

第四节 测绘标准体系

一、测绘地理信息标准体系的特征

测绘地理信息标准体系有配套性、协调性和比例性三个主要特征：

①配套性，是指各种测绘地理信息标准互相依存、互相补充，共同构成一个完整的有机整体的特性。如果不具备这种配套性，就会使测绘地理信息标准的作用受到限制甚至完全不能发挥。

②协调性，是指测绘地理信息标准之间在相关的质的规定方面互相一致、互相衔接、互为条件、协调发展。协调性反映的是测绘地理信息标准体系的质的统一性与和谐性。协调性具有相关性协调、扩展性协调两种表现形式。

③比例性，是指不同种类的标准之间和不同行业的标准之间存在着的一种数量比例关系。它是对于国民经济和测绘地理信息体系的内在比例关系和测绘地理信息标准化状况的量的反映。比例性反映的是测绘地理信息标准体系的量的统一性。

二、测绘地理信息标准体系的管理

(一)测绘地理信息标准的制定主体

测绘地理信息标准体系是由标准集合而成。制定测绘地理信息标准应当发挥测绘地理信息行业协会、科学研究机构、学术团体和测绘地理信息企业的作用。制定标准的部门应当组织由专家组成的标准化技术委员会草拟标准，参加标准草案的审查工作。未组成标准化技术委员会的，可以由标准化技术归口单位负责标准草拟和参加标准草案的技术审查工作。制定企业标准应当充分听取用户、科研机构的意见。

(二)测绘地理信息标准体系的构成

测绘地理信息标准体系的构成是复杂的，具有典型的时空特性。从地域空间看，它由测绘地理信息国家标准、行业标准、地方标准与企业标准构成；从时间属性看，由测绘地理信息数据获取和处理的生产技术规程标准、质量检验标准、成果与产品标准等构成；从专业来看，分为大地测绘标准、摄影测量标准、地图制图标准等构成。

现行的我国测绘地理信息标准体系分为地理信息标准体系和测绘标准体系。

(三) 测绘地理信息标准体系的发展

信息反馈是对测绘地理信息标准体系进行管理的前提。任何一个标准体系都必须经常地获得必要的反馈信息。反馈控制是标准系统实现目标的决定性因素，它包括广泛收集测绘地理信息国际标准、国外先进技术标准信息，并及时调查国内标准指标的有效性。要全面掌握国内外的测绘地理信息需求和应用，以相当数量的各级各类的标准为基础，并注重标准质量的管理和相关标准间的有效衔接。测绘地理信息标准体系是动态发展的，标准体系内的具体标准需要随着测绘地理信息信息化发展而不断变化，根据国内外测绘地理信息和测绘地理信息技术发展变化及时制定、修订或废止标准。

三、地理信息标准体系

地理信息标准体系是为了实现地理信息标准化的目标而制定的一整套具有内在联系的、科学的、由标准组成的有机整体。

地理信息标准体系表由通用类、数据资源类、应用服务类、环境与工具类、管理类、专业类和专项类共 7 大类、44 小类和其他相关标准组成。从标准性质上分为三个层次，前五类标准为地理信息基础类(第一层)标准，支持专业类(第二层)和专项类(第三层)标准。与地理信息相关的专业类标准，是面向各专业领域对地理信息的需求，对地理信息基础类标准进行扩展和删减，形成专业用标准。地理信息专项标准是面向各类与地理信息相关专项工程的需要，对基础类和专业类标准进行扩展和删减，形成专项用标准。

地理信息标准体系表中列出了 211 个标准(不含相关标准)，其中通用类标准 31 个，占 14.7%；数据资源类 83 个，占 39.3%；应用服务类 55 个，占 26.1%；环境与工具类 11 个，占 5.2%；管理类 24 个，占 11.4%。专业类 2 个(仅以公安专业标准为例)；专项类标准 5 个(仅以电子政务为例)。其中已有和制修订中的标准 103 个，占 48.8%；待制定标准 108 个，占 51.2%。其中采用国际标准 42 个，国际标准转化率为 73.7%。

四、测绘标准体系

《测绘标准体系(2017 修订版)》按照《测绘地理信息标准化"十三五"规划》的要求，在 2009 版《测绘标准体系》的基础上经进一步补充和完善形成。体系明确了当前测绘领域国家、行业标准的内容构成，对强化测绘标准计划与管理，统筹和指导测绘标准制定、修订工作，进一步提高测绘标准的系统性、协调性和适用性具有十分重要的意义。

体系由测绘标准体系框架和测绘标准体系表构成，以测绘标准化对象为主体，按信息、技术和工程等多个视角对测绘标准进行分类和架构，共包含"定义与描述""获取与处理""成果""应用服务""检验与测试"和"管理"共 6 大类 36 小类标准，每一个小类标准包含若干国家标准或行业标准，并根据《标准体系编制原则和要求》(GB/T 13016)对各标准大类、小类和具体标准进行了统一编号。6 大类标准之间相互关联，从而构成一个覆盖整个测绘领域的结构化、系统性和可扩展的标准体系。

体系表由总计 377 项已发布或制定中标准，以及若干待制定标准构成。在 377 项已发布和制定中标准中，定义与描述类有 58 项，占 15.4%；获取与处理类有 129 项，占

34.2%；成果类 61 项，占 16.2%；应用服务类 49 项，占 13.0%；检验与测试类 67 项，占 17.8%；管理类 13 项，占 3.4%。

第五节　测绘标准制定

一、标准制定原则与要求

(一)基本原则

我国标准的制定程序遵循"协商一致、公平公正、公开透明"的工作原则。作为标准化工作的有机组成，测绘地理信息标准化制定也遵循标准制定基本原则。

1. 协商一致原则

"协商一致"是指对于实质性问题，重要的相关方没有坚持反对意见，并且按照程序对有关各方的观点进行了研究，且对于所有争议进行了协调。协商一致并不意味着没有异议，有指标在无法取得一致的情况下判断"普遍同意"的程度，通常以四分之三同意为协商一致通过的指标。

2. 公平公正原则

公平公正是指"没有任何相关方可以凌驾于程序之上或者受到特别的优待"。对于测绘地理信息标准来说，参与标准制定活动的各方要保证遵守标准制定过程中的时间节点和各项纪律，并从技术本身的适用性以及公共利益的角度出发去考虑标准的制定。

3. 公开透明原则

公开透明是指"所有相关方都可以得到有关标准化活动的必要信息"。在测绘地理信息标准的制定程序中，会对各阶段信息发布的范围和时限提出要求，指定固定媒体和渠道，定期公布标准项目立项、批准发布、修改、废止的信息等，任何人都可以通过相应的渠道对该项目提出建议和意见。

(二)总体要求

测绘地理信息标准化制定过程中，要注重遵循《标准化法》《国家标准管理办法》《标准化工作导则》三个文件的要求。

1.《标准化法》的要求

《标准化法》规定，对保障人身健康和生命财产安全、国家安全、生态环境安全以及满足经济社会管理基本需要的技术要求，应当制定强制性国家标准；对满足基础通用、与强制性国家标准配套、对各有关行业起引领作用等需要的技术要求，可以制定推荐性国家标准；对没有推荐性国家标准、需要在全国某个行业范围内统一的技术要求，可以制定行业标准；为满足地方自然条件、风俗习惯等特殊技术要求，可以制定地方标准；国家鼓励学会、协会、商会、联合会、产业技术联盟等社会团体协调相关市场主体共同制定满足市场和创新需要的团体标准；企业可以根据需要自行制定企业标准，或者与其他企业联合制定企业标准。

2.《国家标准管理办法》的要求

《国家标准管理办法》对于国家标准的计划、制定、审批、发布和复审等过程进行了规定。该管理办法从"管理政策"的角度，对《标准化法》的原则和要求给予细化，并对制定程序中涉及的部分文件提出了内容和形式上的具体要求，对参与成员的选择与权限，以及管理部门的联络机制等进行了规定。

2018 年 10 月，国家市场监督管理总局发出《强制性国家标准管理办法》(征求意见稿)，其中规定：起草部门应当将强制性国家标准征求意见稿及编制说明，通过本部门和国务院标准化行政主管部门的网站，向社会公开征求意见。公开征求意见期限不少于 30天；应当向涉及的政府部门、行业协会、科研机构、高等院校、企业、检测认证机构、消费者组织等有关方书面征求意见。强制性国家标准从立项下达到标准报批时间一般不超过24 个月，批准发布时间一般不超过 2 个月。强制性国家标准应当以国务院标准化行政主管部门公告的形式正式发布。起草部门应当根据反馈的信息和强制性国家标准实施情况，适时对强制性国家标准进行复审，提出继续有效、修订或废止的意见，并附强制性国家标准实施情况统计分析报告，报送国务院标准化行政主管部门。复审周期一般不超过 5 年。

3.《标准化工作导则》的要求

《标准化工作导则》通过持续地实施以及不断地修订和完善，在标准制定和修订工作中发挥了重要的指导作用。它由标准的结构和编写、标准制定程序两部分构成。《标准化工作导则第 1 部分：标准的结构和编写》(GB/T 1.1) 是对标准化工作实施的重要标准之一，它的实施将能够有效地保证标准的编写质量。该标准规定了编写标准的原则、标准的结构、起草标准中的各个要素的规则、要素中条款内容的表述、标准编写中涉及的各类问题的规则以及标准的编排格式，用以指导如何起草我国标准，是编写标准的标准。

二、标准制定程序

国家标准(行业标准)制定的常规程序需要依次经过 9 个阶段：预研阶段、立项阶段、起草阶段、征求意见阶段、审查阶段、批准阶段、出版阶段、复审阶段和废止阶段。如遇急需制定的标准，可以启动快速程序制定。地方标准的制定程序，基本上与国家标准(行业标准)的保持一致，团体标准和企业标准可参考国家标准(行业标准)制定程序。

测绘地理信息国家标准与行业标准编制一般划分为编写标准前的准备、编写标准草案的主体框架、征求意见和审查、标准的批准发布和标准维护 5 个阶段。

(一) 编写标准前的准备

编写标准前的准备工作主要是在起草标准草案文本之前选择和确定项目。

1. 必要性和可行性分析

对于测绘地理信息国家(行业)标准而言，任何个人和单位都可以向标准化技术委员会提出制定某项标准的建议提案。提案应明确涉及的技术领域和相关群体、论证项目的必要性和可行性，对标准化工作进行规划，并解释与现有文件的关系。

2. 预研阶段

预研阶段的主要任务是由技术委员会评估项目提案(PWI)。这是技术委员会甄选项目并考虑是否向标准化技术委员会上报项目建议书(NP)的过程。技术委员会接收并登记 PWI 标志了预研阶段的开始。技术委员会通过召开会议、分发信函等形式，对 PWI 进行必要性、可行性论证，并根据评估的结论决定是否采纳该 PWI 并开展新项目。

3. 立项阶段

立项阶段是标准化技术委员会审批 NP，决定是否开展标准制定工作，下达相关计划的过程。主管部门通过对 NP 进行审查和征求意见，做出是否进入下一阶段的决定。经过审查和协调通过的建议，将被列入国家标准制定或修订计划项目，并下达给各技术委员会。

(二) 编写标准草案的主体框架

编写标准草案的主体框架，是指标准起草阶段的工作，是技术委员会成立工作组(WG)，并由 WG 编写标准草案的过程。

1. 成立标准起草工作组

标准计划项目下达后，技术委员会将邀请标准起草单位的代表组成 WG。WG 的人员应具有代表性，精通该领域涉及的专业知识并有丰富的实践经验，了解标准化工作的相关规定并具有较强的文字表达能力。

2. 制订工作计划

WG 成立后，应首先制订工作计划，内容包括：确定标准名称和范围，设计主要工作内容，安排工作进度，为工作组成员分工，安排调研计划及试验验证，确认与外单位协作项目和经费分配等。

3. 开展调查研究和试验验证

WG 应通过调查研究和试验验证工作确定该标准制定的目标清晰准确，认真听取各有关方面的意见，与国际相关标准进行比对，从而确认技术指标。

开展调查研究，首先是要广泛收集与起草标准有关的国内外资料，并加以研究、分析。对于关键技术问题或技术难点，可选择具有代表性、典型性的调查对象进行有针对性的调查研究。对需要进行试验验证才能确定技术内容或指标的，应选择有条件的单位进行试验验证，并提出试验验证报告和结论。

4. 起草并完成工作组讨论稿

WG 在参考 NP 所附的标准建议稿或标准大纲的基础上，充分讨论哪些是本标准应该规定的规范性要素和技术范围。然后按照 GB/T 1.1 的规定确认工作组讨论稿(WD)的结构，并进行编写和不断完善。同时，还要完成相关的编制说明和有关附件。

当 WG 对 WD 达成一致后，该版本的标准草案成为 WD 最终稿，用于起草阶段 WG 向技术委员会报送并申请登记为征求意见稿(CD)。技术委员会若确认报送的 WD 最终稿可以登记成为 CD，则可进入征求意见阶段。

(三) 征求意见和审查

征求意见和审查阶段主要是技术委员会征求意见、处理技术异议的过程。

1. 征求意见阶段

征求意见阶段为技术委员会对 CD 征集意见的过程，自技术委员会将 WD 最终稿登记为 CD 时开始。其主要工作开始的标志是技术委员会分发 CD，主要工作结束的标志是 WG 处理完毕反馈意见。

在征求意见过程中，WG 应对反馈回来的意见进行归纳、整理，逐条提出处理意见。对意见的处理，大致有下列四种方式：采纳；部分采纳；未采纳，并说明理由或根据；待试验后确定，并安排试验项目、试验需求以及工作计划。

WG 应根据征求意见的情况，向技术委员会提出返回前期阶段、终止该项目或进入下一阶段的申请。技术委员会应对上述申请的做出决定。

2. 审查阶段

审查阶段自技术委员会将 CD 最终稿登记为标准送审稿(DS)时开始。主要工作开始的标志是技术委员会审查 DS；主要工作结束的标志是结束审查，由技术委员会提出审查意见。

在审查阶段，技术委员会将做出下列决定之一：

(1)审查不通过并返回至征求意见阶段。若需延长制定周期，应向国务院标准化行政主管部门提出延期申请。

(2)审查不通过，由 WG 修改 DS 并重新进行审查。若需延长制定周期，应向国务院标准化行政主管部门提出延期申请。

(3)建议终止该项目。审查不通过且发现该项目存在不宜进入下一阶段的因素，则向国务院标准化行政主管部门提出相关申请，由国务院标准化行政主管部门决定是否终止。

(4)审查通过，决定通过该项目进入下一阶段，由 WG 对 DS 进行完善作为标准报批稿(FDS)。FDS 和相关材料经技术委员会确认后向国务院标准化行政主管部门报送，申请报批。

(四)批准发布

审查阶段结束后，标准草案的主要技术内容已经确定，随后将由国务院测绘地理信息主管部门决定是否给予其标准的效力。在标准发布之后，相关的技术委员会还将继续保持对标准实施情况的跟踪和评估，开展维护工作，以保证标准的适用性。

1. 批准阶段

批准阶段由标准化技术委员会登记 FDS 时开始。批准阶段主要工作开始的标志是标准化技术委员会对 FDS 进行程序审核，判定标准的制定程序、相关文件是否规范，做出决定：

(1)决定该项目需要返回前期阶段。

(2)发现该项目已不适宜技术经济发展的要求，可给予终止。

(3)确认 FDS 及相关工作文件满足制定程序的要求，批准 FDS 成为国家(行业)标准，给予标准编号后纳入国家(行业)标准批准发布公告，并将 FDS 作为国家(行业)标准的出版稿交至出版社。

2. 出版阶段

出版阶段是出版机构按照 GB/T 1.1 的规定，对上阶段提交的拟用于出版的标准草案进行必要的编辑性修改，出版国家(行业)标准的过程。

出版阶段自国家(行业)标准的出版机构登记标准时开始，主要工作开始的标志是出版机构对标准进行编辑性修改，主要工作结束的标志是标准出版发行。出版阶段完成的标志为标准正式出版。

(五)标准维护阶段

标准维护主要包括复审和废止两方面工作。

复审阶段是技术委员会对国家(行业)标准的适用性进行评估的过程。每项国家(行业)标准的复审间隔周期不应超过5年。主要工作开始的标志是技术委员会复审标准，主要工作结束的标志是结束复审，技术委员会形成复审意见。

技术委员会可以从以下方面考虑标准的适用性，对标准的内容进行复审：

(1)实施过程中是否发现了新的需要解决的问题。

(2)技术指标是否仍适应科学技术的发展和经济建设的需要。

(3)标准中的内容是否与当前法律法规有抵触。

(4)采用国际标准制定的我国标准，是否需要与国际标准的变化情况保持一致。

根据复审结论做出下列决定：

(1)对标准进行修改。若标准中少量技术内容和表述需要修改，需要返回至起草阶段修改需要调整的技术内容。

(2)修订标准。若标准中技术内容和表述需要做全面更新，返回至预研阶段进入修订程序。

(3)确认标准中技术指标和内容不需要调整，该标准继续有效。经确认继续有效的国家标准，其编号和年代号都不作改变。

(4)发现经济技术的发展使得已经不需要针对标准所涉及的标准化对象制定标准，则使相应的标准进入废止阶段。

废止阶段主要是对需要废止标准发布公告的过程。

标准的确认有效、修订和废止的信息会在指定媒体上向社会公布。

三、质量要求

对标准质量的评价，主要考虑标准的适用性、标准技术内容的先进性和合理性、标准编写的规范性等三个要素。

(一)标准的适用性

标准的适用性是评价标准质量好坏的首要因素。标准发布实施以后，应该产生较好的社会和经济效益，对保证测绘地理信息市场的发展起到很好的促进作用。

一项标准具有较好的适用性，就有可能：产生很好的社会效益；提高工作效率，降低成本，增强产品的市场竞争力；促进新技术的发展；规范管理；便利消费者；提高生产水平，等等。

无论强制性还是推荐性，具有较好的适用性，就能够成为社会中各种机构和人员共同遵守的规则，得到社会的广泛关注并被接纳，也可能被法规或标准所引用。

(二) 标准技术内容的先进性和合理性

标准技术内容具有先进性和可操作性是评价标准质量的第二个因素。

标准的技术内容应具有先进性。标准技术内容的水平决定了标准的水平。标准的水平目前仍以"国际先进""国际一般"和"国内先进"来评价。

在保证标准先进性的同时还要考虑标准的可操作性。作为国家标准，不能因为兼顾各方的利益而忽略了先进性。

(三) 标准编写的规范性

标准编写的规范性是其质量好坏的第三个因素。标准是一种特殊的文件，正确理解并严格执行我国标准化工作导则、指南和标准编写规则是标准编写规范化的基本方法。要严格按照标准编写的要求、格式来编写标准。不管是起草标准，还是审查标准，都应符合GB/T 1.1 的要求，以及按照 GB/T 1.1 细化的不同类别标准编写规定的要求。

第六节　测绘标准实施与监督

一、标准实施的意义

标准实施，就是要把标准规定的各项要求，通过一系列具体措施贯彻到生产、建设和流通中去。它是一项有计划、有组织、有措施的贯彻执行标准的活动，是将标准贯彻到企业生产(服务)、技术、经营、管理工作中去的过程。

标准实施是整个标准化工作中一个十分重要的环节，标准实施的好与不好直接体现了标准的存在价值。标准实施的重要性和作用主要体现在以下三个方面：

(1)标准只有在实践中实施，才能发挥出它们的作用和效益。标准化的目的是"获得最佳秩序和社会效益"，但标准制定后，不去努力实施，标准就不可能自发地产生作用，也获取不到最佳的秩序和效益。

(2)标准的科学性和适用性，只有在实施过程中才能做出正确的评价。实践是检验标准的科学性、合理性、适用性或标准的质量和水平高低的唯一手段。在制定过程中，由于制定人员认识的局限性，对标准的质量难以做出适当的评价，只有当标准在实践中实施后，才能够对其作出客观的评价。

(3)只有通过标准的实施，才能发现标准中存在的问题，提出改进标准的意见，为下次修订标准作好准备。标准的"制定—实施—修订—实施"过程是一个阶梯式发展的过程。正是在不断地实施、修订过程中，不断地把现代科学技术成果纳入标准，补充纠正标准中的不足之处，才能有效地指导社会生产活动实践。

二、标准实施的一般程序

实施标准必须有计划地做好安排，各方面协调行动，按照一定的程序进行，才能取得预期的结果。实施标准时应遵循服从长远利益原则、顾全大局原则、区别对待原则、原则性和灵活性相结合的自愿实施原则。

从我国实施各类标准的经验来看，大致上可以分为计划、准备、实施、检查/验收、总结五个程序，标准实施的一般程序如图9.1所示。

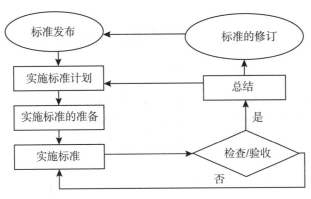

图9.1　标准实施的一般程序

(一)计划

实施标准时，应根据实际情况制订出实施标准的工作计划，其主要内容包括实施标准的方式、内容、步骤、负责人员、起止时间、达到的要求和目标等。

制订实施标准工作计划时，应注意到以下四点：

(1)除了一些重大的基础标准需要专门组织实施外，一般应尽可能结合或配合其他任务进行标准实施工作。

(2)应该按照标准实施的难易程度合理组织人力，既能使标准的实施工作顺利进行，又不浪费人力，影响其他工作。

(3)应把标准实施的项目分成若干项具体任务和内容要求，分配给各有关单位、个人，明确其职责，规定起止时间，以及相互配合的内容与要求。

(4)合理预测和分析标准实施以后的经济收入和开支，以便有计划地安排有关经费。

(二)准备

准备工作是标准实施过程中很重要的一个环节。标准实施的准备工作一般有以下四个方面：

(1)建立机构或明确专人负责。标准的实施，尤其是重大基础标准的实施往往涉及面较广，需要统筹安排专门组织机构或明确专人负责。

(2)宣传讲解，了解标准。任何一项新标准，都要通过宣传讲解，使标准实施者对它熟悉、了解、重视，在生产、技术和经济活动中自觉地去努力实施这项标准。

(3)认真做好技术准备工作。包括：提供标准、标准简要介绍资料以及宣讲稿等；编写新旧标准交替时的对照表、注意事项及有关参考资料；按照先易后难、先主后次的顺序，推荐适当的工艺和试验方法。必要时，应通过试点，以点带面、全面推广。

（4）充分做好物资准备。标准实施到生产技术活动中，常常需要一定的物质条件。例如：实施互换性标准需要相应的仪器等，实施产品标准需要相应的检测设备，实施零部件、元器件标准需要落实有关的专业协作厂等。

（三）实施

标准实施就是把标准应用于生产、管理实践中去。标准实施主要有直接采用、选用、补充实施、配套实施和提高实施五种方式。

1. 直接采用

直接采用是指直接按照标准全文，毫无改动地实施。如《基础地理信息标准数据基本规定》（GB 21139—2007）、《地理信息术语》（GB/T 17694—2009）、《国家基本比例尺地形图分幅和编号》（GB/T 13989—2012）等强制性标准均应直接采用。

2. 选用

选用是指选取标准中部分内容实施。就是实施某些产品标准时，也应选用一定的品种、规格或参数。有些企业往往以企业标准的形式选用上述一类标准，限制其使用范围，便于管理和供应。

3. 补充实施

补充实施是指在标准实施时，对上级标准中一些原则规定或缺少的内容，在不违背标准的基本原则下，以下级标准形式做出一些必要的补充规定。这些补充，对完善标准，使标准更好地在本单位实施是十分必要的。

4. 配套实施

配套实施是指在标准实施时，要配套制订该标准的配套标准以及该标准的使用方法等指导性技术文件。这些配套标准是为了更全面、更有效地实施标准。

5. 提高实施

提高实施是指为了稳定地生产优质产品和提高市场竞争能力，企业在实施某一项国家或行业产品标准时，可以以国内外先进水平为目标提高这些标准中一些性能指标，或者自行制定比该产品标准水平更高的企业产品标准，再实施于生产中。

（四）检查/验收

检查/验收是标准实施中的一个重要环节，可促使标准的进一步全面实施、深入实施。

在检查/验收中，一是要进行技术图样与文件的标准化检查；二是要从产品方案论证开始，一直到产品出厂，各个环节都应在标准化方面进行检查。通过上述检查、验收，找出标准实施中存在的各种问题，采取相应措施，继续实施标准，如此反复检查从而促进标准的全面实施。

（五）总结

总结包括技术上和实施方法上的总结及各种文件、资料的归类、整理、立卷归档工作。要对标准实施中所发现的各种问题和意见进行整理、分析、归类，然后写出意见和建议反馈给标准制(修)订部门。

总结并不意味着标准实施的终止,只是完成一次实施标准的 PDCA 循环,还应继续进行第二次、第三次……在标准的有效期内,应不断地实施,使标准实施得越来越全面、越来越深入,实现持续改进。

三、标准实施的监督检查

对标准实施情况进行监督,是保证标准贯彻执行的重要措施。通过监督检查,一方面可以及时发现并处罚违反标准的行为,促进标准的认真贯彻实施;另一方面也能迅速反馈标准本身中的缺陷和不足之处,从而及时采取有效措施。

从范围上来讲,标准实施的监督有企业自我监督、社会监督和国家监督等多种形式。其中国家监督是标准实施的公开性监督,具有权威性、法制性,企业自我监督则是国家监督的基础。

(一)企业自我监督

企业自我监督是企业对标准贯彻执行的内部监督与检查。这种监督检查必须从产品设计开始,贯穿于企业生产的全过程。设计阶段监督一般是通过对产品图样和设计文件的标准化审查方式进行,而生产过程的监督是企业实施标准的综合性检查。

生产过程中标准实施的综合检查与企业质量管理活动有机结合起来,体现了标准化是质量管理的基础,对于监督企业全面实施各项标准、保证产品质量是十分有利的。

(二)社会监督

社会监督是社会组织、人民团体、产品经销者、消费者、用户乃至社会新闻媒体对标准实施情况进行的监督。这是一种社会性群众监督,是对于不符合标准的伪劣产品和直接影响人民生活及社会公共利益的各种活动所进行的监督。

(三)国家监督

标准实施的国家监督是由国家法定机构依据《标准化法》,对标准实施情况的监督、检查和处理,是国家为保证标准贯彻执行的重要措施。县级以上政府标准化行政主管部门负责标准实施的国家监督,可以根据需要设置专门的检验机构或授权其他单位的检验机构,对产品质量是否符合标准进行监督检验。

思考题:

1. 我国有哪些测绘地理信息标准化组织?
2. 测绘地理信息标准化对象包括哪些?
3. 测绘地理信息标准是如何分类的?
4. 标准编制有哪几个阶段?每个阶段的主要工作内容是什么?
5. 如何进行标准质量评价?

第十章　测绘项目组织管理

第一节　测绘项目资源配置

一、测绘项目资源配置的概念

项目资源配置是测绘项目管理过程中的重要环节，是测绘单位完成项目任务的重要手段，也是测绘项目目标得以实现的重要保证。

项目资源一般是指劳动力、材料、设备、资金、技术等形成生产力的各种要素。项目资源管理就是对各种生产要素的管理，其目的就是将资源进行适时、适量的优化配置，并按照测绘项目生产进度和设计方案要求投入，以满足生产需要为原则，合理地节约使用资源，避免造成浪费或资源不足。

对于具体测绘项目而言，在项目经费固定的情况下，项目实施中的资源配置工作主要体现在项目人员配置与仪器设备配置两个方面。

二、测绘项目人员配置

测绘项目人员配置是根据项目需要，投入必要的劳动力资源并进行合理安排，形成能够实现项目目标的项目管理、技术管理、生产作业、质量管理力量。

测绘项目人力资源配置，首先是要优化资源结构，做到人岗匹配，强化以人为本、以能为本的用人观念。其次是要注重整体规划，重视项目管理团队建设，加强工程项目沟通管理，优化配置项目人力资源。最后要强化激励机制，公平合理、差别激励、适度激励、及时激励都能够使人朝着预定目标持续努力，促进测绘项目优质高效完成。

测绘项目人员构成一般分为项目负责人、生产管理组、技术管理组、质量控制组、后勤服务部门。

(一)项目负责人

项目负责人一般由测绘单位负责人(院长、总经理)担任，全面负责本项目的生产计划的实施、技术管理、质量控制、资料安全保密管理等工作。

(二)生产管理组

项目生产负责人一般由测绘单位分管负责人(生产院长、项目经理)担任，全面负责整个项目的工作，包括经费控制、进度控制、质量控制、人员管理等工作。

中队(部门)生产负责人一般由中队长(部门经理)担任,全面负责整个中队(部门)的生产工作,也包括经费控制、进度控制、质量控制、人员管理等工作。

作业组生产负责人一般由各生产作业组长担任,负责作业组的进度、质量和人员管理,一般不负责经费管理。

(三)技术管理组

项目技术负责人一般由测绘单位的总工担任,是测绘项目的最高技术主管,负责整个项目的技术工作。

中队(部门)技术负责人一般由中队(部门)工程师担任,全面负责整个中队(部门)的技术工作。

作业组技术负责人一般由各生产作业组工程师担任,负责全组的技术工作,也可兼做检查员或作业员的工作。

(四)质量控制组

质量控制就是落实项目实施过程中的过程检查、最终检查,一般由测绘单位的质量控制部门负责,对每一道工序、每项成果进行质量检查。有时可以将过程检查工作安排给中队(部门、作业组)承担。

(五)后勤服务部门

做好后勤工作是保障项目顺利实施的主要基础。一般包含资料管理组、设备管理组、安全保障组、后勤保障组等。

三、仪器设备配置

目前,测绘仪器设备种类很多。外业设备主要有经纬仪、水准仪、全站仪、手持测距仪、GPS(GNSS)接收机、航空摄影仪、激光扫描仪、地下管线探测仪、测深仪等,内业设备主要有数字摄影测量工作站、数字成图系统等。另外,还有相应的测绘应用软件,以及内外业一体化采编设备等。有的仪器设备还可以根据其性能、精度指标的差异进行细分。

配置测量仪器设备时,应根据测绘项目类型、范围大小、技术路线、作业方法等进行合理选择。一般应把握以下原则:

(1)精度性原则。测绘项目成果都是有相应规格或精度指标要求的。测绘项目配备的仪器设备,应该达到或高于相关技术标准或项目设计的成果精度指标的要求。投入项目的测量仪器设备或软件,应按照规定通过法定计量检定、校准或测试,并处于有效期内。

(2)先进性原则。随着科学技术的快速发展,测量仪器设备新产品层出不穷,尤其是一些新型装备、高精度设备不断投入使用,大幅度促进了测绘项目生产效率的提高。因此,在条件许可的情况下,应该尽量选用先进的仪器设备。

(3)经济性原则。测绘项目配置仪器设备时,首先应该尽量选用本单位现有、适用设备,不盲目追求“高精尖”“新武器”。在同时具备满足项目需求的多台套高、中、低端设备时，要根据项目工期兼顾经济适用原则进行选配，既不要"小马拉大车"，也不应"杀鸡用牛刀"。

（4）预备性原则。日程作业的仪器设备应足额配备，做到人（组）手一台（套）。非常用设备可在各作业组（人员）之间调配使用。项目配备的仪器设备总数应该有适当的余量，以防出现仪器损毁影响工期等特殊情况。

第二节　测绘项目实施管理

一、测绘项目实施管理的基本内容

测绘项目的实施目标是对测绘生产过程进行有效控制，保证测绘生产能按生产进度计划正常进行，最终测绘成果能够满足项目委托方的要求，创造测绘项目最大的经济效益与社会效益。

项目实施管理主要包括项目工程进度控制、资金预算控制、成果质量控制三个方面。

二、测绘项目工程进度控制

测绘项目工程进度控制，就是通过加强管理，确保实现项目工期目标。主要包括以下工作：

(一)人员落实情况监督

项目所需要的人员是否按计划配置到位，至关重要。监督控制工作包括：

（1）工作机构符合性。监督作业现场组织机构，如生产管理部门、质量检查部门、后勤保障部门等，是否齐全，是否与投标方案中拟定的组织结构一致。

（2）作业人员符合性。监督作业现场的主要作业人员是否与投标文件中拟定的参与项目生产的人员相一致，人员数量、素质能否满足实际工作的需求，是否经过岗位培训。

(二)仪器设备落实情况监督

监督控制主要是核查用于作业生产的仪器设备的数量、质量状态，主要包括：

（1）投入生产使用的仪器设备是否与开工前准备使用的仪器一致。

（2）作业现场仪器设备总量是否满足本项目工作的需要。

（3）生产作业所应用的仪器设备是否经过测绘仪器计量部门的检定，检定结果是否符合要求。

（4）所使用的平差计算、数据处理和编图软件等能否符合项目委托方的要求。

(三)完成进度情况检查

测绘项目生产的实际完成进度是否达到计划要求，是工程进度控制的主要内容。其检查方法主要包括：

（1）核查进度安排是否符合测绘项目总进度计划和各个工序分目标的要求，是否符合合同中规定的开工、竣工时间。

(2)核查实施阶段总进度计划中的项目是否有遗漏，测绘工程准备阶段的时间是否满足整体开工的必要配备条件。

(3)核查工序安排是否合理，是否符合生产工艺的要求。

(4)核查总包、分包分别编制的实施阶段进度计划是否相协调，各项分工与计划是否合理。

(5)核查对于项目委托方需要提供的施工条件(资金、基础资料等)，在测绘实施阶段进度计划中安排得是否明确、合理，是否有因项目委托方违约而导致工程延期的可能。

(四)进度影响因素分析

测绘项目实施过程中，有时会发生项目完成进度滞后于工程计划进度的情况。检查发现进度滞后现象后，要及时研究分析造成这种问题的原因，寻求对策，进行必要的工作调整。

影响测绘项目完成进度滞后于计划进度的因素一般有以下几种：

(1)在估计项目的特点及项目实现的条件时，过高或过低地估计了有利因素。例如，资金的保障情况，测区内的作业条件等。

(2)在项目实施过程中各有关方面工作上的失误。例如，项目委托方设计要求的变更、作业顺序的调整等。

(3)不可预见事件的发生。不可预见事件包括政治、经济及自然等方面。

三、资金预算控制

充足的项目资金保障，是支撑测绘项目顺利实施的必要条件。要加强项目预算资金管控，做到预算科学、支出合规、进度相符。

(一)资金预算控制的含义

测绘工程项目资金预算控制，就是按批准的项目预算和工程进度安排使用项目资金。总的来说，要做到"预算不超概算，决算不超预算"。工作实践中，要明确以下理念：

(1)资金控制不是单一的成本目标控制，而是与质量控制、进度控制同步进行的。

(2)资金控制应具有全面性，项目的全部费用都应纳入控制范围。

(3)坚持技术与经济相结合的措施，力争做到经济指标合理基础上的技术先进、技术指标先进条件下的经济合理。

(二)资金预算控制的内容

测绘项目的资金控制管理贯穿于项目实施的全过程。主要内容包括：

(1)分析测绘项目资金预算的科学合理性。资金预算要符合项目本身的特点，涵盖整个测绘项目的全部费用。

(2)检查资金预算执行与工程进度的符合性。资金预算的执行应随着工程进度的推进而逐步执行。工程实施每个阶段的资金执行情况都应符合最初的资金预算成本。如出现偏差应及时调整，以使得项目资金的实际支出与预算尽量符合。如有不可抗力情况出现或测绘项目计划调整较大，预算资金需要进行相应调整时，可将调整后的预算资金方案上报项目委托方，经项目委托方批准后，按新的资金预算方案执行。

（3）核查资金预算执行内容的完整性。测绘项目的全部费用应纳入执行范围，不能出现项目支出漏项。测绘项目资金执行要包含生产成本和经营成本测算，以及各个项目工序的预算资金测算，并与资金预算总额保持一致。

四、测绘成果质量控制

测绘工程项目的最终目标是获得符合法律法规规定、技术标准规范要求的测绘成果。加强成果质量控制，是测绘项目实施的重要环节。

测绘工程项目的质量控制，包括了生产组织准备阶段、生产实施阶段和成果交付使用阶段的质量控制。其中，生产实施阶段的质量控制，是测绘项目质量控制的重点，它由生产单位对该项目的预期投入（主要是人员、设备、作业环境等），组织生产过程和生产出来的测绘成果进行全过程的控制，以期按标准达到预定的成果质量目标。

实践证明，"两级检查，一级验收"是测绘项目质量控制的行之有效、也是最基本要求。项目质量控制的主要方法包括：

1. 试生产实验

对于大型的测绘项目，要进行"第一幅图"的试生产实验。通过试生产实验，完善作业流程与检查流程，加强过程检查的质量控制，保证各生产过程均处于受控状态，为后续项目的大规模展开提供可靠的生产、技术流程与质量控制的依据。

2. 工序成果质量控制

工序成果泛指测绘生产过程中各工序生产出来的阶段性成果，该成果可能是测绘最终成果的组成部分，也可能是生产环节的一个过程产品。

工序成果质量的检查检验，就是对工序操作及其完成产品的成果质量进行实际而及时的检查，并将所检查的结果同该工序的质量特性的技术标准进行比较，从而判断是否合格或优良。只有作业过程中的中间产品质量都符合要求，才能保证最终测绘成果的质量。

3. 两级检查

两级检查是指测绘单位作业部门的过程检查和单位质量管理部门的最终检查。其特点为：作业人员必须自检、互检；不同工序之间的材料交接和转换必须进行交接检查；两级检查要依次进行，且不能相互替代；检查出来的问题及其处理要有相应的整改记录。

4. 一级验收

项目验收是由项目发包单位或其委托的成果质量检验单位组织的对测绘成果质量进行验收。

第三节　测绘安全生产管理

一、测绘安全生产基本要求

安全生产是安全与生产的统一，其宗旨是安全促进生产，生产必须安全。

测绘单位要按照《中华人民共和国安全生产法》(以下简称《安全生产法》)和行业标准《测绘作业人员安全规范》(CH 1016—2008)的相关要求,坚持安全第一、预防为主、综合治理的方针,落实测绘安全生产责任制,明确各级领导、安全生产管理机构及相关人员的职责,健全安全生产责任制度和安全保障及应急救援预案,是搞好安全生产管理工作的重要保证。要加强安全生产教育宣传工作,切实加强测绘内业、外业的安全生产管控,完善安全生产条件,强化安全生产教育培训,加强安全生产管理,定期或不定期组织开展安全生产检查,制止生产作业中的违章行为,不断改进安全生产工作。

作业人员(组)应遵守本单位的安全生产管理制度和操作细则,爱护和正确使用仪器、设备、工具及安全防护装备,服从安全管理,了解其作业场所、工作岗位存在的危险因素及防范措施;外业人员还应掌握必要的野外生存、避险和相关应急技能。

二、作业环境安全管理

(一)外业作业环境

测绘外业生产作业环境复杂、安全隐患多、危害程度高,是安全生产事故发生的主要环节。要从出测准备、行车交通、住宿饮食、作业环境等方面,严格管控,防止安全生产事故的发生。

从事测绘外业生产,一般应遵循以下要求:

(1)应持有效证件和公函与有关部门进行联系。在进入军事要地、边境、少数民族地区、林区、自然保护区或其他特殊防护地区作业时,应事先征得有关部门同意,了解当地民情和社会治安等情况,遵守所在地的风俗习惯及有关的安全规定。

(2)进入单位、居民宅院进行测绘时,应先出示相关证件,说明情况再进行作业。

(3)遇雷电天气应立刻停止作业,选择安全地点躲避,禁止在山顶、开阔的斜坡上、大树下、河边等区域停留,避免遭受雷电袭击。

(4)在高压输电线路、电网等区域作业时,应采取安全防范措施,避免人员和标尺、测杆、棱镜支杆等测量设备靠近高压线路,防止触电。

(5)应携带所需的装具、水和药品等用品,必要时应设立供应点,保证作业人员的饮食供给;野外一旦发生水、粮和药品短缺,应及时联系补给或果断撤离,以免发生意外。

(6)所携带的燃油应使用密封、非易碎容器单独存放、保管,防止暴晒。洒过易燃油料的地方要及时处理。

(7)进入沙漠、戈壁、沼泽、高山、高寒人烟稀少地区或原始森林地区作业前须认真了解掌握该地区的水源、居民、道路、气象、方位等情况,并及时记入随身携带的工作手册。应配备必要的通信器材,以保持个人与小组、小组与中队的联系;应配备必要的判定方位的工具,如导航定位仪器、地形图等。必要时要请熟悉当地情况的向导带路。

(8)外业测绘必须遵守各地方、各部门相关的安全规定,如在铁路和公路区域应遵守交通管理部门的有关安全规定;进入草原、林区作业必须严格遵守《森林防火条例》(国务院第541号令)、《草原防火条例》(国务院令第542号)及当地的安全规定;下井作业前必须学习相关的安全规程,掌握井下工作的一般安全知识,了解工作地点的具体要求和安全保护规定。

(9)安全员必须随时检查现场的安全情况，发现安全隐患立即整改。

(10)外业测绘严禁单人夜间行动。在发生人员失踪时必须立即寻找，并应尽快报告上级，同时与当地公安部门取得联系。

(二)内业生产场所

相对于外业生产而言，内业生产条件总体较好，影响安全生产的要素相对较少，重点是要把握内业作业场所的安全管理以及仪器设备的安全操作。

测绘内业作业场所一般应该满足下列要求：

(1)照明、噪声、辐射等环境条件应符合作业要求。

(2)计算机等生产仪器设备的放置，应有利于减少放射线对作业人员的危害。各种设备与建(构)筑物之间，应留有满足生产、检修需要的安全距离。

(3)作业场所中不应随意拉设电线，谨防电线、电源漏电。通风、取暖、空调、照明等用电设施要有专人管理、检修。

(4)面积大于100m² 的作业场所的安全出口应不少于两个，并严禁堵塞、占用疏散通道和安全出口。安全出口、通道、楼梯等，应设明显标志和应急照明设施。

(5)作业场所应按《中华人民共和国消防法》(以下简称《消防法》)规定配备灭火器具，小于40m² 的重点防火区域，如资料、档案、设备库房等，也应配置灭火器具。应定期进行消防设施和安全装置的有效期和能否正常使用检查，保证安全有效。

(6)作业场所应配置必要的安全(警告)标志：如配电箱(柜)警告标志、资料重地严禁烟火标志、严禁吸烟标志、119 火警电话标志、120 急救电话标志、安全应急示意图、上下楼梯警告线以及生产区玻璃隔断墙安全警告线等警示标志，且保证标志完好清晰。

(7)要及时消除火灾隐患。禁止在生产作业场所吸烟和在作业区域内饮水。禁止使用明火或明火取暖。使用电器取暖或烧水，不用时应切断电源。

(8)作业区禁止堆放与工作无关的物品。严禁携带易燃易爆物品进入生产和办公区。

三、仪器设备安全管理

测绘仪器是测量人员对工程施控的有力武器，爱护好测绘仪器设备是我们每一位测绘工作者应具备的基本职业品德。

(一)测绘仪器设备管理要求

加强对测绘仪器设备的管理，必须建立健全测绘仪器设备管理制度，以制度管人、管事。应重点做到：

(1)设立专门的仪器管理人员(或部门)，负责仪器设备的保管、维护、检校和一般鉴定、修理。

(2)项目负责人应经常了解仪器设备维护、保养、使用等情况，及时解决有关问题。

(3)仪器设备的借用、转借、调拨、大修、报废等应有一定的审批手续。

(4)仪器出入库必须有严格的检查和登记制度。

(二)测绘仪器设备安全运输

测量工作多数是在外业环境下进行的。无论是测区变换，还是测站搬迁，都需要加强仪器设备的安全运输工作，应做到：

(1)运送仪器要防止日晒雨淋，放置仪器设备的地方要安全妥当、清洁和干燥。装车时务必使仪器正放，不可倒置。

(2)长途搬运仪器时，应将仪器装入专门的运输箱内。若无防震运输箱，而又需运输较精密的仪器时，应把装有仪器的箱子装入特别套箱内，并用刨花或纸片等紧紧填实仪器箱与套箱内包面之间的空隙。

(3)短途搬运仪器时，除特别怕震的仪器设备外，一般可不装入运输箱内，但需要专人护送。

(三)测绘仪器设备的使用

测绘仪器设备的正确使用，是保障测量成果质量、提高工作效率、延长仪器使用年限的重要条件，是每个测量工作人员必须掌握的基本技能。要规范测绘仪器的正确使用，做到：

(1)仪器开箱前，应将仪器箱平放在地上。开箱后应注意看清楚仪器在箱中安放的状态。仪器在箱中取出前应松开各制动螺旋。提取仪器时要用手托住仪器的基座，握持支架将仪器轻轻取出，严禁用手提望远镜和横轴。仪器及所用部件取出后应及时合上箱盖。仪器箱放在测站附近并不许坐人。作业完毕后应将所有微动螺旋退回到正常位置，并用擦镜纸或软毛刷除去仪器上表面的灰尘，双手托持仪器，按出箱时的位置放入原箱。盖箱前应将各制动螺旋轻轻旋紧，检查附件齐全后可轻合箱盖，箱盖吻合方可上盖。

(2)架设仪器时，先将三脚架架稳并大致对中，然后放上仪器并立即拧紧中心连接螺旋。

(3)安置仪器前，应检查三脚架的牢固性，作业过程中仪器要随时有人防护。

(4)仪器在搬站时可视情况决定是否要装箱。搬站时应把仪器的所有制动螺旋略微拧紧，仪器脚架必须竖直拿稳。

(5)仪器在野外使用时，必须用伞遮住太阳。仪器望远镜的物镜和目镜的表面不能让太阳照射，并要避免灰沙雨水的侵袭。

(6)仪器发生故障时，要立即检修，不应勉强继续使用。

(7)应保持光学元件清洁，不要轻易拆开仪器。

(8)在潮湿环境中作业结束后，要用软布擦干仪器表面的水分或灰尘后才能装箱。回到驻地后立即干燥仪器。

(9)所有仪器在连接外部设备时，应注意相对应的接口、电极连接是否正确，确认无误后方可开启主机和外围设备。拔插接线时不要抓住线就往外拔，也不要边摇晃插头边拔插。数据传输线、GPS(监控器)天线等在收线时应盘成圈收藏，以免折断。

四、测绘成果安全管理

测绘项目形成的成果很多。测绘成果安全管理，重点是要做好基础地理信息数据的安全保护以及涉密测绘成果的安全保护工作。

(一) 安全管理要求

1. 建立保密管理制度

测绘单位应当建立保密管理领导责任制，设立保密工作机构，配备保密管理人员，配备必要的设施。要根据接触、使用、保管涉密测绘成果的人员情况，对核心涉密人员、重要涉密人员和一般涉密人员实行分类管理。

2. 强化安全保密措施

测绘成果保管单位要依照国家有关规定，对生产、加工、提供、传递、使用、复制、保存和销毁涉密测绘成果严格登记管理。要确定涉密测绘成果保密要害部门、部位，明确岗位责任，设置安全可靠的保密防护措施。要对涉密计算机信息系统采取安全保密防护措施，不得使用无安全保障的设备处理、传输、存储涉密测绘成果。要加强涉密计算机和存储介质的管理，禁止将涉密载体作为废品出售或处理。

3. 严格成果归档管理

项目组要安排专人管理测绘成果，严格实行涉密测绘成果"管""用"分开。作业人员要认真保管项目过程成果，成果管理人员要求及时做好项目最终成果归档工作。归档内容应包括数据成果以及与之相关的文档材料、软件等。要健全成果移交手续，做到程序规范、手续齐全。

4. 规范成果交付使用

测绘单位向客户交付的测绘成果必须是合格品，其技术指标应符合测绘合同、技术设计的规定。未经测绘单位负责人同意，项目组或作业人员不得随意向甲方或第三方提供成果，不得擅自复制、转让或转借测绘成果，更不得擅自提供涉密测绘成果。涉密测绘成果及其衍生产品，未经国家或者省级测绘地理信息主管部门进行保密技术处理的，不得公开使用，严禁在公共信息网络上登载发布使用。

5. 依法对外提供测绘成果

凡涉及对外提供我国涉密测绘成果的，要依法报国家或者省级测绘地理信息主管部门审批后再对外提供。外国的组织或者个人经批准在中华人民共和国领域内从事测绘活动的，所产生的测绘成果归中方部门或单位所有。未经国家测绘地理信息主管部门批准不得向外方提供，不得以任何形式将测绘成果携带或者传输出境。严禁任何单位和个人未经批准擅自对外提供涉密测绘成果。

(二) 数据安全技术

测绘地理信息数据安全是国家安全战略体系中的重要组成部分，保护数据安全已成为目前迫切需要解决的国家和国防重大需求。列举介绍当前在地理信息学数据安全保护与应用中主要采用的加密技术、脱密技术、数字水印技术、访问控制技术和存储介质加密技术。

1. 加密技术

加密作为保障数据安全的一种方式，使用某种算法和密钥来隐蔽和保护需要保密的数据，将数据变成不可读的格式，防止数据在存储或传输过程中被截取、篡改、删除等，从而实现信息的保密性、完整性和可认证性。

一个加密系统由明文、密文、加密/解密算法和密钥空间组成。加密前的原始信息称为明文，也称为明码，是指可以直接被用户阅读并理解的原始信息。加密变换后的信息称为密文，是经过某种算法和密钥加密后生成的不能直接被理解的信息，只有持有正确密钥才能对密文进行解密，以此达到保护数据不被非法窃取、阅读的目的。消息发送者对明文进行加密时所采用的一组规则称为加密算法，该过程的逆过程为解密，所采用的一组规则称为解密算法。密钥是明文与密文相互转换时，需要传递给加密或解密算法的数据，通常为一串随机字符或数字；加密算法使用的所有可能的密钥集合称为密钥空间。

加密方法的选择，不仅要考虑被保护数据的特征、可能遇到的安全威胁，也要考虑加解密的效率和渐进传输需求，还要考虑数据所处的环境和环节。相较于单机系统的数据加密，网络环境下的数据加密安全性的要求更高些。采用加密技术时，要高度重视密钥的管理。

2. 脱密技术

脱密是指通过技术手段将有密级测绘成果中包含的涉及国家安全的地理要素空间位置精度和属性内容进行处理后，转变为符合测绘成果公开使用的方法。脱密包括数据抽取、几何精度降低、属性（含注记）、高程处理以及要素伪装等。加强脱密技术的研究将为地理空间数据的充分利用提供技术支撑。

地图脱密的方法多种多样，各个国家地区使用的方法也不尽相同，但其都要遵循一定的基本原则，部分是国家规定，部分是地图信息的精度与地图本身的要求。地理要素的脱密主要从属性信息和空间位置精度两方面处理。对属性信息的处理主要体现在涉密信息的去除，涉密要素的不显示或换名显示；对空间位置精度的处理体现在使用专业脱密技术进行空间坐标的精度弱化，使得脱密后的数据不易用一定的纠正方法恢复纠正，避免要素泄密。

中国测绘科学研究院李成名研究员提出地理数据几何精度的脱密处理原则和方法，研发的软件产品在全国得到了广泛应用。

3. 数字水印技术

数字水印技术是近年来信息安全领域中发展起来的前沿技术。数字水印的概念是Caronni 于 1993 年提出来的，并应用于数字图像领域。

数字水印技术是利用人类视觉系统的冗余，通过一定的算法，在载体数据中加入不可见标记即水印信息，使其成为载体数据不可分离的一部分。数字水印不影响数据的合理使用和价值，且不能被人的知觉系统觉察到，因此可以用来确定版权拥有者，区分不同用户，追溯数据行踪。数字水印应具有如下特点：

（1）不可感知性。嵌入水印信息后的载体数据与原始载体数据相比，具有较高的感官相似度，即水印的存在不影响被保护数据内容的使用与价值。

（2）鲁棒性。嵌入的水印信息能够经受传输过程中的信道噪声、滤波、有损压缩、几何变换、数据转换等操作的干扰，能避免人为的篡改、伪造、去除水印等攻击。

（3）安全性。指将水印信息藏于目标数据的内容之中，而非文件头等处，防止因文件格式变换而遭到破坏。

（4）嵌入容量。嵌入容量就是载体数据中能够容纳的水印信息量。一般在满足不可感知性的前提下，应尽量增大水印的嵌入容量。

（5）无歧义性。恢复出的水印或水印判决的结果能够唯一辨识所有权，为受到保护的信息产品所有者提供完全和可靠的证明，不会发生多重所有权纠纷。

（6）通用性。通用性在某种程度上意味着易用性，好的水印算法适用于文本、图像、视频、音频等多种文件格式和媒体格式。

目前，地理信息数据数字水印研究应用已取得许多成果。南京师范大学朱长青教授主编的国家标准《测绘地理信息数据数字版权标识》（GB/T 35632—2017）已发布实施。南京吉印信息科技有限公司研发了"吉印"地理数据数字水印版权保护系统，能够支持 4D 产品、三维点云数据、PDF 等多种格式数据，已经得到了广泛应用。

4. 访问控制技术

访问控制技术是对数据实现安全控制的前沿技术。访问控制是对系统访问的控制，其作用是对需要访问系统及数据的用户进行识别，并检验其合法身份，并对系统中发生的操作根据一定的安全策略来进行限制，防止未授权用户对资源的使用和授权用户对资源的不合法使用，以实现保证信息的机密性、完整性、可审计性和可用性的目的。

访问控制策略是面向应用的，可以跨越多个计算平台，可以基于最小特权、权能、认证、责任或利益冲突。访问控制策略往往是动态变化的，是随着商业因素、政府规则和环境条件而变化的，然而策略需求在系统设计时是无法完全确定的。因此，系统必须按照不断变化的策略进行设计。主要采用钩子透明加密技术和过滤驱动透明加密技术。

在地理空间数据访问控制系统中，要将计算机底层驱动、软件平台、地理数据紧密结合，通过加密技术对涉密地理数据进行授权管理和访问控制，对数据使用环境、使用平台、使用范围、使用期限等进行精准控制，使得未授权单位和用户不能使用、到期数据所有用户都不能使用，从而实现地理空间数据全生命周期的严密管控，有效防止地理空间数据的泄密和非法传播，保护地理空间数据安全。

南京吉印信息科技有限公司研发的"吉印"地理数据数字访问控制保护系统，已经在测绘、国土、地质、水利、规划等领域得到了广泛应用，为地理空间数据的可控制管理提供了有力支撑。

5. 存储介质加密技术

存储介质加密技术，就是利用软件程序对计算机系统的 I/O 操作进行过滤处理，在系统向存储设备写入数据时，先将数据进行加密处理，然后再输出到存储设备；在系统从存储设备读取数据时，将存储设备输入的数据先进行解密，然后再返回给系统。这种加解密处理在系统执行 I/O 操作过程中自动进行，无须用户操作，采用快速的密码算法，其处理时间通常可以忽略，不被用户所感知，也被称为透明加解密。

其基本原理包括：使用虚拟介质储存地理信息数据，在使用时加载虚拟磁盘，使用完后卸载；以虚拟介质影像文件的形式保存、管理和传递地理信息数据；选择速度较快的分组密码算法，在数据存取过程中自动进行加解密；采用专业密码装置保存密钥，在使用前进行身份验证；在地理信息的使用过程中，禁止使用计算机接口设备向外界传递数据；在地理信息的使用过程中，禁止将地理信息数据保存或复制到其他存储介质；对访问地理信息数据的进程进行标记，将此类进程加载的子进程以及与此类进程进行数据交互的进程均做同类标记；将标记进程产生的临时数据加密保存，事后自动清除；标记进程剪切的数据禁止非标记进程访问；将系统访问地理信息数据的操作及相关信息记录日志；禁止系统对安全软件自身的程序和数据文件做修改和删除操作。

目前，该技术作为北京四维益友公司承担的原国家测绘地理信息局科研课题"地理信息安全交换与介质加密"的研究成果，已在地理国情普查等多个大型地理信息成果分发应用项目中得到了应用，收到了很好的效果。

思考题：

1. 测绘仪器设备配置应遵循哪些原则？
2. 测绘成果质量控制的主要方法有哪些？
3. 安全生产管理要注意哪些方面问题？

第十一章　测绘项目技术设计

第一节　测绘技术设计

一、测绘技术设计的概念

测绘技术设计是将顾客或社会对测绘成果的要求(即明示的、通常隐含的或必须履行的需求或期望)转换成测绘成果(或产品)、测绘生产过程或测绘生产体系规定的特性或规范的一组过程。其目的是为测绘项目制定切实可行的技术方案,保证测绘成果(或产品)符合技术标准和满足顾客要求,并获得最佳的社会效益和经济效益。

按照《测绘生产质量管理规定》《测绘地理信息质量管理办法》的规定,测绘生产必须实行"先设计后生产"的原则。

二、测绘技术设计的分类

每个测绘项目作业前都应进行技术设计。测绘技术设计分为项目设计和专业技术设计两类。

项目设计是对测绘项目进行的综合性整体设计。

专业技术设计是对测绘专业活动的技术要求进行设计,是在项目设计的基础上按照测绘活动内容进行的具体设计,是指导测绘生产的主要技术依据。

对于工作量较小的项目,可根据需要将项目设计和专业技术设计合并为项目设计。

三、测绘技术设计文件

测绘技术设计文件是为测绘成果(或产品)固有特性和生产过程或体系提供规范性依据的文件,是设计形成的结果。设计文件主要包括项目设计书、专业技术设计书以及相应的技术设计更改文件。

项目设计书是项目设计形成的技术设计文件。项目设计书一般由承担项目的法人单位负责编写。

专业技术设计书是测绘项目专业技术设计形成的技术设计文件。专业技术设计书一般由具体承担相应测绘专业任务的法人单位负责编写。

技术设计更改文件是设计变更过程中,由设计人员提出,并经评审、验证(必要时)和审批的技术设计文件。技术设计变更文件既可以是对原设计文件技术性的更改,也可以是对原设计文件技术性的补充。

四、测绘技术设计原则

测绘技术设计一般应遵循以下基本原则：

(1)技术设计应依据设计输入内容，充分考虑顾客的要求，引用适用的国家、行业或地方的相关标准或规范，重视社会效益和经济效益。

(2)技术设计方案应先考虑整体而后局部，而且应考虑未来发展。要根据作业区实际情况，考虑作业单位的资源条件(如人员的技术能力和软、硬件配置等)，挖掘潜力，选择最适用的方案。

(3)积极采用适用的新技术、新方法和新工艺。

(4)应认真分析和充分利用已有的测绘成果(或产品)和资料。对于外业测量，必要时应进行实地勘察并编写踏勘报告。

(5)应重视数据安全措施，明确规定数据安全和备份方面的要求。

第二节　测绘技术设计过程

一、测绘技术设计活动

为了确保测绘技术设计文件满足规定要求的适宜性、充分性和有效性，测绘技术的设计活动应按照一定的设计过程进行。这个过程是一组将设计输入转化为设计输出的相互关联或相互作用的活动，主要包括设计策划、设计输入、设计输出、设计评审、验证(必要时)、审批和更改。

(一)设计策划

技术设计实施前，承担设计任务的单位的总工程师或技术负责人对测绘项目技术设计进行策划，并对整个设计过程进行控制。必要时，也可以指定相应的技术人员负责设计策划。

设计策划的内容包括：设计过程中职责、权限的划分，设计的主要阶段如设计评审、验证、审批活动的安排，各设计小组之间的接口以及测绘项目的名称、编号、委托单位、策划依据、策划人员等。

设计策划应根据需要决定是否进行设计验证。

(二)设计输入

设计输入又称为设计依据，是与成果(或产品)、生产过程或生产体系要求有关的、设计输出必须满足的要求或依据的基础性资料。

设计输入包括：

(1)适用的法律法规；

（2）使用的国际、国家或行业技术标准；

（3）测绘合同或任务书、顾客书面要求或口头要求的记录对测绘成果（或产品）、功能和性能方面的要求；

（4）顾客提供的或本单位收集的测区信息、测绘成果（或产品）、资料及踏勘报告等；

（5）适用的以往测绘技术设计、测绘技术总结提供的信息以及现有生产过程和成果的质量记录和有关数据；

（6）测绘技术设计必须满足的其他要求。

设计输入由技术设计负责人确定并形成书面文件，由设计策划负责人或单位总工程师审核其适宜性和充分性。

（三）设计输出

设计输出是设计过程的结果，其表现形式为测绘技术设计文件。

在编写测绘技术设计时，当用文字不能够清楚、形象地表达设计内容和要求时，应该增加设计附图，并在设计书附录中列出。

（四）设计评审

设计评审是为确定设计输出达到规定目标的适宜性、充分性和有效性所进行的活动。设计评审应确定评审依据、评审目的、评审内容、评审方式以及评审人员等。

评审依据是设计输入的内容。设计评审的内容主要包括送审的技术设计文件或设计更改内容及有关说明。设计评审方式依据评审的具体内容确定，一般有传递评审、会议评审以及有关负责人审核等方式。

评审人员一般包括评审负责人、与所评审的设计阶段有关的职能部门的代表、有关专家等。

（五）设计验证

设计验证是通过提供客观证据对设计输出满足输入要求的认定。设计验证的方法一般包括：

（1）将设计输入要求和（或）相应的评审报告与其对应的输出进行比较验证。

（2）试验、模拟或试用，根据其结果验证输出符合其输入的要求。

（3）对照类似的测绘成果进行验证。

（4）变换方法进行验证，如采用可替代的计算方法等。

当设计方案采用新技术、新方法和新工艺时，应进行设计验证。验证宜采用试验、模拟或试用等方法进行。

（六）设计审批

设计审批是根据设计策划安排，依据技术输入、设计评审和验证报告等对技术设计文件进行审批。

设计审批的方法主要是:承担测绘任务的法人单位进行全面审核,并在技术设计文件和(或)产品样品上签署意见并签名(或章)后,一式二至四份报测绘任务的委托单位审批。

(七)设计更改

技术设计文件一经批准,不得随意更改。当确实需要更改或补充有关的技术规定时,应对更改或补充内容进行评审、验证和审批后,方可实施。

二、测绘技术设计编写要求

(一)设计人员

测绘技术设计文件一般由技术人员编写。设计人员一般应满足以下基本要求:

(1)具备完成有关设计任务的能力,具有相关的专业理论知识和换算成时间的经验。

(2)明确各项设计输入内容,认真了解、分析作业区的实际情况,并积极收集类似设计内容知晓的情况。

(3)了解、掌握本单位的资源条件(包括人员的技术能力,软硬件装备情况、生产能力、生产质量状况等基本情况)。

(4)对其设计的内容负责,并善于听取各方面意见;发现问题,应按照有关程序及时处理。

(二)编写要求

技术设计编写时,应该做到:

(1)内容明确、文字简练。对标准或规范中已有明确规定的,一般可直接引用,并根据引用的内容标明所引用标准或规范名称、日期以及引用的章、条编号,且应在其引用文件中列出;对于作业生产中容易混淆和忽视的问题,应重点描述。

(2)名词、术语、公式、符号、代号和计量单位等应与有关法规和标准一致。

(3)技术设计书的幅面、封面格式和字体、字号等应符合相关要求(见CH/T 1004附录B)。

三、测绘技术设计的内容

(一)踏勘报告

为了保证技术设计的可行性和可操作性,根据项目的具体情况,可以组织实施踏勘调查。踏勘完成后应编写踏勘报告。踏勘报告内容由概述、作业区自然地理情况、人文情况、人力资源及后勤保障、可利用成果资源、补充作业区信息和结论性建议等部分组成。各部分的编写内容及要求见表11.1。

表11.1 踏勘报告的内容

内容	简 要 说 明
概述	作业区的行政区划、经济水平,踏勘时间、人员组成及分工,踏勘线路及范围
自然情况	作业区的自然地理情况,对作业有影响的气象情况,土壤、土质、沼泽地情况,植被的种类和分布情况
人文情况	作业区居民的风俗习惯和语言情况,居民地的分布情况以及作业组驻地建议,作业区治安、卫生情况及预防措施
人力资源及后勤保障	作业区劳动力、向导、翻译供给情况,生活用品、粮食、饮水、燃料供应情况,木材、水泥、沙、石等的获取或采购情况
可利用成果资源	测区主要交通、水系、山体、居民地、管线和境界等的结合图,作业区已有成果成图及其质量情况,测量标志完好情况,作业区及图幅的困难类别
补充作业区信息	除上述内容外,有必要补充说明的作业区信息
结论性建议	根据踏勘结果,对技术设计方案和作业给出的针对性建议

(二)项目设计

项目设计也称总体设计。项目设计的内容由概述、作业区自然地理概况和已有资料情况、引用文件、成果(或产品)主要技术指标和规格、设计方案、进度安排和经费预算、附录等部分组成。各部分的编写内容见表11.2。

表11.2 项目设计的内容

内容	简 要 说 明
概述	说明项目来源、内容和目标、作业区范围和行政隶属、任务量、完成期限、项目承担单位和成果(或产品)接收单位等
作业区自然地理概况和已有资料情况	①作业区自然地理概况。说明与测绘作业有关的作业区自然地理概况; ②已有资料情况。说明已有资料的数量、形式、主要质量情况和评价;说明已有资料利用的可能性和利用方案等
引用文件	说明所引用的标准、规范或其他技术文件
成果(或产品)主要技术指标和规格	说明成果(或产品)的种类及形式、坐标系统、高程基准、重力基准、时间系统,比例尺、分带、投影方法,分幅编号及其空间单元,数据基本内容、格式、精度以及其他技术指标等

续表

内容	简 要 说 明
设计方案	①软件和硬件配置要求。硬件规定生产所需要的主要测绘仪器和数据处理、存储、传输等设备，以及必要的交通工具、主要物资、通信联络设备等。软件指生产过程中应用的主要软件； ②技术路线及工艺流程。说明项目实施的主要生产过程和这些过程之间的输入、输出的接口关系。可采用文字或图表等形式表达； ③技术规定。包括各专业活动的主要过程、作业方法和技术、质量要求，采用新技术、新方法、新工艺的依据和技术要求； ④上交和归档成果。规定成果数据的数据内容、组织、格式，存储介质，包装形式和标识及其上交和归档的；有关文档资料的类型(技术设计文件、技术总结、质量检查验收报告、必要的文档簿、重要的过程作业记录)、数量； ⑤质量保证措施和要求。包括组织管理措施、资源保证措施、质量控制措施、数据安全措施等
进度安排 和经费预算	①进度安排。划分作业区的困难类别，分别计算各工序的工作量，按照计划投入的生产力量，分别列出年度计划和各工序的衔接计划； ②经费预算。根据设计方案和进度安排编制分年度(或分期)经费和总经费计划
附录	需进一步说明的技术要求；有关的设计附图、附表等

(三)专业技术设计

专业技术设计也叫分项设计。专业技术设计的内容通常包括概述、作业区自然地理概况和已有资料情况、引用文件、成果(或产品)主要技术指标和规格、设计方案等部分。各部分的编写内容见表 11.3。

表 11.3　　　　　　　　　　　　**专业技术设计的内容**

内容	简 要 说 明
概述	主要说明任务的来源、目的、任务量、测区范围和作业内容、行政隶属以及完成期限等任务基本情况
作业区自然地理概况 和已有资料情况	①作业区自然地理概况。说明与测绘作业有关的作业区自然地理概况； ②已有资料情况。说明已有资料的数量、形式、主要质量情况和评价、说明已有资料利用的可能性和利用方案等
引用文件	所引用的标准、规范或其他技术文件
成果(或产品)主要 技术指标和规格	一般包括成果(或产品)类型及形式、坐标系统、高程基准、时间系统，比例尺、分带、投影方法，分幅编号及其空间单元，数据基本内容、数据格式、数据精度以及其他技术指标等

续表

内容	简要说明
设计方案	①硬件与软件环境； ②作业的技术路线或流程； ③各工序的作业方法、技术要求； ④生产过程中的质量控制和产品质量检查的主要要求； ⑤数据安全、备份或其他特殊要求； ⑥上交和归档成果及其资料的内容和要求； ⑦有关附录，包括设计附图、附表和其他有关内容

第三节　测绘专业技术设计书的主要内容

一、大地测量专业技术设计书的主要内容

大地测量专业技术设计书的主要内容见表11.4。

表11.4　　　　　　　　　　大地测量专业技术设计书的主要内容

内容	简要说明
任务概述	说明任务的来源、目的、任务量、测区范围和行政隶属等基本情况
测区自然地理概况和已有资料情况	①测区自然地理概况。说明与设计方案或作业有关的测区自然地理概况，内容包括测区地理特征、居民地、交通、气候情况和困难类别等； ②已有资料情况。说明已有资料的数量、形式、施测年代、采用的坐标系统、高程和重力基准、资料的主要质量情况和评价、利用的可能性和利用方案等
引用文件	所引用的标准、规范或其他技术文件
主要技术指标	说明作业或成果的坐标系统、高程基准、重力基准、时间系统、投影方法、精度或技术等级以及其他主要技术指标等
设计方案	注：各种测量工作的设计方案详见表11.5

　　大地测量涉及选点、埋石、平面控制测量、高程控制测量、重力测量、大地测量数据处理等工作。有的测量工作还因选用仪器设备的不同而有多种测量方法，例如，平面控制测量还可细分为 GPS 测量、三角测量、导线测量等。大地测量中各种测量工作专业技术设计书中的设计方案的主要内容见表11.5。

表 11.5　　　　　　　　　　　　大地测量中各种测量工作的设计方案

测量工作	设计方案要点
选点、埋石	①规定作业所需的主要装备、工具、材料; ②规定作业的主要过程、各工序作业方法和精度质量要求; 选点:测量线路、标志布设的基本要求;点位选址、重合利用旧点的基本要求;需要联测点的踏勘要求;点名及其编号规定;选址作业中应收集的资料等。埋石:测量标志、标石材料的选取要求;石子、沙、混凝土的比例;标石、标志、观测墩的数学精度;埋设的标石、标志及附属设施的规格、类型;测量标志的外部整饰要求;埋设过程中需获取的相应资料(地质、水文、照片等)及其他应注意的事项;路线图、点之记绘制要求;测量标志保护及其委托保管要求等; ③上交和归档成果及其资料的内容和要求; ④有关附录
平面控制测量 (GPS 测量)	①规定 GPS 接收机的类型、数量、精度指标及相关专业应用软件; ②规定作业的主要过程、各工序作业方法和精度要求。包括:观测网的精度等级和其他技术指标;观测作业各过程的方法和技术要求;观测成果记录的内容和要求;外业成果检查(验)、整理、预处理的内容和要求;基线向量解算方案和数据质量检核的要求;平差方案、高程计算方案;补测与重测的条件和要求;交通工具、主要物资供应方式、通信联络方式以及其他特殊要求; ③上交和归档成果及其资料的内容和要求; ④有关附录
平面控制测量 (三角测量和 导线测量)	①规定测量仪器的类型、数量、精度指标及相关专业应用软件等; ②规定作业的主要过程、各工序作业方法和精度质量要求。包括:确定的锁(网或导线)的名称、等级、图形、点的密度、已知点的利用和起始控制情况;规定觇标类型和高度、标石的类型;水平角和导线边的测定方法和限差要求;三角点、导线点的高程测量方法、新旧点的联测方案;数据的质量检核、预处理及其他要求;其他特殊要求,如拟定所需的交通工具、主要物资及其供应方式、通信联络方式以及其他特殊情况下的应对措施等; ③上交和归档成果及其资料的内容和要求; ④有关附录
高程控制测量	①规定测量仪器的类型、数量、精度指标及相关专业应用软件等; ②规定作业的主要过程、各工序作业方法和精度要求。包括:测站设置基本要求;观测、联测、检测及跨越障碍的测量方法;观测的时间、气象条件及其他要求;观测记录的方法和成果整饰的要求;说明需要联测的气象站、水文站、验潮站和其他水准点;外业成果计算、检核的质量要求;成果重测和取舍的要求;成果的平差计算方法、采用软件和高差改正等技术要求;其他特殊要求,如拟定所需的交通工具、主要物资及其供应方式、通信联络方式以及其他特殊情况下的应对措施; ③上交和归档成果及其资料的内容和要求; ④有关附录

续表

测量工作	设计方案要点
重力测量	①规定测量仪器的类型、数量、精度指标及相关专业应用软件等； ②规定作业的主要过程、各工序作业方法和精度要求。包括：重力控制点和加密点的布设和联测方案；重力点平面坐标和高程的施测方案，说明已知重力点的利用和联测情况；测量成果检查、取舍、补测和重测的要求和其他相关的技术要求；其他特殊要求，如拟定所需的交通工具、主要物资及其供应方式、通信联络方式以及其他特殊情况下的应对措施； ③上交和归档成果及其资料的内容和要求； ④有关附录
大地测量数据处理	①规定计算所需的软、硬件配置及其检验和测试要求； ②规定数据处理的技术路线或流程； ③规定各过程作业要求和精度质量要求。包括：对已知数据和外业成果资料的统计、分析和评价；数据预处理和计算的内容和要求，如采用的平面、高程、重力基准和起算数据；平差计算的数学模型、计算方法和精度要求；程序编制和检验的要求；精度分析、精度评定的方法和要求；数据质量检查的要求；上交成果内容、形式、打印格式和归档要求等

二、工程测量专业技术设计书的主要内容

工程测量专业技术设计书的主要内容见表 11.6。

表 11.6　　　　　　　　　　　**工程测量专业技术设计书的主要内容**

内容	简要说明
任务概述	说明任务来源、用途、测区范围、内容与特点等基本情况
测区自然地理概况和已有资料情况	①测区自然地理概况。说明与设计方案或作业有关的测区自然地理概况，内容可包括测区的地理特征、居民地、交通、气候情况以及测区困难类别，测区有关工程地质与水文地质的情况等； ②已有资料情况。说明已有资料的施测年代、采用的平面基准、高程基准，资料的数量、形式、质量情况评价、利用的可能性和利用方案等
引用文件	所引用的标准、规范或其他技术文件
成果(或产品)规格和主要技术指标	说明作业或成果的比例尺、平面和高程基准、投影方式、成图方法、成图基本等高距、数据精度、格式、基本内容以及其他主要技术指标等
设计方案	各种测量工作的设计方案详见表 11.7

工程测量可根据项目任务的不同，细分为平面控制测量、高程控制测量以及施工测量、竣工测量、线路测量、变形测量等多种测量工作。工程测量各种测量工作的专业技术设计书中设计方案的主要内容见表 11.7。

表 11.7   工程测量各种测量工作的设计方案

测量工作	设计方案要点
平面控制测量	同"大地测量"，请参看表 11.5
高程控制测量	同"大地测量"，请参看表 11.5
施工测量	①规定测量仪器的类型、数量、精度指标及相关专业应用软件等； ②规定作业的技术路线和流程； ③规定作业方法和技术要求，包括：施工场区控制网及建筑控制网的布设方法和精度要求，场区高程控制点的布设、精度要求和施测规定；对施工放样使用的图纸和资料的技术要求，各施工工序间放样、抄平的技术要求、检核方法和限差规定；结构安装测量中放样的方法和测量允许偏差；灌注桩、界桩和红线点的布设和施测方法及要求；水工建筑物施工放样的方法和测量允许偏差；高层建筑物与预制构件拼装的竖向测量偏差等； ④质量控制环节和质量检查的主要要求； ⑤上交和归档成果及其资料的内容和要求； ⑥有关附录
竣工测量	①规定测量仪器的类型、数量、精度指标及相关专业应用软件等； ②规定作业的技术路线和流程； ③规定作业方法和技术要求，包括：竣工图的分幅、编号、比例尺以及图例、符号等；竣工测量的内容、方法和精度要求；竣工图的内容、精度要求和作业技术要求；对竣工图各项注记及其他要求等； ④质量控制环节和质量检查的主要要求； ⑤上交和归档成果及其资料的内容和要求； ⑥有关附录
线路测量	①规定测量仪器的类型、数量、精度指标及相关专业应用软件等； ②规定作业的技术路线和流程； ③规定作业方法和技术要求，包括：线路控制点的布设方案和要求，联测方法和技术要求，确定线路的测图比例尺；中线、曲线的起点与终点位置、布设要求、实测方法、技术要求以及断面的间距和断面点密度的要求；各种桩点（中桩、转点、交叉点、断面点、曲线点等）的平面和高程的施测方法和精度要求；线路测量各阶段对各种点位复测的要求，各次复测值之间的限差规定；架空索道的方向点偏离直线的精度要求等； ④质量控制环节和质量检查的主要要求； ⑤上交和归档成果及其资料的内容和要求； ⑥有关附录
变形测量	①规定测量仪器的类型、数量、精度指标及相关专业应用软件等； ②规定作业的技术路线和流程； ③规定作业方法和技术要求，包括：基准点设置和变形观测点的布设方案、标石埋设规格、施测方法及其精度要求；变形测量的观测周期和观测要求；数据处理方法、计算公式和统计检验方法；手簿、记录和计算的要求等； ④上交和归档成果及其资料的内容和要求； ⑤有关附录

三、摄影测量与遥感专业技术设计书的主要内容

摄影测量与遥感专业技术设计书的主要内容见表 11.8。

表 11.8　　　　　　　　　　摄影测量与遥感专业技术设计书的主要内容

主要内容	简要说明
任务概述	说明任务来源、测区范围、地理位置、行政隶属、成图比例尺、任务量等基本情况
测区自然地理概况和已有资料情况	①测区自然地理概况。说明与设计方案或作业有关的作业区自然地理概况，内容可包括测区地形概况、地貌特征、海拔高度、相对高差、地形类别、困难类别和居民地、道路、水系、植被等要素的分布与主要特征，气候、风雨季节及生活条件等情况； ②已有资料情况。说明地形图资料采用的平面和高程基准、比例尺、等高距、测制单位和年代等；说明基础控制资料的平面和高程基准、精度及其点位分布等；说明航摄资料的航摄单位、摄区代号、摄影时间、摄影机型号、焦距、像幅、像片比例尺、航高、底片（像片）质量、扫描分辨率等；说明遥感资料数据的时相、分辨率、波段等；说明资料的数量、形式，主要质量情况和评价等；说明资料利用的可能性和利用方案等
引用文件	所引用的标准、规范或其他技术文件
成果（或产品）规格和主要技术指标	说明作业或成果的比例尺、平面和高程基准、投影方式、成图方法、图幅基本等高距、数据精度、格式、基本内容以及其他主要技术指标等
设计方案	各种测量工作的设计方案详见表 11.9

　　摄影测量与遥感按照数据获取平台的不同，可分为航空摄影、摄影测量、遥感等专业，其专业设计书中的设计方案的主要内容见表 11.9。

表 11.9　　　　　　　　　　摄影测量与遥感各种测量工作的设计方案

测量工作	设计方案要点
航空摄影	按《航空摄影技术设计规范》（GB/T 19294—2003）执行
摄影测量	①软、硬件环境及其要求； ②规定作业的技术路线或流程； ③规定各工序作业要求和质量指标。包括：控制测量的平面和高程控制点的布设方案、施测方法、技术要求、限差规定和精度估算；内判外调的方案和技术要求，新增地物、地貌以及云影、阴影地区的补测要求，居民地、地形要素等的特征及其表示方法；地名调查及其表达、碎部点测量、影像扫描的技术要求；空中三角测量加密方案及其要求；矢量数据的采集方法和编辑（数据的分层、编码、属性内容、数据编辑和接边、图幅裁切、图廓整饰等技术和质量）的要求，数字高程模型格网间隔、格网点高程中误差、数据格式等技术、质量要求，数字正射影像图的分辨率、影像数据纠正、镶嵌、裁切、图廓整饰等技术、质量的要求，元数据的制作要求，图历簿（文档簿）的样式和填写要求； ④在隐蔽、困难地区，或采用新技术新方法测图时，需规定具体的作业方法、技术要求、限差规定和必要的精度估算； ⑤质量控制环节和质量检查的主要要求； ⑥成果上交和归档要求； ⑦有关附录

测量工作	设计方案要点
遥感	①硬件平台和软件环境； ②作业的技术路线和工艺流程； ③规定遥感资料获取、控制和处理的技术和质量要求。包括：遥感资料获取(选取遥感资料的基本要求，所获取遥感资料的名称、摄影参数、范围、格式、质量情况等)，控制要求(控制点选取的方法、点数及其分布和计算的精度要求等)，处理要求(各工序如纠正、融合及其他内容等的技术要求及影像质量、误差精度要求等；遥感图像解译的方法、技术指标和标志如解译、形态、影像、色调及其整饰、注记的方法和技术要求等)； ④其他相关的技术、质量要求； ⑤质量控制环节和质量检查的主要要求； ⑥成果上交和归档要求； ⑦有关附录

四、野外地形数据采集及成图专业技术设计书的主要内容

野外地形数据采集及成图是常见的测绘项目，其专业技术设计书的主要内容见表 11.10。

表 11.10　　　**野外地形数据采集及成图专业技术设计书的主要内容**

内容	简要说明
任务概述	说明任务来源、测区范围、地理位置、行政隶属、成图比例尺、采集内容、任务量等基本情况
测区自然地理概况和已有资料情况	①测区自然地理概况：测区地理特征、居民地、交通、气候情况和困难类别等； ②已有资料情况：说明已有资料的施测年代、采用的平面及高程基准、资料的数量、形式、主要质量情况和评价，利用的可能性和利用方案等
引用文件	所引用的标准、规范或其他技术文件
成果(或产品)规格和主要技术指标	说明作业或成果的比例尺、平面和高程基准、投影方式、成图方法、成图基本等高距、数据精度、格式、基本内容以及其他主要技术指标等
设计方案	①规定测量仪器的类型、数量、精度指标及相关专业应用软件等； ②图根控制测量：规定各类图根点的布设、标志的设置，观测使用的仪器、测量方法和测量限差的要求等； ③规定作业方法和技术要求：野外地形数据采集方法，内容、要素代码、精度要求，属性调查的内容和要求，数字高程模型的高程数据采集要求，数据记录要求，数据编辑、接边、处理、检查和成图工具要求，数字高程模型和数字地形模型的内插和分层设色要求等； ④其他特殊要求：如采用新技术、新仪器测图时的具体作业方法、技术要求、限差规定和必要的精度估算； ⑤质量控制环节和质量检查的主要要求； ⑥上交和归档成果及其资料的内容和要求； ⑦有关附录

五、地图制图和印刷专业技术设计书的主要内容

(一)地图制图

地图制图专业技术设计书的主要内容见表 11.11。

表 11.11　　　　　　　　　　　**地图制图专业技术设计书的主要内容**

内容	简要说明
任务概述	说明任务来源、制图范围、行政隶属、地图用途、任务量、完成期限、承担单位等基本情况。对于地图集(册)，还应重点说明其要反映的主体内容等。对于电子地图，还应说明软件基本功能及应用目标等
作业区自然地理概况和已有资料情况	①作业区自然地理概况：根据需要说明与设计方案或作业有关的作业区自然地理概况，内容可包括作业区地形概况、地貌特征、困难类别和居民地、水系、道路、植被等要素的主要特征； ②已有资料情况：说明已有资料采用的平面和高程基准、比例尺、等高距和测制单位和年代；资料的数量、形式；主要质量情况和评价；分析基本资料、补充资料和参考资料及其利用的可能性和利用方案等
引用文件	所引用的标准、规范或其他技术文件
成果(或产品)规格和主要技术指标	说明地图比例尺、投影、分幅、密级、出版形式、坐标系统及高程基准、等高距、地图类别和规格，地图性质、精度以及其他主要技术指标；地图集(册)的开本及其尺寸、主要结构；电子地图的主题内容、制图区域、比例尺、用途、功能、媒体集成程度、数据格式、可视化模型及其表现、数据发布方式等
设计方案	①普通地图和专题地图：说明作业所需的软、硬件配置；作业的技术路线和流程；作业过程、方法和技术要求(注：见表 11.12)；质量控制环节和质量检查的主要要求；最终提交和归档成果和资料的内容及要求；有关附录； ②电子地图：制作电子地图以及多媒体制作与浏览所需的各种软、硬件配置要求；电子地图制作的技术路线和主要流程；电子地图制作的主要内容、方法和要求(注：见表 11.12)；最终提交和归档成果和资料的内容及要求；有关附录

根据地图制图成果形式的不同，地图制图分为普通地图、专题地图和电子地图。由于其主要内容、作业方法的不同，专业技术设计书中的设计方案部分也存在明显差异，具体见表 11.12。

表 11. 12　　　　　　　　　　　　地图制图的方法和要求

普通地图和专题地图	电子地图
①地图扫描处理：规定地图扫描分辨率、色彩模式、数据格式、纠正方法、数据编辑的主要内容、色彩处理等作业方法和质量要求等； ②数学基础：规定地图的数学基础及其作业方法和技术要求； ③数据采集与编辑处理：规定地图表示的数据内容、采集方法、要素表示关系的处理原则、数据接边以及数据编辑处理的其他要求等；规定地图的图面配置、图廓整饰、图幅裁切等技术、质量要求；规定地图各要素符号、注记等的表示要求；规定地图数据的色彩表示、输出分版或分色、排版式样、输出材料以及印刷原图的制作要求等；规定地图集(册)的详细结构、内容安排、排版样式，各图幅诸内容的选取原则、表示方法，图片、文字的编排样式，文字的字体、大小，地图集(册)的印刷、装帧方面的主要要求，图历簿填写要求等	①规定空间信息可视化对象的基本属性内容； ②规定多媒体可视化表现形式和对媒体数据的要求； ③规定对地图符号系统设计和地图层次结构(由主题信息内容、主题相关信息和背景信息内容等组成)设计的内容、表现手段和要求等； ④规定电子地图系统设计的主要内容，包括主题内容、表现形式、软件功能及应用目标等； ⑤规定电子地图空间信息可视化的表现手段与基本形式等； ⑥规定电子地图空间信息的流程结构和组织方式； ⑦规定电子地图的界面结构和交互方式等； ⑧其他需要规定的内容和要求

(二) 地图印刷

地图印刷专业技术设计书的主要内容见表 11. 13。

表 11. 13　　　　　　　　　地图印刷专业技术设计书的主要内容

内　容	简　要　说　明
任务概述	说明任务来源、性质、用途、任务量、完成期限等基本情况
印刷原图情况	说明印刷原图的种类、形式、分版情况、制作单位、精度和质量情况，对存在的问题的处理意见；说明其他有关资料的数量、形式、质量情况和利用方案等
引用文件	所引用的标准、规范或其他技术文件
主要质量指标	说明印刷的精度、印色、印刷的主要材料(如纸张、胶片、版材等)、装帧方法以及成品的主要质量、数量情况等
设计方案	①确定印刷作业的主要工序和流程； ②规定所需工序作业的方法和技术，质量要求，包括拼版的方法和要求；制版作业的方法、材料、技术和质量要求；修版的方法、内容和要求；打样的种类、数量和质量要求；印刷设备、纸张类型、印色、印序和印数、印刷精度和墨色等要求；装帧的方法、技术要求、采用的材料以及清样本的制作；裁切设备、尺寸和精度要求；采用新工艺、新方法、新材料的技术质量要求等； ③提交和归档成果(或产品)和资料的要求； ④有关的附录

六、界线测绘专业技术设计书的主要内容

界线测绘专业技术设计书的主要内容见表 11.14。

表 11.14　　　　　　　　　**界线测绘专业技术设计书的主要内容**

内　容	简　要　说　明
任务概述	说明任务来源、测区范围、行政隶属、测图比例尺、任务量等基本情况
测区自然地理概况和已有资料情况	①测区自然地理概况：说明与设计方案或作业有关的作业区自然地理概况，包括测区的地理特征、居民地、道路、水系、植被等要素的主要特征，地形类别以及测区困难类别，经济总体发展水平，土地等级及利用概况等； ②已有资料情况：说明已有控制成果和图件的形式、采用的平面、高程基准，比例尺，大地点分布密度、等级、行政区划资料、质量情况评价，利用的可能性和利用方案等。对于地籍测绘和房产测绘，还要说明房屋普查资料、土地利用现状调查资料的现势性和可靠性、土地利用分类、土地权属单元的划分、城镇房产类别、房屋建筑结构分类等标准的制定单位和年代等资料情况和利用方案
引用文件	所引用的标准、规范或其他技术文件
成果(或产品)规格和主要技术指标	说明作业或成果的比例尺、平面和高程基准、投影方式、成图方法、数据精度、格式、基本内容，以及其他主要技术指标等
设计方案	①规定测量仪器的类型、数量、精度指标及相关专业应用软件等； ②规定作业的技术路线和流程； ③规定作业方法和技术要求(注：详见表 11.15)； ④质量控制环节和质量检查； ⑤上交和归档成果及其资料的内容和要求； ⑥有关附录

对于地籍测绘、房产测绘、境界测绘而言，由于项目任务要求的不同，其专业技术设计书中的设计方案也有区别，作业方法和技术要求的具体内容见表 11.15。

表 11.15　　　　　　　**地籍测绘、房产测绘、境界测绘的作业方法和技术要求**

测量工作	设计方案要点
地籍测绘	①控制测量：平面控制的布设方案，觇标和埋石的规格，观测方法、观测限差，新旧点联测方案及控制网的精度估算； ②外业调绘：确定外业调绘图件(地形图、航摄像片、影像平面图及其他图件)及地籍要素调绘或调查的内容和方法，各种权属界线的表示和地块的编号方法； ③界址点实测和面积量算的方法和技术及其质量要求； ④测图作业：测图的作业方法、使用的仪器、精度要求和各项限差，地籍要素和地形要素的表示方法等

续表

测量工作	设计方案要点
房产测绘	①控制测量：平面控制的布设方案、觇标和埋石的规格、观测方法、观测限差，新旧点联测方案及控制网的精度估算； ②房产调查(或调绘)：规定房产调查(或调绘)的内容和方法、地块和房屋(幢号)的编号方法、房产调查表的填写要求； ③界址点布设、编号和实测的方法和技术质量要求； ④房产图绘制和面积量算的方法和技术质量要求
境界测绘	①控制测量：平面控制的布设方案、觇标和埋石的规格、观测方法、观测限差，新旧点联测方案及控制网的精度估算； ②外业调绘：确定调绘的内容、方法和技术要求； ③界址点实测和界桩埋设的方法和技术质量要求等

七、基础地理信息数据建库专业技术设计书的主要内容

基础地理信息数据建库专业技术设计书的主要内容见表11.16。

表11.16 **基础地理信息数据建库专业技术设计书的主要内容**

内容	简 要 说 明
任务概述	说明任务来源、管理框架、建库目标、系统功能、预期结果、完成期限等基本情况
已有资料情况	说明数据来源、数据范围、数据产品类型、格式、精度、数据组织、主要质量指标和基本内容等质量情况；结合数据入库前的检查、验收报告或其他有关文件，说明数据的质量情况和利用方案
引用文件	所引用的标准、规范或其他技术文件
成果(或产品)规格和主要技术指标	说明数据库范围、内容、数学基础、分幅编号、成果(或产品)的空间单元、数据精度、格式及其他重要技术指标
设计方案	①规定建库的技术路线和流程，明确其主要过程及其接口； ②系统软件和硬件的设计，规定建库的操作系统、数据库管理系统及有关的制图软件；数据库输入设备、输出设备和数据处理、存储等设备的功能要求或型号、主要技术指标等；规划网络结构(如网络拓扑结构、网线、网络连接设备等)； ③数据库概念模型设计，规定数据库的系统构成、空间定位参考、空间要素类型及其关系、属性要素类型及其关系等； ④数据库逻辑设计，规定要素分类与代码、层(块)、属性项及值域范围以及数据安全性控制技术要求等； ⑤数据库物理设计，描述数据库类型(如关系型数据库、文件型数据库)，软、硬件平台，数据库及其子库的命名规则、类型、位置及数据量等； ⑥其他技术规定，如用户界面形式、安全备份要求及其他安全规定等； ⑦数据库管理和应用的技术规定； ⑧数据库建库的质量控制环节和检查要求(包括对数据入库前的检查和整理要求)； ⑨上交和归档成果及其资料的内容和要求； ⑩有关附录

八、地理信息系统专业技术设计书的主要内容

地理信息系统专业技术设计书的主要内容见表 11.17。

表 11.17　　　　　　　　　　**地理信息系统专业技术设计书的主要内容**

内　容	简　要　说　明
需求规格说明书	①引言。编写目的、编写背景、定义、参考资料等； ②项目概述。项目目标、内容、现行系统的调查情况，系统运行环境，条件与限制等； ③系统数据描述。包括静态数据、动态数据、数据流图、数据库描述、数据字典、数据加工、数据采集等； ④系统功能需求。包括功能划分、功能描述等； ⑤系统性能需求。包括数据精确度、时间特性、适应性等； ⑥系统运行需求。包括用户界面、硬件接口、软件接口、故障处理等； ⑦质量保证； ⑧其他需求(如可使用性、安全保密性、可维护性、可移植性等)
系统设计	①系统总体设计。包括：体系结构设计，C/S 结构或 B/S 结构的选择；软件配置与硬件网络架构(软件配置、硬件及网络环境设计)等； ②系统功能设计。包括：数据采集与加工、数据检查与入库、数据更新与维护、数据查询与浏览、数据输出与转换、数据发布与共享，元数据管理，以及控制测量成果管理、地名管理等； ③系统安全设计。包括网络的安全与保密，应用系统的安全措施，数据备份和恢复机制，用户管理等
数据库设计	参见表 11.16
详细设计说明书	①引言。背景、参考资料、术语和缩写语等； ②程序(模块)系统的组织结构； ③模块(子程序)设计说明

思考题：

1. 测绘技术设计应当贯彻哪些基本原则？
2. 编写技术设计书有哪些要求？
3. 测绘设计活动主要包括哪些环节？

第十二章　测绘项目成果质量检查验收

第一节　测绘项目成果质量检查验收基础知识

一、测绘成果质量检查验收制度

成果质量检查与验收是测绘生产过程中质量控制的主要手段，也是所有测绘生产的主要工序环节。按照《测绘生产质量管理规定》和《测绘地理信息质量管理办法》的要求，对测绘地理信息成果实施"两级检查，一级验收"。《测绘成果质量检查与验收》（GB/T 24356—2009）和《数字测绘成果质量检查与验收》（GB/T 18316—2008）等一系列质检标准对成果质量检查验收、质量评定作出了具体规定。

(一) 制度要求

测绘地理信息成果实施两级检查，一级验收制度。其中：

"两级检查"是指测绘地理信息成果应依次通过测绘单位作业部门的过程检查、测绘单位质量管理部门的最终检查。

"一级验收"是指项目管理单位组织的验收或委托具有资质的质量检验机构进行质量验收。

实施"两级检查，一级验收"，应该遵循下列原则：

(1)过程检查采用全数检查。过程检查应逐单位成果进行详查，检查出的错误被修改后应通过复查方可提交最终检查。

(2)最终检查一般采用全数检查。涉及野外检查项的可采用抽样检查，样本以外的应实施内业全数检查。最终检查不合格的单位成果应退回处理并重新进行最终检查；最终检查合格的单位成果，检查出的错误修改后应通过复查方可提交验收。最终检查完成后，应编写检查报告，随成果一并提交验收。

(3)验收一般采用抽样检查。质量检验机构应对样本进行详查，必要时可对样本以外的单位成果的重要检查项进行概查。

(4)各级检查验收工作应独立、按顺序进行，不得省略、代替或颠倒顺序。

(5)最终检查应审核过程检查记录，验收应审核最终检查记录，审核中发现的问题作为资料质量错漏处理。

(二)检查验收依据

成果质量检查验收的依据包括：
①有关的法律法规；
②有关国家标准、行业标准；
③经批准的项目技术设计书；
④项目的测绘任务书、合同书；
⑤委托验收文件。

(三)提交检查验收的资料

项目提交的成果资料必须齐全，主要包括：
①项目设计书、专业技术设计书、技术总结等；
②文档簿、质量跟踪卡等；
③数据文件，包括图廓内外整饰信息文件和元数据文件等；
④作为数据源使用的原图或复制的二底图；
⑤图形或影像数据输出的检查图或模拟图；
⑥技术规定或技术设计书规定的其他文件资料。
提交验收时，还应包括检查报告。

(四)质量问题处理

过程检查、最终检查中发现的质量问题都应该改正。过程检查、最终检查工作中，当对质量问题的判定存在有分歧时，由测绘单位总工程师裁定。

验收中发现有不符合技术标准、技术设计书或其他有关技术规定的成果时，应及时提出处理意见，交测绘单位进行改正。当问题较多或性质较严重时，可将部分或全部成果退回测绘单位或部门重新处理，然后再进行验收。

经验收判为合格的批，测绘单位或部门要对验收中发现的问题进行处理，然后进行复查。经验收判为不合格的批，要将检验批全部退回测绘单位或部门进行处理，然后再次申请验收。再次验收时应重新抽样。

验收工作中，当对质量问题的判定存在分歧时，由委托方或项目管理单位裁定。

二、测绘成果质量评定

测绘地理信息成果质量检查过程中，测绘成果的质量评定依照《测绘成果质量检查与验收》(GB/T 24356—2009)，数字测绘成果的质量判定依照《数字测绘成果质量检查与验收》(GB/T 18316—2008)。数字测绘成果检查主要是依据"符合性"进行质量判定。因此，本节介绍的质量评分方法和质量判定方法主要适用于测绘成果检查。

项目实施过程中，测绘单位评定单位成果质量和批成果质量等级；验收单位根据样本质量等级核定批成果质量等级。

(一)单位成果质量评定

单位成果质量等级分为优、良、合格、不合格,见表 12.1。

表 12.1 单位成果质量等级评定标准

质量等级	质量得分
优	$S \geqslant 90$ 分
良	75 分 $\leqslant S < 90$ 分
合格	60 分 $\leqslant S < 75$ 分
不合格	$S < 60$ 分

当单位成果出现以下情况之一时,即判定为不合格:

①单位成果中出现 A 类错漏;

②单位成果高程精度检测、平面位置精度检测及相对位置精度检测,任一项粗差比例超过 5%;

③质量子元素质量得分小于 60 分。

(二)样本质量评定

当样本中出现不合格单位成果时,评定样本质量为不合格。

全部单位成果合格后,根据单位成果的质量得分,按算术平均方式计算样本质量得分 S,按表 12.2 评定样本质量等级。

表 12.2 样本质量等级评定标准

质量等级	质量得分
优	$S \geqslant 90$ 分
良	75 分 $\leqslant S < 90$ 分
合格	60 分 $\leqslant S < 75$ 分

(三)批质量判定

1. 最终检查批成果质量评定

最终检查批成果合格后,按以下原则评定批成果质量等级:

①优:优良品率达到 90%以上,其中优级品率达到 50%以上;

②良:优良品率达到 80%以上,其中优级品率达到 30%以上;

③合格：未达到上述标准的。

2. 验收批成果质量核定

验收单位根据评定的样本质量等级核定批成果质量等级。

当测绘单位未评定批成果质量等级，或验收单位评定的样本质量等级与测绘单位评定的批成果质量等级不一致时，以验收单位评定的样本质量等级作为批成果质量等级。

3. 批成果质量判定

批成果质量判定的质量等级分为批合格、批不合格。

有以下情形之一的，均判为批不合格：

①生产过程中使用未经计量检定或检定不合格的测量仪器的；

②详查和概查未同时合格的；

③当详查或概查中发现伪造成果现象或技术路线存在重大偏差的。

三、检查报告编写

测绘项目成果质量检查完成后，应编写检查报告，随成果一并提交验收。

《数字测绘成果检查验收》（GB/T 18316—2008）规范了测绘成果质量检验单位出具的成果质量检验报告的格式与内容。测绘单位的成果质量检查报告，一般参照检验报告编写。

编写检查报告，必须遵循客观真实、内容全面、结论准确、格式规范、文字精练的原则。其内容主要包括：检查工作概况、受检成果概况、检查依据、检查内容及方法、存在的主要问题及处理意见、质量综述及样本质量统计、检查结论和附件。

1. 检查工作概况

主要阐述检查的基本情况，包括检查的时间、检查地点、检查方式、检查人员、检查所用的软硬件设备等情况。

2. 受检成果概况

简述提交检查的成果生产的基本情况，包括项目来源、测区位置、生产单位、资质等级、生产日期、生产方式、测绘基准、精度要求、成果形式、批量等。

3. 检查依据

阐述检查依据的项目设计书及相关标准。如检查依据的标准数量很多时，可以摘要表达。

4. 检查内容及方法

阐述成果的各个检查参数及其检查方法。如采取抽样检查，则应该说明抽样情况，包括抽样依据、抽样方法、样本数量；若为计数抽样，应列出抽样方案。相应地说明检查内容哪些实施详查、哪些实施概查。

5. 存在的主要问题及处理意见

按照检查参数，分别叙述成果中存在的主要质量问题，并举例（图幅号、点号等）说明。

对于因为客观条件无法处理而产生的成果遗留问题，检查报告中应该明确列出。

6. 质量综述及样本质量统计

按照检查参数分别对成果质量进行综合叙述（不含检查结论）。若采用抽样检查，则进行样本质量统计，包括错漏类型及数量、样本得分、样本质量评定等。

7. 检查结论

阐述对受检成果的检查结果评价，如：优、良、合格、不合格。

8. 附件

与检查相关的必要的附图和附表。若无附件，可以不列本条。

第二节　测绘项目成果的质量元素及检查项

一、测绘成果基本类型

《测绘成果质量检查与验收》（GB/T 24356—2009）将测绘成果基本类型分为大地测量、航空摄影、摄影测量与遥感、工程测量、地籍测绘、房产测绘、行政区域界线测绘、地理信息系统、地图编制和海洋测绘等 10 大类、42 种。本节重点介绍大地测量、航空摄影、摄影测量与遥感、工程测量、地籍测绘、地理信息系统和地图编制 7 大类成果的质量元素及其检查项。

二、大地测量成果

大地测量成果主要包括 GPS 测量成果、三角测量成果、导线测量成果、水准测量成果、光电测距成果、天文测量成果、重力测量成果以及大地测量计算成果。

（1）GPS 测量成果的质量元素和检查项见表 12.3。

表 12.3　　　　　　　　　　　**GPS 测量成果的质量元素和检查项**

质量元素	质量子元素	检 查 项
数据质量	数学精度	点位中误差与规范及设计书的符合情况；边长相对中误差与规范及设计书的符合情况
	观测质量	仪器检验项目的齐全性，检验方法的正确性；观测方法的正确性，观测条件的合理性；GPS 点水准联测的合理性和正确性；归心元素、天线高测定方法的正确性；卫星高度角、有效观测卫星总数、时段中任一卫星有效观测时间、观测时段数、时段长度、数据采样间隔、PDOP 值、钟漂、多路径效应等参数的规范性和正确性；观测手簿记录和注记的完整性和数字记录、划改的规范性；数据质量检验的符合性；规范和设计方案的执行情况；成果取舍和重测的正确性、合理性
	计算质量	起算点选取的合理性和起始数据的正确性；起算点的兼容性及分布的合理性；坐标改算方法的正确性；数据使用的正确性和合理性；各项外业验算项目的完整性、方法正确性，各项指标符合性

续表

质量元素	质量子元素	检 查 项
点位质量	选点质量	点位布设及点位密度的合理性；点位观测条件的符合情况；点位选择的合理性；点之记内容的齐全、正确性
	埋石质量	埋石坑位的规范性和尺寸的符合性；标石类型和标石埋设规格的规范性；标志类型、规格的正确性；标石质量，如坚固性、规格等；托管手续内容的齐全、正确性
资料质量	整饰质量	点之记和托管手续、观测手簿、计算成果等资料的规整性；技术总结、检查报告格式的规范性；技术总结、检查报告整饰的规整性
	资料完整性	技术总结、检查报告、上交资料的齐全性和完整情况

（2）三角测量成果的质量元素和检查项见表 12.4。

表 12.4　　　　　　　　　　　　三角测量成果的质量元素和检查项

质量元素	质量子元素	检 查 项
数据质量	数学精度	最弱边相对中误差符合性；最弱点中误差符合性；测角中误差符合性
	观测质量	仪器检验项目的齐全性、检验方法的正确性；各项观测误差的符合性；归心元素的测定方法、次数、时间及投影偏差情况，觇标高的测定方法及量取部位的正确性；水平角的观测方法、时间选择、光段分布，成果取舍和重测的合理性和正确性；天顶距(或垂直角)的观测方法、时间选择，成果取舍和重测的合理性和正确性；记簿计算正确性、注记的完整性和数字记录、划改的规范性
	计算质量	外业验算项目的齐全性，验算方法的正确性；验算数据的正确性及验算结果的符合性；已知三角点选取的合理性和起始数据的正确性
点位质量	选点质量	点位密度的合理性；点位选择的合理性；锁段图形权倒数值的符合性；展点图内容的完整性和正确性；点之记内容的完整性和正确性
	埋石质量	觇标的结构及橹柱与视线关系的合理性；标石的类型、规格和预制的质量情况；标石的埋设和外部整饰情况；托管手续内容的齐全性和正确性
资料质量	整饰质量	选点、埋石及验算资料整饰的齐全性和规整性；成果资料、技术总结、检查报告整饰的规整性
	资料完整性	技术总结、检查报告内容及上交资料的齐全性和完整性

（3）导线测量成果的质量元素和检查项见表 12.5。

表 12.5　　　　　　　　　　　　**导线测量成果的质量元素和检查项**

质量元素	质量子元素	检 查 项
数据质量	数学精度	点位中误差、边长相对精度、方位角闭合差、测角中误差的符合性
	观测质量	仪器检验项目的齐全性、检验方法的正确性；各项观测误差的符合性；归心元素的测定方法、次数、时间及投影偏差情况，觇标高的测定方法及量取部位的正确性；水平角和导线测距的观测方法、时间选择、光段分布，成果取舍和重测的合理性和正确性；天顶距（或垂直角）的观测方法、时间选择，成果取舍和重测的合理性和正确性；记簿计算的正确性、注记的完整性和数字记录、划改的规范性
	计算质量	外业验算项目的齐全性，验算方法的正确性；验算数据的正确性及验算结果的符合性；已知三角点选取的合理性和起始数据的正确性；上交资料的齐全性
点位质量	选点质量	导线网网形结构的合理性；点位密度的合理性；点位选择的合理性；展点图内容的完整性和正确性；点之记内容的完整性和正确性；导线曲折度
	埋石质量	觇标的结构及橹柱与视线关系的合理性；标石的类型、规格和预制的规整性；标石的埋设和外部整饰；托管手续内容的齐全性和正确性
资料质量	整饰质量	选点、埋石及验算资料整饰的齐全性和规整性；成果资料、技术总结、检查报告整饰的规整性
	资料完整性	技术总结、检查报告内容及上交资料的齐全性和完整性

（4）水准测量成果的质量元素和检查项见表 12.6。

表 12.6　　　　　　　　　　　　**水准测量成果的质量元素和检查项**

质量元素	质量子元素	检 查 项
数据质量	数学精度	每公里偶然中误差的符合性；每公里全中误差的符合性
	观测质量	测段、区段、路线闭合差的符合性；仪器检验项目的齐全性、检验方法的正确性；测站观测误差的符合性；对已有水准点和水准路线联测和接测方法的正确性；观测和检测方法的正确性；观测条件选择的正确性和合理性；成果取舍和重测的正确性和合理性；记簿计算正确性、注记的完整性和数字记录、划改的规范性
	计算质量	环闭合差的符合性；外业验算项目的齐全性，验算方法的正确性；已知水准点选取的合理性和起始数据的正确性
点位质量	选点质量	水准路线布设及点位密度的合理性；路线图绘制的正确性；点位选择的合理性；点之记内容的齐全、正确性
	埋石质量	标石类型的正确性；标石埋设规格的规范性；托管手续内容的齐全、正确性

质量元素	质量子元素	检 查 项
资料质量	整饰质量	观测、计算资料整饰的规整性；成果资料、技术总结、检查报告整饰的规整性
	资料完整性	技术总结、检查报告内容及上交资料的齐全性和完整性

（5）光电测距成果的质量元素和检查项见表12.7。

表12.7　　　　　　　　　**光电测距成果的质量元素和检查项**

质量元素	质量子元素	检 查 项
数据质量	数学精度	边长精度超限
	观测质量	仪器检验项目的齐全性、检验方法的正确性；记簿计算正确性、注记的完整性和数字记录、划改的规范性；归心元素测定方法的正确性以及测定时间和投影偏差情况；测距边两端点高差测定方法正确性及精度情况；观测条件选择的正确性、光段分配的合理性，气象元素测定情况；成果取舍和重测的正确性、合理性；观测误差与限差的符合情况；外业验算的精度指标与限差的符合情况
	计算质量	外业验算项目的齐全性；外业验算方法的正确性；验算结果的正确性；观测成果采用的正确性
资料质量	整饰质量	观测、计算资料、成果资料、技术总结、检查报告整饰的规整性
	资料完整性	技术总结、检查报告内容及上交资料的齐全性和完整性

注：与其他测量成果比较，"质量元素"中无"点位质量"。

（6）天文测量成果的质量元素和检查项见表12.8。

表12.8　　　　　　　　　**天文测量成果的质量元素和检查项**

质量元素	质量子元素	检 查 项
数据质量	数学精度	经纬度中误差、方位角中误差的符合性；正、反方位角之差的符合性
	观测质量	仪器检验项目的齐全性，检验方法的正确性；记簿计算正确性、注记的完整性和数字记录、划改的规范性；归心元素测定方法的正确性；经纬度、方位角观测方法的正确性；观测条件选择的正确性、合理性；成果取舍和重测的正确性、合理性；各项外业观测误差与限差的符合性；各项外业验算的精度指标与限差的符合性
	计算质量	外业验算项目的齐全性；外业验算方法的正确性；验算结果的正确性；观测成果采用正确性

质量元素	质量子元素	检 查 项
点位质量	选点质量	点位选择的合理性
	埋石质量	天文墩结构的规整性、稳定性；天文墩类型及质量符合性；天文墩埋设规格的正确性
资料质量	整饰质量	观测、计算资料整饰的规整性；成果资料、技术总结、检查报告整饰的规整性
	资料完整性	技术总结、检查报告内容及上交资料的齐全性和完整性

（7）重力测量成果的质量元素和检查项见表 12.9。

表 12.9　　　　　　　　　**重力测量成果的质量元素和检查项**

质量元素	质量子元素	检 查 项
数据质量	数学精度	重力联测中误差、重力点平面位置中误差、重力点高程中误差符合性
	观测质量	仪器检验项目的齐全性、检验方法的正确性；重力测线安排的合理性，联测方法的正确性；重力点平面坐标和高程测定方法的正确性；成果取舍和重测的正确性、合理性；记簿计算正确性、注记的完整性和数字记录、划改的规范性；外业观测误差与限差的符合性；外业验算的精度指标与限差的符合性
	计算质量	外业验算项目的齐全性；外业验算方法的正确性；重力基线选取的合理性；起始数据的正确性
点位质量	选点质量	重力点布设位密度的合理性；重力点位选择的合理性；点之记内容的齐全性、正确性
	埋石质量	标石类型的规范性和标石质量情况；标石埋设规格的规范性；照片资料的齐全性；托管手续的完整性
资料质量	整饰质量	观测、计算资料整饰的规整性；成果资料、技术总结、检查报告整饰的规整性
	资料完整性	技术总结、检查报告内容及上交成果资料的齐全性

（8）大地测量计算成果的质量元素和检查项见表 12.10。

表 12.10 　　　　　　　　　　　大地测量计算成果的质量元素和检查项

质量元素	质量子元素	检 查 项
成果正确性	数学模型	采用基准的正确性；平差方案及计算方法的正确性、完备性；平差图形选择的合理性；计算、改算、平差、统计软件功能的完备性
	计算正确性	外业观测数据取舍的合理性、正确性；仪器常数及检定系数选用的正确性；相邻测区成果处理的合理性；计量单位、小数取舍的正确性；起算数据、仪器检验参数、气象参数选用的正确性；计算图表编制的合理性；各项计算的正确性
成果完整性	整饰质量	各种计算资料、成果资料的、技术总结、检查报告的规整性
	资料完整性	成果表编辑或抄录的正确性、全面性；技术总结或计算说明内容的全面性；精度统计资料的完整性；上交成果资料的齐全性

三、航空摄影成果

测绘航空摄影成果主要包括航空摄影成果、航空摄影扫描数据和卫星遥感影像。

（1）航空摄影成果的质量元素和检查项见表 12.11。

表 12.11 　　　　　　　　　　航空摄影成果的质量元素和检查项

质量元素	检 查 项
飞行质量	航摄设计；像片重叠度（航向和旁向）；最大和最小航高之差；旋偏角；像片倾斜角；航迹；航线弯曲度；边界覆盖保证；像点最大位移值
影像质量	最大密度 D_{max}；最小密度 D_{min}；灰雾密度 D_0；反差（ΔD）；冲洗质量；影像色调；影像清晰度；框标影像
数据质量	数据完整性；数据正确性
附件质量	摄区完成情况图、摄区分区图、分区航线结合图、摄区分区航线及像片结合图、航摄鉴定表的完整性、正确性；航摄仪技术参数检定报告的正确性；航摄仪压平检测报告的正确性；各类注记、图表填写的完整性、正确性；航摄胶片感光特性测定及航摄底片冲洗记录的正确性和完整性；成果包装

（2）航空摄影扫描数据的质量元素和检查项见表 12.12。

表 12.12   **航空摄影扫描数据的质量元素和检查项**

质量元素	检 查 项
影像质量	影像分辨率的正确性；影像色调是否均匀、反差是否适中；影像清晰度；影像外观质量(噪声、云块、划痕、斑点、污迹等)；框标影像质量
数据正确性和完整性	原始数据正确性；文件命名、数据组织和数据格式的正确性、规范性；存储数据的介质和规格的正确性；数据内容的完整性
附件质量	元数据文件正确性、完整性；上交资料的齐全性

(3)卫星遥感影像的质量元素和检查项见表 12.13。

表 12.13   **卫星遥感影像的质量元素和检查项**

质量元素	检 查 项
数据质量	数据格式的正确性，影像获取时的"侧倾角"等主要技术指标
影像质量	影像反差；影像清晰度；影像色调
附件质量	影像参数文件内容的完整性

四、摄影测量与遥感成果

摄影测量与遥感成果主要包括像片控制测量成果、像片调绘成果、空中三角测量成果及中小比例尺地形图。

(1)像片控制测量成果的质量元素和检查项见表 12.14。

表 12.14   **像片控制测量成果的质量元素和检查项**

质量元素	质量子元素	检 查 项
数据质量	数学精度	各项闭合差、中误差等精度指标的符合情况
	观测质量	观测手簿的规整性和计算的正确性；计算手簿的规整性和计算的正确性
布点质量		控制点点位布设的正确性、合理性；控制点点位选择的正确性、合理性
整饰质量		控制点判、刺的正确性；控制点整饰的规范性；点位说明的准确性
附件质量		布点略图、成果表

(2)像片调绘成果的质量元素和检查项见表 12.15。

表 12.15　　　　　　　　　　　　像片调绘成果的质量元素和检查项

质量元素	质量子元素	检 查 项
地理精度	—	地物、地貌调绘的全面性、正确性；地物、地貌综合取舍的合理性；植被、土质符号配置的准确性、合理性；地名注记内容的正确性、完整性
属性精度	—	各类地物、地貌性质说明以及说明文字、数字注记等内容的完整性、正确性
整饰质量	—	各类注记的规整性；各类线划的规整性；要素符号间关系表达的正确性、完整性；像片的整洁度
附件质量	—	上交资料的齐全性；资料整饰的规整性

（3）空中三角测量成果的质量元素和检查项见表 12.16。

表 12.16　　　　　　　　　　　空中三角测量成果的质量元素和检查项

质量元素	质量子元素	检 查 项
数据质量	数学基础	大地坐标系、大地高程基准、投影系等
	平面精度	内业加密点的平面位置精度
	高程精度	内业加密点的高程精度
	接边精度	区域网间接边精度
	计算质量	基本定向点权，内定向、相对定向精度，多余控制点不符值，公共点较差
布点质量		平面控制点和高程控制点是否超基线布控；定向点、检查点设置的合理性、正确性；加密点点位选择的正确性、合理性
附件质量		上交资料的齐全性；资料整饰的规整性；点位略图

（4）中小比例尺地形图的质量元素和检查项见表 12.17。

表 12.17　　　　　　　　　　　中小比例尺地形图的质量元素和检查项

质量元素	质量子元素	检 查 项
数学精度	数学基础	主要检查格网、图廓点、三北方向线
	平面精度	平面绝对位置中误差；接边精度
	高程精度	高程注记点高程中误差；等高线高程中误差；接边精度
数据及结构正确性		文件命名、数据组织的正确性；数据格式的正确性；要素分层的正确性、完备性；属性代码的正确性；属性接边的正确性

质量元素	质量子元素	检　查　项
地理精度		地理要素的完整性与正确性；地理要素的协调性；注记和符号的正确性；综合取舍的合理性；地理要素接边质量
整饰质量		符号、线划、色彩质量；注记质量；图面要素协调性；图面、图廓外整饰质量
附件质量		元数据文件的正确性、完整性；检查报告、技术总结的全面性、准确性；成果资料的齐全性；各类报告、附图(接合图、网图)、附表、簿册整饰的规整性

五、工程测量成果

工程测量成果主要包括平面控制测量成果、高程控制测量成果、大比例尺地形图、线路测量成果、管线测量成果、变形测量成果、施工测量成果以及水下地形测量成果。

(1)平面控制测量成果的质量元素和检查项见表 12.18。

表 12.18　　　　　　　　**平面控制测量成果的质量元素和检查项**

质量元素	质量子元素	检　查　项
数据质量	数学精度	点位中误差、边长相对中误差与规范及设计书的符合情况
	观测质量	仪器检验项目的齐全性、检验方法的正确性；观测方法的正确性，观测条件的合理性；GPS 点水准联测的合理性和正确性；归心元素、天线高测定方法的正确性；卫星高度角、有效观测卫星总数、时段中任一卫星有效观测时间、观测时段数、时段长度、数据采样间隔、PDOP 值、钟漂、多路径影响等参数的规范性和正确性；观测手簿记录和注记的完整性和数字记录、划改的规范性. 数据质量检验的符合性；水平角和导线测距的观测方法，成果取舍和重测的合理性和正确性；天顶距(或垂直角)的观测方法、时间选择，成果取舍和重测的合理性和正确性；规范和设计方案的执行情况；成果取舍和重测的正确性、合理性
	计算质量	起算点选取的合理性和起始数据的正确性；起算点的兼容性及分布的合理性；坐标改算方法的正确性；数据使用的正确性和合理性；各项外业验算项目的完整性、方法的正确性，各项指标符合性
点位质量	选点质量	点位布设及点位密度的合理性；点位满足观测条件的符合情况；点位选择的合理性；点之记内容的齐全性、正确性
	埋石质量	埋石坑位的规范性和尺寸的符合性；标石类型和标石埋设规格的规范性；标志类型、规格的正确性；托管手续内容的齐全性、正确性
资料质量	整饰质量	点之记和托管手续、观测手簿、计算成果等资料的规整性；技术总结、检查报告整饰的规整性
	资料完整性	技术总结、检查报告及上交资料的齐全性和完整情况

（2）高程控制测量成果的质量元素和检查项见表 12.19。

表 12.19　　　　　　　　　　　　　高程控制测量成果的质量元素和检查项

质量元素	质量子元素	检　查　项
数据质量	数学精度	每公里高差中数偶然中误差的符合性；每公里高差中数全中误差的符合性；相对于起算点的最弱点高程中误差的符合性
	观测质量	仪器检验项目的齐全性、检验方法的正确性；测站观测误差的符合性；测段、区段、路线闭合差的符合性；对已有水准点和水准路线联测和接测方法的正确性；观测和检测方法的正确性；观测条件选择的正确、合理性；成果取舍和重测的正确、合理性；记簿计算的正确性、注记的完整性和数字记录、划改的规范性
	计算质量	外业验算项目的齐全性，验算方法的正确性；已知水准点选取的合理性和起始数据的正确性；环闭合差的符合性
点位质量	选点质量	水准路线布设、点位选择及点位密度的合理性；水准路线图绘制的正确性；点位选择的合理性；点之记内容的齐全性、正确性
	埋石质量	标石类型的规范性和标石质量情况；标石埋设规格的规范性；托管手续内容齐全性
资料质量	整饰质量	观测、计算资料整饰的规整性，各类报告、总结、附图、附表、簿册整饰的完整性；成果资料、技术总结、检查报告整饰的规整性
	资料完整性	技术总结、检查报告编写内容的全面性及正确性；提供成果资料项目的齐全性

（3）大比例尺地形图的质量元素和检查项见表 12.20。

表 12.20　　　　　　　　　　　　　大比例尺地形图的质量元素和检查项

质量元素	质量子元素	检　查　项
数学精度	数学基础	坐标系统、高程系统的正确性；各类投影计算、使用参数的正确性；图根控制测量精度；图廓尺寸、对角线长度、格网尺寸的正确性；控制点间图上距离与坐标反算长度较差
	平面精度	平面绝对位置中误差；平面相对位置中误差；接边精度
	高程精度	高程注记点高程中误差；等高线高程中误差；接边精度
数据及结构正确性		文件命名、数据组织的正确性；数据格式的正确性；要素分层的正确性、完备性；属性代码的正确性；属性接边质量

续表

质量元素	质量子元素	检 查 项
地理精度		地理要素的完整性与正确性；地理要素的协调性；注记和符号的正确性；综合取舍的合理性；地理要素接边质量
整饰质量		符号、线划、色彩质量；注记质量；图面要素协调性；图面、图廓外整饰质量
附件质量		元数据文件的正确性、完整性；检查报告、技术总结内容的全面性及正确性；成果资料的齐全性；各类报告、附图(接合图、网图)、附表、簿册整饰的规整性；资料装帧

(4)线路测量成果的质量元素和检查项见表 12.21。

表 12.21 　　　　　　　　　　　**线路测量成果的质量元素和检查项**

质量元素	质量子元素	检 查 项
数据质量	数学精度	平面控制测量、高程控制测量、地形图成果数学精度；点位或桩位测设成果数学精度；断面成果精度与限差的符合情况
	观测质量	控制测量成果
	计算质量	验算项目的齐全性和验算方法的正确性；平差计算及其他内业计算的正确性
点位质量	选点质量	控制点布设及点位密度的合理性；点位选择的合理性
	埋石质量	标石类型的规范性和标石质量情况；标石埋设规格的规范性；点之记、托管手续内容的齐全性、正确性
资料质量	整饰质量	观测、计算资料整饰的规整性；技术总结、检查报告整饰的规整性
	资料完整性	技术总结、检查报告内容的全面性；提供项目成果资料的齐全性；各类报告、总结、图、表、簿册整饰的规整性

(5)管线测量成果的质量元素和检查项见表 12.22。

表 12.22 　　　　　　　　　　　**管线测量成果的质量元素和检查项**

质量元素	质量子元素	检 查 项
控制测量精度	数学精度	同"平面控制测量""高程控制测量"
管线图质量	数学精度	明显管线点量测精度；管线点探测精度；管线开挖点精度；管线点平面、高程精度；管线点与地物相对位置精度
	地理精度	管线数据各管线属性的齐全性、正确性、协调性；管线图注记和符号的正确性；管线调查和探测综合取舍的合理性
	整饰质量	符号、线划质量；图廓外整饰质量；注记质量；接边质量

263

续表

质量元素	质量子元素	检　查　项
资料质量	资料完整性	工程依据文件；工程凭证资料；探测原始资料；探测图表、成果表；技术报告书（总结）
	整饰规整性	依据资料、记录图表归档的规整性；各类报告、总结、图、表、簿册整饰的规整性

（6）变形测量成果的质量元素和检查项见表 12.23。

表 12.23　　　　　　　　　　**变形测量成果的质量元素和检查项**

质量元素	质量子元素	检　查　项
数据质量	数学精度	基准网精度；水平位移、垂直位移测量精度
	观测质量	仪器设备的符合性；规范和设计方案的执行情况；各项限差与规范或设计书的符合情况；观测方法的规范性，观测条件的合理性；成果取舍和重测的正确性、合理性；观测周期及中止观测时间确定的合理性；数据采集的完整性、连续性
	计算分析	计算项目的齐全性和方法的正确性；平差结果及其他内业计算的正确性；成果资料的整理和整编；成果资料的分析
点位质量	选点质量	基准点、观测点布设及点位密度、位置选择的合理性
	造埋质量	标石类型、标志构造的规范性和质量情况；标石、标志埋设的规范性
资料质量	整饰质量	观测、计算资料整饰的规整性；技术报告、检查报告整饰的规整性
	资料完整性	技术报告、检查报告内容的全面性；提供成果资料项目的齐全性；技术问题处理的合理性

（7）施工测量成果的质量元素和检查项见表 12.24。

表 12.24　　　　　　　　　　**施工测量成果的质量元素和检查项**

质量元素	质量子元素	检　查　项
数据质量	数学精度	控制测量精度；点位或桩位测设成果数学精度
	观测质量	仪器检验项目的齐全性、检验方法的正确性；技术设计和观测方案的执行情况；水平角、天顶距、距离观测方法的正确性，观测条件的合理性；成果取舍和重测的正确性、合理性；手工记簿计算的正确性、注记的完整性和数字记录、划改的规范性；电子记簿记录程序正确性和输出格式的标准化程度；各项观测误差与限差的符合情况
	计算质量	验算项目的齐全性和验算方法的正确性；平差计算及其他内业计算的正确性

质量元素	质量子元素	检 查 项
点位质量	选点质量	控制点布设及点位密度的合理性；点位选择的合理性
	造埋质量	标石类型的规范性和标石质量情况；标石埋设规格的规范性；点之记内容的齐全、正确性；托管手续内容的齐全性
资料质量	整饰质量	观测、计算资料整饰的规整性；技术总结、检查报告整饰的规整性
	资料完整性	技术总结、检查报告内容的全面性；提供成果资料项目的齐全性

（8）水下地形测量成果的质量元素和检查项见表 12.25。

表 12.25　　　　　　　　　　水下地形测量成果的质量元素和检查项

质量元素	质量子元素	检 查 项
数据质量	观测仪器	仪器选择的合理性；仪器检验项目的齐全性；检验方法的正确性
	观测质量	技术设计和观测方案的执行情况；数据采集软件的可靠性；观测要素的齐全性；观测时间、观测条件的合理性；观测方法的正确性；观测成果的正确性、合理性；岸线修测、陆上和海上具有引航作用的重要地物测量、地理要素表示的齐全性与正确性；成果取舍和重测的正确性、合理性；重复观测成果的符合性
	计算质量	计算软件的可靠性；内业计算验算情况；计算结果的正确性
点位质量	观测点位	工作水准点埋设、验潮站设立、观测点布设的合理性、代表性；周边自然环境
	观测密度	相关断面线布设及密度的合理性；观测频率、采样率的正确性
资料质量	观测记录	各种观测记录和数据处理记录的完整性
	附件及资料	技术总结内容的全面性和规格的正确性；提供成果资料项目的齐全性；成果图绘制的正确性

六、地籍测绘成果

地籍测绘成果主要包括地籍控制测量、地籍细部测量、地籍图和宗地图。

（1）地籍控制测量成果的质量元素和检查项见表 12.26。

表 12.26 　　　　　　　　　　　**地籍控制测量成果的质量元素和检查项**

质量元素	质量子元素	检　查　项
数据质量	起算数据	起算点坐标的正确性；相关控制资料的可靠性
	数学精度	基本控制点精度的符合性
	观测质量	仪器检验项目的齐全性，检验方法的正确性；观测方法的正确性；各种记录的规整性；成果取舍和重测的正确性、合理性；各项观测误差的符合性
	计算质量	平差计算的正确性
点位质量	选点质量	控制网布设合理性；点位选择的合理性；点之记内容的齐全性、清晰性
	埋设质量	标石类型的正确性；标志设置的规范性；标石埋设的规整性
资料质量	整饰质量	观测和计算资料整饰的规整性；成果资料整饰的规整性；技术总结的规整性；检查报告的规整性
	资料完整性	成果资料的完整性；技术总结内容的完整性；检查报告内容的完整性

（2）地籍细部测量成果的质量元素和检查项见表 12.27。

表 12.27 　　　　　　　　　　　**地籍细部测量成果的质量元素和检查项**

质量元素	质量子元素	检　查　项
界址点测量	观测质量	测量方法的正确性；观测手簿记录、属性记录和草图绘制的正确性、完整性；界址点测量方法的正确性；各项观测误差与限差符合的正确性
	数学精度	界址点相对位置精度；界址点绝对位置精度；宗地面积量算精度
地物点测量	观测质量	测量方法的正确性；观测手簿记录、属性记录和草图绘制的正确性、完整性；地物、地类测量精度；各项观测误差与限差的符合情况
	数学精度	地物点相对位置精度；地物点绝对位置精度
资料质量	整饰质量	观测和计算资料整饰的规整性；成果资料整饰的规整性；技术总结、检查报告的规整性
	资料完整性	成果资料的完整性；技术总结、检查报告内容的完整性

（3）地籍图的质量元素和检查项见表 12.28。

表 12.28　　　　　　　　　　　　　　**地籍图的质量元素和检查项**

质量元素	质量子元素	检查项
数学精度	数学基础	图廓边长与理论值之差；公里网点与理论值之差；展点精度；两对角线较差；图廓对角线与理论之差
	平面位置	界址点、线平面位置精度；地物点平面位置精度；地类界的平面位置精度
要素质量	地籍要素	地籍要素表示的正确性
	其他要素	地物要素的正确性；综合取舍的合理性；各要素的协调性；图幅接边的正确性
资料质量	整饰质量	注记和符号的正确性；整饰的规整性、正确性
	资料完整性	结合图、编图设计和总结的正确性、全面性

（4）宗地图的质量元素和检查项见表 12.29。

表 12.29　　　　　　　　　　　　　　**宗地图的质量元素和检查项**

质量元素	质量子元素	检查项
数学精度	界址点精度	界址点平面位置精度；界址边长精度
	面积精度	宗地面积的正确性
要素质量	地籍要素	宗地号、宗地名称、界址点符号及编号、界址线、相邻宗地表示的正确性
	其他要素	地物、地类号等表示的正确性
资料质量	整饰质量	注记和符号的正确性；注记和符号的规范性
	资料完整性	设计和总结的全面性

七、地理信息系统成果

地理信息系统的质量元素及检查项见表 12.30。

表 12.30　　　　　　　　　　　　　　**地理信息系统的质量元素和检查项**

质量元素	检查项
资料质量	技术方案的完整性；数据处理与质量检查资料的齐全性；数据字典的规范性和齐全性；评审报告、检查验收报告、技术总结等资料的齐全性
运行环境	硬件平台的符合性；软件平台（操作系统、数据库软件平台、GIS 软件平台、中间件、应用软件等）的符合性；网络环境的符合性

续表

质量元素	检　查　项
数据(库)质量	数据组织正确性；数据库结构正确性；空间参考系的正确性；数据质量；各类基础地理数据的一致性
系统结构与功能	系统结构的正确性；数据库管理方式的符合性；系统功能的符合性；服务器、客户端功能划分的正确性；系统效率的符合性；系统的稳定性
系统管理与维护	安全保密管理情况；权限管理情况；数据备份情况；系统维护情况

八、地图编制成果

地图编制成果主要包括普通地图的编绘原图和印刷原图、专题地图的编绘原图和印刷原图、地图集、印刷成品以及导航电子地图。

(1)普通地图的编绘原图和印刷原图的质量元素和检查项见表 12.31。

表 12.31　　　　　　**普通地图的编绘原图和印刷原图的质量元素和检查项**

质量元素	检　查　项
数学精度	展点精度(包括图廓尺寸精度、方里网精度、经纬网精度等)；平面控制点、高程控制点位置精度；地图投影选择的合理性
数据完整性与正确性	文件命名、数据组织和数据格式的正确性、规范性；数据分层的正确性、完备性
地理精度	制图资料的现势性、完备性；制图综合的合理性；各要素的正确性；图内各种注记的正确性；地理要素的协调性
整饰质量	地图符号、色彩的正确性；注记的正规性、完整性；图廓外整饰要素的正确性
附件质量	图历簿填写的正确性、完整性；图幅的抄接边正确性；分色参考图(或彩色打印稿)的正确性、完整性

(2)专题地图的编绘原图和印刷原图的质量元素和检查项见表 12.32。

表 12.32　　　　　　**专题地图的编绘原图和印刷原图的质量元素和检查项**

质量元素	检　查　项
数据完整性与正确性	文件命名、数据组织和数据格式的正确性、规范性；数据分层的正确性、完备性
地图内容适用性	地理底图内容的合理性；专题内容的完备性、现势性、可靠性
地图表示的科学性	各种注记表达的合理性、易读性；分类、分级的科学性；色彩、符号与设计的符合性；表示方法选择的正确性

质量元素	检　查　项
地图精度	图幅选择投影、比例尺的适宜性；制图网精度；地图内容的位置精度；专题内容的量测精度
图面配置质量	图面配置的合理性；图例的全面性、正确性；图廓外整饰的正确性、规范性、艺术性
附件质量	设计书质量；分色样图的质量

（3）地图集的质量元素和检查项见表12.33。

表 12.33　　　　　　　　　　　**地图集的质量元素和检查项**

质量元素	质量子元素	检　查　项
整体质量	图集内容的思想性	思想正确性；图集宗旨、主题思想明确程度；要素表示的正确性
	图集内容的全面性、完整性	图集内容的全面性、系统性；图集结构的完整性
	图集内容的统一性、协调性	图集内容的统一性、互补性；要素表达协调性、可比性
图集内图幅质量	同专题地图质量元素表中各项（见表12.32）	

（4）印刷成品的质量元素和检查项见表12.34。

表 12.34　　　　　　　　　　　**印刷成品的质量元素和检查项**

质量元素	检　查　项
印刷质量	套印精度；网线、线划粗细变形率；印刷质量；图形质量
拼接质量	拼贴质量；折叠质量
装订质量	平装：折页、配页质量；订本质量；封面质量；裁切质量
	精装：折页、配页、锁线或无线胶粘质量；图芯脊背、环衬粘贴质量；封面质量；图壳粘贴质量；订本、裁切质量；版芯规格

（5）导航电子地图的质量元素和检查项见表12.35。

表 12.35　　　　　　　　　　　　导航电子地图的质量元素和检查项

质量元素	检　查　项
位置精度	平面位置精度
属性精度	属性结构、属性值的正确性
逻辑一致性	道路网络连通性；拓扑关系的正确性；节点匹配的正确性；要素间关系的正确性；要素接边的一致性
完整性与正确性	安全处理的符合性；地图内容的现势性；兴趣点的完整性；数学基础、数据格式文件命名、数据组织和数据分层的正确性；要素的完备性
图面质量	各种注记表达的合理性、易读性；色彩、符号与设计的符合性；图形质量
附件质量	附件的正确、全面性；成果资料的齐全性

第三节　数字测绘成果的质量元素及其检查方法

一、数字测绘成果的主要内容

数字测绘成果主要包括数字线划图、数字高程模型、数字正射影像、数字栅格地图。其检查方法主要采用参考数据比对、野外实测和内部检查三种方法。

二、数字线划图成果的质量元素

数字线划图包括建库数据和制图数据，二者的质量元素相同，质量子元素部分有差异，见表 12.36。

表 12.36　　　　　　　　　　　　数字线划图成果的质量元素

质量元素	质量子元素
空间参考系	大地基准；高程基准；地图投影
位置精度	平面精度；高程精度；地图投影
属性精度	建库数据：属性项完整性；分类正确性；属性正确性
	制图数据：分类正确性；属性正确性
完整性	建库数据：数据层完整性；数据层内部文件完整性；要素完整性
	制图数据：要素完整性
逻辑一致性	概念一致性；格式一致性；拓扑一致性
时间准确度	数据更新；数据采集
元数据质量	元数据完整性；元数据准确性

质量元素	质量子元素
表征质量	建库数据：几何表达；地理表达
	制图数据：几何表达；符合正确性；地理表达；注记正确性；图廓整饰准确性
附件质量	图历簿质量；附属文档质量

三、数字高程模型的质量元素

数字高程模型成果的质量元素见表12.37。

表 12.37　　　　　　　　　　　　**数字高程模型成果的质量元素**

质量元素	质量子元素
空间参考系	大地基准；高程基准；地图投影
位置精度	平面精度；高程精度
逻辑一致性	格式一致性
时间准确度	数据更新；数据采集
栅格质量	格网参数
元数据质量	元数据完整性；元数据准确性
附件质量	图历簿质量；附属文档质量

四、数字正射影像图成果的质量元素

数字正射影像图成果的质量元素见表12.38。

表 12.38　　　　　　　　　　　**数字正射影像图成果的质量元素**

质量元素	质量子元素
空间参考系	大地基准；高程基准；地图投影
位置精度	平面精度
逻辑一致性	格式一致性；数据采集
时间准确度	数据更新
影像质量	影像分辨率；影像特性
元数据质量	元数据完整性；元数据准确性
表征质量	图廓整饰准确性
附件质量	图历簿质量；附属文档质量

五、数字栅格地图成果的质量元素

数字栅格地图成果的质量元素见表 12.39。

表 12.39　　　　　　　　　　**数字栅格地图成果的质量元素**

质量元素	质量子元素
空间参考系	地图投影
逻辑一致性	格式一致性
栅格质量	影像分辨率；影像特性
元数据质量	元数据完整性；元数据准确性
附件质量	图历簿质量；附属文档质量

六、数字测绘成果质量检查方法

数字测绘成果质量检查方法见表 12.40。

表 12.40　　　　　　　　　　**数字测绘成果质量的主要检查方法**

检查方法	简 要 说 明
参考数据比对	与高精度数据、专题数据、生产中使用的原始数据、可收集到的国家各级部门公布、发布、出版的资料数据等各类参考数据对比，确定被检数据是否错漏或者获取被检数据与参考数据的差值
	该方法主要适用于室内方式检查矢量数据，如检查各类错漏、计算各类中误差等，也可用于实测方式检查影像数据、栅格数据，如计算各类中误差等
野外实测	与野外测量、调绘的成果对比，确定被检数据是否错漏或者获取被检数据与野外实测数据的差值
	该方法主要适用于实测方式检查矢量数据，如检查各类错漏、计算各类中误差等，也可用于实测方式检查影像数据、栅格数据，如计算各类中误差等
内部检查	检查被检数据的内在特性
	该方法可用于室内方式检查矢量数据、影像数据、栅格数据。如逻辑一致性中的绝大多数检查项，接边检查，栅格数据的数据范围，影像数据的色调均匀，内业加密保密点检查中误差等

质量检查的方式包括：计算机自动检查(通过软件自动分析和判断结果)、计算机辅助检查(人机交互检查)、人工检查。优先选用软件自动检查、人机交互检查。

思考题：

1. 质量检查验收的主要规定有哪些？
2. 检查报告的主要内容有哪些？
3. 数字测绘成果的质量元素及其检查方法是什么？

第十三章　测绘项目技术总结

第一节　测绘技术总结

一、测绘技术总结的概念

测绘技术总结是在测绘任务完成后，对测绘技术设计文件和技术标准、规范等的执行情况，技术设计方案实施中出现的主要技术问题和处理方法，成果(或产品)质量、新技术的应用等进行分析研究、认真总结，并作出的客观描述和评价。测绘技术总结是与测绘成果(或产品)有直接关系的技术性文件，是需要长期保存的重要测绘业务档案。

二、测绘技术总结的分类

测绘技术总结分为专业技术总结和项目总结两类。

专业技术总结是测绘项目中所包含的各测绘专业活动在其成果(或产品)检查合格后，分别总结撰写的技术文档。

项目总结是一个测绘项目在其最终成果(或产品)检查合格后，在各专业技术总结的基础上，对整个项目所作的技术总结。

对于工作量较小的项目，可根据需要将项目总结和专业技术总结合并为项目总结。

测绘技术总结的作用非常突出，它能为用户(或下工序)对成果(或产品)的合理使用提供方便，为测绘单位持续质量改进提供依据，同时也为测绘技术设计、有关技术标准、规定的定制提供资料。

三、测绘技术总结的组成

测绘技术总结通常由概述、技术设计执行情况、测绘成果(或产品)质量说明和评价、上交和归档测绘成果(或产品)及其资料清单四部分组成。

"概述"主要说明测绘任务的情况，如任务来源、目标、工作量等，任务的安排与完成情况，以及作业区概况和已有资料利用情况等。

"技术设计执行情况"主要说明评价技术设计文件和有关标准、规范的执行情况，包括：生产所依据的测绘技术设计文件和有关的技术标准、规范，设计书执行情况以及执行过程中技术性变更情况，生产过程中出现的主要技术问题和处理方法，特殊情况的处理及其达到的效果，新技术、新方法、新材料等应用情况，经验、教训、遗留问题、改进意见和建议等。

"测绘成果(或产品)质量说明与评价"主要说明和评价项目最终测绘成果(或产品)的质量情况(包括必要的精度统计)、产品达到的技术质量指标,并说明其质量检查报告的名称和编号。

"上交和归档测绘成果(或产品)及其资料清单"主要说明上交和归档成果(或产品)的形式、数量等,以及一并上交和归档的资料文档清单。

对于项目总结和专业技术总结而言,在组成内容方面是一致的,但是,各部分的编写内容不完全相同。

(一)项目总结的组成内容

项目总结的组成内容见表 13.1。

表 13.1   **项目总结的组成内容**

内容	简 要 说 明
概述	①项目来源、内容、目标、工作量,专业测绘任务的划分、内容和相应任务的承担单位,成果(产品)交付与接受情况等; ②项目执行情况:说明生产任务的安排与往常情况,统计有关的作业定额和作业率,经费执行情况等; ③作业区概况和已有资料的利用情况
技术设计执行情况	①说明生产所依据的技术性文件,包括项目设计书、专业技术设计书、技术设计更改文件以及有关的技术标准和规范等; ②说明项目总结所依据的各专业技术总结; ③说明项目设计书和有关的技术标准、规范的执行情况,并说明项目设计书的技术更改情况; ④重点描述出现的主要技术问题和处理方法、特殊情况的处理及其达到的效果等; ⑤说明项目实施中质量保障措施的执行情况; ⑥当生产过程中采用新技术、新方法、新材料时,应详细描述和总结其应用情况; ⑦总结项目实施中的经验、教训和遗留问题,并对今后生产提出改进意见和建议
测绘成果(或产品)质量说明与评价	说明和评价项目最终测绘成果(或产品)的质量情况(包括必要的精度统计),产品达到的技术指标,并说明最终测绘成果(或产品)的质量检查报告的名称和编号
上交和归档测绘成果(或产品)及资料清单	①测绘成果(或产品)的名称、数量、类型等,上交成果的数量、范围有变化时需附成果分布图; ②文档资料。包括项目设计书及其有关的设计更改文件,项目总结,质量检查报告,必要的专业技术设计书及其更改文件和专业技术总结,文档簿(图历簿)和其他作业过程中形成的重要记录; ③其他需上交和归档的资料

（二）专业技术总结的组成内容

专业技术总结的组成内容见表 13.2。

表 13.2　　　　　　　　　　　　　　专业技术总结的组成内容

内容	简要说明
概述	①测绘项目的名称、专业测绘任务的来源，专业测绘任务的内容、任务量和目标，产品交付与接收情况等； ②计划与设计完成的情况、作业率的统计； ③作业区概况和已有资料的利用情况
技术设计执行情况	①说明专业活动所依据的技术性文件。包括：专业技术设计书及其有关的技术设计更改文件，必要的项目设计书及其更改文件，有关的技术标准和规范； ②说明和评价专业技术活动过程中专业技术设计文件的执行情况，重点说明专业技术设计更改的内容、原因； ③描述专业测绘生产过程中出现的主要技术问题和处理方法、特殊情况的处理及其达到的效果等； ④当作业过程中采用新技术、新方法、新材料时，应详细描述和总结其应用情况； ⑤总结专业测绘生产中的经验、教训和遗留问题，并对今后生产提出改进意见和建议
测绘成果(或产品)质量说明与评价	说明和评价测绘成果(或产品)的质量情况(包括必要的精度统计)，产品达到的技术指标，并说明测绘成果(或产品)的质量检查报告的名称和编号
上交和归档测绘成果(或产品)及资料清单	①测绘成果(或产品)的名称、数量、类型等。上交成果的数量、范围有变化时需附成果分布图； ②文档资料。专业技术设计文件、专业技术总结、检查报告，必要的文档簿(图历簿)和其他作业过程中形成的重要记录； ③其他需上交和归档的资料

第二节　测绘技术总结编写

一、测绘技术总结编写依据

编写测绘技术总结，其依据主要包括：

（1）测绘任务书或合同的有关要求，顾客书面要求或口头要求的记录，市场的需求或期望。

（2）测绘技术设计文件、相关的法律、法规、技术标准和规范。

（3）测绘成果(或产品)的质量检查报告。

(4)以往测绘技术设计、测绘技术总结提供的信息以及现有生产过程和产品的质量记录和有关数据。

(5)其他有关文件和资料。

二、测绘技术总结编写要求

编写测绘技术总结，必须做到以下三点：

(1)内容真实全面，重点突出。说明和评价技术要求的执行情况时，不应简单抄录设计书的有关技术要求；应重点说明作业过程中出现的主要技术问题和处理方法、特殊情况的处理及其达到的效果、经验、教训和遗留问题等。

(2)文字应简明扼要，公式、数据和图表应准确，名词、术语、符号和计量单位等均应与有关法规和标准一致。

(3)测绘技术总结的幅面、封面格式以及字体、字号规范，符合相关要求(见 CH/T 1001—2005 附录 A)。

三、测绘技术总结审核

按照规范管理的要求，测绘技术总结的编写、审核必须责任到人。测绘单位质量管理体系对此也应有相应的明确。

(一)编写责任人

技术总结的编写工作通常由单位的技术人员承担。

项目总结由承担项目的法人单位负责编写或组织编写。

专业技术总结由具体承担相应测绘专业任务的法人单位负责编写。

(二)审核责任人

技术总结编写完成后，由测绘单位总工程师或技术负责人进行审核。审核时应对技术总结编写的客观性、完整性等进行审查并签字。

审核人应对技术总结编写的质量负责。

技术总结经审核、签字后，随测绘成果(或产品)、测绘技术设计文件和成果(或产品)质量检查报告一并上交和归档。

第三节　测绘各专业技术总结的主要内容

一、大地测量专业技术总结的主要内容

根据测绘任务，分别介绍大地测量专业中平面控制测量、高程控制测量、重力测量和大地测量计算的专业技术总结的具体内容。

(1)平面控制测量专业技术总结的内容见表 13.3。

表 13.3　　　　　　　　　　　　　平面控制测量专业技术总结具体内容

内容	简 要 说 明
概述	①任务来源、目的，生产单位，生产起止时间，生产安排概况； ②测区名称、范围，行政隶属，自然地理特征，交通情况和困难类别； ③锁、网、导线段(节)、基线(网)或起始边和天文点的名称与等级，分布密度，通视情况，边长(最大、最小、平均)和角度(最大、最小)等； ④作业技术依据； ⑤计划与实际完成工作量的比较，作业率的统计
利用已有资料情况	①采用的基准和系统； ②起算数据及其等级； ③已知点的利用及联测； ④资料中存在的主要问题和处理方法
作业方法、质量和有关技术数据	①使用的仪器、仪表、设备和工具的名称、型号、检校情况及其主要技术数据等； ②觇标和标石的情况，施测方法，照准目标类型，观测权数与测回数，光段数，日夜比，重测数与重测率，记录方法，记录程序来源和审查意见，归心元素的测定方法、次数、概算情况与结果； ③新技术、新方法的采用及其效果； ④执行技术标准的情况，出现的主要问题和处理方法，保证和提高质量的主要措施，各项限差与实际测量结果的比较，外业检测情况及精度分析等； ⑤重合点及联测情况，新、旧成果的分析比较； ⑥为测定国家级水平控制点高程而进行的水准联测与三角高程的施测情况，概算方法和结果
技术结论	①对本测区成果质量、设计方案和作业方法等的评价； ②重大遗留问题的处理意见； ③经验、教训和建议
附图、附表	①利用已有资料清单； ②测区点、线、锁、网的分布图； ③精度统计表； ④仪器、基线尺检验结果汇总表； ⑤上交测绘成果清单等

(2)高程控制测量专业技术总结的内容见表 13.4。

表 13.4　　　　　　　　　　　　　高程控制测量专业技术总结具体内容

内容	简 要 说 明
概述	①任务来源、目的，生产单位，生产起止时间，生产安排情况； ②测区名称、范围，行政隶属，自然地理特征，沿线路面和土质植被情况，路坡度(最大、最小、平均)，交通情况和困难类别； ③路线和网的名称、等级、长度，点位分布密度，标石类型等； ④作业技术依据； ⑤计划与实际完成工作量的比较，作业率的统计

续表

内容	简 要 说 明
利用已有资料情况	①采用基准和系统； ②起算数据及其等级； ③已知点的利用和联测； ④资料中存在的主要问题和处理方法
作业方法、质量和有关技术数据	①使用的仪器、标尺、记录计算工具和尺承的型号、规格、数量、检校情况及主要数据； ②埋石情况，施测方法，视线长度(最大、最小、平均)，各分段中上、下午测站不对称数与总站数的比，重测测段及数量，记录和计算方法及程序来源，审查或验算结果； ③新技术、新方法的采用及其效果； ④跨河水准测量的位置，实施方案，实测结果与精度等； ⑤联测和支线的施测情况； ⑥执行技术标准的情况，保证和提高质量的主要措施，各项限差与实际测量结果的比较，外业检测情况及精度分析等
技术结论	①对本测区成果质量、设计方案和作业方法等的评价； ②重大遗留问题的处理意见； ③经验、教训和建议
附图、附表	①利用已有资料清单； ②测区点、线、网的水准路线图； ③仪器、标尺检验结果汇总表； ④精度统计表； ⑤上交测绘成果清单等

(3)重力测量专业技术总结的内容见表13.5。

表13.5　　　　　　　　　　**重力测量专业技术总结具体内容**

内容	简 要 说 明
概述	①任务来源、目的，生产单位，生产起止时间，生产安排概况； ②测区名称、范围、行政隶属、自然地理特征、交通情况等； ③路线的名称、等级，布点方案，分布密度，点距(最大、最小、平均)等； ④作业技术依据； ⑤计划与实际完成工作量的比较，作业率的统计
利用已有资料情况	①采用基准和系统； ②起算数据及其等级； ③已知点的利用和联测； ④资料中存在的主要问题和处理方法

续表

内容	简　要　说　明
作业方法、质量 和有关技术数据	①使用的仪器、仪表的名称、型号、检校情况及其主要技术数据； ②埋石情况，施测方法，施测路线与所用时间(最长、平均)，测回数，重测数 　与重测率，概算公式与结果； ③联测点的联测情况，平面坐标与高程的施测和计算情况； ④新技术、新方法的采用及其效果； ⑤执行技术标准的情况，出现的主要问题和处理方法，保证和提供质量的主要 　措施，各项限差与实际测量结果的比较，实地检测情况及精度分析等
技术结论	①对本测区成果质量、设计方案和作业方法等的评价； ②重大遗留问题的处理意见； ③经验、教训和建议
附图、附表	①利用已有资料清单； ②重力点位和联测路线略图； ③平面坐标与高程施测图； ④仪器检验结果汇总表； ⑤精度统计表； ⑥交测绘成果清单等

(4)大地测量计算专业技术总结的内容见表 13.6。

表 13.6　　　　　　　　　　**大地测量计算专业技术总结具体内容**

内容	简　要　说　明
概述	①任务来源、目的，生产单位，生产起止时间，生产安排情况； ②计算区域名称、等级、范围、行政隶属； ③作业技术依据； ④计划与实际完成工作量的比较，作业率的统计
利用已有资料情况	①采用的基准和系统； ②起算数据及其等级、来源和精度情况； ③重合点的质量分析； ④前工序存在的主要问题及其在计算中的处理方法和结果
计算方法、质量 和有关技术数据	①作业过程简述，保证质量的主要措施； ②使用计算工具的名称、型号、性能及其说明，采用程序的名称、来源、编制 　和审核单位、编制者，程序的基本功能及其检验情况； ③计算的原理、方法、基本公式，改正项，小数取位等； ④新技术、新方法的采用及其效果； ⑤数据和信息的输入、输出情况，内容与符号说明； ⑥计算结果的验算，精度统计分析与说明； ⑦计算过程中出现的主要问题及处理结果等

续表

内容	简　要　说　明
计算结论	①对本计算区成果质量、计算方案、计算方法等的评价； ②重大遗留问题的处理意见； ③经验、教训和建议
附图、附表	①利用已有资料清单； ②计算区域的线、锁、网图； ③计算机源程序目录(含编制单位、编者、审核单位及其时间等)； ④精度检验分析统计表； ⑤上交测绘成果清单等

二、工程测量专业技术总结的主要内容

(一)控制测量

工程测量项目中往往需要做控制测量。该部分参照大地测量专业技术总结的有关内容，结合工程测量的特点进行撰写。

(二)地形测图

地形测图包括摄影测量方法测图和平板仪、全站型速测仪测图。摄影测量方法测图参照摄影测量与遥感的有关内容，结合工程测量的特点进行撰写。这里主要介绍平板仪、全站型速测仪测图专业技术总结的具体内容，详见表13.7。

表13.7　　　　　　　　　　地形测图专业技术总结具体内容

内容	简　要　说　明
概述	①任务来源、目的，测图比例尺，生产单位，生产起止日期，生产安排概况； ②测区名称、范围、行政隶属、自然地理特征、交通情况等； ③作业技术依据，采用的等高距，图幅分幅和编号的方法； ④计划与实际完成工作量的比较，作业率的统计
利用已有资料情况	①资料的来源和利用情况； ②资料中存在的主要问题和处理方法
作业方法、质量 和有关技术数据	①图根控制测量：各类图根点的布设，标志的设置，观测使用的仪器和方法，各项限差与实际测量结果的比较； ②平板仪测图：测图方法，使用的仪器，每幅图上解析图根点与地形点的密度和分布，特殊地物、地貌的表示方法，接边情况等； ③全站型速测仪测图：测图方法，仪器型号、规格、特性及检校情况，外业采集数据的内容、密度、记录的特征，数据处理和成图工具的情况等； ④测图精度分析与统计、检查验收的情况，存在的主要问题和处理结果等； ⑤新技术、新方法、新材料的采用及其效果

内容	简 要 说 明
技术结论	①对本测区成果质量、设计方案和作业方法等的评价; ②重大遗留问题的处理意见; ③经验、教训和建议
附图、附表	①利用已有资料清单; ②图幅分布和质量评定图; ③控制点分布略图; ④精度统计表; ⑤上交测绘成果清单等

(三) 施工测量

施工测量专业技术总结的具体内容见表 13.8。

表 13.8　　　　　　　　　**施工测量专业技术总结具体内容**

内容	简 要 说 明
概述	①任务来源、目的,生产单位,生产起止时间,生产安排概况; ②工程名称,测设项目,测区范围,自然地理特征,交通情况,有关工程地质与水文地质的情况,建设项目的复杂程度和发展情况等; ③作业技术依据; ④计划与实际完成工作量的比较,作业率的统计
利用已有资料情况	①资料的来源和利用情况; ②资料中存在的主要问题和处理方法
作业方法、质量和有关技术数据	①控制点系统的建立,埋石情况,使用的仪器和施测方法及其精度; ②施工放样方法和精度; ③各项误差的统计,实地检测的项目、数量和方法,检测结果与实测结果的比较等; ④新技术、新方法、新材料的采用及其效果; ⑤作业中出现的主要问题和处理方法
技术结论	①对本测区成果质量、设计方案和作业方法等的评价; ②重大遗留问题的处理意见; ③经验、教训和建议
附图、附表	①施工测量成果种类及其说明; ②采用已有资料清单; ③精度统计表; ④上交测绘成果清单等

(四)线路测量

线路测量专业技术总结中的控制测量部分，参照大地测量的有关内容；线路测图部分参照地形测图的有关内容，结合线路测量的特点进行撰写，并在"作业方法、质量和有关技术数据"条款中撰写专业内容，具体见表13.9。

表 13.9　　　　　　　　　　　　线路测量专业技术总结中的专业特点要求

铁路、公路测量	①与已有控制点的联测方法和精度； ②交点、转点、中桩桩位及曲线等的测设情况； ③中线测量，横断面测量的方法与精度； ④中桩复测与原测成果的比较
架空索道测量	①方向点间距及方向点偏离直线的情况； ②断面测量(加测断面及断面点)的情况
自流和压力 管线测量	①施测情况与结果； ②定线的误差
架空送电线路 测量	①定线测量与方向点偏离直线的情况； ②实地排定杆位时的检核情况

(五)竣工总图编绘与实测

竣工总图编绘与实测专业技术总结的具体内容见表13.10。

表 13.10　　　　　　　　　竣工总图编绘与实测专业技术总结具体内容

内容	简要说明
概述	①任务来源、目的，生产单位，生产起止时间，生产安排概况； ②工程名称，测区范围、面积，工程特点等； ③作业技术依据； ④完成工作量，作业率的统计
利用已有 资料情况	①施工图件和资料的实测与验收情况； ②图件、资料(特别是其中地下管线及隐蔽工程的)现势性和使用情况； ③资料中存在的主要问题和处理方法
作业方法、质量 和有关技术数据	①竣工总图的成图方法，控制点的恢复与检测，地物的取舍原则，成图的质量等； ②新技术、新方法、新材料的采用及其效果； ③作业中出现的主要问题和处理方法
技术结论	①对本测区成果质量、设计方案、作业方法等的评价； ②重大遗留问题的处理意见； ③经验、教训和建议

内容	简 要 说 明
附图、附表	①利用已有资料清单； ②上交测绘成果清单； ③建筑物、构筑物细部点成果表等

(六) 变形测量

变形测量专业技术总结的具体内容见表 13.11。

表 13.11　　　　　　　　　　**变形测量专业技术总结具体内容**

内容	简 要 说 明
概述	①项目名称、来源、目的、内容，生产单位，生产起止时间，生产安排概况； ②测区地点、范围，建筑物(构筑物)分布情况及观测条件，标志的特征； ③作业技术依据； ④完成任务量
利用已有资料情况	①测量资料的分析与利用； ②起算数据的名称、等级及其来源； ③资料中存在的主要问题和处理方法
作业方法、质量和有关技术数据	①仪器的名称、型号和检校情况； ②标志的布设和密度，标石或观测墩的规格及其埋设质量，变形控制网(点)的建立、施测及其稳定性的分析，变形观测点的施测情况，观测周期，计算方式和方法等； ③重复观测结果的分析比较和数据处理方法； ④新技术、新方法、新材料的采用及其效果； ⑤执行技术标准的情况，出现的主要问题和处理方法，保证和提高质量的主要措施，各项限差与实际测量结果的比较
技术结论	①变形观测的结论和评价； ②对本测区成果质量、设计方案、作业方法等的评价； ③重大遗留问题的处理意见； ④经验、教训和建议
附图、附表	①变形控制网布设略图； ②利用已有资料清单； ③变形观测资料的归纳与分析报告； ④上交测绘成果清单等

(七)库区淹没测量

库区淹没测量专业技术总结的具体内容见表 13.12。

表 13.12　　　　　　　　　　**库区淹没测量专业技术总结具体内容**

内容	简要说明
概述	①任务来源、目的，生产单位，生产起止时间，生产安排概况； ②水库名称、行政隶属，成图比例尺，库区淹没范围、面积，淹没田地、村庄数量，搬迁人口数等； ③作业技术依据； ④计划与实际完成工作量比较
利用已有资料情况	①起算数据及其等级、系统等； ②坝顶高程及其等级、系统等； ③资料中存在的主要问题和处理方法
作业方法、质量和有关技术数据	①标石埋设情况、分布与数量； ②使用仪器名称、型号、检验情况及其主要技术参数； ③施测与成图方法，点位布设密度、等级、联测方案与精度等； ④新技术、新方法、新材料的采用及其效果； ⑤最高淹没面和最低淹没面的高程； ⑥淹没区面积量算的方法和精度； ⑦执行技术标准的情况，出现的主要问题和处理方法，保证和提高质量的主要措施，各项限差与实际测量结果的比较，实地检测情况与精度等
技术结论	①对本测区成果质量、设计方案、作业方法等的评价； ②重大遗留问题的处理意见； ③经验、教训和建议
附图、附表	①控制点分布略图； ②库区淹没图及质量评定图； ③测量精度统计表； ④淹没区分类统计表； ⑤利用已有资料清单； ⑥上交测绘成果清单等

三、摄影测量与遥感专业技术总结的主要内容

摄影测量与遥感涵盖了航空摄影、航测外业、航测内业、近景摄影测量和遥感等几部分工作。各部分的专业技术总结具体内容各有侧重。

(一)航空摄影

航空摄影专业技术总结的具体内容见表 13.13。

表 13. 13　　　　　　　　　　　　航空摄影专业技术总结具体内容

内容	简 要 说 明
概述	①任务来源、目的，摄影比例尺、航摄单位，摄影起止时间； ②摄区名称、地理位置、面积、行政隶属、摄区地形和气候对摄影工作的影响； ③作业技术依据； ④完成的作业项目、数量
利用已有资料情况	编制航摄计划用图的比例尺、作业年代及接边资料等
航摄工作、质量和有关技术数据	①航摄仪和附属仪器的类型及其主要技术数据； ②航线敷设情况和飞行质量； ③底片和相纸的类型、特性、冲洗和处理方法，主要技术数据； ④航摄质量及航摄底片复制品的质量情况； ⑤新技术、新方法、新材料的采用及其效果； ⑥执行技术标准的情况，出现的主要问题和处理方法，保证和提高质量的主要措施
技术结论	①对本摄区成果质量、设计方案、作业方法等的评价； ②重大遗留问题的处理意见； ③经验、教训和建议
附图、附表	①摄影分区略图； ②航摄鉴定表； ③上交航摄成果清单等

（二）航空摄影测量外业

航空摄影测量外业专业技术总结的具体内容见表 13. 14。

表 13. 14　　　　　　　　　航空摄影测量外业专业技术总结具体内容

内容	简 要 说 明
概述	①任务来源、目的、摄影比例尺，成图比例尺，生产单位，生产起止日期，生产安排概况； ②测区地理位置、面积、行政隶属，自然地理特征，交通情况和困难类别等； ③作业技术依据，采用的投影、坐标系、高程系和等高距； ④计划与实际完成工作量的比较，作业率的统计
利用已有资料情况	①航摄资料的来源，仪器的类型及其主要技术数据，像片的质量和利用情况； ②其他资料的来源、等级、质量和利用情况； ③资料中存在的主要问题和处理方法

续表

内容	简　要　说　明
作业方法、质量和有关技术数据	①控制测量包括：像片控制点的布设方案，刺点影像；基础控制点和像片控制点测定的仪器、方法、扩展次数及各种误差；检查的方法和质量情况； ②像片调绘与综合法测图包括：调绘像片的比例尺和质量，调绘的方法，使用简化符号的说明；新增地物、地貌及云影、阴影地区的补测方法和质量；综合法测绘地貌的方法和质量；地理调查和地名译音的情况；检查的方法和质量情况； ③新技术、新方法的采用及其效果
技术结论	①对本测区成果质量、设计方案、作业方法等的评价； ②重大遗留问题的处理意见； ③经验、教训和建议
附图、附表	①测区地形类别及质量评定图； ②利用已有资料清单； ③控制点分布略图； ④精度统计表； ⑤上交测绘成果清单等

(三) 航空摄影测量内业

航空摄影测量内业专业技术总结的具体内容见表 13.15。

表 13.15　　　　　**航空摄影测量内业专业技术总结具体内容**

内容	简　要　说　明
概述	①任务来源、目的，摄影比例尺，成图比例尺，生产单位，生产起止日期，生产安排概况； ②测区地理位置、面积、行政隶属，地形的主要特征和困难类别； ③作业技术依据，采用的投影、坐标系、高程系和等高距； ④计划与实际完成工作量的比较，作业率的统计
利用已有资料情况	①摄影资料的来源，仪器的类型及其主要技术数据； ②对外业控制点和调绘成果进行分析； ③其他资料的来源、质量和利用情况； ④资料中存在的主要问题和处理方法
作业方法、质量和有关技术数据	①解析空中三角测量：加密方法、刺点影像、使用仪器等情况；加密点的精度及其接边情况； ②影像平面图的编制：纠正和复制的方法，仪器类型，影像质量及精度情况；采用正射投影仪作业时断面数据点采集的密度、扫描缝隙长度等有关技术参数；成图精度和图幅接边精度； ③航测原图的测绘和编绘：采用的方法和使用的仪器；成图的质量和精度；与已成图的接边情况； ④新技术、新方法、新材料的采用及其效果

续表

内容	简 要 说 明
技术结论	①对本测区成果质量、设计方案、作业方法等的评价； ②重大遗留问题的处理意见； ③经验、教训和建议
附图、附表	①测区图幅接合表； ②航测内业成图方法及质量评定图； ③利用已有资料清单； ④精度统计表； ⑤野外检测统计表； ⑥上交测绘成果清单等

(四)近景摄影测量

近景摄影测量专业技术总结的具体内容见表 13.16。

表 13.16　　　　　　　　　近景摄影测量专业技术总结具体内容

内容	简 要 说 明
概述	①任务来源、目的，摄影比例尺，成图比例尺，生产单位，生产起止日期，生产安排概况； ②目标的类型和概况； ③作业技术依据； ④完成的作业项目与工作量
利用已有资料情况	①摄影和测量仪器类型及检校情况； ②其他资料的来源、质量和利用情况； ③资料中存在的主要问题和处理方法
作业方法、质量和有关技术数据	①物方控制包括：物方控制布设情况、测量方法和精度； ②近景图像的获取：摄站布设、摄影方式、摄影参数；感光材料的型号和影像质量情况； ③近景图像的处理：处理的方法，仪器类型，成果形式；成果质量和精度的评定方法； ④新技术、新方法、新材料的采用及其效果
技术结论	①对本测区成果质量，设计方案、作业方法等的评价； ②重大遗留问题的处理意见； ③经验、教训和建议
附图、附表	①利用已有资料清单； ②成果的质量统计； ③精度统计表； ④野外检测统计表； ⑤上交测绘成果清单等

(五) 遥感

遥感专业技术总结的具体内容见表 13.17。

表 13.17　　　　　　　　　　　**遥感专业技术总结具体内容**

内容	简 要 说 明
概述	①任务来源、目的，图像比例尺，成图比例尺，生产单位，生产起止时间，生产安排概况； ②测区概况； ③作业技术依据和作业方案； ④完成的作业项目与工作量
利用已有资料情况	①遥感资料的来源、形式，主要技术参数，质量和利用情况； ②资料中存在的主要问题和处理方法
作业方法、质量和有关技术数据	①遥感图像处理：采用的仪器及其主要技术参数；地面控制点选取的方法、点数及分布情况；处理方法，基本工作程序框图，影像质量及有关误差； ②遥感图像的解译：采用的资料；标志的形态、影像、色调特征等；解译的方法； ③解译结果的检验：解译结果检验的方法；野外取样情况，验证成果的准确率； ④编制专业图件：利用遥感影像图、地形图、解译草图和其他资料编制专业图件的方法及有关误差； ⑤新技术、新方法、新材料的采用及其效果
技术结论	①对本测区成果质量、设计方案、作业方法等的评价； ②重大遗留问题的处理意见； ③经验、教训和建议
附图、附表	①测区图幅接合表； ②利用已有资料清单； ③精度统计表； ④野外检测统计表； ⑤上交测绘成果清单等

四、野外地形数据采集及成图专业技术总结的主要内容

野外地形数据采集及成图专业技术总结的具体内容见表 13.18。

表 13.18   **野外地形数据采集及成图专业技术总结具体内容**

内容	简 要 说 明
概述	①任务来源、目的、内容，成图比例尺，生产单位，生产起止时间，生产安排概况； ②测区范围、行政隶属，自然地理和社会经济的特征，困难类别等； ③作业技术依据； ④计划与实际完成工作量的比较，作业率的统计
利用已有资料情况	①采用的基准和系统； ②起算数据和资料的名称、等级、系统、来源和精度情况； ③资料中存在的主要问题和处理方法
作业方法、质量和有关技术数据	①使用的仪器和主要测量工具的名称、型号、主要技术参数和检校情况； ②各类图根点的布设、标志的设置，施测方法和重测情况； ③野外地形数据的采集方法、要素代码、精度要求、属性等； ④DEM 的数据采集、分层设色的要求； ⑤测制地形图的方法和精度，新增的图式符号； ⑥新技术、新方法、新材料的采用及其效果； ⑦执行技术标准的情况，出现的主要问题和处理方法，保证和提高质量的主要措施，实地检测和检查的情况与结果等
技术结论	①对本测区成果质量、设计方案和作业方法等的评价； ②重大遗留问题的处理意见； ③经验、教训和建议
附图、附表	①利用已有资料清单； ②测区图幅接合表； ③控制点布设图； ④仪器、工具检验结果汇总表； ⑤精度统计表； ⑥成果质量评定统计表； ⑦上交测绘成果清单等

五、地图制图和印刷专业技术总结的主要内容

(一)地图制图

地图制图专业技术总结的具体内容见表 13.19。

表 13.19   地图制图专业技术总结具体内容

内容	简　要　说　明
概述	①任务名称、目的、来源、数量、类别和规格，成图比例尺，生产单位，生产起止日期，生产安排概况； ②制图区域范围、行政隶属，困难类别； ③作业技术依据，采用的投影、坐标系、高程系和等高距等； ④计划与实际完成工作量的比较，作业率的统计
利用已有资料情况	①基本资料的比例尺、测制单位、出版年代、现势性和精度； ②补充资料的比例尺、测制单位、出版年代、现势性、使用程度及方法； ③参考资料的使用程度
作业方法、质量和有关技术数据	①编绘原图制作方法； ②印刷原图制作方法； ③数学基础的展绘精度，资料拼贴精度； ④地图内容的综合及描绘质量； ⑤执行技术标准的情况，出现的主要问题和处理方法，保证和提高质量的主要措施； ⑥新技术、新方法、新材料的采用及其效果
技术结论	①对本制图区成果质量、设计方案和作业方法等的评价； ②重大遗留问题的处理意见； ③经验、教训和建议
附图、附表	①制图区域图幅接合表； ②资料分布略图； ③利用已有资料清单； ④成果质量评定统计表； ⑤上交测绘成果清单等

(二) 地图印刷

地图印刷专业技术总结具体内容见表 13.20。

表 13.20   地图印刷专业技术总结具体内容

内容	简　要　说　明
概述	①任务名称、目的、来源、数量、类别和规格，地图比例尺，承印单位，制印日期，生产安排概况； ②制图区域范围、行政隶属； ③印刷色数、材料和印数； ④制印技术依据； ⑤完成任务情况

内容	简 要 说 明
利用已有 资料情况	①印刷原图的种类、分版情况、制作单位、精度和质量； ②分色参考图的质量
印制方法、质量 和有关技术数据	①制版、照相、翻版、修版、拷贝、晒版的方法、精度和质量； ②印刷、打样的质量和数量，印刷的设备，印刷图的套合精度、印色、图形及 　线划的质量，油墨和纸张等的质量； ③装帧的方法、形式及质量； ④执行技术标准的情况，保证和提高质量的主要措施； ⑤新技术、新方法、新材料的采用及其效果； ⑥实施工艺方案中出现的主要问题及处理方法
技术结论	①对印刷成果质量、工艺方案等的评价； ②总结经验、教训和建议
附图、附表	①工艺设计流程框图； ②制印区域图幅接合表； ③成果、样品及其清单等

六、界线测绘专业技术总结的主要内容

界线测绘专业技术总结的具体内容见表 13.21。

表 13.21　　　　　**界线测绘专业技术总结具体内容**

内容	简 要 说 明
概述	①任务名称、来源、目的、内容，生产单位，生产起止时间，生产安排概况等； ②界线测绘范围、界线测绘的等级，自然地理和社会经济的特征； ③作业技术依据； ④计划与实际完成工作量的比较，作业率的统计
利用已有 资料情况	①采用的基准和系统； ②起算数据和资料的名称、等级、系统、来源和精度情况； ③资料中存在的主要问题和处理方法
作业方法、质量 和有关技术数据	①使用的仪器和主要测量工具的名称、型号、主要技术参数和检校情况； ②控制网、锁、线、点的布设、等级、密度，埋石情况，施测方法和重测情况； ③界桩点的布设、形状、密度、编号方法和点位精度，界桩点方位物测绘的原 　则和测定情况； ④边界点的布设、测量与编号； ⑤边界线的命名、编号与标绘； ⑥界桩登记表的填写； ⑦边界地形图、边界线情况图、边界主张线图、边界协议书附图以及行政区域 　边界协议书附图集的方法和精度； ⑧新技术、新方法、新材料的采用及其效果

续表

内容	简 要 说 明
技术结论	①对本测区成果质量、设计方案和作业方法等的评价； ②重大遗留问题的处理意见； ③经验、教训和建议
附图、附表	①利用已有资料清单； ②控制点布设图； ③仪器、工具检验结果汇总表； ④边界协议书附图； ⑤精度统计表； ⑥上交测绘成果清单等

七、基础地理信息数据建库专业技术总结的主要内容

基础地理信息数据建库专业技术总结的主要内容见表 13.22。

表 13.22　　　　　　　**基础地理信息数据建库专业技术总结具体内容**

内容	简 要 说 明
概述	①说明任务来源、管理框架、建库目标、系统功能，预期成果，生产单位，生产起止时间，生产安排概况； ②作业技术依据； ③计划与实际完成工作量的比较，作业率的统计
利用已有资料情况	①采用的基准和系统； ②数据来源、范围、产品类型、格式、精度、组织、质量情况； ③资料中存在的主要问题和处理方法
作业方法、质量和有关技术数据	①使用的系统软件及硬件的功能、型号、主要技术指标； ②数据库数据的内容、格式、位置精度、属性精度、现势性等情况； ③数据库的基本功能情况； ④数据库的概念模型设计、逻辑设计、物理设计的情况； ⑤新技术、新方法的采用及其效果； ⑥执行技术标准的情况，出现的主要问题和处理方法，保证和提高质量的主要措施等
技术结论	①对本数据库成果质量、设计方案等的评价； ②重大遗留问题的处理意见； ③经验、教训和建议
附图、附表	①利用已有资料清单； ②数据库数据要素分类与代码、层(块)、属性项表； ③上交数据建库成果清单等

八、地理信息系统专业技术总结的主要内容

地理信息系统专业技术总结的具体内容见表 13.23。

表 13.23 地理信息系统专业技术总结具体内容

内容	简 要 说 明
引言	说明编写目的、背景、定义及参考资料等
实际开发结果	①产品。说明程序系统中各个程序的名称，它们之间的层次关系，程序系统版本、文件名称、数据库等； ②主要功能和性能。逐项列出本软件产品实际具有的主要功能和性能，并与开发目标对比； ③基本流程； ④进度。列出原定计划进度与实际进度的对比并分析原因； ⑤费用。列出原定计划费用与实际支出费用的对比并分析原因
开发工作评价	①对生产效率的评价。列出程序、文件的实际平均生产效率并与原定计划对比； ②对产品质量的评价。说明在测试中检查出来的错误发生率并与质量保证计划对比； ③对技术方法的评价。说明对开发中所使用的技术、方法、工具、手段的评价； ④出错原因分析。分析开发过程中出现错误的原因
经验与教训	列出从开发工作中所得到的主要经验与教训，以及对今后项目开发的建议

思考题：

1. 测绘技术总结是如何分类的？
2. 测绘技术总结的编写依据有哪些？
3. 野外地形数据采集及成图专业技术总结有哪些主要内容？

参考文献

[1] 库热西·买合苏提. 中华人民共和国测绘法释义[M]. 北京：中国民主法制出版社，2017.

[2] 张文显. 法理学(第二版)[M]. 北京：高等教育出版社、北京大学出版社，2003.

[3] 黄明东，曾德军. 测绘法律知识基础[M]. 武汉：武汉大学出版社，2009.

[4] 张万峰. 测绘法律知识读本[M]. 北京：法律出版社，2006.

[5] 姚承宽. 测绘管理理论与实务[M]. 西安：西安地图出版社，2010.

[6] 杨木壮，等. 不动产测绘[M]. 北京：中国地质大学出版社，2016.

[7] 易树柏. 地理信息产业新型业态发展对策探讨[J]. 地理信息世界，2013(3)：7-12.

[8] 易树柏. 论地理信息安全在国家安全中的作用[J]. 理论界，2016(8)：40-49.

[9] 朱长青，周卫，吴卫东，等. 中国地理信息安全的政策和法律研究[M]. 北京：科学出版社，2015.

[10] 本书编写组.《全国基础测绘中长期规划纲要(2015—2030年)》辅导读本[M]. 北京：测绘出版社，2015.

[11] 自然资源部第一海洋研究所. 我国海洋测绘工作现状、困境及建议[N]. 中国自然资源报，2019，3.

[12] 白殿一. 标准的编写[M]. 北京：中国标准出版社，2009.

[13] 国家标准化管理委员会. 国际标准化教程[M]. 北京：中国标准出版社，2009.

[14] 蒋景瞳，刘若梅. 国际地理信息标准化进展[J]. 纪念中国测绘学会成立四十周年论文集，1999：141-150.

[15] 李春田. 标准化概论[M]. 4版. 北京：中国人民大学出版社，2004.

[16] 李霖. 测绘地理信息标准化教程[M]. 北京：中国地图出版社，2016.

[17] 王忠敏. 标准化基础知识实用教程[M]. 北京：中国标准出版社，2010.

[18] 刘小强. 我国测绘标准化发展历程浅议[J]. 测绘标准化，2018，34(4)：1-3.

[19] 肖学年，张坤. 我国测绘和基础地理信息技术标准现状综述[J]. 地理信息世界，2003，5：29-32.

[20] 李文博，孙翊. 国内外地理信息标准化进展研究[J]. 标准科学，2015，8：43-47.

[21] 顾孟洁. 中国标准化发展史新探[J]. 中国标准化，2001，3：7-8.

[22] 国家测绘地理信息局职业技能鉴定指导中心. 测绘管理与法律法规[M]. 北京：测绘出版社，2016.

[23] 任强，陈乃新. 建筑工程施工项目管理系列手册第六分册　施工项目资源管理[M]. 北京：中国建筑工业出版社，2004.

[24]黄华明．测绘工程管理：西部测图工程管理［M］．北京：测绘出版社，2011．

[25]本书编委会．测绘工程项目管理的方法与实践：西部测图工程管理［M］．北京：测绘出版社，2014．

[26]国家测绘产品质量监督检验测试中心，四川省第一测绘工程院，成都市勘察测绘研究院，等．GB/T24356—2009 测绘成果质量检查与验收［S］．北京：中国标准化出版社，2009．

[27]国家测绘局测绘标准化研究所，国家测绘产品质量监督检验测试中心，陕西省测绘产品质量监督检验站．GB/T18316—2008 数字测绘成果质量检查与验收［S］．北京：中国标准化出版社，2008．

[28]国家测绘局测绘标准化研究所．CH/T1001—2005 测绘技术总结编写规定［S］．北京：测绘出版社，2006．

[29]国家测绘局测绘标准化研究所．CH/T1004—2005 测绘技术设计规定［S］．北京：测绘出版社，2006．